Jakob Schirmer

Die Göttinger Hegel-Schule

Julius Binder, Karl Larenz, Martin Busse, Gerhard Dulckeit und der juristische Neuhegelianismus in den 1930er Jahren

PL ACADEMIC RESEARCH

Bibliografische Information der Deutschen Nationalbibliothek
Die Deutsche Nationalbibliothek verzeichnet diese Publikation in der Deutschen Nationalbibliografie; detaillierte bibliografische Daten sind im Internet über http://dnb.d-nb.de abrufbar.

Zugl.: Göttingen, Univ., Diss., 2015

D 7
ISSN 0531-7312
ISBN 978-3-631-66814-6 (Print)
E-ISBN 978-3-653-05985-4 (E-Book)
DOI 10.3726/978-3-653-05985-4

PL Academic Research ist ein Imprint der Peter Lang GmbH.
Peter Lang – Frankfurt am Main · Bern · Bruxelles · New York · Oxford · Warszawa · Wien

Diese Publikation wurde begutachtet.

www.peterlang.com

Vorbemerkung

Die vorliegende Arbeit ist die leicht überarbeitete Fassung der juristischen Dissertation, die ich am 28.10.2013 an der juristischen Fakultät der Georg-August-Universität Göttingen eingereicht habe. Das Rigorusum fand am 27.01.2015 statt.

Die Arbeit entstand im Wesentlichen zwischen Wintersemester 2008/09 und Wintersemester 2011/12, während meiner Zeit als Wissenschaftlicher Mitarbeiter am Institut für Rechtsgeschichte, Rechtsphilosophie und Rechtsvergleichung, Abteilung für Deutsche Rechtsgeschichte bei Prof. Dr. Eva Schumann in Göttingen. Von WS 2010/11 bis SS 2011 wurde ihre Entstehung durch die Gewährung eines Teilzeitstipendiums der juristischen Fakultät der Georg-August-Universität Göttingen gefördert.

Zu danken habe ich in erster Linie Prof. Dr. Eva Schumann sowohl für die Findung des Themas als auch für ihre stetige und exzellente Betreuung sowie die Erstkorrektur. Dank schulde ich darüber hinaus PD. Dr. Friederike Wapler, die nicht zuletzt trotz der örtlichen Distanz zu Göttingen die Zweitkorrektur übernommen hat.

Ich widme dieses Buch meinem Lehrer Wolfgang Lorenz. Χαλεπὰ τὰ καλά.

Greifswald, 28.04.2016 J.S.

Vorwort

Im Verlaufe der „Hegel-Renaissance“ in der Philosophie zu Beginn des 20. Jahrhunderts bildete sich am Anfang der 1930er Jahre in Göttingen das Zentrum des juristischen Neuhegelianismus heraus. Der Rechtsphilosoph Julius Binder und seine Schüler Karl Larenz, Martin Busse und Gerhard Dulckeit prägten als sog. Göttinger Schule in den folgenden Jahren durch zahlreiche Publikationen den rechtsphilosophischen neuhegelianischen Diskurs. Sie agierten im geistigen Klima der Ablehnung der Weimarer Republik und propagierten nach der „Machtergreifung“ die aufkommende Herrschaft des Nationalsozialismus zunächst als eine Art Synthesis aus dem untergegangenen Kaiserreich und der überwundenen Weimarer Republik, die eine neue und höhere Wirklichkeit versprach. Larenz erklärte nach dem Krieg, dass es gar eine Art Mission gegeben habe, wonach der Neuhegelianismus die Aufgabe gehabt hätte, dem nationalsozialistischen System nach dem Umbruch im Jahr 1933 eine rechtsphilosophische Grundlage und Begrenzung zu geben. Bereits Mitte der 1930er Jahre stellten die Binder-Schüler jedoch fest, dass der neuhegelianische Impetus im neuen Rechts- und Staatsdenken ohne Wirkung verebbte. Weder im rechtswissenschaftlichen noch im politischen Diskurs erzielte er eine nennenswerte Resonanz. Überdies wurden die rechtsphilosophischen Differenzen zwischen Larenz, Busse und Dulckeit auf der einen Seite und ihrem Lehrer Binder auf der anderen Seite immer größer und ihr Weggang aus Göttingen unterstreicht die Auflösung der gemeinsamen rechtsphilosophischen Stoßrichtung der Göttinger Schule ab Mitte der 1930er Jahre. Binders Schüler distanzierten sich nachfolgend harsch von der fortentwickelten Rechtsphilosophie ihres Lehrers, dessen „absoluten Idealismus“ Larenz später als „esoterisch“ bezeichnen sollte. Binder starb vor Kriegsbeginn 1939 und spätestens mit dem Beginn des Westfeldzuges im Mai 1940 war, Larenz’ Erinnerung zufolge, der Versuch der neuhegelianischen Neubegründung der Rechtsphilosophie endgültig gescheitert. Larenz erklärte, dass Hegel nicht mehr in die historische Situation passte. Er überlebte seine Mitschüler um Jahrzehnte, doch wahrte er in der Bundesrepublik eine gewisse Distanz zu seinem früheren neuhegelianischen Schaffen. Dulckeit beschäftigte sich noch bis zu seinem Tod im Jahr 1954 mit Hegel und seiner Philosophie. Busse, der sich bereits in den 1930er Jahren von der Beschäftigung mit der Hegelschen Philosophie abgewandt hatte, war in den letzten Kriegsmonaten im Jahr 1945 gefallen.

Das Auftreten der Göttinger Binder-Schule bleibt trotz ihrer reichen Publikationstätigkeit vor allem in den 1930er Jahren ein wenig beachtetes Intermezzo der zeitgenössischen Rechtsgeschichte und Rechtsphilosophie. Dies nimmt die vorliegende Arbeit zum Anlass, ihre Existenz und ihr Wirken zu untersuchen und darzustellen. Erkenntnisquelle sind in erster Linie die vorliegenden Publikationen der Göttinger Schule. Diese werden durch den Rückgriff auf zahlreiche in verschiedenen Archiven vorhandene Briefe der betrachteten Autoren illustriert und um persönliche Äußerungen ergänzt. Aufgrund der Eigenart der Hegelschen Sprache und ihrer

Verwendung durch die Angehörigen der Göttinger Schule, kann die Arbeit nicht auf ausführliche wörtliche Zitierungen verzichten. Dadurch soll eine weitgehende Authentizität der Gedanken gewährleistet werden. Angesichts des umfangreichen Oeuvres des Göttinger Neuhegelianismus soll damit eine zwar selektive doch aussagekräftige Illustration seiner rechtsphilosophischen Inhalte erreicht werden.

Um jeden Vorwurf der (rechts-)philosophischen (Fehl-)deutung Hegels vorwegzunehmen, soll ausdrücklich betont werden, dass die vorliegende Arbeit keine rechtsphilosophische Kritik oder Interpretation Hegels, bzw. des Neuhegelianismus der betrachteten Rechtsphilosophen liefert. Ihre Aufgabe ist die rechtshistorische Nachzeichnung der Göttinger Hegel-Schule als Phänomen der deutschen Rechtsphilosophie in den 1930er Jahren. Die rechtsphilosophische Bewertung der betrachteten Gedanken bleibt einer anderen Stelle vorbehalten.

Inhalt

Einleitung

I. Die „Göttinger Schule"

Der junge Jurist Martin Busse bedankte sich im Jahr 1930 in der Einleitung zu seiner Dissertationsschrift *Hegels Phänomenologie des Geistes und der Staat* bei seinem Doktorvater, dem Göttinger Rechtsphilosophen Julius Binder, für die „Hegelabende und sein Seminar". Sie hätten ihm „das Element der Philosophie Hegels, die Idee, und ihre Bewegung, die Dialektik, und die ideengeschichtlichen Zusammenhänge lebendig nahe gebracht". Hegels Rechtsphilosophie sei dort „entwickelt" und die Geschichtsphilosophie „in ihrer Fragestellung zur deutschen Geschichte dargestellt und die Phänomenologie des Geistes in ihrer wunderbaren Tiefe aufgetan" worden. Ferner dankte Busse „Herrn Privatdozenten Dr. Larenz in Göttingen" für „wesentliche Anregungen für diese Arbeit" und sah sich ihm dafür verbunden, dass er ihn „durch seine Anteilnahme" in seiner philosophischen Ausbildung geführt habe.[1] Binder selbst sprach im Jahr 1931 davon, dass er „seit Jahren" ein „privates Hegelseminar" abhalte.[2] Auch Larenz erinnerte sich im Jahr 1963 an „private ‚Hegel-Abende' in der Wohnung Binders" gegen Anfang der 1930er Jahre.[3] In seinem Nachruf auf Julius Binder hatte er im Jahr 1939 festgehalten, dass es diesem ein „innerstes Bedürfnis" gewesen sei, „seine eigenen Gedanken im wissenschaftlichen Gespräch mit seinen Schülern und in der gemeinsamen Lektüre und Erörterung seines philosophischen Textes zu klären und Einwänden standzuhalten". Binders Persönlichkeit hatte Larenz an der Gemeinschaftsbezogenheit sowohl seiner Philosophie, als auch seiner akademischen Arbeitsweise, gemessen: „Er brauchte auch in seiner wissenschaftlichen Arbeit die Gemeinschaft und wirkte gemeinschaftsbildend durch seine Persönlichkeit".[4] Karl Michaelis – ebenfalls ein Schüler Binders – erinnerte sich dabei im Jahr 1973, dass im „Binder'schen Diskussionskreis [...] jedenfalls kein autoritärer Stil" geherrscht habe. Binder sei jederzeit bereit gewesen, „auf die wissenschaftlichen Anliegen von uns jungen Leuten einzugehen".[5] Der Larenz-Schüler Diederichsen erwähnte im Jahr 1988 eine regelmäßige 14-tägliche Hegel-Lektüre „mit einem kleinen Kreise" im Hause Binders „vom Ende der zwanziger bis Anfang

---

1 *Busse*, Hegels Phänomenologie des Geistes und der Staat: ein Beitrag zur Auslegung der Phänomenologie und Rechtsphilosophie und zur Geschichte der Entwicklung des Hegelschen Systems, 1931, S. 1.

2 *Binder*, Schreiben an die Rechts- und Staatswissenschaftliche Fakultät vom 7. Februar 1931, Jur Fak PA Larenz.

3 *Larenz*, Brief an Sophie-Mathilde von Buch, 23. Oktober 1963, BAK N/1416/4.

4 *Larenz*, Julius Binder †, Zeitschrift der Akademie für Deutsches Recht, Bd. 6, 1939, S. 646.

5 *Michaelis*, Ansprache bei der Feier des 70. Geburtstages von Karl Larenz am 23. April 1973, NSUG Cod. Ms. R. Smend A 573, 11 f.

der dreißiger Jahre", dem neben Karl Larenz u.a. Gerhard Dulckeit, Karl Michaelis, Adam von Trott zu Solz und Frau Binder angehört hätten. Binder habe dort „Satz für Satz und unter lebhafter Diskussion einen großen Teil von Hegels Werk, allem voran die ‚Phänomenologie des Geistes'" gelesen.[6]

Neben diesen Erwähnungen der privaten Hegel-Abende im Hause Binders in Göttingen – im Nikolausberger Weg 21a – verdichten sich in der Literatur seit dem Ende der 1920er Jahre die Hinweise auf das Bestehen einer rechtsphilosophischen Hegel-Schule in Göttingen unter der Führung Binders. So rechnete der Neuherausgeber Hegels, Georg Lasson[7], der bis zu seinem Tod im Jahr 1932 das Wirken Binders und seiner Schüler in zahlreichen Rezensionen begleitete, im Jahr 1928 Karl Larenz in der Rezension von dessen Dissertationsschrift der „Schule des Rechtsphilosophen Julius Binder" zu, die er freilich nicht weiter erläuterte.[8] Im Jahr 1932 sprach Lasson in seiner Rezension des ein Jahr zuvor erschienenen Gemeinschaftswerkes von Binder, Busse und Larenz *Einführung in Hegels Rechtsphilosophie* davon, dass es im Rahmen des Fortschritts, „den das Hegelstudium während des letzten Jahrzehnts" genommen habe, in Göttingen „doch so weit gekommen" sei, „dass dort nun schon unter der Führung des rührigen Julius Binder eine juristische Hegelschule besteht". Als ihre drei Vertreter sah er Binder, Larenz und Busse an, wobei er Binder als den „Meister der Schule" bezeichnete.[9]

Der Göttinger Nationalökonom Richard Passow schrieb in Vertretung des Dekans der Rechts- und Staatswissenschaftlichen Fakultät im Jahr 1931 an den Reichserziehungsminister, dass „das Studium der Rechtsphilosophie in den letzten Semestern sich außerordentlich gehoben" habe und dass „die Teilnehmer an den seminaristischen Übungen, die so intensiv wie hier wohl an keiner anderen Universität" gehalten würden unter der Führung Binders und Larenz' „gründliche und sehr erfreuliche Arbeit" leisteten. Er stellte weiterhin fest, „wie wichtig dieses Studium von der Studentenschaft selbst" betrachtet werde, könne daraus geschlossen werden, dass „nicht wenige von den Seminarteilnehmern nur wegen der Rechtsphilosophie in Göttingen weilen und an dem Seminar bereits seit mehreren Semestern teilnehmen".[10] In einem anderen Schreiben aus dem Jahr 1931 gab sich die Göttinger Fakultät davon überzeugt, dass „gerade in Göttingen der Grund zu einer wirklich wissenschaftlichen Philosophie des Rechts gelegt wird und teilweise schon gelegt

---

6 *Diederichsen*, Karl Larenz, in: Juristen im Portrait, Festschrift zum 225-jährigen Bestehen des Verlages C.H. Beck, 1988, S. 497.

7 Georg Lasson, Philosoph und evangelischer Theologe, 1862–1932, seit der Jahrhundertwende intensive Beschäftigung mit Hegel. Vgl. *Holz*, Lasson, Georg, NDB, Bd. 13, 1982, S. 679–681.

8 *Lasson*, Rezension von Karl Larenz, Hegels Zurechnungslehre und der Begriff der objektiven Zurechnung, Kant-Studien, Bd. 33, 1928, S. 279.

9 *Lasson*, Rezension von Binder/Busse/Larenz, Einführung in Hegels Rechtsphilosophie, Kant-Studien, Bd. 38, 1933, S. 448 f.

10 *Passow*, Schreiben an den Minister für Wissenschaft, Kunst und Volksbildung vom 3. August 1931, Jur Fak PA Larenz.

worden ist“.[11] Binder selbst ging im Jahr 1931 in einem Brief an die Fakultät von einer engeren rechtsphilosophischen Schule aus, indem er seinen Fakultätskollegen erläuterte, dass es keinen Sinn hätte, für das Wintersemester 1931/32, in dem er beurlaubt sei und Larenz eine Vertretung in Bonn ausübe, das Ministerium „um Bestellung irgend eines beliebigen Vertreters von auswärts zu bitten, da Leute, die den Namen Rechtsphilosophie verdienen, nicht beliebig vertretbar sind“. Er schrieb explizit: „Die Kontinuität der Schule, die durch meine Vertretung durch Larenz gewährleistet war, verlangt vielmehr, dass an seine Stelle ein anderer meiner Schüler tritt“.[12] Dabei brachte Binder Busse ins Spiel. Im Jahr 1933 sprach Binder von „mir und meinen Schülern in unseren seminaristischen Übungen in Göttingen“, womit er deutlich machte, dass er sein rechtsphilosophisches Seminar als Zentrum einer rechtsphilosophischen Erneuerungsbewegung betrachtete.[13] Später zitierte er seinen Beitrag *Das System der Rechtsphilosophie Hegels* zu dem Gemeinschaftswerk *Einführung in Hegels Rechtsphilosophie* nicht unter seinem eigenen Namen, sondern unter der Gesamtautorschaft „Binder, Busse, Larenz“, womit er seiner Schule gleichsam eine eigene Persönlichkeit zubilligte.[14] Larenz nannte in seinem programmatischen Werk *Die Rechts- und Staatsphilosophie des deutschen Idealismus und ihre Gegenwartsbedeutung* im Jahr 1933 als Vertreter der „sog. Hegelrenaissance“ unter anderem den Neuhegelianismus „Julius Binders und seiner Schüler“ und erklärte damit die rechtsphilosophische Relevanz seiner akademischen Heimat.[15] Auch Friedrich Darmstaedter schrieb im Jahr 1933 in seiner Rezension der *Einführung in Hegels Rechtsphilosophie* von den „als Kenner und Anhänger von Hegels Rechtsphilosophie bekannten Autoren“ und bezeichnete sie als „beredte und kundige Jünger“ Hegels. Allerdings mahnte er, dass man eine „einseitige Überbewertung des Gemeinschaftszusammenhanges gegenüber der Persönlichkeit nicht verabsolutieren“ sollte und „Hegel nicht zum deutschen Rechtsphilosophen schlechthin zu erklären“ sei.[16]

Adam von Trott zu Solz schrieb im Jahr 1934 an seine Eltern, dass Binder ihn durch Busse für eine „„große, vor ihm und seinem Kreis liegende wissenschaftliche

11 Schreiben der Göttinger Rechts- und Staatswissenschaftlichen Fakultät an den Minister für Wissenschaft, Kunst und Volksbildung vom 19. Februar 1931, Jur Fak PA Larenz. Das Schreiben war wohl von Binder abgefasst, vgl. den vorgehefteten Entwurf Binders.

12 *Binder*, Schreiben an die Rechts- und Staatswissenschaftliche Fakultät der Universität Göttingen vom 28. Oktober 1931, Jur Fak PA Larenz.

13 *Binder*, Der obligatorische Vertrag im System der Hegelschen Rechtsphilosophie, in: Verhandlungen des dritten Hegelkongresses (Rom 1933), 1934, S. 38.

14 Vgl. *Binder*, Grundlegung zur Rechtsphilosophie, 1935, S. 98 Fn. 1.

15 *Larenz*, Die Rechts- und Staatsphilosophie des deutschen Idealismus und ihre Gegenwartsbedeutung, in: Bäumler/Schröter (Hrsg.), Handbuch der Philosophie, Abt. 4, Beitrag D, Günther Holstein und Karl Larenz, Staatsphilosophie, 1931 und 1933, S. 187.

16 *Darmstaedter*, Rezension von Binder/Busse/Larenz, Einführung in Hegels Rechtsphilosophie, Zeitschrift für die gesamte Staatswissenschaft, Bd. 94, 1933, S. 330 f.

Aufgabe'" gewinnen wollte.[17] Vorangegangen war eine briefliche Anfrage Busses an Trott, ob dieser „nicht nach Göttingen kommen" wollte, um bei Binder Privatassistent zu werden. Es handele sich darum, dass „unser Göttinger Kreis um Binder" Aufgaben „wissenschaftlicher Arbeit und Lehre" vor sich sehe. Auch Trott habe schließlich an der „Vorbereitung" teilgenommen, die „wir als Schüler Binders" in Hegels Rechtsphilosophie erfahren hätten.[18] Aus dieser Anfrage Busses an Trott spricht deutlich das Selbst- und Sendungsbewusstsein des Göttinger Binder-Kreises, der sich als exklusive Avantgarde der neuhegelianischen Rechtsphilosophie, bzw. der Rechtsphilosophie überhaupt, betrachtete.

Der Dekan der Göttinger Rechts- und Staatswissenschaftlichen Fakultät Herbert Meyer schrieb im Jahr 1935 in einem Brief an den Reichserziehungsminister von der „in Göttingen in der Hand von Professor Binder liegende[n] Wissenschaft der Rechtsphilosophie", die unter dessen Einfluss „einen besonderen Aufschwung" genommen habe.[19] Dulckeit schrieb Ende 1936 aus Kiel, wo er eine Vertretung wahrnahm, an Binder:

> „Die vielen schönen Abende bei Ihnen, bei denen Wissenschaft sich mit heimatlicher Heiterkeit und konstantinischen Freudenkundgebungen zu einem so glücklichen Bilde zu runden vermochte, gehören ja nun leider, hoffentlich aber für nicht allzu lange Zeit, der Erinnerung an."[20]

Binder sprach schließlich zum ersten Mal im Jahr 1937 explizit von der „sog. ‚Göttinger Schule' in bezug auf das Verständnis der Systematik der Philosophie Hegels" und von der „Göttinger Hegelschule". Er fasste darunter sich und seine Schüler Busse, Larenz und Dulckeit. Busse rechnete er an, dass er „vor allem das Verhältnis der beiden Phänomenologien Hegels klar erfasst und herausgearbeitet" habe. Larenz habe „die Einleitung zur Rechtsphilosophie als den Übergang vom subjektiven zum objektiven Geist und damit zum Rechte erkannt" und Dulckeit die „fundamentale Unterscheidung von Begriff und Gestalt als einen der Leitgedanken der Phänomenologie uns in einer vorher nicht erreichten Schärfe bewusst gemacht". Diese Leistungen bedeuteten „einen dauernden Gewinn und einen wichtigen Fortschritt im Verständnis Hegels". Dass sie jedoch „nicht die *einzigen* Leistungen der Göttinger Hegelschule" bildeten, bedürfe „wohl keiner ausdrücklichen Erwähnung".[21] Auch der neben Binder wahrscheinlich

---

17 Zitiert bei *Clarita von Trott zu Solz,* Adam von Trott zu Solz, Eine Lebensbeschreibung, 2009, S. 94.

18 *Busse*, Brief an A. von Trott zu Solz vom 5. April 1934, BAK 1416/11.

19 *Meyer*, Schreiben an den Reichs- und Preussischen Minister für Wissenschaft, Erziehung und Volksbildung vom 7. Februar 1935, Jur Fak PA Dulckeit.

20 *Dulckeit*, Brief an Binder vom 8. November 1936, NSUG Cod. Ms. Dulckeit 1.

21 *Binder*, Geist und Bewusstsein, Zeitschrift für Deutsche Kulturphilosophie, Bd. 3, 1937, S. 304 Fn. 1. Nicht korrekt ist insofern die Feststellung von *Hürstel*, Au nom de Hegel: Les juristes néo-hégéliens et la philosophie du droit de la République de Weimar au Troisième Reich, 2010, S. 125, dass die Bezeichnung „Göttinger Schule" erst im Nachhinein auf Binder und seine Schüler angewendet worden sei.

prominenteste rechtsphilosophische Neuhegelianer, Walther Schönfeld, erwähnte die „Göttinger Schule" wörtlich zum ersten Mal im Jahr 1937 und bezog sich dabei auf die *Einführung in Hegels Rechtsphilosophie.*[22]

Der bulgarische Binder-Schüler Lüben Dikoff sprach in seinem Nachruf auf Binder im Jahr 1939 davon, dass Binder „ein großer Lehrer" war, der immer Anhänger um sich gehabt habe. Er wies darauf hin, dass Binder „Begründer einer Schule" gewesen sei. Darüber hinaus sei jedoch seine Bedeutung „viel größer als diejenige der meisten anderen Begründer von neuen Richtungen, weil er eine alte Welt in der Philosophie vernichtete und einer neuen Gestalt gab".[23] Auch Dikoff machte ein gewisses Sendungsbewußtsein der „deutschen Schüler und Anhänger" Binders aus, insofern „jene Schüler, die neben seinen Arbeiten der Stolz Binders und ein kostbares Gut von seinem Wirken hier auf der Erde" gewesen seien „die Lücke ausfüllen [...], die sich mit seinem Tode auftat, und sein Werk vollenden werden".[24] Auch der Nachruf Rudolf Smends im Jahrbuch der Akademie der Wissenschaften in Göttingen auf Binder im Jahr 1940 griff den Begriff der „Göttinger Schule" auf. Binder wird dort als der „rechtsphilosophische Hauptträger der Hegelrenaissance" bezeichnet, der

> „an seiner ‚Göttinger Schule' die bildende Kraft der Philosophie des deutschen Idealismus auch in der Gegenwart dargetan und in den Leistungen dieses Kreises, die er in den ersten Jahren nach seinem Eintritt der Gesellschaft vorzulegen pflegte, wichtige Beiträge zum Verständnis Hegels geliefert"

habe.[25] Hermann Glockner sprach im Jahr 1941 von einer „Binder-Schule", zu der er Binder, Busse, Dulckeit und Larenz rechnete. In seinem Literaturbericht über Hegel und die Hegelianer in den Jahren 1924 bis 1940 stellte er fest, dass die Binder-Schule und Theodor Haering „heute am zuverlässigsten" die Beschaffenheit der Hegelschen Rechts- und Staatsphilosophie erklärten. Dabei ergänzten sich die Binder-Schule und Haering in ihrer Interpretation Hegels.[26]

---

22 *Schönfeld*, Der absolute Idealismus Julius Binders im Lichte Hegels, Zeitschrift für die gesamte Staatswissenschaft, Bd. 98, 1938, S. 68.

23 *Dikoff*, Julius Binder †, Archiv für Rechts- und Sozialphilosophie, Bd. 32, 1938/39, S. 428.

24 *Dikoff*, a. a. O., S. 428.

25 *Smend*, Nachruf auf Julius Binder, Jahrbuch der Akademie der Wissenschaften in Göttingen für das Geschäftsjahr 1939/40, 1940, S. 37.

26 *Glockner*, Zur Geschichte der neueren Philosophie, Literaturbericht 1924–1940 (Schluss), Deutsche Vierteljahresschrift für Literaturwissenschaft und Geistesgeschichte, Bd. 19, 1941, S. 67.

II. Forschungsstand und Forschungsdesiderat

1. Die Göttinger Schule in der rechtsphilosophischen, rechtshistorischen und rechtsmethodologischen Literatur

Vor dem Hintergrund der Selbstverständlichkeit mit der die Literatur der 1930er und 1940er Jahre von der Existenz der neuhegelianischen Göttinger Schule unter Binder ausgegangen war, überrascht es, dass eine inhaltliche Auseinandersetzung mit dieser in der rechtsphilosophischen, rechtshistorischen und rechtsmethodologischen Literatur trotz zahlreichen individuellen Auseinandersetzungen vor allem mit Binder und Larenz bis in die jüngste Zeit nur sehr zurückhaltend erfolgt ist. So setzten sich schon die zeitgenössischen Rechtsphilosophen und Rechtstheoretiker wenn überhaupt nur sehr oberflächlich mit der Hegel-Philosophie Binders und seiner Schüler auseinander. Möglicherweise wurde sie in der Rechtsphilosophie der Zeit als allzu hermetisch und esoterisch empfunden. Die verhaltene Resonanz jedoch auch in der Nachkriegsliteratur wurde sicherlich dadurch mitverursacht, dass der einzige verbliebene vormalige Angehörige der Göttinger Schule in der Bundesrepublik, Larenz, nicht mehr für seine früher propagierte Rechtsphilosophie eintrat und darüber hinaus seinen Anteil am Göttinger Neuhegelianismus geradewegs zu verschleiern suchte. So schreibt er in seiner *Methodenlehre der Rechtswissenschaft* aus dem Jahr 1960 vom Neuhegelianismus, der sich bei Binder, Schönfeld und Dulckeit als Fortentwicklung des Neukantianismus gezeigt habe.[27] Damit unterschlägt er nicht nur seine eigene richtungsweisende Teilhabe am Neuhegelianismus, sondern relativiert diesen auch als Anhängsel des Neukantianismus. Auf die Existenz der Göttinger Schule geht er gar nicht mehr ein. Ferner legt er dar, dass der rechtsphilosophische Streit zwischen Neukantianern, Neuhegelianern und Phänomenologen im Rückblick „viel von der Bedeutung" verloren habe, die er „auf dem Höhepunkt der Entwicklung, etwa in den zwanziger Jahren, für alle Beteiligte" gehabt hätte: „Die vielfachen polemischen Auseinandersetzungen jener Zeit haben ihr Interesse heute zum größten Teil verloren".[28] Dieser relativierenden Einordnung des Neuhegelianismus und der Verschweigung des akademischen Zusammenhanges ihrer Hauptvertreter in Göttingen folgen die meisten Erwähnungen des Neuhegelianismus in der Literatur. Beyer geht im Jahr 1967 zwar auf Binder, Busse und Larenz ein, doch übergeht er ihre Göttinger Verbindung.[29] Rüthers deutet in seiner im Jahr 1968 in erster Auflage erschienenen, mittlerweile in sechster Auflage vorliegenden, Schrift *Die unbegrenzte Auslegung. Zum Wandel der Privatrechtsordnung im Nationalsozialismus* zwar die „bedeutsame Rolle" der von Binder und Larenz vertretenen „neuhegelianischen Rechtstheorie" bei der „Rechtserneuerung aus dem Geist der

27 Vgl. *Larenz*, Methodenlehre der Rechtswissenschaft, 1960, S. 83, 142.
28 *Larenz*, a. a. O., S. 120.
29 *Beyer*, Hegel-Bilder, Kritik der Hegel-Deutungen, 2. Auflage 1967, S. 73, 146, 149 f.

nationalen Revolution" an,[30] auch weist er auf Larenz' Anleihen bei der Hegelschen Begriffslehre hin,[31] doch geht er nicht namentlich auf die Göttinger Hegel-Schule bzw. das Zusammenwirken Binders und Larenz' in Göttingen ein. Auch in seinem Buch *Entartetes Recht. Rechtslehren und Kronjuristen im Dritten Reich* aus dem Jahr 1988 erläutert Rüthers zwar ausführlich den Rückgriff Larenz' auf die Begriffslehre Hegels, doch erwähnt er nicht das Herkommen Larenz' aus der Göttinger Binder-Schule.[32] In seinem Essay *Geschönte Geschichten – Geschonte Biographien* aus dem Jahr 2001 geht er immerhin kursorisch auf die Herkunft Larenz' aus der Göttinger Binder-Schule ein: „Abends lasen Lehrer und Schüler einander Hegel vor".[33] Eine weitere Auseinandersetzung mit der Binder-Schule unterbleibt jedoch auch hier. Rottleuthner geht im Jahr 1970 auf Binder und seine Schüler Busse, Dulckeit und Larenz ein. Zusammen mit Schönfeld, dessen Werke er „indiskutabel" nennt, fasst er sie als „Hegel-Exegeten im Nationalsozialismus" zusammen.[34] Auf die Existenz der Göttinger Schule kommt er jedoch nicht zu sprechen. Marcic erwähnt ebenfalls im Jahr 1970 Larenz als „führenden Hegelianer in der deutschen Gegenwartsjurisprudenz". Binder nehme dagegen unter den „älteren, verstorbenen Rechtslehrern, die als Hegelianer gelten" den ersten Platz ein.[35] Doch stellt auch er nicht die Schülerschaft von Larenz, geschweige denn die Schulbildung Binders, heraus. Fikentscher greift im Jahr 1976 den Neuhegelianismus auf und geht zwar auf Binder, Dulckeit und Larenz ein, doch weist auch er nicht auf ihr örtliches Zusammenwirken in Göttingen hin.[36] Anderbrügge widmet in seiner Studie *Völkisches Rechtsdenken. Zur Rechtslehre in der Zeit des Nationalsozialismus* im Jahr 1978 dem Neuhegelianismus in der NS-Zeit zwar ein eigenes Kapitel, doch verkennt er das Göttinger Zentrum dieser Bewegung. Dagegen setzt er den Schwerpunkt des Neuhegelianismus in großen Teilen mit der „Kieler Schule" gleich und nennt Larenz als führenden Theoretiker dieses Kreises.[37]

---

30 *Rüthers*, Die unbegrenzte Auslegung: Zum Wandel der Privatrechtsordnung im Nationalsozialismus, 6. Auflage 2005, S. 315.

31 *Rüthers*, a. a. O., S. 304 ff.

32 Vgl. *Rüthers*, Entartetes Recht: Rechtslehren und Kronjuristen im Dritten Reich, 1988, S. 78 ff.

33 *Rüthers*, Geschönte Geschichte – Geschonte Biographien, Sozialisationskohorten in Wendeliteraturen, Ein Essay, 2001, S. 4.

34 *Rottleuthner*, Die Substantialisierung des Formalrechts. Zur Rolle des Neuhegelianismus in der deutschen Jurisprudenz, in: Oskar Negt (Hrsg.), Aktualität und Folgen der Philosophie Hegels, 1970, S. 228.

35 *Marcic*, Hegel und das Rechtsdenken im deutschen Sprachraum, 1970, S. 81, 100.

36 Vgl. *Fikentscher*, Methoden des Rechts, Bd. III, 1976, S. 296 ff., 494 f.

37 Die „Kieler Schule" war eine Gruppe von nationalsozialistisch engagierten Rechtswissenschaftlern, die in den Jahren nach der „Machtergreifung" an der Universität in Kiel wirkten. Durch gezielte Neubesetzung und entsprechende Lehre und Forschung sollte die Kieler Fakultät zu einer nationalsozialistischen Muster- oder „Stoßtrupp"-Fakultät umgebildet werden. Vgl. dazu mit weiteren Nachweisen *Frassek*, Göttinger Hegel-Lektüre, Kieler Schule und nationalsozialistische Juristenausbildung, in: Schu-

Binder erscheint nur als Lehrmeister gleichsam im Hintergrund.[38] Mährlein geht im Jahr 2000 zwar auf die Binder-Schule ein und untersucht sie auf ihre Rezeption des Volksgeist-Denkens, doch erwähnt er nicht die Bezüge zu Göttingen und beschränkt seine Darstellung auf Binder, Larenz und Dulckeit. Da Busse im Krieg fiel und nur ein kleines Werk hinterlassen habe, hält er seine Behandlung für entbehrlich.[39] In seinem Beitrag aus dem Jahr 2008 spricht Frassek zwar die „Göttinger Hegel-Lektüre" an, bezieht sich bei der Erwähnung der Hegel-Abende im Hause Binders jedoch offenbar lediglich auf Diederichsen und kommt, trotz des Titels seiner Abhandlung, über die bloße Feststellung des Bestehens einer rechtsphilosophischen Göttinger Hegel-Schule nicht heraus.[40] Meyer-Pritzl spricht im Jahr 2009 in seiner Studie zur Kieler „Stoßtruppfakultät" zwar das Herkommen mancher ihrer Protagonisten aus dem Göttinger Neuhegelianismus an, doch stellt er fest, dass eine ausführliche Auseinandersetzung mit ihren geistigen Wurzeln und insbesondere mit den neuhegelianischen Lehren Binders noch ausstehe.[41] Pauly greift in seinem HRG-Artikel über Hegel im Jahr 2010 den „Neohegelianismus" auf, der sich „in der Rechtsphilosophie namentlich bei Julius Binder und Karl Larenz und durchaus mit Bedeutsamkeit für die Rechtslehre im Nationalsozialismus" auf Hegel berufen habe, geht aber nicht auf das gemeinsame akademische Wirken Binders und Larenz' in Göttingen ein.[42] Die bislang umfassendste Einführung in die neuhegelianische Rechtsphilosophie und die Rechtsphilosophie der Göttinger Schule, die im Gegensatz zu der übrigen Literatur die Göttinger Schule nicht nur kursorisch streift, sondern die Hauptwerke tatsächlich inhaltlich darstellt, findet sich aus philosophischer Perspektive bei Sylvie Hürstel. Sie greift in ihrem Artikel *Rechtsphilosophie oder Rechtsgeschichte?* im Jahr 1995 im Zusammenhang mit Binder und seinen Schülern die Göttinger Schule auf.[43] Ihre französische Abhandlung *Au nom de Hegel, Les juristes néo-hégeliens et la philosophie du droit de la République de Weimar au Troisième Reich* aus dem Jahr 2010

---

mann (Hrsg.): Kontinuitäten und Zäsuren, Rechtswissenschaft und Justiz im „Dritten Reich" und in der Nachkriegszeit, 2008, S. 45 ff.

38 Vgl. *Anderbrügge*, Völkisches Rechtsdenken, Zur Rechtslehre in der Zeit des Nationalsozialismus, 1978, S. 203–225.

39 *Mährlein*, Volksgeist und Recht: Hegels Philosophie der Einheit und ihre Bedeutung für die Rechtswissenschaft, 2000, S. 161.

40 *Frassek*, Göttinger Hegel-Lektüre, Kieler Schule und nationalsozialistische Juristenausbildung, S. 46 ff.

41 *Meyer-Pritzl*, Die Kieler Rechts- und Staatswissenschaften, Eine „Stoßtruppfakultät", in: Cornelißen/Mish, Wissenschaft an der Grenze – Die Universität Kiel im Nationalsozialismus, 2009, S. 151 ff., 171 f.

42 *Pauly*, „Hegel, Georg Wilhelm Friedrich (1770–1831)", HRG, 2. Auflage 2010, 12. Lieferung, Sp. 861 ff., 865. *Küchenhoff*, „Hegel, Georg Friedrich Wilhelm", HRG, II. Bd., 1. Auflage 1978, Sp. 30 f., 33, hatte in seinem Artikel in der ersten Auflage des HRG im Jahr 1978 konstatiert: „Der Einfluss des Neuhegelianismus in Deutschland zeigt sich bei Binder und Larenz, Dulckeit und Nadler."

43 *Hürstel*, Rechtsphilosophie oder Rechtsgeschichte? Der Neuhegelianismus in der Weimarer Republik, Rechtshistorisches Journal, Bd. 14, 1995, 1995, S. 381.

liefert von der allgemeinen philosophischen Warte aus eine umfängliche Einführung in die Hauptwerke der Rechtsphilosophie der Göttinger Schule.[44] Mit Recht kann diese Studie Hürstels mithin als bislang vollständigste Auseinandersetzung mit den philosophischen Werken der Göttinger Schule betrachtet werden. Die vorliegende Arbeit setzt sich von den Arbeiten Hürstels insofern ab, als diese die Göttinger Schule ausschließlich vom philosophischen Standpunkt aus betrachtet und darstellt und den rechtshistorischen Fokus gänzlich außer acht lässt. Dagegen legt der Verfasser der vorliegenden Arbeit als Jurist und Rechtshistoriker den Fokus seiner Betrachtung auf die historische Entwicklung der Göttinger Schule und enthält sich einer philosophischen Interpretation und Kritik.

2. Die Göttinger Schule in Studien zu Binder und Larenz

Bemerkenswert ist, dass trotz der zahlreichen zeitgenössischen Erwähnungen der Göttinger Schule in den 1930er und 1940er Jahren die retrospektiven Studien zu Binder und Larenz zwar darauf hinweisen, dass Larenz ein Binder-Schüler war (teilweise werden auch Busse und Dulckeit genannt), doch eine namentliche Erwähnung der Göttinger Schule zumeist unterbleibt. Flitsch spricht im Jahr 1957 in seinen *Mitteilungen aus Binders Wissenschaftslehre* unter Verweis auf Binder, Larenz und Dulckeit vom „deutschen *Neuhegelianismus* unseres Gebietes", doch übergeht er das akademische Zusammenwirken Binders und seiner Schüler.[45] Frommel weist 1981 zwar auf Larenz' neuhegelianisches Herkommen hin, geht jedoch nicht auf die Existenz der Binder-Schule ein.[46] Dreier spricht im Jahr 1987 zwar von einem „Neuhegelianismus Binderscher Prägung", vermeidet jedoch die Untersuchung einer Schulbildung und spricht lediglich von einem „beachtlichen Schülerkreis" Binders und von „Binder und seine[n] Schülern".[47] Im Jahr 1993 erwähnt Dreier in Bezug auf Larenz den „Göttinger Kreis um Binder" und weist darauf hin, dass Binder und seine Schüler Larenz, Busse und Dulckeit „den engeren Kreis des deutschsprachigen rechtsphilosophischen Neuhegelianismus" gebildet hätten.[48] Hartmann geht in seiner DDR-Dissertation aus dem Jahr 1988 über Larenz' methodologisches Denken immerhin davon aus, das Larenz mit Busse, Holstein, Schönfeld und Michaelis „eine

44 Vgl. darüber hinaus die Titel *Hürstel*, Néo-hégélianisme et philosophie du droit de la République de Weimar au Troisième Reich, Diss. Paris 1998; Le néo-hégélianisme juridique de Weimar au Troisième Reich: Julius Binder et son école, in: Jean-Francois Kervégan (Hrsg.), Crise et pensée de la crise en droit. Weimar, sa république et ses juristes, 2002, S. 169–194.

45 *Flitsch*, Mitteilungen aus Binders Wissenschaftslehre, Archiv für Rechts- und Sozialphilosophie, Bd. 43, 1957, S. 531.

46 Vgl. *Frommel*, Die Rezeption der Hermeneutik bei Karl Larenz und Josef Esser, 1981.

47 *Dreier*, Julius Binder (1870–1939). Ein Rechtsphilosoph zwischen Kaiserreich und Nationalsozialismus, in: Fritz Loos (Hrsg.), Rechtswissenschaft in Göttingen, 1987, S. 436 ff.

48 *Dreier*, Karl Larenz über seine Haltung im „Dritten Reich", Juristenzeitung 1993, S. 454.

Gruppe von jungen neuhegelianisch geprägten Nachwuchsakademikern" gebildet, „die zunehmend Einfluss in der Rechtsphilosophie" gewonnen habe. Durch gegenseitige Bezugnahme in ihren Schriften seien die Angehörigen dieser Gruppierung sogar „paradigmenbildend" gewesen.[49] Damit greift Hartmann zwar die Existenz einer neuhegelianischen Schule um Larenz auf, doch bestimmt er sie personell nicht hinreichend.[50] Kokert erwähnt in seiner Dissertation *Der Begriff des Typus bei Karl Larenz* im Jahr 1995 nebenbei, dass Busse und Dulckeit wie Larenz „ehemalige Binderschüler" waren,[51] auch ordnet er Michaelis dem „Binderkreis im weiteren Sinne" zu, doch unterbleibt ein weiteres Eingehen auf den Binderkreis im engeren Sinne bzw. die Göttinger Schule. Jakob geht in seiner Dissertation zu Binders Rechtsphilosophie im Jahr 1996 zwar auf den „Schülerkreis" Binders ein, doch erwähnt er die Göttinger Schule mit keinem Wort.[52] Auch Frassek geht im Jahr 1996 detailliert auf Larenz ein, beschränkt sich jedoch vornehmlich auf dessen rechtsdogmatisches Wirken. Larenz' Beschäftigung mit Hegel in den frühen 1930er Jahren wird zwar angerissen, doch nicht vertieft.[53] Hüpers behauptet im Jahr 2010, dass von außen „leicht der Eindruck" entstehen könnte – und er sei auch entstanden – dass es Binder „geglückt" wäre, eine „neue Schule zu gründen, die Schule des Neuhegelianismus" deren wichtigste Schüler Larenz, Busse und Dulckeit gewesen wären. Doch trüge der Eindruck der Schulbildung beim näheren Hinschauen.[54] Allerdings liefert die Arbeit Hüpers' keine Auseinandersetzung mit der Göttinger Schule.

3. Die Göttinger Schule in der philosophischen Hegel-Literatur

Die *philosophische* Hegel-Literatur scheint die rechtsphilosophischen neuhegelianischen Ansätze der Göttinger Schule geradezu zu ignorieren. Marcuse weist im Jahr 1941 zwar bibliographisch auf Busses Dissertationsschrift *Hegels Phänomenologie des Geistes und der Staat* hin, doch geht er in seiner Schrift *Reason and Revolution* nicht auf die Göttinger Hegel-Schule ein.[55] Lukács weist in dem Kapitel über den Neuhegelianismus seines im Jahr 1954 erstveröffentlichten Werkes *Die Zerstörung*

49 *Hartmann*, Das methodologische Denken bei Karl Larenz, 2001 [Diss. Leipzig 1988], S. 53.

50 Vgl. zur personellen Eingrenzung der Göttinger Schule Kapitel 1.

51 Er nennt fälschlicherweise auch Schönfeld als Schüler Binders.

52 Vgl. *Jakob*, Grundzüge der Rechtsphilosophie Julius Binders, Diss. Göttingen 1995, S. 76.

53 *Frassek*, Von der „völkischen Lebensordnung" zum Recht, Die Umsetzung weltanschaulicher Programmatik in den schuldrechtlichen Schriften von Karl Larenz (1903–1993), 1996.

54 *Hüpers*, Karl Larenz – Methodenlehre und Philosophie des Rechts in Geschichte und Gegenwart, 2010, S. 72.

55 *Marcuse*, Reason and Revolution, Hegel and the Rise of Social Theory, 1941, 2nd Edition with Supplementary Chapter, Reprinted 1955, S. 423.

der Vernunft immerhin darauf hin, dass in Göttingen „sogar eine besondere neuhegelianische Schule der Rechtsphilosophie" entstanden sei, wobei er Binder, Busse und Larenz namentlich nennt, doch unterbleibt eine weitere Auseinandersetzung mit ihr.[56] Riedel weist im Jahr 1962 auf die „Bemühungen des Neuhegelianismus um 1930" hin, die er vor allem Larenz, Dulckeit, Busse und dem späten Binder zuordnet, doch führt er diese nicht weiter aus.[57] In der Einleitung seiner *Materialien zu Hegels Rechtsphilosophie* spricht er im Jahr 1975 von der neuhegelianischen Rezeption der Hegelschen Rechtsphilosophie, die sich „nach dem Ersten Weltkrieg zwanglos der ‚totalitären' Staatsideologie des Faschismus" angenähert habe. Ausgangspunkt dieser Hegel-Deutung, sei die „extrem-konservative [...] Juristengruppe um J. Binder (G. Dulckeit, K. Larenz, M. Busse, C.A. Emge, W. Schönfeld)" gewesen. Zwar nennt Riedel die „sozialphilosophische Pseudosprache der ‚Gemeinschaft', die man bei Hegel begrifflich [...] vorformuliert glaubt" als Kennzeichen jener Gruppierung und als Ziel „die Apologie der Volksgemeinschaft, die endgültige und unwiderrufliche Revision der bürgerlichen Freiheiten zugunsten einer ‚Volksordnung', in der die von Hegel eingeführten Unterscheidungen zurückgenommen und im Dunkel des politischen Mythos verschwunden sind", doch unterbleibt eine tiefergehende Identifizierung und Auseinandersetzung mit der Binder-Schule.[58] Kiesewetter setzt sich im Jahr 1974 in seiner Abhandlung *Von Hegel zu Hitler* zwar mit Binder, Larenz, Busse und Dulckeit auseinander, auch weist er auf eine gewisse Lehrerstellung Binders hin, doch bleibt seine Beschäftigung mit Binder und seinen Schülern in Anlehnung an die Zielrichtung seiner Abhandlung selektiv, da er Binder und seine Schüler pauschal und durchweg als „nationalsozialistische Hegelianer" bezeichnet. Die Zusammengehörigkeit der Binder-Schüler in Bezug auf ihre Göttinger Herkunft erwähnt er nicht.[59] Kleiner geht in seinem Wörterbuch-Artikel aus dem Jahr 1984 auf Binder und Larenz nur insofern ein, als er feststellt, dass sie den Neuhegelianismus „kompromittierten, indem sie Hegels Staats- und Geschichtsphilosophie zur Rechtfertigung des Dritten Reichs missbrauchten".[60] Die DDR-Philosophin Monika Leske bezeichnet im Jahr 1990 Binder und Larenz lediglich als Angehörige des „sich offen mit dem Faschismus ins Benehmen setzenden Flügel des Neuhegelianismus", der auch „‚faschisierender Neuhegelianismus'" genannt werde.[61] In der Bibliographie des *Hegel-Lexikons* von Cobben, Cruysberghs, Jonkers und De Vos im Jahr 2006

---

56 *Lukács*, Die Zerstörung der Vernunft, 1962, S. 501.

57 *Riedel*, Tradition und Revolution in Hegels „Philosophie des Rechts", Zeitschrift für philosophische Forschung, 1962, S. 204.

58 *Riedel*, Materialien zu Hegels Rechtsphilosophie, Bd. 1, 1975, S. 31.

59 *Kiesewetter*, Von Hegel zu Hitler, Eine Analyse der Hegelschen Machtsstaatsideologie und der politischen Wirkungsgeschichte des Rechtshegelianismus, 1974.

60 *Kleiner*, Artikel „Neuhegelianismus", in: Ritter/Gründer (Hrsg.), Historisches Wörterbuch der Philosophie, Bd. 6, 1984, S. 743.

61 *Leske*, Philosophen im „Dritten Reich". Studie zu Hochschul- und Philosophiebetrieb im faschistischen Deutschland, 1990, S. 27.

wird kein einziges Werk der juristischen Neuhegelianer um Binder genannt.[62] In Cobbens Erläuterung der *Grundlinien der Philosophie des Rechts* im *Hegel-Lexikon* wird in Bezug auf die Wirkgeschichte des Werkes die Interpretation in zwei Parteien eingeteilt: eine „konservative" und eine „progressive". Diese Dichotomie ergebe sich aus der Zweipoligkeit des Werkes: der Pol der Tradition sei im Werk durch die Hegelschen Termini „Familie", „Korporation", „Staat" und „Monarch" verkörpert, wohingegen der Pol der „formellen Freiheit" der modernen subjektiven Freiheit Raum schaffe. Zu ersterem Pol wird dann kursorisch Rosenkranz als „Nationalist" eingeordnet und Binder als „Faschist".[63] Großmann erwähnt zwar im Jahr 2010 Binder und Schönfeld, deren Namen man heute kaum mehr kenne, sowie Larenz und Dulckeit, die der rechtsphilosophisch und rechtshistorisch gebildete Jurist zumindest als Methodologen bzw. Romanisten verorte; auch weist er darauf hin, dass Binder Larenz' Lehrer in Göttingen war, doch ordnet er Larenz lediglich der „Kieler Schule" zu und erwähnt die Göttinger Schule nicht.[64]

4. Die Göttinger Schule als rechtshistorische Tatsache

Von der weitgehenden Verkennung der Existenz der Göttinger Schule abgesehen, ist der Neuhegelianismus an sich kein unbeackertes Feld der Literatur.[65] Gemeinhin wird dabei davon ausgegangen, dass Julius Binder Gründer und Hauptrepräsentant des deutschsprachigen rechtsphilosophischen Neuhegelianismus des 20. Jahrhunderts gewesen sei.[66] Frappierend ist dabei jedoch die Nichtbeachtung der geradezu ins Auge fallenden persönlichen Verbundenheit der durch Binder geschulten neuhegelianischen Rechtsphilosophen Karl Larenz, Martin Busse und Gerhard Dulckeit durch ihre Göttinger Zeit in den 1920er und 1930er Jahren, die Dulckeit im Jahr 1936 in Bezug auf die Schülerschaft bei Binder als „geistige Heimat"[67] bzw. „geistige

---

62 *Cobben/Cruysberghs/Jonkers/De Vos* (Hrsg.), Hegel-Lexikon, 2006, S. 540 f.

63 *Cobben*, Objektiver Geist/Grundlinien der Philosophie des Rechts, in: *Ders./Cruysberghs/Jonkers/De Vos* (Hrsg.), Hegel-Lexikon, 2006, S. 77.

64 *Großmann*, Recht verkehrt: Hegels Rechtsphilosophie im Neuhegelianismus, in: Wischke/Przylebski, Recht ohne Gerechtigkeit? Hegel und die Grundlagen des Rechtsstaates, 2010, S. 192 ff.

65 Explizite Erläuterungen des rechtsphilosophischen Neuhegelianismus finden sich bei *Großmann*, a. a. O., S. 191 ff.; *Lepsius*, Die gegensatzaufhebende Begriffsbildung. Methodenentwicklungen in der Weimarer Republik und ihr Verhältnis zur Ideologisierung der Rechtswissenschaft im Nationalsozialismus, 1994, S. 271–286; *Mährlein*, Volksgeist und Recht, S. 161–211; *Rottleuthner*, Die Substantialisierung des Formalrechts, S. 211–264; *Stolleis*, Gemeinwohlformeln im nationalsozialistischen Recht, 1974, S. 50–64. Zum Neuhegelianismus allgemein vgl. *Kleiner*, Artikel „Neuhegelianismus", Historisches Wörterbuch der Philosophie, Bd. 6, S. 742–747.

66 So *Dreier*, Julius Binder (1870–1939), S. 436; *Lepsius*, Die gegensatzaufhebende Begriffsbildung, S. 274; *Stolleis*, Gemeinwohlformeln im nationalsozialistischen Recht, 1974, S. 51.

67 *Dulckeit*, Brief an Binder vom 29. Januar 1936, NSUG Cod. Ms. Dulckeit 1.

Kindschaft"[68] bezeichnet. Die Betrachtung der rechtsphilosophischen neuhegelianischen Veröffentlichungen im Zeitraum zwischen den Jahren 1900 und 1950 offenbart eine überwiegende Konzentration des rechtsphilosophischen Neuhegelianismus von 1929 bis 1945 auf diese Göttinger Neuhegelianer.[69] Faktum ist, dass diesem Kreis in einer relativ überschaubaren Anzahl an Jahren eine reiche Anzahl an Publikationen entsprang, die sich eingehend mit Hegel auseinandersetzten.[70] Dass, über diese statistisch-bibliographische Häufung hinaus, von einer Göttinger Schule des juristischen Neuhegelianismus gesprochen werden kann, insofern Binder und seine Schüler vielfältige Zeugnisse ihres Zusammenwirkens abgelegt haben, soll die vorliegende Arbeit aufzeigen. Sie soll die Entwicklung der neuhegelianischen Rechtsphilosophie durch Julius Binder und seine Göttinger Schüler von Ende der 1920er bis etwa zur Mitte der 1930er Jahre und vereinzelt darüber hinaus herausarbeiten. Fraglos bleiben damit wichtige Teile vor allem des Binderschen und Larenzschen Oeuvres außerhalb des Fokus dieser Abhandlung. Dies scheint deshalb gerechtfertigt zu sein, als nicht eine umfassende Personen- oder Werkgeschichte Julius Binders und seiner Schüler erstellt werden, sondern dem Phänomen der Göttinger Hegel-Schule nachgegangen werden soll, die im engeren Sinne nicht deckungsgleich mit den Gesamtwerken der betrachteten Autoren ist.[71] Wo jeweils Überschneidungen thematisch abseitiger Schriften mit dem neuhegelianischen Schaffen der Autoren auftreten, wird im Verlaufe der Abhandlung auf sie eingegangen werden.

III. Rechtsphilosophischer und historischer Kontext der Göttinger Schule

1. Hegelrenaissance und Neuhegelianismus

Im Jahr 1933 datierte Carl Schmitt den Tod Hegels im übertragenen Sinne auf den 30. Januar desselben Jahres, wonach mit dem Tag der „Machtergreifung" der Nationalsozialisten der „Hegelische Beamtenstaat des 19. Jahrhunderts" durch „eine andere Staatskonstruktion" ersetzt worden sei.[72] Zuvor hatte die Rechtsphilosophie Hegels in den 1920er Jahren eine florierende Renaissance erfahren und die Beschäftigung mit Hegelschen Gedanken schien unter den deutschen Rechtsphilosophen ab Mitte der 1920er Jahre geradezu *en vogue* gewesen zu sein.[73] Die Zeitschrift *Logos*

68 *Dulckeit*, Brief an Binder vom 23. Mai 1936, NSUG Cod. Ms. Dulckeit 1.

69 Vgl. etwa die Zusammenstellung bei *Gründer*, Bibliographie zur politischen Theorie Hegels, in: Ritter, Hegel und die französische Revolution, 1957, S. 81 ff.

70 Vgl. die Bibliographie am Ende der Abhandlung.

71 Zu den Gesamtwerken Binders und Larenz' vgl. nur *Jakob*, Grundzüge der Rechtsphilosophie Julius Binders; *Frassek*, Von der „völkischen Lebensordnung" zum Recht.

72 *C. Schmitt*, Staat, Bewegung, Volk: Die Dreigliederung der politischen Einheit, 1933, S. 31 f.

73 Vgl. zum Neuhegelianismus in der Weimarer Staatsrechtslehre *Kersting*, Neuhegelianismus und Weimarer Staatsrechtslehre. Zum kommunitaristischen Etatismus

hatte bereits im Jahr 1910 die ein Jahr zuvor neu herausgegebene *Phänomenologie des Geistes* Hegels mit einer einleitenden Akklamation kommentiert: „Innerhalb dreier Jahre die dritte Neuausgabe der Phänomenologie!".[74] Auch der prominente philosophische Vertreter des Neuhegelianismus Hermann Glockner resümierte im Jahr 1941, dass es „vor dem [Ersten, Anm. d. Verf.] Weltkriege [...] keine auch nur einigermaßen vollständige Neuausgabe von Hegels Werken" gegeben habe und „der alte Originaldruck [...] selten und kostbar geworden" sei.[75] In den Jahren nach dem Ersten Weltkrieg hatte jedoch eine rege Herausgabetätigkeit der Hegelschen Schriften eingesetzt und bis zum Beginn der 1930er Jahre lagen diverse Neu- und Gesamtausgaben des Hegelschen Werkes vor.[76]

Neben der Neuedition der Werke Hegels nahm auch die inhaltliche Auseinandersetzung mit Hegel nach dem Ersten Weltkrieg zu. So stellte Georg Lasson 1915 fest, dass sich „der Geist der Zeit im allgemeinen der geistigen Art Hegels wieder irgendwie zuzuneigen beginnt".[77] Noch zu Hegels hundertfünfzigstem Geburtstag im Jahr 1920 war die publizistische Resonanz jedoch relativ verhalten. Hermann Heller

---

Hermann Hellers, in: Carstens/Schlüter-Knauer (Hrsg.), Der Wille zur Demokratie, 1998, S. 195 ff. Dabei war die „Hegel-Renaissance" nicht auf Deutschland beschränkt. So veröffentlichte die Zeitschrift *Logos* verschiedene Themehefte zu „Gruppen von Hegelianern" und zu „Denker[n], die Hegel nahestehen" insbesondere in den Niederlanden und Italien. Vgl. Vorbemerkung, Logos, Bd. XIX, 1930, S. 1. Zur internationalen Hegel-Renaissance vgl. auch *Levy*, Notizen, Logos, Bd. XIX, 1930, S. 419 ff.

74 Die Zeitschrift „LOGOS, Internationale Zeitschrift für die Philosophie der Kultur" war ein wichtiges Publikationsorgan des Neuhegelianismus. Sie bestand von 1910 bis 1933 und wurde ab 1924 von dem Philosophen Richard Kroner herausgegeben (Julius Binder firmierte ab 1923 als Mitherausgeber). Als Kroner aufgrund seiner jüdischen Abstammung nach 1933 zunehmende Diskriminierung erfuhr, bereitete Larenz, der seit 1927 im „Logos" publiziert hatte, ab 1934 die Übergabe der Herausgeberschaft an Hermann Glockner vor. Dieser schlug seinerseits Larenz als Mitherausgeber vor. Nach der Übernahme der Zeitschrift – gegen den Willen Kroners – erschien sie ab 1935 unter dem Titel *Zeitschrift für deutsche Kulturphilosophie*, worin die Herausgeber Larenz und Glockner eine bewusste Abkehr vom Internationalismus des „Logos" sahen. Die erneuerte Zeitschrift sollte „Ausdruck des kulturphilosophischen Wollens *unserer Zeit*" sein und „damit jener großen Bewegung dienen, die heute durch unser Volk geht, und die wir zutiefst als eine geistige Bewegung begreifen". Obwohl die *Zeitschrift für deutsche Kulturphilosophie* die „Bindung an eine philosophische Schule" ablehnte, sprachen die Herausgeber von den „fruchtbaren Ansätzen des deutschen Idealismus" und gaben an, „gegen unzureichende Deutungen wie gegen spielerisch-geistreiche Verschnörkelungen und gegen eine effekthaschende Modephilosophie" kämpfen zu wollen, *Glockner/Larenz*, Zur Einführung, Zeitschrift für deutsche Kulturphilosophie, Bd. 1, 1935, S. 1 f. Zu den Vorgängen der Übergabe der Herausgeberschaft von Kroner an Glockner und Larenz vgl. *Kramme*, LOGOS 1933/34. Das Ende der „Internationalen Zeitschrift für Philosophie der Kultur", Rechtstheorie 1996, S. 92–116.

75 *Glockner*, Zur Geschichte der neueren Philosophie, S. 37.

76 Vgl. zur Editionsgeschichte *Glockner*, a. a. O., S. 37 ff.

77 *Lasson*, Was heißt Hegelianismus?, S. 3.

schrieb im Jahr 1921 in seiner Schrift *Hegel und der nationale Machtstaatsgedanke in Deutschland*, dass sich „heute, wo wir den 150. Geburtstag Hegels begehen wollen", leicht vermuten lasse, dass „die ‚idealistische', doktrinär-spekulative Machtstaatsidee" Hegels im politischen Denken der Gegenwart ihre Wirksamkeit verloren hätte. Doch sei „bislang eher das Gegenteil zu bemerken" gewesen. Es lasse sich in der Rechtsphilosophie eine „Erneuerung des Hegelianismus" bemerken.[78] Auch Hermann Glockner beschwor im *Logos* in seiner dort abgedruckten programmatischen Heidelberger Antrittsvorlesung von 1924 eine „Renaissance" Hegels.[79] Der Jesuit Erich Przywara sprach im Jahr 1926 von einer „Wende zu Hegel" und „Hegel-Neugeburt".[80] Glockners akademischer Lehrer, der Philosoph Heinrich Rickert, konstatierte im Jahr 1927 anlässlich der von Glockner herausgegebenen Jubiläumsausgabe Hegels sämtlicher Werke in Faksimile: „Seit längerer Zeit wächst das Interesse für Hegels Philosophie, ja man kann von einer Bewegung des Neuhegelianismus reden".[81] Heinrich Levy untersuchte 1927 in seiner Abhandlung *Die Hegel-Renaissance in der deutschen Philosophie* die „hegelschen Motive" und „Annäherungen an Hegel" bei den maßgeblichen Schriftstellern der Zeit. Auf Binder ging er allerdings nicht ein.[82] Eine Rezension im *Logos* stellte im Jahr 1929 fest: „Heute kann man mit Recht von einer Rückkehr zu Hegel sprechen".[83] Julius Binder stellte im Jahr 1930 ein „neuerwachtes Verständnis für Hegel" fest.[84] Richard Kroner griff in der Rede zur Eröffnung des ersten internationalen Hegel-Kongresses vom 22. bis 25. April des selben Jahres in Den Haag, auf der der Internationale Hegelbund[85] gegründet wurde, „das Wort

78 *Heller*, Hegel und der nationale Machtstaatsgedanke in Deutschland, S. 201 f.

79 *Glockner*, Krisen und Wandlungen in der Geschichte des Hegelianismus, Logos, Bd. XIII, 1925, S. 340, 353.

80 *Przywara*, Thomas oder Hegel?, Logos, Bd. XV, 1926, S. 3.

81 *Rickert*, Rezension von Georg Wilhelm Friedrich Hegel, Sämtliche Werke, Logos, Bd. XVI, 192, S. 241.

82 *Levy*, Die Hegel-Renaissance in der deutschen Philosophie mit besonderer Berücksichtigung des Neukantianismus, Kant-Studien, Ergänzungshefte im Auftrage der Kant-Gesellschaft, Bd. 30, 1927.

83 *Peters*, Rezension von Janeff, Hegel. Seine Persönlichkeit, sein Schicksal, seine Philosophie, Logos, Bd. XVIII, 1929, S. 293.

84 *Binder*, Der Staat der Musik, 1930, S. 7.

85 Der Internationale Hegelbund ging auf die niederländische hegelianische „Bolland-Genootschap voor Zuivere Rede" und Balthus Wigersma zurück, vgl. *Kindermann*, Begrüssungsrede, in: Balthus Wigersma (Hrsg.), Verhandlungen des ersten Hegelkongresses vom 22. bis 25. April 1930 im Haag, 1931, S. 13 ff.; *Kroner*, Rede zur Eröffnung des ersten internationalen Hegel-Kongresses, in: Wigersma (Hrsg.), Verhandlungen des ersten Hegelkongresses vom 22. bis 25. April 1930 im Haag, 1931, S. 18 ff. Der Hegelbund sollte sich ausweislich einer ankündigenden Notiz im *Logos* von 1929 „in den Dienst des Hegelstudiums und der Hegelrenaissance stellen", vgl. Logos, Bd. XVIII, 1929, S. 448. Dem Vorstand des internationalen Hegelbundes gehörten an: Richard Kroner als erster Vorsitzender, Julius Binder als zweiter Vorsitzender und Benjamin Marius Telders als Sekretär. Ferner Hermann Glockner, Adolf Lasson, Giovanni Gentile, Guido

von der Hegel-Renaissance“ auf, „das in Deutschland immer lauter erklingt“, um festzustellen, dass diese Bezeichnung „also eine tiefe Berechtigung“ haben dürfte.[86] Auch Binder sprach auf dem Kongress von einer „heutigen Hegel-Renaissance, die auf diesem ersten Hegel-Kongress Erscheinung und Bestätigung“ gefunden habe. Weiterhin ließe der Kongress gar die Deutung zu, „dass der Geist, der in Hegel einmal zu seinem Selbstbewusstsein gekommen war, doch noch nicht ganz erstorben ist und wir noch nicht daran zu verzweifeln brauchen wieder einmal eine Wirklichkeit des Geistes auf Erden zu erleben“.[87] Der niederländische Hegelianer Samuel Adrianus van Lunteren befürchtete, dass es im Zuge der Hegel-Renaissance „vielleicht in nächster Zukunft wohl ‚Mode‘ werden könnte“, sich „nichts weniger als ‚Hegelianer‘“ zu nennen.[88] Max Wundt tastete sich im Jahr 1930 ebenfalls an das Phänomen Neuhegelianismus heran, ohne jedoch den Begriff *expressis verbis* zu verwenden und stellte einen Übergang vom Kantschen Paradigma in der Rechtsphilosophie hin zu Fichte und Hegel fest.[89] Spätestens zu Hegels hundertstem Todestag im Jahr 1931 wurde ein „erstaunliches Anschwellen“ der Literatur bemerkt.[90] Anlässlich dieses Jubiläums fand der zweite internationale Hegel-Kongress in Berlin mit mehr als 300 internationalen Teilnehmern statt. Ein Empfang des preußischen Kultusministers Adolf Grimme, Kranzniederlegungen am Hegel-Denkmal an der Universität und am Grab, sowie eine Hegel-Ausstellung der Preußischen Staatsbibliothek unterstrichen die erneute Popularität des Philosophen.[91]

Calogero, Jean Wahl, Alexandre Koyré, John Alexander Smith, Michael Beresford Foster, Dmitry Tschižewsky, Jacob Hessing, Jannes Gerhardus Wattjes, Balthus Wigersma und Kiyoshi Miki, vgl. Satzungen des Internationalen Hegel-Bundes, in: *Wigersma* (Hrsg.), Verhandlungen des ersten Hegelkongresses vom 22. bis 25. April 1930 im Haag, 1931, S. 243; Satzungen des Internationalen Hegel-Bundes, in: Wigersma (Hrsg.), Verhandlungen des zweiten Hegelkongresses vom 18. bis 21. Oktober 1931 in Berlin, 1932, S. 200. Zum ersten internationalen Hegel-Kongress vgl. *Levy*, Notizen, Logos, Bd. XIX, 1930, S. 419 ff. Zum zweiten internationalen Hegel-Kongress vgl. *Hartmann*, Bericht über den II. Internationalen Hegelkongress in Berlin, 18. bis 22. Oktober 1931, Kant-Studien, Bd. 37, 1932, S. 317.

86 *Kroner*, Rede zur Eröffnung des ersten internationalen Hegel-Kongresses, S. 31.

87 *Binder*, Die Freiheit als Recht, in: Veröffentlichungen des internationalen Hegelbundes 1, Verhandlungen des 1. Hegelkongresses, 1931, S. 146.

88 *van Lunteren*, Rezension von Karl Larenz: Hegels Zurechnungslehre und der Begriff der objektiven Zurechnung, Logos, Bd. XIX, 1930, S. 287, 291.

89 Vgl. *Wundt*, Von Platon zu Aristoteles. Bemerkungen über die Entwicklung der griechischen Staatsidee, in: Larenz (Hrsg.), Rechtsidee und Staatsgedanke, Beiträge zur Rechtsphilosophie und zur politischen Ideengeschichte, Festgabe für Julius Binder, 1930, S. 188.

90 Vgl. mit Literaturhinweisen *Lepsius*, Die gegensatzaufhebende Begriffsbildung, S. 272 f.; vgl. auch *Kroner*, Hegel heute, Hegel-Studien, Bd. 1, 1961, S. 136.

91 Vgl. zum zweiten internationalen Hegelkongress *Hartmann*, Bericht über den II. Internationalen Hegelkongress in Berlin, 18. bis 22. Oktober 1931, S. 317 ff.; *Nadler*,

Larenz ging im Jahr 1931 davon aus, dass die Gründung des Internationalen Hegelbundes „sicher nicht allein auf einer gerechten Würdigung der Voraussetzungen und Ziele der Hegelschen Philosophie“ beruhe, sondern sogar „auf ein verändertes Verhältnis unserer Zeit gegenüber der Idee der Philosophie und zumal gegenüber der Metaphysik“ hindeute, „das nur in einer tiefgehenden Wandlung des Bewusstseins“ begründet sein könne.[92] Gleichzeitig könne die „Erneuerung der Hegelschen Philosophie in der Gegenwart, der moderne Hegelianismus, nur eine Rückkehr zu Hegel bedeuten, die ebensosehr ein Hinausgehen über ihn ist“. Notwendig für den „modernen Hegelianismus“ sei, dass er Hegels Denken „nicht allein wiederholt, sondern es in einer veränderten geistigen Situation als fruchtbar erweist und damit *wahr macht*“. Für die Rechtsphilosophie sei die Stunde gekommen, „sich auf das zu besinnen, was die Philosophie Hegels heute noch und gerade wieder zur Erfassung des Rechts und der Erscheinung des Rechtslebens leisten kann“.[93] Im selben Jahr legten Binder und seine Schüler Larenz und Busse im Sinne dieser „Erneuerung des Hegelstudiums“ ihr Gemeinschaftswerk *Einführung in Hegels Rechtsphilosophie* vor, in dem Larenz feststellte, dass „die Entwicklung des philosophischen Bewusstseins in der Gegenwart so weit fortgeschritten ist, dass die Probleme Hegels wieder unsere eigenen Probleme geworden sind“ und dass „niemand mehr an Hegels Rechtsphilosophie vorübergehen“ könne, „dem ernsthaft um die philosophische Erkenntnis des Rechts und des Staates zu tun ist“.[94]

Hermann Glockner betitelte im Jahr 1931 einen Aufsatz im *Logos* programmatisch mit *Hegelrenaissance und Neuhegelianismus. Eine Säkularbetrachtung*.[95] Er trennte dort den Neuhegelianismus von der Hegelrenaissance.[96] Letztere sei lediglich ein neu erwachtes Interesse an Hegel. Der Neuhegelianismus gehe aber darüber hinaus, da es sich „um eine geistige Erscheinung handelt, die früheren analog ist“, nämlich der „heute abgelaufenen Bewegung des *Neukantianismus*“.[97] Gleichwohl konnte Glockner noch keinen Vertreter einer eigenständigen neuhegelianischen Systembildung benennen. Den Rechtsphilosophen Binder und seine Schüler erwähnte er jedenfalls noch nicht.

Bericht über den 2. Internationalen Hegelkongress in Berlin vom 18.–22. Oktober 1930, Logos, Bd. XX, 1931, S. 443–448.

92 *Larenz*, Hegels Dialektik des Willens und das Problem der juristischen Persönlichkeit, Logos, Bd. 20, 19, S. 196.

93 *Larenz*, a. a. O., S. 197.

94 *Larenz*, Hegels Begriff der Philosophie und der Rechtsphilosophie, in: Binder/Busse/Larenz, Einführung in Hegels Rechtsphilosophie, 1931, S. 5. Zur *Einführung in Hegels Rechtsphilosophie* vgl. Kapitel 2 Abschnitt IV.

95 *Glockner*, Hegelrenaissance und Neuhegelianismus, Logos, Bd. XX, 1931, S. 169.

96 Vgl. *Glockner*, a. a. O., S. 190.

97 Glockner, a. a. O., S. 172.

2. Neuhegelianismus und Nationalsozialismus

Die Schmittsche Pointe vom Tod Hegels am 30. Januar 1933 ist Ausdruck der Ambivalenz in der Zeit des Nationalsozialismus die der Hegelschen Rechtsphilosophie schon wenige Jahre nach der konstatierten „Hegelrenaissance" zukam. Ob Hegel dabei mit der „Machtübernahme" gleichsam, gestorben war, oder geradezu zum rechtsphilosophischen Wegbereiter des „Dritten Reichs" erhoben wurde, ist – je nach Perspektive – höchst umstritten. Rechtstheoretiker wie Binder und seine Schüler Larenz, Busse und Dulckeit bemühten sich nicht nur um die rechtsphilosophische Bewältigung und Abwicklung der Weimarer Republik, sondern auch um die Fundierung des neuen nationalsozialistischen Staats mit Hilfe einer neuhegelianischen Rechtsphilosophie.[98] Darüber hinaus finden sich in großen Teilen der rechtstheoretischen Schriften der Zeit Zitate von Hegel oder Verweise auf ihn, wenngleich dies freilich noch kein Indiz für eine tatsächliche rechtsphilosophische Rezeption ist. Stolleis spricht von einem „auf breiter Front einsetzenden Neo-Hegelianismus unter der Führung Julius Binders" in den 1930er Jahren[99] und davon, dass es in den Jahren nach der „Machtergreifung" eine „offene Frage" gewesen sei, „ob der Hegelianismus mit der nationalsozialistischen Weltanschauung vereinbar oder sogar als ihre Grundlage geeignet" gewesen wäre.[100] Rottleuthner stellt fest, dass es, wenn es zur Zeit des Nationalsozialismus in der Rechtsphilosophie einen tonangebenden Denker gegeben hätte, dies allenfalls Hegel gewesen sein könnte. Gleichwohl betont er, dass der Neuhegelianismus „anscheinend nicht zu ‚herrschenden' rechtsphilosophischen Doktrin" im Nationalsozialismus geworden sei.[101]

Nach der „Hegelrenaissance" der späten 1920er und frühen 1930er Jahre scheinen Literaturverweise auf Hegel auch in den Jahren nach 1933 zu einem spezifischen Comment der Rechtstheorie gehört zu haben. Alfred Manigk ging im Jahr 1938 gar von einem „Zeitalter des Neu-Hegelianismus" aus.[102] Hans Frank bezeichnete im selben Jahr Hegel als den „vielleicht größten Rechts- und Staatsphilosophen, den das deutsche Volk bisher hervorgebracht hat"[103]. Er bemaß diesen Status jedoch nicht an rechtsphilosophischen Inhalten, sondern zog Hegelzitate heran, die schwerlich

98 Vgl. zur Rezeption der „Machtergreifung" in der Rechtsphilosophie *Frommel*, Die Nationalsozialistische Machtergreifung im Spiegel der deutschen Rechts- und Sozialphilosophie, in: Memoria del X Congreso Mundial Ordinario de Filosofia des Derecho y Filosofia Social, 1981, Volume V, S. 207 ff.

99 *Stolleis*, Geschichte des öffentlichen Rechts in Deutschland, Bd. 3, Staats- und Verwaltungsrechtswissenschaft in Republik und Diktatur 1914–1945, 1999, S. 244.

100 Mit weiteren Verweisen auf die umstrittene Hegelrezeption nach 1933 *Stolleis*, Gemeinwohlformeln im nationalsozialistischen Recht, S. 50 ff.

101 *Rottleuthner*, Rechtsphilosophie und Rechtssoziologie im Nationalsozialismus, in: Dreier/Sellert, Recht und Justiz im „Dritten Reich", 1989, S. 297 f.

102 *Manigk*, Neubau des Privatrechts, Grundlagen und Bausteine, 1938, S. 2.

103 *Frank*, Die Aufgaben des Rechts, Zeitschrift der Akademie für Deutsches Recht, 5. Jahrgang, 1938, S. 4.

als besonders typisch für Hegels Rechtsphilosophie zu deuten sind. Sie sind eher als rechtspolitische Gemeinplätze aufzufassen, die mit der Autorität Hegels untermauert werden sollten. So würdigte Frank den Ausdruck „idealistischen" Rechts in den „gewaltigen Gesetzgebungsverfahren der letzten Jahre", wobei dem Gesetz an sich „leicht das Zufällige des Eigenwillens und anderer Besonderheit" anhafte, „wie Hegel in seiner Rechtsphilosophie sagt (§ 212)".[104] Weiterhin zog er Hegel als Garanten gegen ein reines „Fallrecht" oder „Richterrecht" heran und ging auf § 211 der Hegelschen *Rechtsphilosophie* ein, in dem sich Hegel gegen eine historisierende Betrachtung des Rechts wandte.[105]

Eine derartig oberflächliche Vereinnahmung Hegels mag retrospektiv zu der Annahme verleitet haben, Hegel habe tatsächlichen Einfluss auf das nationalsozialistische Rechtsdenken gehabt.[106] Rottleuthner spricht jedoch in diesem Zusammenhang treffend von einer „Reduktion Hegelscher Gedanken zum bloßen Topos", der keinerlei Klärung des Verhältnisses des Nationalsozialismus zu Hegel erlaube.[107]

---

104 Vgl. dazu *Hegel*, Grundlinien der Philosophie des Rechts oder Naturrecht und Staatswissenschaft im Grundrisse, 1976, § 212: „In dieser Identität des *Ansichseins* und des *Gesetztseins* hat nur das als *Recht* Verbindlichkeit, was *Gesetz* ist. Indem das Gesetztsein die Seite des Daseins ausmacht, in der auch das Zufällige des Eigenwillens und anderer Besonderheit eintreten kann, so kann das, was Gesetz ist, in seinem Inhalte noch von dem verschieden sein, was an sich Recht ist."

105 *Frank*, Die Aufgaben des Rechts, S. 4. Vgl. dazu *Hegel*, Grundlinien der Philosophie des Rechts, § 211, über die Gewohnheitsrechte: „Dass sie durch ihre Form als *Gewohnheiten* zu sein, den Vorzug haben sollen, ins *Leben* übergegangen zu sein [...], ist eine Täuschung, da die geltenden Gesetze einer Nation dadurch, dass sie geschrieben und gesammelt sind, nicht aufhören, ihre Gewohnheit zu sein. Wenn die Gewohnheitsrechte dazu kommen, gesammelt und zusammengestellt zu werden, was bei einem nur zu einiger Bildung gediehenen Volke bald geschehen muss, so ist dann diese Sammlung das *Gesetzbuch*, das sich freilich, weil es bloß eine Sammlung ist, durch seine *Unförmigkeit*, Unbestimmtheit und Lückenhaftigkeit auszeichnen wird. Es wird sich vornehmlich von einem eigentlich so genannten Gesetzbuche dadurch unterscheiden, dass dieses die Rechtsprinzipien in ihrer *Allgemeinheit* und damit in ihrer Bestimmtheit denkend auffasst und ausspricht. [...] Einer gebildeten Nation oder dem juristischen Stande in derselben die Fähigkeit abzusprechen, ein Gesetzbuch zu machen – da es nicht darum zu tun sein kann, ein System ihrem *Inhalte* nach *neuer* Gesetze zu machen, sondern den vorhandenen gesetzlichen Inhalt in seiner bestimmten Allgemeinheit zu erkennen, d.i. ihn *denkend* zu fassen, mit Hinzufügung der Anwendung aufs Besondere –, wäre einer der größten Schimpfe, der einer Nation oder jenem Stande angetan werden könnte."

106 Vgl. *Kiesewetter*, Von Hegel zu Hitler. Mit tiefergehenden Begründungen vgl. *Topitsch*, Hegel und das Dritte Reich, in: Der Monat, Juni 1966, S. 36 ff.; *Topitsch*, Kritik der Hegel-Apologeten, in: Kaltenbrunner (Hrsg.), Hegel und die Folgen, 1970, S. 329 ff. Kritisch dazu aus marxistischer bzw. sozialistischer Sicht *Leske*, Philosophen im „Dritten Reich". Studie zu Hochschul- und Philosophiebetrieb im faschistischen Deutschland, 1990, S. 165.

107 *Rottleuthner*, Die Substantialisierung des Formalrechts, S. 228.

Gleichwohl ist z.B. Topitsch zuzugeben, dass die autoritäre und antiliberale Hegel-Rezeption der Weimarer Republik dem geistigen Klima Vorschub leistete, in dem 1933 die nationalsozialistische „Machtergreifung" begrüßt wurde.[108] Der Impuls der neuhegelianischen Rechtsphilosophie, die es sich zur Aufgabe gemacht hatte, die Weimarer Republik zu überwinden und eine Rechtsphilosophie des nationalsozialistischen Staates zu begründen, verebbte jedoch ohne Aufnahme bei den nationalsozialistischen Machthabern und ihren Propagandisten.[109]

In der zu Hitlers fünfzigstem Geburtstag im Jahr 1939 erschienenen Festschrift *Deutsche Wissenschaft. Arbeit und Aufgabe* kritisierte der „NS-Hofpädagoge"[110] Ernst Krieck etwa, dass „über der Philosophie der Gegenwart in der Mehrzahl der Fälle nicht so sehr die nationalsozialistische Weltanschauung in der Wegweisung [stehe], sondern das Epigonentum gegenüber Kant, Hegel, Nietzsche usw."[111] In seiner Polemik *Hegel gegen das Reich* aus dem Jahr 1941 versuchte Krieck nachzuweisen, dass Hegel keineswegs als Philosoph der deutschen Reichsrestauration angesehen werden könnte, sondern die „Neigung zum Franzosentum" Hegels „erste und einzige Liebe" gewesen sei und dass Hegel „nicht den guten Typus der Deutschen" des 19. Jahrhunderts vertreten habe, sondern den „verhängnisvollen Gegentypus".[112]

In der Diskussion um die Lehrstuhl-Nachfolge Binders im Jahr 1937 warf der Göttinger Dekan Karl Siegert, ein überzeugter Nationalsozialist, dem Kandidaten Dulckeit vor, „einseitig im Neuhegelianismus festgelegt"[113] bzw. „auf Grund seines Hegelschen rechtsphilosophischen Denkens nicht in der Lage" zu sein, „eine fruchtbare Rechtsphilosophie im Sinne unserer Weltanschauung zu gestalten".[114] Auch der Jurist Otto Koellreutter konstatierte im Jahr 1935, dass das Hegelsche Staatsdenken und das nationalsozialistische Volksdenken „weltanschauliche Gegensätze" seien. Der Nationalsozialismus Adolf Hitlers habe mit der „Staatsvergottung Hegels" nichts zu tun. Adolf Hitler sei „ein völkischer Denker und deshalb kein Hegelianer".[115] Weder „Hegel noch der Nationalsozialismus" habe es nötig, dass

---

108 Vgl. *Topitsch*, Hegel und das Dritte Reich, S. 36 ff.

109 Zur Ernüchterung der universitären Philosophie überhaupt zu Beginn des Dritten Reichs vgl. *Knobloch*, Über die öffentliche Wahrnehmung der akademischen Philosophie vor und nach 1933, in: Heinz/Gretic, Philosophie und Zeitgeist im Nationalsozialismus, 2006, S. 11 ff.

110 So *Nübel/Tröger*, Herder in der Erziehung der NS-Zeit, 2004, S. 2.

111 *Krieck*, Philosophie, in: Rust (Hrsg.), Deutsche Wissenschaft, 1939, S. 29–31.

112 *Krieck*, Hegel gegen das Reich, Volk im Werden, Bd. 9, 1941, S. 249.

113 *Siegert*, Stellungnahme zum Sondervotum Binder und H. Meyer auf Ersuchen des Rektors, 27.1.1937, UAG Kur. 0808, 78.

114 *Siegert*, Schreiben an den Herrn Reichs- und Preußischen Minister für Wissenschaft, Erziehung und Volksbildung vom 29. April 1937, UAG Kur. 0808, 95.

115 *Koellreutter*, Besprechungen, Archiv des öffentlichen Rechts, Neue Folge, Bd. 26, 1935, S. 123 f.

Hegel zu einem „völkischen Denker" umgedeutet werde.[116] Hegels Staatsdenken wurzele in der liberalen Gedankenwelt und sei zwar Grundlage des Faschismus nicht aber des Nationalsozialismus.[117]

Noch weniger als die hegelkritischen nationalsozialistischen Akademiker wie Krieck, Siegert und Koellreutter konnte sich die rechts- und juristenfeindliche Führungsclique der Nationalsozialisten für Hegel erwärmen und dachte in anderen Kategorien als in Hegelschen oder neuhegelianisch geprägten „konkret-allgemeinen" Begriffen oder in „dialektischer" Methode.[118] So lehnte NS-Chefideologe Rosenberg in seinem im Jahr 1930 zuerst veröffentlichten Hauptwerk *Der Mythus des 20. Jahrhunderts* die „Staatsvergottung" Hegels ab und kritisierte Hegels Staatslehre als „gehaltloses Schema".[119] Die Tatsache, dass in dem im Jahr 1935 von Hans Frank herausgegebenen *Nationalsozialistischen Handbuch für Recht und Gesetzgebung* zwar in Carl Schmitts Ausführungen über den Rechtsstaat[120] sowie im völkerrechtlichen Teil auf Hegel zumindest stichwortartig rekurriert wurde[121], nicht jedoch in dem von C. A. Emge[122] und Erich Jung[123] geschriebenen Teil *Deutsche Rechtsphilosophie,*

---

116 *Koellreutter*, Grundfragen des völkischen und staatlichen Lebens im deutschen Volksstaate, 1935, S. 14.

117 *Koellreutter*, Volk und Staat in der Weltanschauung des Nationalsozialismus, 1935, S. 12 f.

118 Die Nichtbeachtung der Rechtsphilosophie Hegels durch die NS-Entscheidungsträger scheint vor dem Hintergrund der Forderung nach „volkstümlicher Gesetzgebung" plausibel zu sein, vgl. *Mertens*, Rechtsetzung im Nationalsozialismus, 2009, S. 117 ff.

119 *Rosenberg*, Mythus des 20. Jahrhunderts, 1933, S. 525, 527.

120 *C. Schmitt*, Der Rechtsstaat, in: Frank (Hrsg.), Nationalsozialistisches Handbuch für Recht und Gesetzgebung, 1935, S. 5.

121 *Raschhofer*, Volk, Nation und Völkerrecht, in: Frank (Hrsg.), Nationalsozialistisches Handbuch für Recht und Gesetzgebung, 1935, S. 102.; *Wegner*, Das Reich in der Rechtsgemeinschaft der Völker und unter dem rechtswidrigen Zwang von Versailles, in: Frank (Hrsg.), Nationalsozialistisches Handbuch für Recht und Gesetzgebung, 1935, S. 130.

122 *Emge*, Deutsche Rechtsphilosophie, A. Vorwort, in: Frank (Hrsg.), Nationalsozialistisches Handbuch für Recht und Gesetzgebung, 1935, S. 29.

123 *Jung*, Deutsche Rechtsphilosophie, B. Rechtsphilosophie, in: Frank (Hrsg.), Nationalsozialistisches Handbuch für Recht und Gesetzgebung, 1935, S. 32. Immerhin verweist Jung am Ende seiner Abhandlung in seinem Schrifttumsverzeichnis auf Hegels *Schriften zur Politik und Rechtsphilosophie* unter der Prämisse, dass „dieses Verzeichnis [...] nicht die gesamten Quellen und geistigen Grundlagen dieser Ausführung nachweisen [will ...]. Das Verzeichnis will nur, um dem Leser der Abhandlung die Wege zu eigener Nachprüfung und zur Ergänzung und Erweiterung des Vorgetragenen zu weisen, [...] auf denk- und gesinnungsverwandte Werke hinweisen, die in besonderem Maße zum Aufbau dieser Erörterungen gedient haben [...]." Weiterhin erklärt Jung, dass er „die eingeführten und jedermann leicht zugänglichen Lehrbücher der Rechtsphilosophie von noch lebenden Verfassern, wie [...] Julius Binder" nicht besonders anführe. A. a. O. S. 69.

kann ebenfalls als Gradmesser dafür dienen, dass die Hegelsche Rechtsphilosophie im Nationalsozialismus keinesfalls auf durchweg fruchtbaren Boden fiel.

Auch die Vertreter des rechtsphilosophischen Neuhegelianismus selbst stellten nach anfänglicher großer Euphorie für die nationalsozialistische „Machtergreifung" schon bald ihre eigene Wirkungslosigkeit auf das neue System bzw. sogar eine Missachtung durch dessen Vertreter fest. So klagte Binder im Jahr 1937 über die „Ablehnung [...], die Hegel immer noch von den geistigen Führern des Nationalsozialismus erfährt".[124] Der Nationalsozialismus habe sich „schon lange vor der Machtübernahme nach geistigen Bundesgenossen umgesehen" und sich dabei nicht an Hegel, sondern an Nietzsche orientiert. Obgleich „führende Männer des Dritten Reiches" versuchten, „das vom Idealismus erarbeitete Gedankengut für die neue Zeit fruchtbar zu machen", sei das vorherrschende Bild des deutschen Idealismus durch vielfältige Fehldeutungen verzerrt. Die „Revolution von 1933" habe die Rechts- und Staatsphilosophie Hegels, „wie sie sie verstehen zu müssen glaubte, als eine Ausgeburt eines veralteten, längst erstorbenen Geistes, der ihr als der Ungeist schlechthin erschien", bekämpft. Freilich sei diese Ablehnung Hegels durch die Nationalsozialisten „nirgends und niemals ausgesprochen worden", doch werde ihm „diese ablehnende Haltung der Männer des dritten Reiches und vor allem seiner Jugend" durch „ein untrügliches Gefühl für geistige Sympathien und Antipathien" zur „nahezu untrüglichen Gewissheit".[125] Auch Dulckeit hatte im Jahr 1934 ausdrücklich auf die Schwierigkeiten der neuhegelianischen Begründung des nationalsozialistischen Staates hingewiesen und in seiner Rezension von Binders Schrift *Der deutsche Volksstaat* festgestellt, dass Binder zwar den Versuch unternommen habe, „den neuen Staat Hitlers vom Standpunkt seiner an Hegel anknüpfenden, d.h. dialektischen Methode philosophisch zu begreifen", doch hielt er fest:

> „Mehr als ein Versuch konnte es in gewisser Richtung auch nicht sein; denn wenn dem Verf. auch in der Dialektik das ganze Rüstzeug besten und tiefsten deutschen philosophischen Denkens zur Verfügung steht, so liegt die notwendige Begrenzung doch in der Aufgabe selbst."[126]

Dulckeit führte gegen eine erfolgreiche Beurteilung der Hegel-Rezeption durch den Nationalsozialismus Hegel selbst ins Feld, insofern die Philosophie nach dessen Ansicht „ihre Zeit in Gedanken fassen" solle, dies aber erst dann könne, „wenn die Zeit sich vollendet hat und das Gewesene als ihr Wesen zu enthüllen vermag".[127]

---

124 *Binder*, System der Rechtsphilosophie. Der „Philosophie des Rechts" 2. vollkommen neu bearbeitete Auflage, 1937, S. 132 Fn. 53.

125 *Binder*, Hegel und der neue Geist, [von Binder nicht veröffentlichte Schrift, abgedruckt bei Jakob, Grundzüge der Rechtsphilosophie Julius Binders, S. 244–259], S. 244 ff.

126 *Dulckeit*, Rezension von Binder, Der deutsche Volksstaat, Kant-Studien, Bd. 39, 1934, S. 385.

127 Dulckeit bezieht sich auf die viel zitierte Äußerung Hegels in der Vorrede zu seinen *Grundlinien der Philosophie des Rechts*: „Um noch über das *Belehren*, wie

Da man aber „in der machtvollen Wirklichkeit eines neuen Werdens“ stehe, müsse „jede philosophische Erkenntnis notwendig – im einzelnen wenigstens – unvollkommen und sogar vorläufig bleiben“.[128] Auch Larenz hielt es rückblickend für eine „Legende“, wenn man behauptete, der Nationalsozialismus habe sich auf Hegel gestützt.[129] Im Jahr 1936 ging Dulckeit schließlich in der Frage der Besetzung des Binder-Lehrstuhls davon aus, dass er nicht zuletzt aufgrund seines dezidierten Festhaltens an Hegel für das Ministerium in Berlin nicht als geeigneter Kandidat in Betracht komme. Er sprach von „konzentrischen Angriffen auf den Hegelianismus“ und davon, dass es „ein Leichtes“ war, ihn als Hegelianer „verdächtig hinzustellen“. Sein Mitbewerber und früherer Mitschüler Busse habe sich durch sein möglicherweise taktisch motiviertes Preisgeben seiner Hegelschen Rechtsphilosophie in eine bessere Ausgangsposition um die Binder-Nachfolge versetzt.[130]

Dass trotz der Schwierigkeiten der neuhegelianischen Fundierung des nationalsozialistischen Staats insbesondere Karl Larenz einen praktischen Beitrag zur nationalsozialistischen Rechtswissenschaft geleistet hat, wurde in der Literatur überzeugend dargelegt.[131] Im Kampf gegen die herkömmliche Identität von Person und Rechtsfähigkeit trug er dazu bei, einen „konkret-allgemeinen Begriff“ des „Pflichtensubjekts“ zu schaffen, das seine „(Glied-)Stellung“ nur aus der „Volksgemeinschaft“ erfahren sollte.[132] Sein Beitrag zur Ersetzung des § 1 BGB ist berüchtigt.[133] Dass dabei auch die neuhegelianische Rechtsphilosophie maßgeblichen Einfluss an Larenz’ nationalsozialistischen Rechtsimpulsen hatte, legt Rüthers

die Welt sein soll, ein Wort zu sagen, so kommt dazu ohnehin die Philosophie immer zu spät. Als der *Gedanke* der Welt erscheint sie erst in der Zeit, nachdem die Wirklichkeit ihren Bildungsprozeß vollendet und sich fertig gemacht hat. [...] Wenn die Philosophie ihr Grau in Grau malt, dann ist eine Gestalt des Lebens alt geworden, und mit Grau in Grau läßt sie sich nicht verjüngen, sondern nur erkennen; die Eule der Minerva beginnt erst mit der einbrechenden Dämmerung ihren Flug.“ *Hegel*, Grundlinien der Philosophie des Rechts, S. 27 f.

128 *Dulckeit*, Rezension von Binder, Der deutsche Volksstaat, Kant-Studien, Bd. 39, 1934, S. 385.

129 *Dreier*, Karl Larenz über seine Haltung im „Dritten Reich“, S. 457.

130 *Dulckeit*, Brief an Binder vom 14. Dezember 1936, NSUG Cod. Ms. Dulckeit 1. Vgl. dazu Kapitel 1 Abschnitt V.

131 Vgl. nur *Rüthers*, Entartetes Recht, S. 76 ff. Zu Problemen der retrospektiven Qualifizierung nationalsozialistischen juristischen Engagements vgl. *Lepsius*, Personengebundene und strukturorientierte Bewertungskriterien für juristisches Verhalten im Nationalsozialismus, in: Nehlsen/Brun (Hrsg.), Münchener rechtshistorische Studien zum Nationalsozialismus, 1996, S. 63 ff. Zu Zweifeln an der praktischen Auswirkung des Larenzschen Rechtsdenkens vgl. *Kokert*, Der Begriff des Typus bei Karl Larenz, 1995, S. 75 ff.

132 Larenz’ „konkret-allgemeiner Begriff“ ist in der vorliegenden Literatur ausführlich behandelt worden, vgl. nur *Rüthers*, Entartetes Recht, S. 76 ff.; *Mährlein*, Volksgeist und Recht, S. 200 ff.

133 Vgl. Kapitel 7 Abschnitt III.

überzeugend dar.[134] Stolleis stellt dabei fest, dass aufgrund der Disparität und Inkohärenz im nationalsozialistischen Recht von einer eigentlichen „nationalsozialistischen Rechtslehre" in Form einer Rechtstheorie und Rechtsphilosophie schwerlich gesprochen werden kann. Aus dem Spektrum der vor dem Jahr 1933 vertretenen Rechtsphilosophie habe sich jedoch vor allem der „Rechtshegelianismus" als „Neo-Idealismus" durchgesetzt.[135] Alexy bewertet den Neuhegelianismus Binderscher Prägung neben dem „völkisch-rassischen" und dem „autoritären" Rechtsdenken als dritte, philosophisch anspruchsvollste, Ausprägung des inkohärent bleibenden nationalsozialistischen Rechtsdenkens. Er erkennt weiterhin im Neuhegelianismus zwei Grundprinzipien, die vom nationalsozialistischen Rechtsdenken adaptiert werden konnten. Zum einen die *methodologische* Ersetzung des „abstrakten Gemeinbegriffs" der herkömmlichen Jurisprudenz durch den „konkreten Begriff" im vorgeblich Hegelschen Sinne. Zum anderen die *substantielle* Ersetzung des „ethischen Individualismus der kantischen Rechtsphilosophie" durch eine Betonung der „Gliedstellung in der Volksgemeinschaft".[136] Arthur Kaufmann hält Binder und Larenz im Jahr 1983 sehr wohlwollend zugute, dass sie während der Zeit des Nationalsozialismus „nie das Niveau wissenschaftlicher Argumentation" verlassen hätten.[137]

Zur Klärung der Frage nach der Hegel-Affinität des Nationalsozialismus bzw. der Affinität des Neuhegelianismus zum Nationalsozialismus ist insgesamt der These Waplers zuzustimmen, die sich zwar auf den kollektivistischen südwestdeutschen Neukantianismus bezieht, jedoch gleichwohl auch für den daraus hervorgegangenen Neuhegelianismus gelten kann, wonach

> „für die ideologische Neigung zum Nationalsozialismus [...] keine methodische Grundannahme und auch kein Bekenntnis zu Kant, Hegel oder Fichte [entscheidend war]. Entscheidend waren eine tiefsitzende kollektivistische Überzeugung, eine antidemokratische und antipluralistische Verehrung identitärer Gemeinschaften und autoritärer Staatsstrukturen sowie die Verachtung demokratischer Mehrheitsprozesse und relativistischer Abwägungsgrundsätze."[138]

---

134 *Rüthers*, Entartetes Recht, S. 78 ff.

135 *Stolleis*, Nationalsozialistisches Recht, HRG III, Sp. 887.

136 *Alexy*, Fortwirkungen nationalsozialistischer Denkweisen in Rechtslehre und Rechtsprechung nach 1945?, in: Säcker (Hrsg.), Recht und Rechtslehre im Nationalsozialismus, Ringvorlesung der Rechtswissenschaftlichen Fakultät der Christian-Albrechts-Universität zu Kiel, Baden-Baden 1992, S. 222 f.

137 *Kaufmann*, Rechtsphilosophie und Nationalsozialismus, in: Rottleuthner (Hrsg.), Recht, Rechtsphilosophie und Nationalsozialismus, Archiv für Rechts- und Sozialphilosophie, Beiheft 18, 1983, S. 5 f.

138 *Wapler*, Werte und das Recht: individualistische und kollektivistische Deutungen des Wertbegriffs im Neukantianismus, 2008, S. 260.

3. „Rechtsphilosophie oder Rechtsgeschichte?“

Teilweise wird darüber diskutiert, ob der juristische Neuhegelianismus überhaupt als rechtsphilosophische Erscheinung oder nicht vielmehr als bloße faktische Erscheinung der Rechtsgeschichte anzusehen sei, die im diffusen geistesgeschichtlichen Umfeld des Nationalsozialismus eingeordnet werden könnte.[139] Hermann Glockner hatte im Jahr 1931 in seinem bereits erwähnten Aufsatz *Hegelrenaissance und Neuhegelianismus* resümiert, dass „der Zauberbann des dialektisch-geschlossenen Hegelschen Systems“ noch immer bestehe und, dass wer „sich einmal hineinbegeben“ habe, „schwer wieder heraus“ käme, sondern „höchstens ‚von außen‘ bestürmt und gequält“ werde „durch die ungelösten, aber als Probleme nicht hinwegzudisputierenden Rätsel, welche diese ‚anderen‘ Geister bewegen“.[140] Damit schnitt Glockner den vieldeutigen, polarisierenden und zu Missverständlichkeiten verleitenden Charakter der Hegelschen Philosophie an. In noch gesteigertem Maße scheinen diese Charakterisierungen auf die Hegelsche *Rechts*philosophie anwendbar zu sein. So herrscht in der Literatur der Konsens vor, dass der neuhegelianische Diskurs der 1920er und 1930er Jahre Hegel missverstanden habe. Schon Schönfeld schrieb 1937 in seiner sarkastischen Binder-Kritik *Der absolute Idealismus Julius Binders im Lichte Hegels*:

> „Wohl gilt es heute bei Freund und Feind für eine ausgemachte Wahrheit, dass *Julius Binders* absoluter Idealismus die Wiederkehr von *Hegel* im Guten wie im Bösen sei. Er wird als Hauptförderer der *Hegel*-Renaissance in deutschen Landen angesehen; aber, wenn man der Sache auf den Grund geht, doch wesentlich nur deshalb, weil er es selber seit zehn Jahren mit lauter Stimme allenthalben so verkündet. Ernsthaft nachgeprüft hat diesen Anspruch, soweit ich sehen kann, bisher noch niemals jemand, was darin seinen Grund haben mag, dass die genaue Bekanntschaft mit dem deutschen Idealismus unter uns Juristen, die wir für solche Prüfung vornehmlich in Betracht kommen, indem die Philosophen von Beruf mit sich selber genug zu tun haben, heute noch sehr zu wünschen übrig lässt.“[141]

Ernst Fraenkel nannte im Jahr 1941 die neuhegelianische Diskussion in der Zeit des Nationalsozialismus ein „philologisches Geplänkel“, indem er davon ausging,

---

139 Vgl. *Hürstel*, Rechtsphilosophie oder Rechtsgeschichte?, S. 368–398. *Dreier*, Julius Binder (1870–1939), S. 435, 436, 454, stellt zu Beginn seiner biographischen Abhandlung die rhetorische Frage, ob man Binder zu den großen Juristen der Göttinger Juristenfakultät zählen sollte, bzw. ob Binder ein „großer“ Rechtsphilosoph gewesen sei, um gegen Ende ebenfalls zu konstatieren, dass von seiner Rechtsphilosophie nicht viel übrig bleibe. Auch weist Dreier daraufhin, dass der „Neuhegelianismus Binderscher Prägung“ nicht unabhängig von seiner Verstrickung in die Geschichte des Nationalsozialismus bewertet werden könne.

140 *Glockner*, Hegelrenaissance und Neukantianismus, S. 193.

141 *Schönfeld*, Der absolute Idealismus Julius Binders im Lichte Hegels, Zeitschrift für die gesamte Staatswissenschaft 98, 1938, S. 55 f. Vgl. zu Schönfelds Kritik an Binders „absolutem Idealismus“ und seiner Hegeldeutung Kapitel 6 Abschnitt V.

dass die Hegeldebatte „völlig in philologischen Äußerlichkeiten“ stecken geblieben sei. Es bestünden zwar enge Zusammenhänge zwischen Nationalsozialismus und Neuhegelianismus, da der Nationalsozialismus ebenfalls das rationale Naturrecht ablehne und sich zu einem Begriff des Politischen bekenne, der sich von einem Feindbegriff herleite; gleichwohl ließen sich zwischen der Rassentheorie und Blut- und Bodenlehre des Nationalsozialismus einerseits und der Hegelschen Philosophie andererseits „nicht die entferntesten Zusammenhänge feststellen“.[142] Rottleuthner nennt den Neuhegelianismus im Jahr 1970 despektierlich „Juristenphilosophie“.[143] Diederichsen weist Im Jahr 1988 zumindest vorsichtig darauf hin, dass Larenz „weniger die Metaphysik als vielmehr die Begrifflichkeit Hegels“ übernahm.[144] Schild merkt im Jahr 1991 in seinen Aufsatz *Rechtswissenschaft oder Jurisprudenz, Bemerkungen zu den Schwierigkeiten der Juristen mit Hegels Rechtsphilosophie* an, dass sich Juristen schon immer schwer mit Hegel getan hätten, woran auch ein ausdrücklicher Bezug auf Hegel, etwa die Bezeichnung als Neuhegelianer, wenig ändern könnte. Die „Neuhegelianer des NS-Regimes“ hätten sich der Hegelschen Rechtsphilosophie nur unzureichend genähert, was den Juristen überhaupt schwerfalle. Die Neuhegelianer „strichen ihm [Hegel, Anm. d. Verf.] die bürgerliche Gesellschaft und damit von vornherein wesentliche Inhalte und landeten so bei einer Unmittelbarkeit des Reiches, die sie als höchste Vermittlung eines sittlichen Staates ausgaben und damit dem Terror von Blut und Boden öffneten“. Die Schwierigkeiten der Juristen mit der Hegelschen Rechtsphilosophie seien dabei „vielgestaltig: von einer anderen Terminologie über die andere Methode bis zur Fremdheit des Gesamtsystems einer enzyklopädischen Philosophie als des Systems der Wirklichkeit“.[145] Lege spricht im Jahr 2009 pointiert von „Larenz' Pseudo-Hegelianismus“.[146]

In Anbetracht der genannten Kritik ist darauf hinzuweisen, dass Larenz im Jahr 1933 geschrieben hatte: „Hegel für die Gegenwart fruchtbar zu machen, heißt nicht, ihm dogmatisch nachzufolgen“.[147] Auch später bezeugten vor allem Binder und Larenz wiederholt, dass sie sich nicht um eine orthodoxe Hegelexegese bemühten,

---

142 *Fraenkel*, Der Doppelstaat, S. 156.

143 *Rottleuthner*, Die Substantialisierung des Formalrechts, S. 211. Auch Binder verwendet den Begriff „Juristenphilosophen“ abwertend für die positivistischen Rechtsphilosophen. Vgl. *Binder*, Neuere Strömungen in der Rechts- und Staatsphilosophie, Sonderdruck aus: Jahrbücher der Philosophie, 3. Jahrgang, 1935, S. 243, 272.

144 *Diederichsen*, Karl Larenz, S. 497.

145 *Schild*, Rechtswissenschaft oder Jurisprudenz, Bemerkungen zu den Schwierigkeiten der Juristen mit Hegels Rechtsphilosophie, in: Alexy/Dreier/Neumann (Hrsg.), Rechtsphilosophie der Gegenwart. Archiv für Rechts- und Sozialphilosophie, Beiheft 44, 1991, S. 328.

146 *Lege*, Über Spiegel und Rahmen: Ein Resümee und zwei Standortbestimmungen, in: Joachim Lege, Greifswald - Spiegel der deutschen Rechtswissenschaft 1815 bis 1945, 2009, S. 495.

147 *Larenz*, Die Rechts- und Staatsphilosophie des deutschen Idealismus und ihre Gegenwartsbedeutung, S. 188.

sondern vielmehr um ein „Fortdenken“ der Hegelschen Philosophie.[148] Der vorliegenden Arbeit geht es nicht um die Widerlegung oder Stützung einer wie auch immer gearteten Berechtigung, die Göttinger Schule als „rechtsphilosophisch“ oder „neuhegelianisch“ auszuweisen, sondern um die Nachzeichnung ihrer rechtshistorischen Existenz. Eine tiefergehende Interpretation der neuhegelianischen Rechtsphilosophie Binders und seiner Schüler, auch im Hinblick auf ihre tatsächlichen Anleihen bei Hegel, steht ersichtlicherweise noch aus.

148 Vgl. dazu Kapitel 2.

Kapitel 1: Umrisse der Göttinger Schule

Der philosophische Neuhegelianer Theodor Haering sprach im Wintersemester 1938/39 in seinem Vortrag *Hegels Lehre von Staat und Recht, Ihre Entwicklung und ihre Bedeutung für die Gegenwart* von „lehrreichen, gerade in den letzten Jahren erschienenen juristischen und rechtsphilosophischen Abhandlungen und Werken", er nenne dabei „nur die Namen Binder, Dulckeit, Larenz, Schönfeld".[149] Zweifellos sind die vier Genannten und darüber hinaus auch Busse, die populärsten Vertreter der neuhegelianischen Rechtsphilosophie am Vorabend und in den ersten Jahren des „Dritten Reiches". Larenz (Jahrgang 1903) promovierte im Jahr 1927 bei Binder (Jahrgang 1870) in Göttingen. Dulckeit (Jahrgang 1904) und Busse (Jahrgang 1906) promovierten im Jahr 1931 ebenfalls bei Binder in Göttingen. Schönfeld (Jahrgang 1888) stand ohne akademische Verknüpfung mit den Göttinger Neuhegelianern abseits der Binder-Schule und rechnete sich auch selbst nicht dazu. So schrieb er im Jahr 1937 davon, dass er „der Göttinger Schule immer wieder mündlich und schriftlich die Notwendigkeit der ‚dialektischen Jurisprudenz' vor Augen geführt" habe und bezog sich dabei ganz offensichtlich nicht selbst mit ein.[150] Gleichwohl bestanden vielfältige Wechselbezüge zwischen Binder, seinen Schülern und Schönfeld, auf die im Verlaufe der Arbeit einzugehen ist.

Fraglich ist, ob über Larenz, Busse und Dulckeit hinaus weitere Binder-Schüler als Angehörige der neuhegelianischen Göttinger Schule bezeichnet werden könnten. Die „Binder-Schule" im Sinne einer bloßen Binder-Schülerschaft war naturgemäß größer als die neuhegelianische Göttinger Schule im engeren Sinne. Dikoff nannte im Jahr 1939 „Larenz, Dulckeit, Michaelis, Busse u. v. a." als Binder-Schüler, qualifizierte diese jedoch nicht dadurch als Neuhegelianer.[151] Larenz schrieb in seinem Nachruf auf Binder von dessen „zahlreichen Schülern und wissenschaftlichen Freunden", die sich „über den Tod hinaus mit ihm und seinem Lebenswerk verbunden wissen".[152] Stolleis weist darauf hin, dass die Ansichten darüber, wer als Binder nahestehend anzusehen war, auseinander gingen.[153] Dreier geht vom „Göttinger Kreis" um Binder aus, der als „engere[r] Kreis des deutschsprachigen rechtsphilosophischen Neuhegelianismus"

---

149 *Haering*, Hegels Lehre von Staat und Recht, Ihre Entwicklung und ihre Bedeutung für die Gegenwart, Vortrag gehalten im Winter 1938/39 in den Vorlesungen der Württ. Verwaltungsakademie, 1940, S. 3.

150 *Schönfeld*, Der absolute Idealismus Julius Binders im Lichte Hegels, S. 68.

151 *Dikoff*, Julius Binder †, S. 428.

152 *Larenz*, Rechtswahrer und Philosoph. Zum Tode von Julius Binder, Zeitschrift für deutsche Kulturphilosophie, Bd. 6, 1940, S. 1 f.

153 *Stolleis*, Gemeinwohlformeln im nationalsozialistischen Recht, S. 50 f. Fn. 73. In *Stolleis* Nationalsozialistisches Recht, HRG III, Sp. 887 rechnet er zu den Hauptvertretern des „Rechtshegelianismus" neben Binder und Larenz auch Ernst Rudolf Huber.

neben Binder Larenz, Busse und Dulckeit umfasst habe.[154] Er weist weiterhin darauf hin, dass lediglich Busse, Dulckeit und Larenz sich unter Binders Betreuung habilitierten, also als „Schüler Binders im engeren Sinne" angesehen werden könnten.[155] Binder selbst sprach auf dem dritten Hegel-Kongress im April 1933 von einem Problem aus Hegels Rechtsphilosophie, „dessen Bedeutung sich mir und meinen Schülern in unseren seminaristischen Übungen in Göttingen bereits vor 2 Jahren aufgedrängt hat".[156] Er griff dabei explizit Larenz und Busse heraus, indem er auf das Gemeinschaftswerk *Einführung in Hegels Rechtsphilosophie* von 1931 einging.[157] Dulckeit hatte zu diesem Zeitpunkt noch nicht neuhegelianisch publiziert, er trat erst in der Mitte der 1930er Jahre in Erscheinung. In seiner ersten namentlichen Erwähnung der „Göttinger

---

154 *Dreier*, Karl Larenz über seine Haltung im „Dritten Reich", S. 545 f. Fn. 2. Dem „weiteren Kreis" rechnet er Alfred Löwenstein, Karl Michaelis, Adam von Trott zu Solz und den Ökonomen Jens Peter Jessen zu. Zu Michaelis und Trott vgl. Kapitel 1 Abschnitt VI. Jessen mag zwar den neuhegelianischen Göttinger Juristen persönlich nahegestanden haben, steht jedoch als Ökonom nicht im Fokus der vorliegenden Abhandlung, zu seiner Person vgl. *Schlüter-Ahrens*, Der Volkswirt Jens Jessen, Leben und Werk, 2001. Der Jurist Alfred Löwenstein hatte 1915 mit der Schrift *Der Rechtsbegriff als Relationsbegriff* bei Binder in Erlangen promoviert. Binder versuchte ihn 1919 als Assistenten mit nach Göttingen zu bringen. Er schreibt nach seiner Berufung an den Göttinger Dekan Robert v. Hippel, dass, wenn für ihn seitens der Fakultät noch keine Assistenten zur Verfügung gestellt worden seien, es ihn freuen würde, „wenn ich auf eine der beiden Stellen einen meiner Schüler unterbringen könnte, der sehr begabt, ausgezeichnet gebildet und ein sehr braver Mensch ist. Er hat jetzt den Freikorpsstudenten in München Kurse gehalten, die von vielen meiner hiesigen Schüler als ganz ausgezeichnet gerühmt worden sind; er ist aber kein berufsmäßiger Repetitor. Er hat vor drei Jahren in Erlangen den Doktor bei mir gemacht, mit einer Arbeit über ‚den Rechtsbegriff als Relationsbegriff', die ich als sehr gut bezeichnen muss, war dann in der Praxis, ist aber durch den Krieg daran verhindert worden, seinen Assessor bis jetzt zu machen. Er wünscht, München, wo er bis jetzt gelebt hat, zu verlassen, und ich würde ihm sehr gerne die Wege zu einer späteren akademischen Laufbahn ebnen. Er heißt Alfred Löwenstein und ist von semitischer Abstammung, aber wohl selbst nicht mehr Jude und in politischer Beziehung durchaus einwandfrei, vor allem streng national orientiert, wie ich aus vielen Gesprächen und aus meiner Korrespondenz mit ihm in den Jahren vor und in dem Kriege genau weiß." *Binder*, Brief an v. Hippel vom 20. Juni 1919, Jur Fak PA Binder. Löwenstein emigrierte in den 1930er Jahren in die USA und kehrte in den 1950er Jahren nach Deutschland zurück. Er starb in den 1960er Jahren in München, vgl. *Dreier*, Julius Binder (1870–1939), in: Ders., Recht – Staat – Vernunft, 1991, S. 166.

155 *Dreier*, Julius Binder (1870–1939), S. 166.

156 *Binder*, Der obligatorische Vertrag im System der Hegelschen Rechtsphilosophie, S. 38.

157 Vgl. *Binder*, a. a. O., S. 45, 46.

Hegelschule" im Jahr 1937 rechnete ihr Binder schließlich neben sich selbst, explizit Busse, Larenz und Dulckeit zu.[158]

Neben Larenz, Busse und Dulckeit, die wiederholt und namentlich als Angehörige der Göttinger Binder-Schule im Sinne eines neuhegelianischen Kreises genannt werden, wird gelegentlich auf Karl Michaelis und Adam von Trott zu Solz als zumindest Nahestehende der Göttinger Schule rekurriert. Wie unten ausgeführt wird, fielen sie jedoch, wie Schönfeld, nicht unter den engeren Kreis der Göttinger Schule. Larenz stellte im Jahr 1987 bezüglich der unklaren Umrisse der Binder-Schule in der Literatur fest, dass „wer so verschiedene Männer in einen Topf" werfe, „nicht nur *Binders* Einfluss" überschätze, sondern „keine Ahnung" habe:

> „Schüler *Binders* waren nur *Busse, Dulckeit* und ich. Der Philosoph *Bruno Bauch* in Jena stand ihm nahe, war aber kein Hegelianer. *Schönfeld* hatte Vorbehalte gegen *Binder*, stand eher mir näher. *Emge* war ein Rechtsphilosoph, der ganz seinen eigenen Weg ging. *Forsthoff*, das weiß jeder, gehörte zum Umkreis von *C. Schmitt. Dahm* wollte nichts von Hegel wissen. Ebenso *Welzel*, mit dem ich, als wir beide im Jahre '32 Lehrstühle in Bonn vertraten, hitzige Diskussionen hatte. *Erik Wolf*? Auch der war kein Hegelianer, wegen seiner betont christlichen Einstellung eher ein Gegner des Nationalsozialismus. *Ritterbusch* dagegen war ein fanatischer Nazi, der sich auch einmal auf *Hegel* berief, aber nichts von ihm verstand, da ihm jede philosophische Ader abging."[159]

Unabhängig von der exakten personellen Einordnung der Göttinger Schule, sind Binder und seine Schüler als „Schule" im wissenschaftshistorischen und soziologischen Sinn anzusehen. Nicht nur gingen die zahlreichen obengenannten Selbsteinschätzungen und zeitgenössischen Beurteilungen unzweifelhaft von einer rechtsphilosophischen neuhegelianischen Schule unter der Führung Binders aus,[160] sondern auch die modernen Geltungskriterien wissenschaftlicher Schulbildung stellen sich als gegeben dar.[161] So geht Szaki von institutionellen, psychologischen und typologischen Kriterien der Schulbildung aus.[162] Das institutionelle Kriterium werde verwendet, „wenn Interessen, Annahmen, Behauptungen usw., die einer gegebenen Gruppe von Wissenschaftlern gemeinsam sind, innerhalb eines institutionellen Rahmens ausgebildet und abgesichert werden".[163] Nach dem psychologischen Kriterium liege

---

158 Vgl. *Binder*, Geist und Bewusstsein, S. 304.

159 *Dreier*, Karl Larenz über seine Haltung im „Dritten Reich", S. 457.

160 Vgl. dazu Einleitung Abschnitt II.

161 Vgl. dazu *Szaki*, „Schulen" in der Soziologie, in: Wolf Lepenies (Hrsg.), Geschichte der Soziologie, Studien zur kognitiven, sozialen und historischen Identität einer Disziplin, Band 2, 1981, S. 16–30; vgl. zu einer differenzierenden Einordnung hinsichtlich der „Kieler Schule" *Walkenhaus*, Gab es eine „Kieler Schule"? Die Kieler Grenzlanduniversität und das Konzept der „politischen Wissenschaften" im Dritten Reich, in: Wilhelm Bleek/Hans J. Lietzmann (Hrsg.), Schulen der deutschen Politikwissenschaft, 1999, S. 159–182, 165 ff.

162 *Szaki*, „Schulen" in der Soziologie, S. 18.

163 *Szaki*, a. a. O., S. 18.

eine Schule vor, wenn nicht auf die institutionelle Zusammengehörigkeit abgestellt werde, sondern auf die „Bande zwischen ihnen", nämlich die „Gewissheit, dass sie eine ‚Schule' bilden".[164] Typologisch betrachtet sei schließlich eine Schule gegeben, wenn unabhängig von institutioneller oder selbstgefühlter Zusammengehörigkeit eine „Analyse der Ansichten bestimmter Autoren einige wesentliche Ähnlichkeiten ergibt - Ähnlichkeiten, die diese Autoren unter Aspekten, die der Forscher für besonders wichtig erachtet, grundlegend von allen anderen unterscheiden".[165] Wie der Fortgang der Abhandlung zeigen wird, ist als institutionelles Kriterium der Göttinger Schule das rechtsphilosophische Seminar Binders in Göttingen in den späten 1920er und frühen 1930er Jahren anzusehen. Auf das psychologische Kriterium der Selbsteinschätzung als Göttinger Hegel-Schule unter der Ägide Binders wurde oben hingewiesen. Als typologisches Moment der Göttinger Schule ist der gemeinsame auf Grundlage des Binderschen „objektiven Idealismus" entwickelte – wenn auch in Einzelheiten differenzierte – rechtsphilosophische Neuhegelianismus anzusehen.

I. Julius Binder

Julius Binder wurde am 12. Mai 1870 in Würzburg als Sohn einer Juristenfamilie geboren. Sein Vater war Stadtrechtsrat in Würzburg und ein Großvater Bürgermeister von Nürnberg gewesen. Er studierte Rechtswissenschaften in Würzburg und München. In Würzburg promovierte er 1894 mit einer Schrift über *Die subjektiven Grenzen der Rechtskraft*. 1896 legte er mit Auszeichnung die zweite Staatsprüfung ab und habilitierte sich 1898 in Würzburg mit der Abhandlung *Korrealobligationen im römischen und im heutigen Recht* für die Fächer Römisches Recht, Bürgerliches Recht und Zivilprozessrecht. Von 1900 bis 1903 war er außerordentlicher Professor in Rostock, 1903 bis 1913 ordentlicher Professor in Erlangen, 1913 bis 1919 in Würzburg[166] und schließlich vom Sommersemester 1919 bis zum Wintersemester 1937/38 in Göttingen. Einen Ruf nach Freiburg lehnte er 1920 ab. Seine Hoffnung, im Jahr 1934 auf den Stammler-Lehrstuhl nach Berlin berufen zu werden – den einzigen rein rechtsphilosophischen Lehrstuhl in Deutschland – erfüllte sich nicht. Im akademischen Jahr 1925/26 war er Rektor der Universität Göttingen.[167] Seine parteipolitische Einstellung kennzeichnete Binder in einem Fragebogen im Jahr 1936:

---

164 *Szaki*, a. a. O., S. 19.

165 *Szaki*, a. a. O., S. 21.

166 Wobei Binders Würzburger Zeit zwischen April 1913 und April 1919 in seinem Werk kaum Niederschlag gefunden hat, da er von 1914 bis 1916 Wehrdienst leistete. Vgl. *Benkert*, Die Juristische Fakultät der Universität Würzburg 1914 bis 1960, 2005, S. 126.

167 Vgl. zu Binders biographischen Daten *Röpke*, Die Würzburger Juristenfakultät von 1815 bis 1914, 2001, S. 142 ff.; *Dreier*, Julius Binder (1870–1939), S. 438 ff., dort weitere Nachweise.

„von 1895 an Nationalliberal, von 1919 an Deutschnational, von 1933 an NSDAP".[168] Nach dem ersten Weltkrieg beschäftigte sich Binder zunehmend mit rechtsphilosophischen Fragestellungen. Charakteristisch ist dabei die Fortentwicklung seines rechtsphilosophischen Standpunktes, die in seinen drei Hauptwerken *Rechtsbegriff und Rechtsgestalt* (1915), *Philosophie des Rechts* (1925) und den zusammengehörenden Schriften *Grundlegung zur Rechtsphilosophie* aus dem Jahr 1935 und *System der Rechtsphilosophie* (1937) zum Ausdruck kommt. Binder selbst benannte nach den drei rechtsphilosophischen Hauptwerken seine Schaffensphasen als „kritischen", „objektiven" und „absoluten" Idealismus. Diese Einteilung ist in der Literatur im wesentlichen übernommen worden, wobei den „idealistischen" Schaffensphasen Binders noch eine „positivistische" Phase vorangestellt werden kann.[169] Inhaltlich äußert sich die rechtsphilosophische Fortentwicklung in Binders Abkehr von einem zunehmend als „positivistisch" abgelehnten Neukantianismus und einer immer stärker werdenden Beschäftigung mit Hegel. Schließlich ging Binder in gewissen Punkten auch über Hegel hinaus und vertrat seine Rechtsphilosophie des „absoluten Idealismus". Larenz bezeichnete nach Binders Tod die *Grundlegung zur Rechtsphilosophie* aus dem Jahr 1935 als „Höhepunkt" und das *System der Rechtsphilosophie* aus dem Jahr 1937 als „Abschluss" der Binderschen Hegel-Philosophie.[170]

Die Vorlesungsverzeichnisse der Göttinger Rechts- und Staatswissenschaftlichen Fakultät weisen bis zum Wintersemester 1937/38 Binders Vorlesung „Rechtsphilosophie" aus.[171] Bis zur Eckhardtschen Studienreform fand sie jeweils im Wintersemester und ab dem Jahr 1935 im Sommersemester statt. Ab dem Jahr 1934 bot Binder eine zusätzliche staatsphilosophische Vorlesung an.[172] Nach der Eckhardtschen Studienreform wurde Binders Vorlesung im Vorlesungsverzeichnis mit einem Stern (bzw. Kreuz) versehen, was die Vorlesung „als für das juristische Studium besonders wichtig herausheben und so die Auswahl erleichtern" sollte.[173] Es findet sich jedoch keine Einordnung in ein bestimmtes Studiensemester, die nach der Eckhardtschen Studienreform grundsätzlich für Lehrveranstaltungen vorgesehen war und ein vorzeitiges Belegen

---

168 Zitiert nach *Baethge*, Die Georgia-Augusta. Eine deutsche Universität im Dritten Reich, in: Politikon, Göttinger Studentenzeitschrift für Niedersachsen, Nr. 9, 1965, S. 26.

169 Vgl. *Jakob*, Grundzüge der Rechtsphilosophie Julius Binders, S. 11 ff. Vgl. dort auch grundsätzlich zu der rechtsphilosophischen Entwicklung Binders.

170 *Larenz*, Rechtswahrer und Philosoph, S. 2.

171 Im Wintersemester 1931/32 las Binder nicht.

172 Im Sommersemester 1934 „Rechtsphilosophie, II. Teil: Die Lehre vom Staate"; im Sommersemester 1935 „Rechts- und Staatsphilosophie"; im Winterhalbjahr 1936/37 „Philosophie des Staates" und im Wintersemester 1937/38 „Philosophie des Staates (als Nachtrag zur Sommervorlesung über Rechtsphilosophie)".

173 *Georg-August-Universität Göttingen*, Verzeichnis der Vorlesungen, Winterhalbjahr 1935/36, S. 44.

untersagte.[174] Lediglich das rechtsphilosophische Seminar wurde nun ins sechste, d.h. letzte, Studiensemester eingeordnet. Von Sommersemester 1930 bis Sommersemester 1933 hielten Binder und Larenz das Seminar gemeinsam ab. Es fand abwechselnd mit der Vorlesung bis zum Jahr 1937 im Sommer statt. Im Wintersemester 1937/38 hielt Binder zusätzlich ein „Rechtsphilosophisches Konservatorium“ ab.[175] Zum Ablauf des Wintersemesters 1935/36 war er bereits entpflichtet worden, hatte aber seinen Lehrstuhl noch bis zum Wintersemester 1937/38 vertreten.

Die rechtsphilosophischen Auseinandersetzungen mit Schönfeld und seinen Schülern Larenz und Dulckeit machten Binder ab Mitte der 1930er Jahre persönlich schwer zu schaffen. Weiterhin kämpfte er – obgleich er als Dekan der juristischen Fakultät die „Machtergreifung“ anfangs begrüßt hatte – auch zunehmend mit der Ablehnung durch jüngere überzeugte nationalsozialistische Fakultätskollegen.[176] Hinzu kamen Vorstöße aus der nationalsozialistischen Presse gegen seine angebliche rechtsphilosophische Relativierung der nationalsozialistischen Weltanschauung, die ihm ernsthafte Sorgen machten, dass man ihm „auch offiziell an den Hals gehen wird“.[177] Binder hatte die nationalsozialistische Weltanschauung als Weltanschauung unter anderen eingeordnet, im Gegensatz zur Wissenschaft aber nicht als geeignet erklärt, objektive Wahrheit zu erkennen. Um die nationalsozialistischen Vorwürfe gegen ihn zu entkräften und einer möglichen Zensur zu entgehen, legte er seinem Verleger eine umgestaltete Version seiner kritisierten Einleitung des *Systems der Rechtsphilosophie* vor.[178] Nach seiner anfänglichen Begeisterung für die nationalsozialistische Erneuerung des Staates, klagte Binder über die Zeit, „die den ‚Geist‘ verachtet und bekämpft und durch das bloß Triebhafte und Animalische, Instinktive und Gefühlsmäßige zu ersetzen sucht“.[179] Insbesondere war er auch von der nationalsozialistischen Hochschulpolitik enttäuscht. Das Fehlschlagen seiner Pläne für die Nachfolgebesetzung seines Lehrstuhls mit einem seiner Schüler im Jahr 1937 setzte Binder sehr zu.[180] Er fühlte sich durch die Einsetzung des Ministerialdirektors aus dem Reichsministerium für Ernährung und Landwirtschaft, Wilhelm Saure, von seiner

---

174 Zur Studienreform und der Kennzeichnung der Lehrveranstaltungen mit Sternen vgl. *Frassek*, Wege zur nationalsozialistischen „Rechtserneuerung“ - Wissenschaft zwischen „Gleichschaltung“ und Konkurrenzkampf, in: Hermann/Gutmann/Rückert/Schmoeckel/Siems (Hrsg.), Von den Leges Barbarorum bis zum ius barbarum des Nationalsozialismus, Festschrift für Hermann Nehlsen, 2008, S. 357.

175 Vgl. zu den Veranstaltungen *Georg-August-Universität*, Verzeichnisse der Vorlesungen, Sommerhalbjahr 1926 ff.

176 Vgl. dazu Kapitel 1 Abschnitt V.

177 *Binder*, Brief an Dulckeit vom 16. November 1936, NSUG Cod. Ms. Dulckeit 1.

178 Vgl. dazu Kapitel 7 Abschnitt II.

179 *Binder*, Rechtsphilosophie als Lebensphilosophie, Bemerkungen zu Kurt Schillings Geschichte der Staats- und Rechtsphilosophie im Überblick von den Griechen bis zur Gegenwart, Sonderdr. aus: Archiv für Rechts- und Sozialphilosophie, Bd. XXXII, Heft 3, 1939, S. 382.

180 Vgl. dazu Kapitel 1 Abschnitt V.

Fakultät und parteiamtlichen Stellen kaltschnäuzig übergangen. Darüber hinaus war er aber auch insgesamt von dem Einfluss der Partei auf die Hochschulen und deren nationalsozialistische Durchdringung enttäuscht, die er als geistlos ansah. Mit großer Skepsis betrachtete er die Auflösung der überkommenen akademischen Strukturen durch den revolutionären nationalsozialistischen Impetus.

Bezüglich der Diskussion um die Errichtung einer NS-Dozentenakademie in Göttingen, in der der akademische Führungsnachwuchs im nationalsozialistischen Sinne fortgebildet werden sollte, schrieb er im Jahr 1937, dass in ihr „also der ganze akademische Nachwuchs [...] konzentriert werden wolle, was zur Folge haben würde, dass aus dem Dozentenlager dann ein Konzentrationslager würde".[181] In der Akademie für Deutsches Recht sei die Lage „trübe", seit dort „der Positivismus und die Technik endgültig gesiegt zu haben scheint". Eine Fakultät habe gar „dem Ministerium berichtet, es gäbe in Deutschland überhaupt keine Rechtsphilosophen, sodass sie keine vorschlagen könne".[182] Resigniert teilte er im Jahr 1936 Dulckeit mit, dass er „aus den Sorgen nicht heraus" komme und ihm täglich klarer werde, „wie verbrannt" er sei. Er denke „allen Ernstes daran", seine „Existenz allmählich zu liquidieren", womit er die vollständige Auflösung seiner Göttinger Verhältnisse und den Wegzug aus Göttingen meinte.[183] Als er sich im Sommer 1937 nach dem Fehlschlagen seiner Nachfolgeregelung und dem rechtsphilosophischen Abfall seiner Schüler Larenz und Busse schließlich auch von Dulckeit missverstanden fühlte, schrieb er diesem, dass er „aus dem Jammer um das, was gegenwärtig geschieht", einfach nicht mehr herauskomme. Er finde keinen „Sinn mehr darin, wenn man sich über irgendwelche ‚Theorien' oder ‚Auffassungen' streitet, indessen alles im Begriffe ist, in die Brüche zu gehen". Ihn beherrsche eine „Stimmung des absoluten Bankerotts", aus dem er „augenblicklich keinen Ausweg mehr sehe". Er meine damit nicht nur den persönlichen, sondern den „allgemeinen geistigen, moralischen, wissenschaftlichen Bankerott", bei dem Dulckeit „eine größere Rolle" spiele, als er „wohl überhaupt ahnen" könne. Ihm bleibe „überhaupt nur übrig, so oder so aus dieser Scheinwelt auszuscheiden", weil er in ihr „nichts mehr zu sagen" habe. Er hielt fest: „In einem Bericht des Dekans zu lesen, dass ein Hegelianer nicht fähig sei, Vorlesungen über Staat und Volk des dritten Reiches zu halten, und dann Herrn Ministerialdirektor Saure zum Nachfolger zu bekommen - das ist für mich das Ende".[184] Saure war nicht habilitiert und vor seiner Berufung Ministerialdirektor im Reichsministerium für Ernährung und Landwirtschaft gewesen.[185] Wenn er „überhaupt noch zu arbeiten imstande" sei, dann werde er dies „nur

181 *Binder*, Brief an Dulckeit vom 28. April 1937, NSUG Cod. Ms. Dulckeit 1.
182 *Binder*, Brief an Dulckeit vom 22. Dezember 1938, NSUG Cod. Ms. Dulckeit 1.
183 *Binder*, Brief an Dulckeit vom 16. November 1936, NSUG Cod. Ms. Dulckeit 1.
184 Vgl. zu dem Bericht auf den Binder anspielt *Siegert*, Schreiben an den Herrn Reichs- und Preußischen Minister für Wissenschaft, Erziehung und Volksbildung vom 29. April 1937, UAG Kur. 0808, 95.
185 *Schumann*, Die Göttinger Rechts- und Staatswissenschaftliche Fakultät 1933–1955, in: Schumann (Hrsg.), Kontinuitäten und Zäsuren, Rechtswissenschaft und Justiz im „Dritten Reich" und in der Nachkriegszeit, 2008, S. 76 f.

noch in der Einsamkeit" und für sich alleine tun, „als ein von allen Seiten zusammengeschossenes und torpediertes Wrack".[186] Am 26. Februar 1938 schrieb er Dulckeit schließlich, dass er „am Dienstag abend"[187] sein Seminar „geschlossen und damit endgültig vom Lehramt Abschied genommen" habe. Dieser sei ihm dadurch leichter gemacht worden, als er „aus allerlei Tatsachen und Andeutungen habe schließen müssen, dass unser würdiger Dekan[188] seiner Fakultät den Verkehr mit mir verboten hat". Er möchte deshalb „überaus gerne Göttingen verlassen".[189] Binder zog sich nach München-Gauting zurück, wo er am 28. August 1939 im Alter von 69 Jahren starb.[190]

Binder war u.a. Mitbegründer und zweiter Vorsitzender des Internationalen Hegelbundes,[191] Mitbegründer und zeitweiliger Vorstand der Deutschen Philosophischen Gesellschaft, Mitbegründer der Gesellschaft Deutscher Staat,[192] Mitglied der Göttinger Akademie der Wissenschaften, der Akademie für Deutsches Recht, der Internationalen Vereinigung für vergleichende Rechtswissenschaft und Volkswirtschaftslehre und Vorstandsmitglied der Internationalen Vereinigung für Rechts- und Sozialphilosophie.[193] Ab 1923 firmierte er als Mitherausgeber des *Logos*.[194]

Binders Rechtsphilosophie, seine Ablehnung der Weimarer Republik und seine zumindest anfängliche Bejahung der „Machtergreifung" der Nationalsozialisten sind in der Literatur umfassend beschrieben worden.[195] Larenz wies in einem Nachruf auf Binder im Jahr 1939 darauf hin, dass trotz rechtshistorischer und rechtsdogmatischer Schaffensperioden Binders „das letzte Jahrzehnt seines Lebens fast ausschließlich der Rechtsphilosophie gehörte". In ihr habe er die Hegelsche Philosophie erneuert: „Von ihm ist jenes neue und vertiefte Bemühen um das Verständnis der Philosophie *Hegels* ausgegangen, dessen Bedeutung heute noch gar nicht abzuschätzen ist".[196] Er sei „durch wenigstes 1 ½ Jahrzehnte hindurch die überragende Gestalt der deutschen Rechtsphilosophie" gewesen.[197] Nicht zuletzt in Anbetracht

186 *Binder*, Brief an Dulckeit vom 24. Juni 1937, NSUG Cod. Ms. Dulckeit 1.
187 Wohl am 22. Februar 1938.
188 Dekan war zu dieser Zeit Karl Siegert. Vgl. dazu *Schumann*, Die Göttinger Rechts- und Staatswissenschaftliche Fakultät 1933–1955, S. 89 ff.
189 *Binder*, Brief an Dulckeit vom 26. Februar 1938, NSUG Cod. Ms. Dulckeit 1.
190 *Dreier*, Julius Binder (1870–1939), S. 438 ff., dort weitere Nachweise.
191 Allerdings schrieb *Binder*, Brief an Dulckeit vom 6. Juni 1938, NSUG Cod. Ms. Dulckeit 1, in seiner Verbitterung über die Kritik Schönfelds und seiner Schüler an seinem „absoluten Idealismus", dass er seinen Austritt aus dem Hegelbund erklärt habe, dieser aber nicht angenommen worden sei.
192 Zur Gesellschaft Deutscher Staat vgl. Kapitel 3 Abschnitt I.
193 *Wittern*, Die Professoren der Friedrich-Alexander-Universität Erlangen 1743–1960, Teil 1: Theologische und Juristische Fakultät, S. 102 f.
194 Vgl. Logos, Bd. XI, 1922/23, Titelblatt.
195 Vgl. nur *Jakob*, Grundzüge der Rechtsphilosophie Julius Binders; *Schröder*, Zur Legitimationsfunktion der Rechtsphilosophie im Nationalsozialismus, 2002, S. 113–157.
196 *Larenz*, Julius Binder †, S. 646.
197 *Larenz*, Rechtswahrer und Philosoph, S. 2.

der vorhergehenden rechtsphilosophischen Auseinandersetzungen ist dies gewiss ein sehr wohlwollendes Andenken durch Binders einstigen Schüler.

II. Karl Larenz

Karl Larenz wurde aus einer Juristenfamilie stammend am 23. April 1903 in Wesel geboren. Er studierte in München und Göttingen, wohin er Binders wegen gewechselt war. In München war er von Helmuth Mayer auf Binder aufmerksam gemacht worden.[198] Am 8. November 1926 wurde er mit seiner 1927 erscheinenden Dissertationsschrift *Hegels Zurechnungslehre und der Begriff der objektiven Zurechnung* bei Julius Binder promoviert. Von März 1926 bis März 1928 war er als Referendar am Amts- und Landgericht in Göttingen tätig, legte jedoch die zweite Staatsprüfung nicht ab. Ende des Wintersemesters 1928/29 wurde Larenz mit der Schrift *Methode der Auslegung des Rechtsgeschäfts* für Bürgerliches Recht und Rechtsphilosophie habilitiert.[199] Larenz war von 1930 bis Ablauf des Sommersemesters 1933 als Privatdozent an der Göttinger Fakultät tätig. Er las im Sommersemester 1931 „Einführung in die Rechts- und Staatsphilosophie", im Wintersemester 1931/32 „Geschichte der Rechtsphilosophie im 19. Jahrhundert", im Sommersemester 1932 „Die Rechtsphilosophie des 19. Jahrhunderts und der Gegenwart" und im Wintersemester 1932/33 „Die gegenwärtigen Richtungen der Rechtsphilosophie und ihre weltanschaulichen Grundlagen".[200] Das rechtsphilosophische Seminar hielt er von Sommer 1930 bis Sommer 1933 gemeinsam mit Binder ab.[201] Larenz wurde zum 30. April 1933 auf den Lehrstuhl des einen Tag zuvor beurlaubten Gerhart Husserl in Kiel berufen und bekam diesen am 28. Oktober 1933 endgültig zugesprochen.[202] Dort wurde er als Mitbegründer der „Kieler Schule" angesehen.[203] Er wurde als einer der aktivsten und einflussreichsten Theoretiker und als *der* Rechtsphilosoph der „Kieler Schule"

---

198 *Diederichsen*, Karl Larenz, S. 497.

199 Chronik der Georg-August-Universität zu Göttingen für die Rechnungsjahre 1927–1930, S. 15; 25 f.; *Diederichsen*, Nachruf auf Karl Larenz, Neue Juristische Wochenschrift 1993, S. 902 f. Eine werkgeschichtliche biographische Einordnung findet sich bei *Kokert*, Der Begriff des Typus bei Karl Larenz, S. 20 ff.

200 Mit dem Vorlesungsstoff setzte sich Larenz auch publizistisch auseinander. Die Titel *Rechts- und Staatsphilosophie der Gegenwart* und *Die Rechts- und Staatsphilosophie des deutschen Idealismus und ihre Gegenwartsbedeutung* erschienen 1931 und 1933. Vgl. zu beiden Titeln Kapitel 2 Abschnitt VI.

201 Vgl. zu den Veranstaltungen *Georg-August-Universität*, Verzeichnisse der Vorlesungen, Sommerhalbjahr 1930 ff.

202 *Halfmann*, Eine „Pflanzstätte bester nationalsozialistischer Rechtsgelehrter": Die juristische Abteilung der Rechts- und Staatswissenschaftlichen Fakultät, in: Becker u.a. (Hrsg.), Die Universität Göttingen unter dem Nationalsozialismus, 1987, S. 118 f.

203 Vgl. *Frassek*, Göttinger Hegel-Lektüre, Kieler Schule und nationalsozialistische Juristenausbildung, S. 45, 49 ff. Zur Kieler Schule vgl. *Eckert*, Was war die Kieler Schule?, in: Säcker (Hrsg.), Recht und Rechtslehre im Nationalsozialismus,

angesehen.[204] Mit seinem Weggang aus Göttingen begann sich Larenz von Binder und dessen philosophischer Fortentwicklung zu distanzieren, beschäftigte sich aber nach wie vor, wenn auch zunehmend kritisch, mit Hegel. Er hielt in Kiel regelmäßig ein Hegel-Seminar ab, an dem zumindest zeitweilig Busse, Dulckeit, Michaelis, Ernst Rudolf Huber sowie dessen Frau Tula Huber-Simons teilnahmen.[205] Dulckeit schrieb jedoch an Binder, dass er auf diesen Seminaren regelmäßig Hegel gegenüber Larenz in Schutz habe nehmen müssen.[206] Als Mitglied des NSD.-Dozentenbundes befasste sich Larenz in einer Arbeitsgemeinschaft schließlich mit dem Thema „Hegel und der Zusammenbruch des Hegelschen Systems".[207] Zwar ging er selbst 1935 noch nicht von einem Zusammenbruch des Hegelschen Systems in der Gegenwart aus, doch stellte er von seinem neu gewonnenen völkischen Standpunkt aus fest: „Unser geschichtlicher Ort ist ein anderer als der Hegels".[208] An Binder schrieb er im Jahr 1938: „Und so arbeiten wir alle drei, ob wir es wissen oder nicht, in Wahrheit an der Überwindung des Hegelschen Systems, einer Überwindung jedoch, die zugleich eine Erfüllung eben der Aufgabe ist, vor die uns gerade Hegel stellt."[209] Im Jahr 1942 schließlich erklärte er, dass Hegel „für den Reichsgedanken in dem uns heute wieder angehenden Sinne nichts hergibt".[210]

Über diese Abwendung von Hegel waren vor allem Binder und Dulckeit sehr enttäuscht.[211] Binder entzweite sich mit Larenz vor allem über ihre Differenzen hinsichtlich der Begriffe der Rechtsfähigkeit, des subjektiven Rechts und der Person, die Larenz in seinem „völkischen" Konzept der „Gliedstellung" als ausschließlich von der Volksgemeinschaft gewährt ansah. Binder bezeichnete diesen Gedanken des „neuen deutschen Rechtsdenkens", der die Rechtsfähigkeit nicht mehr an das schlichte Menschsein knüpfte, als in Konsequenz zum „Bolschewismus" führend.[212] Allerdings hatte Dulckeit noch Anfang 1936 Hoffnung, dass Larenz' Entfernung von der gemeinsamen „geistigen Heimat" nicht irreversibel sei und er schrieb an Binder:

Ringvorlesung der Rechtswissenschaftlichen Fakultät der Christian-Albrechts-Universität zu Kiel, 1992, S. 37 ff.

204 *La Torre*, Der Kampf wider das subjektive Recht. Karl Larenz und die nationalsozialistische Rechtslehre, Rechtstheorie 1992, S. 355.

205 Vgl. *Dulckeit*, Briefe an Binder vom 8. November 1936 und 21. Januar 1937, NSUG Cod. Ms. Dulckeit 1.

206 Vgl. dazu Kapitel 6 Abschnitt I.

207 Vgl. *Kokert*, Der Begriff des Typus bei Karl Larenz, S. 77 f.

208 *Larenz*, Rechts- und Staatsphilosophie der Gegenwart, 2. Auflage 1935, S. 128 f.

209 *Larenz*, Abschrift des Briefes an Binder vom 19. Januar 1938, NSUG Cod. Ms. Dulckeit 5.

210 *Larenz*, Brief vom 23. Januar 1942 an Erik Wolf, zitiert nach *Hausmann*, „Deutsche Geisteswissenschaft" im Zweiten Weltkrieg. Die „Aktion Ritterbusch" (1940–1945), dritte Ausgabe 2007, S. 232. Vgl. dazu Kapitel 6 Abschnitt II.

211 Vgl. ebd.

212 Vgl. dazu Kapitel 6 Abschnitt I.

„Larenz Einstellung ist nunmehr durchaus abgewogener als damals in Göttingen".[213] Ende 1936 schrieb er allerdings an Binder, dass er in Larenz' Seminar über das Verhältnis von Volk und Staat bei Hegel zu reden solle, er jedoch keine Lust dazu habe. Damit machte Dulckeit deutlich, dass er sich Larenz' Wendung zur „völkischen" Perspektive jeglicher Rechtsphilosophie nicht anschließen wollte. Darüber hinaus habe er Larenz auch gesagt, dass er „keine Lust mehr zu diskutieren [hätte] und es hätte auch keinen Zweck, er sollte sich mal hinsetzen und die Sache durchdenken und was schreiben, dann könnte man weiter sehen; denn diese Dinge ließen sich nicht in oberflächlichen Gesprächen entscheiden."[214] Im Jahr 1938 schrieb Dulckeit an Binder: „Larenz selbst ist, wie mir scheint, philosophisch keineswegs ganz ‚klar' geworden und sucht wohl noch immer (m.E. z.T. ohne Aussicht auf durchschlagenden Erfolg) seinen eigenen Weg".[215]

Diederichsen wies 1993 darauf hin, dass für Larenz die „scheinbar so weltfremde Beschäftigung mit der Philosophie im Grunde nur ergiebigste Vorschule für eine erstaunliche Karriere als Rechtsdogmatiker und Methodologe" gewesen sei.[216]

Larenz starb im Jahr 1993. Über seinen Beitrag zur nationalsozialistischen Rechtserneuerung und zum nationalsozialistischen Rechtsdenken als Teil der „Kieler Schule" ist viel geschrieben worden; ebenso über Larenz methodologische Entwicklung in der Bundesrepublik.[217] Die vorliegende Arbeit beschäftigt sich dagegen mit dem Neuhegelianer Larenz, der gegen Ende der 1930er Jahre und spätestens nach 1945 nicht mehr in Erscheinung trat, wenn auch sein späteres Schaffen seine „Beweglichkeit" durch die gedankliche Fundierung der früheren Beschäftigung mit Hegel erlangt haben mag.[218]

III. Gerhard Dulckeit

Gerhard Dulckeit wurde am 6. Juni 1904 als zweiter Sohn einer baltendeutschen Kaufmannsfamilie in Riga geboren. Er besuchte das örtliche klassische Gymnasium. In seine Schulzeit fielen die Bildung der kurzlebigen ersten Lettischen Volksrepublik und die Konstituierung des lettischen Nationalstaats. Als Sechzehnjähriger nahm er als Freiwilliger an dem Kampf gegen die Sowjetregierung und für die Unabhängigkeit Lettlands teil. Im Jahr 1922 begann Dulckeit sein Studium der Philosophie an der deutschen Hochschule Rigas, dem Herderinstitut, und ab dem Jahr 1924 mit

213 *Dulckeit*, Brief an Binder vom 21. Januar 1936, NSUG Cod. Ms. Dulckeit 1.
214 *Dulckeit*, Brief an Binder vom 17. Dezember 1936, NSUG Cod. Ms. Dulckeit 1.
215 *Dulckeit*, Brief an Binder vom 13. November 1938, NSUG Cod. Ms. Dulckeit 1.
216 *Diederichsen*, Nachruf auf Karl Larenz, S. 902.
217 Vgl. *Rüthers*, Entartetes Recht, S. 76; *Becker*, „Schritte auf einer abschüssigen Bahn", Das Archiv des öffentlichen Rechts (AöR) und die deutsche Staatsrechtswissenschaft im Dritten Reich, Diss. Tübingen 1999, S. 182 f.; *Frassek*, Von der „völkischen Lebensordnung" zum Recht; *Kastl*, Neuhegelianismus und Nationalsozialismus bei Karl Larenz, in: Nehlsen/Bruhn (Hrsg.), Münchener rechtshistorische Studien zum Nationalsozialismus, 1996; *Eckert*, Was war die Kieler Schule?, S. 37 ff.
218 So *Diederichsen*, Karl Larenz, S. 497 ff.

Unterbrechung durch die Ableistung des Militärdienstes von Sommer 1925 bis Herbst 1926 das Studium der Rechtswissenschaften an der lettischen Staatsuniversität. Nach Erwerb des lettischen Magistergrads, den er mit einer Arbeit über *Das Minderheitenrecht vom Standpunkt der Rechtsphilosophie* erlangte, kam Dulckeit im Jahr 1929 nach Göttingen. Dort beschäftigte er sich zunächst vor allem mit dem Völkerrecht und wandte sich dann der Rechtsphilosophie und dem Römischen Recht zu. Im Jahr 1931 promovierte er bei Julius Binder mit der Abhandlung *Naturrecht und positives Recht bei Kant.*[219] Die Dissertationsschrift untersucht zwar „aus welchen *Mängeln des Systems* heraus" das „Scheitern der kantischen Rechtslehre" zu verstehen sei,[220] ist jedoch mangels Hegelbezug noch nicht als ausgewiesen neuhegelianisch einzuordnen. Ab dem Wintersemester 1931/32 wurde er zum außerplanmäßigen Vollassistenten der Fakultät ernannt und im Sommersemester 1932 für ein Jahr beurlaubt, um bei Ernst Levy in Heidelberg römischrechtliche Studien zu betreiben. Im Sommersemester 1933 kehrte er nach Göttingen zurück und wurde zum Assistenten am juristischen Seminar ernannt. Seine römischrechtliche Habilitationsschrift *Erblasserwille und Erwerbswille bei Antretung der Erbschaft* vom September 1934, die ebenfalls frei von neuhegelianischen Bezügen ist, verfasste er als Schüler Wolfgang Kunkels in Göttingen, wo er die venia legendi für Römisches Recht, Bürgerliches Recht und Rechtsphilosophie erwarb. Binder war Zweitgutachter seiner Habilitationsschrift. Ab dem Sommerhalbjahr 1934 wurde Dulckeit die Genehmigung zur Abhaltung von Vorlesungen erteilt und am 1. April 1935 erhielt er einen Lehrauftrag als Privatdozent an der Rechts- und Staatswissenschaftlichen Fakultät in Göttingen. Dulckeit wurde 1935 eingebürgert.[221] Er lehrte in Göttingen zunächst nicht rechtsphilosophisch, sondern hielt römischrechtliche und bürgerlichrechtliche Übungen ab. Im Sommersemester 1935 vertrat er die Rechtsphilosophie in Bonn. Allerdings strebte er wieder nach Göttingen zurück.[222] So schrieb er im Dezember 1935 aus Bonn an Binder, dass er die dortige Fakultät zwar kennengelernt habe, doch im Ganzen habe feststellen müsse, dass Göttingen „ein anderes Format" habe. Zwar seien alle „soweit möglich, sehr nett", doch scheine ein „engerer Zusammenhalt" nicht vorhanden zu sein. Er

---

219 Vgl. zu den biografischen Angaben *Dulckeit*, Handschriftlicher Lebenslauf vom 23. Oktober 1933, Jur Fak PA Dulckeit; *Kunkel*, Dulckeit als Rechtshistoriker, in: Gerhard Dulckeit als Rechtshistoriker, Rechtsphilosoph und Rechtsdogmatiker, Reden zu seinem Gedächtnis von Kunkel/Larenz/Ballerstedt, Veröffentlichungen der Schleswig-Holsteinischen Universitätsgesellschaft, Neue Folge Nr. 11, 1955, S. 7 f.; *Schäfer*, Juristische Lehre und Forschung an der Reichsuniversität Straßburg 1941–1944, S. 101 ff.; *Schroeder*, „Eine Universität für Juristen und von Juristen", Die Heidelberger Juristische Fakultät im 19. und 20. Jahrhundert, 2010, S. 583 ff. Zu Dulckeits Dienstzeiten vgl. Schreiben des Kurators an den Dekan vom 23. Februar 1954, Jur Fak PA Dulckeit.

220 *Dulckeit*, Naturrecht und positives Recht bei Kant, 1932, S. 62.

221 Schreiben Dulckeits an den Reichs- und Preußischen Minister für Wissenschaft Erziehung und Volksbildung vom 21. März 1936, Jur Fak PA Dulckeit.

222 Vgl. *Dulckeit*, Brief an Binder vom 29. Januar 1936, NSUG Cod. Ms. Dulckeit 1.

halte es für „ziemlich ausgeschlossen", dass er „unter den gegenwärtigen Verhältnissen irgendeinem ‚Einfluss' ausgesetzt" werde. Er sei etwa mit dem Strafrechtler Alexander Graf zu Dohna ins Gespräch über Hegel gekommen, doch habe dieser eingestanden, dass er „trotz redlichen Bemühens es niemals fertig gebracht habe, auch nur einen Satz von Hegel zu verstehen".[223] Insgesamt herrsche in Bonn ein „ziemlich sturer Positivismus",[224] sodass er sich „ganz kindisch" auf ein Wiedersehen und die gemeinsame Arbeit mit Binder freue.[225] Überhaupt fragte sich Dulckeit Binder gegenüber, wo es denn „schon wirkliche Rechtsphilosophen" gebe. Es sei ihm lieber, dass „niemand in Greifswald oder Breslau sich um die R[echts]phil[osophie] kümmert, als dass irgendwelche Strafrechtler ein allgemeines Gerede vom Recht als solches anpreisen". Es bestünde nur die Möglichkeit, die auch Binder verwirklicht habe: „in langer Arbeit einen Kreis von Schülern und Verständnis Suchenden um sich zu schaffen".[226] Im Wintersemester 1935/36 führte Dulckeit in Göttingen die Veranstaltungen „Einführung in die Rechtsphilosophie" und „Konversatorium über rechtsphilosophische Grundbegriffe" durch. Am 6. Mai 1936 wurde ihm die Dozentur für Rechtsphilosophie in Göttingen verliehen.[227] Im Sommersemester 1936 veranstaltete Binder mit Dulckeit zusammen das rechtsphilosophische Seminar, bevor Dulckeit mit Ablauf des Semesters nach Kiel wechselte.[228] In Kiel hatte er im Wintersemester 1936/37 und im Sommersemester 1937 eine Vertretung inne. Dort hielt er mit Larenz ein rechtsphilosophisches, vor allem von Habilitanden und Assistenten besuchtes, Kolloquium ab, in dem die Hegelsche Rechtsphilosophie gelesen wurde. Weiterhin las er „abends (wöchentlich einmal) mit Hubers die Phänomen[ologie des Geistes]".[229] Im Wintersemester 1937/38 wechselte er nach Heidelberg, wo er ebenfalls eine Vertretung wahrnahm.

Ab Ende 1936 hatte Dulckeit darauf spekuliert, als Nachfolger Binders nach Göttingen berufen zu werden. Dieser hatte sich sehr für seinen einzigen vermeintlich verbleibenden Hegel-Schüler stark gemacht. Allerdings entwickelte sich die Binder-Nachfolge nicht im Sinne Binders und Dulckeits und die Entscheidung der Göttinger Fakultät gegen Dulckeits Berufung führte zu Verstimmungen zwischen Binder und Dulckeit einerseits und der Göttinger Fakultät andererseits.[230] In Heidelberg wurde er im Jahr 1938 Extraordinarius mit persönlichem Ordinariat und, als ihn die Kieler Fakultät im Jahr 1939 als Ordinarius berufen wollte, 1940 Ordinarius. Im Jahr 1942 nahm er einen Lehrstuhl an der Reichsuniversität Straßburg an, wo er den Lehrstuhl

223 *Dulckeit*, Brief an Binder vom 1. Dezember 1935, NSUG Cod. Ms. Dulckeit 1.

224 *Dulckeit*, Brief an Binder vom 21. Dezember 1935, NSUG Cod. Ms. Dulckeit 1.

225 *Dulckeit*, Brief an Binder vom 23. Mai 1936, NSUG Cod. Ms. Dulckeit 1.

226 *Binder*, Brief an Dulckeit vom 9. Januar 1939, NSUG Cod. Ms. Dulckeit 1.

227 *Dulckeit*, Handschriftlicher Lebenslauf vom 23. Oktober 1933, Jur Fak PA Dulckeit.

228 Vgl. zu den Veranstaltungen *Georg-August-Universität*, Verzeichnisse der Vorlesungen, Sommerhalbjahr 1934 ff.

229 *Dulckeit*, Brief an Binder vom 26. April 1937, NSUG Cod. Ms. Dulckeit 1.

230 Vgl. den Briefwechsel zwischen Dulckeit und dem Dekan Siegert, im Juli 1938, Jur Fak PA Dulckeit. Zur Binder-Nachfolge vgl. Kapitel 1 Abschnitt V.

für Rechtsphilosophie, Römisches Recht und Bürgerliches Recht inne hatte, jedoch wegen des Militärdienstes keine Vorlesungen abhielt.[231] Durch den Krieg, an dem er als Artillerieoffizier teilnahm, war er von 1940 bis 1945 an der Lehrtätigkeit und wissenschaftlichen Arbeit gehindert. Dulckeit wurde nicht Mitglied der NSDAP.[232] Während des Berufungsverfahrens der Binder-Nachfolge wurde Dulckeit von parteiamtlicher Seite aus offenbar als „parteipolitisch lau“ bezeichnet.[233] Allerdings schrieb er in Bezug auf diesen Vorwurf in einem Brief an Binder, dass er sich „ohne alle Beschönigung wirklich für einen guten NS. Mann gehalten habe und auch weiterhin trotz allen persönlichen Rückschlägen“ seine „sachliche Stellung nicht im mindesten zu ändern gedenke und garnicht ändern“ könne.[234]

Nach Krieg und Kriegsgefangenschaft wechselte er nach Kiel und stirbt am 16. Januar 1954 nach längerer Krankheit. Die Göttinger Rechts- und Staatswissenschaftliche Fakultät wollte Dulckeit für das Sommersemester 1954 zur Berufung auf den romanistischen Lehrstuhl nach Göttingen vorschlagen.[235]

Neben seinen in dieser Abhandlung betrachteten neuhegelianischen Schriften, verfasste Dulckeit eine Reihe römischrechtlicher Schriften. In seinem Lebenslauf, den er seinem Gesuch um die Zulassung zur Habilitation beigefügt hatte, schrieb Dulckeit: „Ich darf mich als Schüler von Herrn Professor Binder und Herrn Professor Kunkel bezeichnen“.[236] Kunkel wies daraufhin, dass „Dulckeits wissenschaftliches Interesse [...] zu allen Zeiten seines Gelehrtenlebens geteilt [war] zwischen Philosophie und Rechtsgeschichte“ und dass sein philosophisches Werk „mit Ausnahme der Dissertation dem Verständnis und der Fortbildung der Hegelschen Philosophie gewidmet ist“. Philosophie und Rechtsgeschichte seien „für Dulckeit keineswegs getrennte und beziehungslose Arbeitsfelder“ gewesen. Von Anfang an hätte er nach einer „philosophischen Sicht der Rechtsgeschichte“ gestrebt und umgekehrt von der Philosophie „vor allem eine Deutung der historischen Wirklichkeit“ gefordert. Zweifellos habe gerade in dieser Forderung „ein wesentlicher Grund dafür gelegen, dass er Hegelianer nicht nur wurde, sondern blieb“. Dulckeits Hegelinterpretation hätte „den Nachweis [erstrebt], dass die Geschichtsphilosophie Hegels ‚keine fertige Konstruktion‘, sondern ‚in Wahrheit der wirklichen Geschichte selbst entnommen‘ sei“. Der Rechtshistoriker Dulckeit sei „letztlich vom Philosophen nicht zu trennen“.[237] Larenz wies darauf hin, dass die Rechtsphilosophie „im wissenschaftlichen Lebenswerk“ Dulckeits „die Mitte“ dargestellt habe, von der aus das

231 *Schäfer*, Juristische Lehre und Forschung an der Reichsuniversität Straßburg 1941–1944, 1999, S. 102.
232 *Schäfer*, a. a. O.
233 Vgl. *Binder*, Brief an Dulckeit vom 19. Dezember 1936, NSUG Cod. Ms. Dulckeit 1.
234 *Dulckeit*, Brief an Binder vom 21. Dezember 1936, NSUG Cod. Ms. Dulckeit 1.
235 Vgl. Schreiben des Dekans Beitzke an Christa Dulckeit vom 19. Januar 1954, Jur Fak PA Dulckeit.
236 *Dulckeit*, Handschriftlicher Lebenslauf vom 23. Oktober 1933, Jur Fak PA Dulckeit.
237 *Kunkel*, Gerhard Dulckeit †, S. 608.

Gesamtwerk zu verstehen sei.[238] Ein Beispiel für den neuhegelianischen Impetus selbst in Dulckeits romanistischem Schaffen ist seine Abhandlung *Öffentliches und Privatrecht im römischen Recht* von 1935, in dem er die Ulpian zugeschriebene Formel von den „duae positiones" angriff und bestritt, dass die daran ausgerichtete Dichotomie der Rechtsordnung in öffentliches und privates Recht der Begriffswelt des klassischen Rechts entstammte. Dulckeit zog dabei eine Parallele zu Hegel und dessen Erkenntnis wonach „die abstrakte Scheidung von Recht und Sittlichkeit" nicht anerkannt werden könnte, denn „das wirkliche Leben des Volkes" finde „seinen Ausdruck ebenso im positiven Recht wie in Moral und Sittlichkeit". Die Sittlichkeit erscheine deshalb „als Vollendung des Rechts oder trägt das Recht als ein Moment in sich".[239] Dulckeit propagierte ein jegliche begriffliche Trennung überwindendes einheitliches „objektives" Recht, „das seinerseits in seinem *Wesen* als eine Stufe in der Verwirklichung der Sittlichkeit begriffen werden muss".[240]

Larenz ging im Jahr 1938 davon aus, dass Binder „von allen seinen Schülern" gerade Dulckeit „in sein Herz geschlossen" habe.[241] Um so gekränkter war Binder über die dezidierte Kritik seines Schülers an seinem „absoluten Idealismus" gegen Ende der 1930er Jahre. Er bezeichnete Dulckeit gleichwohl als den einzig ernstzunehmenden und „schärfsten unter meinen Kritikern".[242]

IV. Martin Busse

Martin Busse wurde am 31. Mai 1906 als Sohn einer Juristenfamilie in Bleicherode geboren. Sein Vater war Amtsgerichtsrat. Er erhielt Privatunterricht, besuchte die Mittelschule in Bleicherode und das Gymnasium in Nordhausen, wo er 1925 die Reifeprüfung ablegte. Busse studierte Rechts- und Staatswissenschaften in Köln, München und Göttingen. Am 7. März 1929 bestand er die erste juristische Staatsprüfung beim Oberlandesgericht in Celle. Am 3. Februar 1930 begann er den Vorbereitungsdienst beim Amtsgericht in Bleicherode. Seine rechtsphilosophische Ausbildung erhielt er bei Binder.[243] 1931 promovierte Busse in Göttingen mit der Schrift *Hegels Phänomenologie*

---

238 *Larenz*, Dulckeit als Rechtsphilosoph, in: Gerhard Dulckeit als Rechtshistoriker, Rechtsphilosoph und Rechtsdogmatiker, Reden zu seinem Gedächtnis von Wolfgang Kunkel, Karl Larenz, Kurt Ballerstedt, Veröffentlichungen der Schleswig-Holsteinischen Universitätsgesellschaft, Neue Folge Nr. 11, 1955, S. 14.

239 *Dulckeit*, Öffentliches Recht und Privatrecht im römischen Recht, Zeitschrift der Akademie für Deutsches Recht, 1935, S. 277.

240 *Dulckeit*, a. a. O., S. 282.

241 *Larenz*, Brief an Dulckeit vom 5. Februar 1938, NSUG Cod. Ms. Dulckeit 5.

242 *Binder*, Brief an Dulckeit vom 21. November 1938, NSUG Cod. Ms. Dulckeit 1.

243 *Busse*, Hegels Phänomenologie des Geistes und der Staat: ein Beitrag zur Auslegung der Phänomenologie und Rechtsphilosophie und zur Geschichte der Entwicklung des Hegelschen Systems, 1931, „Lebenslauf" auf S. 142.

des Geistes und der Staat. Vorübergehend diente er Binder als Privatassistent.[244] Während seines Aufenthaltes in Göttingen leistete Busse Dienst in der SA.[245] Nach Ablegung der zweiten juristischen Prüfung 1933 war er ab 1. April 1934 als Sachbearbeiter im Reichsministerium für Ernährung und Landwirtschaft, ab 1935 als Abteilungsleiter im Stabsamt des Reichsbauernführer und später bis 1937 als Stabsleiter im Stabsamt des Reichsbauernführer tätig, von wo aus er sich 1936 mit seiner Schrift *Der Erbhof im Aufbau der Volksordnung* habilitierte. Er war Mitherausgeber der Zeitschrift „Recht des Reichsnährstandes". In Kiel wurde er im Jahr 1937 zum planmäßigen außerordentlichen und im Jahr 1940 zum ordentlichen Professor ernannt. Er gilt als Mitglied der „Kieler Schule". Mit Larenz zusammen verfasste er die sog. Kieler Stellungnahme zur Studienreform, die den Eckhardtschen Ansatz vehement verteidigte. Seit dem 1. April 1941 gehörte Busse der Göttinger Fakultät mit dem Lehrauftrag für Rechtsphilosophie, Bürgerliches Recht, Bauern- und Bodenrecht sowie Wirtschaftsrecht an (vorher Prof. Saure). Damit war er Nachfolger auf dem ehemaligen Lehrstuhl Binders. Er wurde zum Direktor des Instituts für Agrar- und Wirtschaftsrecht sowie zum Mitdirektor des Rechtsphilosophischen und des Juristischen Seminars der Universität Göttingen ernannt. Er lehrte jedoch nicht rechtsphilosophisch. Auf Antrag der Fakultät wurde er für das Wintersemester 1941/42 unabkömmlich gestellt, da von fünf bürgerlichrechtlichen Lehrstühlen drei nicht anderweitig zu besetzen gewesen seien. Im Wintersemester 1942/43 erhielt Busse Arbeitsurlaub an der Universität Göttingen. Er fiel am 16. Februar 1945 bei Goch.[246] Busse beschäftigte sich nach anfänglichen neuhegelianischen Ansätzen seit Mitte der 1930er Jahre fast ausschließlich mit boden- und bauernrechtlichen Fragen, die er dezidiert nationalsozialistisch auslegte.[247] Lediglich in seiner Dissertationsschrift *Hegels Phänomenologie des Geistes und der Staat* und in seinem Beitrag *Das Thema der Rechtsphilosophie Hegels* zu dem Gemeinschaftswerk mit Binder und Larenz *Einführung in Hegels Rechtsphilosophie* aus dem Jahr 1931, tat sich Busse als neugehelianischer Autor hervor. Gleichwohl gehörte er Anfang der 1930er Jahre zweifellos zum engsten Kreis um Binder.

---

244 Vgl. Schreiben des Dekans *Meyer* an den Kurator der Universität Göttingen vom 7. Januar 1935, Jur Fak PA Dulckeit.

245 Nach Aussage von *Binder*, Brief an Dulckeit vom 19. Dezember 1936, ging der Gauamtsleiter des NSD-Dozentenbundes, Artur Schürmann, in der Frage der Binder-Nachfolge im Jahr 1936 darüber hinaus „strikt" davon aus, das Busse „SS-Mann" war und „sogar in der SS eine Führerstellung" inne hatte. Die Göttinger Fakultät, Schreiben vom 12. Juni 1944, Jur Fak PA Busse, führte Busse im Jahr 1944 dagegen als Leutnant der Wehrmacht.

246 *Hürstel*, Rechtsphilosophie oder Rechtsgeschichte?, S. 369 gibt als Todesdatum fälschlicherweise 1941 an. Zu Busses biographischen Daten und seinem agrarrechtlichem Werk vgl. *Sigmundt*, Rechtsgewinnung und Erbhofrecht. Eine Analyse der Methoden in Wissenschaft und Rechtsprechung des Reicherbhofrechts, Diss. Würzburg 2005, S. 180–201.

247 Vgl. dazu Kapitel 7 Abschnitt VII.

Sein betontes Engagement für die nationalsozialistische Rechtserneuerung und seine abrupte Abkehr vom Hegelianismus ab Mitte der 1930er Jahre überraschte seine ehemaligen Mitschüler und missfiel diesen. So schrieb Dulckeit Ende 1936 an Binder:

> „L[arenz] sagte mir heute, er hätte sich energisch gegen Busses Radikalismus gewandt, das ginge ihm doch zu weit. [...] Busse nehme ich seinen Abfall auch übel. Er soll zwar nach Mich[aelis] Aussage schon lange so kritisch stehen, aber was hat man davon in G[öttingen] gemerkt?! Er gehört zu den Menschen, die ihre Einsichten nach den Bedürfnissen der Zeit und des Ortes richten können, ohne es selbst zu merken, wie stark der äußerliche Tribut an die Zeit ist."[248]

Nach seinem Weggang aus Göttingen im Jahr 1934 und der damit einhergehenden Abwendung von den rechtsphilosophischen Bemühungen der ehemaligen Kollegen um die Wiederbelebung der Hegelschen Philosophie, kühlte sich Busses Verhältnis zu ihnen ab. Vor allem Dulckeit, der zunächst noch am stärksten das Sendungsbewusstsein der Binder-Schule für die Erneuerung der Rechtsphilosophie weiterpflegte, ist von Busses Abwendung von der Rechtsphilosophie und seinem Überwechseln in den Ministerialdienst enttäuscht. Er sah dies geradezu als Verrat an der idealistischen Rechtsphilosophie an.[249]

Spätestens als Larenz, der sich im Verlaufe der 1930er Jahre ebenfalls immer stärker der völkischen „Rechtserneuerung" zuneigte, ab 1936 versuchte, Busse für die Kieler Fakultät zu gewinnen, und auch die Göttinger Fakultät sich für Busses Berufung auf den freigewordenen Binder-Lehrstuhl stark machte, wurde eine gewisse Trennlinie des Zusammenhalts der Göttinger Schule zwischen Binder und Dulckeit einerseits als verbliebene Hegelianer sowie Larenz und Busse andererseits als völkische bzw. nationalsozialistische Juristen deutlich. Dulckeit, der von Binder zu seinem Nachfolger auserkoren worden war, war von Busses Verhalten, das ihm zumindest undurchschaubar erschien, enttäuscht.[250]

Die Entfremdung Busses von dem rechtsphilosophischen Diskurs der Göttinger Schule war schließlich so weit gegangen, dass er Ende 1936, Dulckeits Aussage zufolge, nach einer Diskussion über die Hegelsche Philosophie, dessen Frage, ob er „den Antrag stelle, aus den Listen der Hegelianer gestrichen zu werden", mit „einem verschämten Ja" beantwortete.[251] Im Jahr 1937 bezeichnete Dulckeit Busse in einem Brief an Binder, in dem es um die „Schwächung der Position des Hegelianismus" ging, „seiner Natur nach" als „Schwärmer und Bilderstürmer (wenn auch mit sehr scharfem Verstand)", der „in der Tat bereits im gegnerischen Lager" stünde.[252] Im Jahr 1938 kam es Dulckeit daher „etwas merkwürdig" vor, als Busse sich per Brief

248 *Dulckeit*, Brief an Binder vom 17. Dezember 1936, NSUG Cod. Ms. Dulckeit 1.
249 Vgl. *Dulckeit*, Brief an Binder vom 29. Januar 1936, NSUG Cod. Ms. Dulckeit 1.
250 Vgl. zur Binder-Nachfolge Kapitel 1 Abschnitt V.
251 Vgl. dazu Kapitel 6 Abschnitt I.
252 *Dulckeit*, Brief an Binder vom 26. Juni 1937, NSUG Cod. Ms. Dulckeit 1.

anerkennend und zustimmend zu seinem Aufsatz *System und Geschichte in Hegels Philosophie* äußerte. Schließlich hätten „ein Jahr viel ausführlicherer Dispute nicht zuwege gebracht [...], was die gedruckte Zusammenfassung spielend erreicht“ haben sollte.[253] Auch dass Busse sich Dulckeit gegenüber „sehr beeindruckt“ von Binders *System der Rechtsphilosophie* gezeigt habe, hielt Dulckeit, vor dem Hintergrund der grundsätzlichen Entfremdung Busses vom Neuhegelianismus seines Lehrers, diesem gegenüber für erwähnenswert.[254]

V. Die Binder-Nachfolge

Binder war zum Ablauf des Wintersemesters 1935/36 entpflichtet worden, vertrat aber seinen Lehrstuhl noch bis zum Wintersemester 1937/38. Er bemühte sich, seinen Lehrstuhl mit einem seiner Schüler zu besetzen. Die unbesetzte Rechtsphilosophie wurde jedoch zunächst von Hans Welzel vertreten, dessen strafrechtlicher Lehrauftrag ab dem Jahr 1937 auf Zivilprozessrecht und Rechtsphilosophie erweitert wurde.[255] Ab dem Sommerhalbjahr 1938 las Welzel „Rechts- und Staatsphilosophie“, bzw. „Rechtsphilosophie“. Welzel hatte seit dem Sommersemester 1936 einen Vertretungsauftrag für Strafrecht inne und wurde 1937 als Nachfolger Robert von Hippels außerordentlicher beamteter Professor und schließlich von 1940 bis 1952 Ordinarius an der Göttinger Fakultät. Welzel zeigte eine gewisse Affinität zu Hegel und äußerte sich in Teilen sehr positiv über Larenz.[256] Auch warb er im Jahr 1935 dafür, „jene sinnlose, brutale Wirklichkeitskonstruktion des naturalistischen Positivismus“ zu überwinden und dafür „eine neue Metaphysik“ zu begründen. Doch könne eine Zeit, die die Industrialisierung und deren politische Implikationen durchlebt habe, „nicht mehr da anfangen [...], wo *Hegel* stand“.[257] Zum 200jährigen Bestehen der Universität Göttingen steuerte er im Jahr 1937 dem von Artur Schürmann herausgegebenen Sammelband *Volk und Hochschule im Umbruch* seine Abhandlung *Über die Grundlagen der Staatsphilosophie Hegels* bei, in dem er nicht ohne gewisse Skepsis auf Binders Diktum von Hegel als „Vorläufer und Begründer des dritten Reiches“ einging.[258] Schließlich stellte er einen „unüberbrückbare[n] Abgrund“ fest,

253 *Dulckeit*, Brief an Binder vom 14. Januar 1938, NSUG Cod. Ms. Dulckeit 1.

254 *Dulckeit*, Brief an Binder vom 21. Januar 1937, NSUG Cod. Ms. Dulckeit 1.

255 *Loos*, Hans Welzel (1904–1977), Die Suche nach dem Überpositiven im Recht, in: Loos, Rechtswissenschaft in Göttingen, Göttinger Juristen aus 250 Jahren, 1987, S. 489.

256 Vgl. *Welzel*, Die moderne Strafrechtsdogmatik und die Wertphilosophie, in: Welzel (Hrsg.), Abhandlungen zum Strafrecht und zur Rechtsphilosophie, Naturalismus und Wertphilosophie im Strafrecht, Zweiter Teil, 1975, S. 87, 119.

257 *Welzel*, Die moderne Strafrechtsdogmatik und die Wertphilosophie, S. 118 f.

258 *Welzel*, Über die Grundlagen der Staatsphilosophie Hegels, in: Schürmann (Hrsg.), Volk und Hochschule im Umbruch, zur 200-Jahrfeier der Georg-August-Universität zu Göttingen, 1937, S. 89. Vgl. zu der Vorstellung Hegels als Vorläufer des „Dritten Reiches“ Kapitel 7 Abschnitt I.

der „uns letztlich von Hegels Staatsauffassung trennt". Zwar würdigte er Hegels „Anti-Individualismus", doch sei „Hegels ‚Substanz' [...] nicht unsere Substanz", denn diese sei kein „universaler ‚Geist' und nicht der Staat als geistiger Organismus, sondern das Volk in seiner naturhaft-geschichtlichen Existenz".[259] Loos stellt daher zu Recht fest, dass sich Welzel trotz aller Nähe letztlich vom Neuhegelianismus distanzierte.[260] Auch Dulckeit merkte im Jahr 1936 an, dass Welzel „Hegel durchaus fremd geblieben ist".[261]

Die Nachfolgeverhandlungen für den vakanten Binder-Lehrstuhl ab dem Jahr 1936 sind insofern bemerkenswert, als die Berufungsliste der Fakultät zunächst u.a. die Binder-Schüler Dulckeit und Busse enthielt.[262] Binder hatte sich für Dulckeit stark gemacht.[263] Diesen sah er ab 1936 als einzigen verbliebenen Hegelianer unter seinen Schülern an. Busse und Larenz hatten ihn durch ihre Abkehr vom Hegelianismus enttäuscht. Die Fakultät dagegen bevorzugte Busse aufgrund dessen agrarrechtlicher Ausrichtung.[264] Auch Larenz bemühte sich jedoch ab 1936 in Berlin um eine Berufung Busses nach Kiel und hoffte nach Dulckeits Aussage, dass „Kiel Busse *eher* sich sichert als Göttingen". Dazu habe Larenz einen Dulckeit „richtig scheinenden taktischen Gedanken", wonach man die Göttinger Fakultät in Unkenntnis über Busses Kieler Aussichten lassen sollte, um etwaige Gegenaktionen zu vermeiden und auf einen Alternativvorschlag („Busse oder mich") hinwirken sollte und dann sei Busse „eben nicht mehr zu haben". Dulckeit ging davon aus, dass auch Binder dieses Verfahren „angenehm" sei, denn dann bräuchte er nicht „einen Schüler gegen den anderen auszuspielen".[265]

Im Ministerium jedoch bestand nach Dulckeits Einschätzung offenbar die Absicht, Busse an eine Universität mit landwirtschaftlicher Ausrichtung, sprich: Göttingen, zu berufen, was Dulckeit als eine offenbar „von langer Hand vorbereitete Aktion" ansah. Überdies wurde im Ministerium durch die vertretende Besetzung seines eigenen früheren Lehrstuhls durch Binder selbst, zunächst offenbar kein Bedürfnis gesehen, die Neubesetzung besonders zu forcieren.[266]

---

259 *Welzel*, a. a. O., S. 104.

260 *Loos*, Hans Welzel (1904–1977), S. 486, 505.

261 *Dulckeit*, Rezension von Hans Welzel, Naturalismus und Wertphilosophie im Strafrecht, Zeitschrift für Deutsche Kulturphilosophie, Bd. 2, 1936, S. 291, 296.

262 Vgl. Schreiben des Rektors an den Reichs- und Preußischen Minister für Wissenschaft, Erziehung und Volksbildung vom 27. Januar 1937, UAG Kur. 0808, 72 ff. Vgl. zur Binder-Nachfolge kursorisch *Halfmann*, Eine „Pflanzstätte bester nationalsozialistischer Rechtsgelehrter": Die Juristische Abteilung der Rechts- und Staatswissenschaftlichen Fakultät, S. 124.

263 Vgl. *Binder*, Sondergutachten zu dem Bericht des Herrn Dekan vom 18. Januar 1937, UAG Kur. 0808, 71.

264 Vgl. *Siegert*, Stellungnahme zum Sondervotum Binder und H. Meyer auf Ersuchen des Rektors, 27.1.1937, UAG Kur. 0808, 78.

265 *Dulckeit*, Brief an Binder vom 17. Dezember 1936, NSUG Cod. Ms. Dulckeit 1.

266 Vgl. *Dulckeit*, Brief an Binder vom 14. Dezember 1936, NSUG Cod. Ms. Dulckeit 1.

Überdies schien auch die neuhegelianische Kontinuität, die durch eine Besetzung des Binder-Lehrstuhls mit Dulckeit verbunden gewesen wäre, sowohl von Fakultät als auch vom Ministerium, nicht erwünscht gewesen zu sein. Welzel kritisierte etwa im Vorfeld der Berufung die „schiefen Aktualisierungen" der Hegelschen Positionen in Dulckeits neuhegelianischen Hauptwerk *Rechtsbegriff und Rechtsgestalt*, das gerade erschienen war und auch Dekan Karl Siegert störte sich an Dulckeits neuhegelianischer Fundierung.[267] Binder beklagte, wie oben erwähnt, Dulckeit gegenüber, dass er in einem Bericht des Dekans hätte lesen müssen, dass „ein Hegelianer nicht fähig sei, Vorlesungen über Staat und Volk des dritten Reiches zu halten".[268] In der Tat hatte Siegert am 29. April 1937 ergänzend zum Berufungsvorschlag der Fakultät an das Reichserziehungsministerium geschrieben, das Dulckeit „auf Grund seines Hegelschen rechtsphilosophischen Denkens nicht in der Lage sein" werde, „eine fruchtbare Rechtsphilosophie im Sinne unserer Weltanschauung zu gestalten", weshalb er, „wie auch die übrigen jüngeren Mitglieder der Fakultät", Dulckeit ablehne.[269] Auch Dulckeit selbst führte seine Erfolglosigkeit in Bezug auf die Bemühungen um die Binder-Nachfolge auf das gesunkene Ansehen des Neuhegelianismus zurück, als dessen einzigen verbliebenen Repräsentanten er sich nach Larenz' und Busses Abrücken von Hegel betrachtete. Er schrieb Ende 1936 an Binder, dass es nach „den konzentrischen Angriffen auf den Hegelianismus und dessen eigentlich schon (für den Augenblick) erledigte Position [...] ein Leichtes [war], mich als verdächtig hinzustellen". Das Ministerium habe „plötzlich, wie L[arenz] erzählt, absolut keine Ahnung, was ich für ein Dozent sei; aus Bonn könne man nichts erfahren!" Das Eintreten seines Lehrers für ihn als seinen einzigen verbliebenen bekennenden Hegel-Schüler sah Dulckeit in seinem Schreiben an Binder dadurch hintertrieben, dass „der Erfolg durch einen anderen Ihrer Schüler", womit er offensichtlich Busse meinte, „eben auch Ihnen die Hände binden" sollte. Dabei sah Dulckeit Busses scheinbares Reüssieren in der Frage der Binder-Nachfolge gewissermaßen als taktisch von diesem geplant an. Auch Busses Abkehr von Hegel brachte er damit in Verbindung: „Ich muss gestehen, dass es mir doch sehr schwer fällt, all das mit der (nun plötzlich schon im Ansatz lange bestehenden) Abkehr von Hegel seitens gewisser Leute in keinen Zusammenhang zu bringen". Gleichwohl ging er nicht davon aus, dass Larenz und Busse von dem hegelianismusfeindlichen Berliner Besetzungsplan unterrichtet waren. Dies gehe „insbesondere aus einer sehr ausgesprochenen verlegenen Freundlichkeit B[usse]s und dem Versuch von [Larenz] hervor, die Göttinger Frage als seit je vollkommen offen hinzustellen". Dass Larenz seine „Hand im Spiel hat",

267 Vgl. *Halfmann*, Eine „Pflanzstätte bester nationalsozialistischer Rechtsgelehrter", S. 124; *Siegert*, Stellungnahme zum Sondervotum Binder und H. Meyer auf Ersuchen des Rektors, 27.1.1937, UAG Kur. 0808, 78.

268 *Binder*, Brief an Dulckeit vom 24. Juni 1937, NSUG Cod. Ms. Dulckeit 1.

269 *Siegert*, Schreiben an den Herrn Reichs- und Preußischen Minister für Wissenschaft, Erziehung und Volksbildung vom 29. April 1937, UAG Kur. 0808, 95. Vgl. zu den Vorgängen an der Fakultät insgesamt *Schumann*, Die Göttinger Rechts- und Staatswissenschaftliche Fakultät 1933–1955, S. 69 ff.

glaubte er nicht. Insgesamt machte sich Dulckeit Ende 1936 auf eine Berufung nach Göttingen „garkeine Hoffnungen mehr". Allerdings hielt er fest, dass er auch ohne Professur „viel lieber" in Göttingen geblieben wäre[270] und bezeichnete sich Binder gegenüber als den „hoffnungslosesten Ihrer geistigen Erben".[271]

Ende 1936 wollte Binder schließlich die Frage seiner Nachfolge selbst in die Hand nehmen und suchte am 19. Dezember den der Gauamtsleiter des NSD-Dozentenbundes, Artur Schürmann, auf, um die Frage seiner Nachfolge „mit ihm unmittelbar durchzusprechen", was ihm „richtiger und wichtiger erschien, als etwa mit Siegert, wie Niedermeyer gewünscht hätte,[272] oder mit dem Rektor zu verhandeln". Binder berichtete Dulckeit umgehend brieflich von dem Treffen:

> „Ich möchte Ihnen nun, nachdem ich ein und eine halbe Stunde mit dem PG Sch[ürmann] gerungen habe, *in strengstem Vertrauen* wenigstens eine kurze Andeutung über das Ergebnis dieser Unterredung geben, über die Sie aber nicht das Geringste verlauten lassen dürfen. Also: als ich zu Sch[ürmann] kam, war die Frage meiner Nachfolge sozusagen bereits eine fertige Sache. Sch[ürmann] hatte sich bereits formell auf Bu[sse] festgelegt, und zwar mit der Begründung, dass er in der Fakultät eine energische Kraft brauche, die sich rückhaltlos für die Parteipolitik einsetzen werde. Dadurch war meine Position schwieriger geworden, als ich vorausgesehen hatte. Auf meine Frage, ob er denn wisse, dass B[usse] überhaupt PG sei, antwortete er strikt bejahend, vor allem sei B[usse] SS-Mann und habe sogar in der SS eine Führerstellung inne, und das ersetze seine Parteimitgliedschaft, wenn sie wirklich nicht vorhanden sein sollte. Sie dagegen hätten sich vom SA- oder SS-Dienst ferngehalten und seien von verschiedenen offiziellen Stellen als parteipolitisch lau bezeichnet worden. Ich trat dann sehr entschieden für Sie ein, erklärte, wenn Sie weder in der SA noch in der SS Dienst gemacht hätten, so hänge das damit zusammen, dass sich Ihre Einbürgerung ungebührlich lange verzögert hätte, was im striktesten Gegensatz zu Ihren eigenen Wünschen gewesen sei, u.s.w. u.s.w. Immerhin wurde mir klar, dass hier, bei der Partei der Haken liegt, und dass daher weder die hiesige noch die Kieler Fakultät viel machen kann. Ich habe aber erreicht, dass Sch[ürmann] in meiner Gegenwart einen Bericht an die Partei (Heß) in München skizziert und mir vorgelesen hat, in dem er diese Dinge als irrtümlich charakterisiert und mich als Bürgen für Ihre Parteigesinnung bezeichnet hat. Auch hat er mir das Versprechen gegeben, dass er Ihnen nicht schaden werde, aber dafür auch verlangt, dass ich meinen Widerspruch gegen Busse fallen lasse. Ich habe ihm gegenüber erklärt, dass ich in der *Sitzung* den Standpunkt vertreten wolle, dass Sie in der Liste an die erste, B[usse] an die zweite Stelle käme, was ihm offenbar *nicht* recht war!, wogegen wir darüber einig waren, dass Wieacker überhaupt fallen gelassen werden solle. Erreicht habe ich damit, dass vom parteiamtlichen Standpunkt aus Ihnen in Zukunft keine Schwierigkeiten mehr erwachsen

---

270 *Dulckeit*, Brief an Binder vom 14. Dezember 1936, NSUG Cod. Ms. Dulckeit 1.

271 *Dulckeit*, Brief an Binder vom 17. Dezember 1936, NSUG Cod. Ms. Dulckeit 1.

272 Niedermeyer war 1935 bis 1937 Dekan und Siegert verfügte über gute Beziehungen in das Reichserziehungsministerium, vgl. *Schumann*, Die Göttinger Rechts- und Staatswissenschaftliche Fakultät 1933–1955, S. 69, 80 Fn. 48.

werden. Sie sind damit für die Zukunft, wie mir Sch[ürmann] versicherte, gedeckt. Aber ob ich in der Lage sein werde, für Sie die erste Stelle auf der Liste durchzusetzen, ist mir noch sehr ungewiss. Mir scheint, dass dabei auch das Stabsamt des R[eichs-]Bauernführer seine Hand im Spiele hat. Alles in allem aber glaube ich Ihnen doch genützt und Ihre Lage nicht unerheblich verbessert zu haben. Natürlich ist Niedermeyer über diese Dinge ganz und gar nicht unterrichtet und, schon wegen seiner Nichtparteimitgliedschaft, auch zu schwach, um irgendeinen Widerstand zu leisten. Ob ich unter diesen Umständen noch den Rektor aufsuchen werde, weiß ich noch nicht, im Grunde hat es wenig Zweck. – In dem Gespräch mit Sch[ürmann] habe ich Kiel und die Absichten Larenzens natürlich mit keinem Worte erwähnt, um zu verhüten, dass sofort von hier aus Gegenaktionen unternommen werden. Aber ich fürchte dass auch wenn sich Larenz beeilt, er zu spät kommen wird. Sie dürfen ihm jedenfalls von meiner Mitteilung *kein Wort sagen*, vielmehr muss für Sie der Grundsatz gelten: Diskretion Ehrensache. – Was Busse selbst für einen Anteil an der Sache hat, ahne ich nicht. Ist er selbst der betreibende Teil, so steht das im Widerspruch mit dem, was er mir selbst noch im Sommer sagte, dass er nämlich keineswegs daran denke, die Wissenschaft aufzugeben, dass er aber *zunächst* seine praktische Aufgabe nicht preisgeben möge."[273]

Dulckeit bedankte sich für die Mitteilungen Binders und versicherte ihm, dass von allem, was er ihm „freundschaftlicherweise angedeutet" habe, „kein Wort" über seine Lippen komme. Allerdings habe er es unter den gegebenen Umständen als zweckmäßig angesehen, Larenz „von den Plänen der Göttinger hinsichtlich Bu[sses]" zu unterrichten. Über Busse wolle er sich nicht weiter äußern, allerdings hielt er in Bezug auf ihn fest:

„Persönliches Vertrauen, das ich ihm bisher in reichem Maße trotz mancher Warnung meiner Frau entgegengebracht habe, vermag ich ihm allerdings beim besten Willen nicht mehr zu schenken; dass das nichts mit meinen Wünschen für sein Fortkommen zu tun hat, versteht sich von selbst."[274]

Binders Eintreten für Dulckeit bei den „anscheinend doch recht erbitterten Kämpfen um den ersten Platz in der Göttinger Weltrangliste" ließ Dulckeit, wie er Binder Anfang 1937 schrieb, nach der anfänglichen Enttäuschung über die Äußerungen Schürmanns nun „doch etwas hoffnungsvoller" in die Zukunft sehen und er würde sich „unsinnig freuen, wenn aus G[öttingen] was werden sollte". Gleichwohl sei er auch auf ein „negatives Endergebnis" gefasst, das auf Grund höherer Gewalt ja immer noch eintreten" könnte.[275]

Dieses von Dulckeit befürchtete „negative Endergebnis" trat schließlich auch tatsächlich ein. Die Fakultät distanzierte sich zunehmend von Binders Eintreten für seinen Schüler Dulckeit. Am 28. April 1937 schrieb Binder an Dulckeit:

273 *Binder*, Brief an Dulckeit vom 19. Dezember 1936, NSUG Cod. Ms. Dulckeit 1.
274 *Dulckeit*, Brief an Binder vom 21. Dezember 1936, NSUG Cod. Ms. Dulckeit 1.
275 *Dulckeit*, Karte an Binder vom 11. Januar 1936, NSUG Cod. Ms. Dulckeit 1.

„Heute Mittag war also die ‚dringende Fakultätssitzung' betr. die ‚zivilistische Professur'. In ihr sollte auch über Alexander Beck gesprochen werden, wie auch über Wieacker u.a.m., es kam jedoch überhaupt nicht dazu, da die ganze Zeit bis 13.30 Uhr auf den Ministerialdirektor Saure im Reichsnährstand aufgewendet wurde, um den ein heißer Kampf zwischen Siegert, Schürmann und der übrigen Clique einerseits und Herb[ert] Meyer und mir andererseits entbrannte. Wir beide standen gegen den Dekan ganz allein, da auch die Mehrheit derjenigen, die vorzogen, nicht zu reden, ganz offensichtlich auf der Seite Siegerts waren. Ich erklärte, ich hielte mein Sondervotum vom Januar aufrecht, worauf sich H[erbert] M[eyer] mir anschloss. Schürmann erklärte, Saure sei zu haben und er werde als lebendige und schöpferische Persönlichkeit die ganze Fakultät und mehr noch, die Universität anregen, befruchten und erneuern, und deshalb müsse er vorgeschlagen werden, und neben ihm eventuell noch Wieacker, wenn es auch nahezu ausgeschlossen sei, dass wir ihn bekämen. Dies ist auch der Standpunkt, den der Dekan vertreten wird. Von Ihnen wurde, abgesehen von uns beiden, dh. Herb[ert] Meyer und mir, überhaupt nicht geredet. Zwischen H[erbert] M[eyer] und Schürmann gab es einen ernsten Konflikt, der mir sehr auf die Nerven ging. Mein Eindruck war wieder einmal der, dass es sich um eine fertige Sache handelt, die uns nur zur Akklamation vorgelegt wurde. Vermutlich hat sich Saure mit irgend einer der Führerpersönlichkeiten im Reichsnährstand verkracht und soll deshalb bei uns untergebracht werden. Ich habe jedenfalls von der ganzen Art, solche Fragen zu behandeln, die Nase voll und werde über den Sommer hinaus keinesfalls mehr mittun."[276]

Am 29. April schrieb Siegert als Dekan an den Reichserziehungsminister, dass die Fakultät nunmehr „nach reiflicher Überlegung zu der Auffassung gelangt" sei, dass Wieacker „als geeigneter Nachfolger für Professor Binder" in Frage komme. Sollte dieser nicht „erreichbar" sein, so werde an zweiter Stelle „und mit Nachdruck" Wilhelm Saure genannt, der „außerhalb der eingefahrenen Bahnen der Rechtswissenschaft aus seinem eigenen Erlebnis heraus für die Neugestaltung der Rechtswissenschaft wertvolle Dienste leisten würde".[277]

Trotz der ablehnenden Haltung der Göttinger Fakultät bemühte sich Binder nach wie vor um Dulckeit. Er bat etwa Larenz um ein Gutachten aus Kiel, das u.a. von Ritterbusch und dem örtlichen Studentenführer mitgetragen würde, um damit Dulckeits Eignung belegen zu können. Larenz jedoch lehnte ab, weil das Gutachten, wie er Binder schrieb, als eine „bestellte Arbeit" eines „ergebenen" Binder-Schülers aufgefasst werden würde. Er hielte es für den „einzig geraden, korrekten und auch erfolgversprechenden Weg", sich direkt im Ministerium für Dulckeit zu verwenden, was er auch tun wollte. Es habe „keinen Zweck, D[ulckeit] in Göttingen mit Gewalt durchsetzen zu wollen, wo er alle maßgebenden Leute gegen sich hat". Bereits mit der Berufung des Philosophen Hans Heyse nach Göttingen im Jahr 1935 sei ihm klar gewesen, „dass ein Hegelianer in G[öttingen] nichts mehr zu suchen hat". Larenz riet

276 *Binder*, Brief an Dulckeit vom 28. April 1937, NSUG Cod. Ms. Dulckeit 1.
277 *Siegert*, Schreiben an den Herrn Reichs- und Preußischen Minister für Wissenschaft, Erziehung und Volksbildung vom 29. April 1937, UAG Kur. 0808, 95.

Binder schließlich dringend davon ab, sich weiterhin in Göttingen für Dulckeit zu engagieren. Dies würde nur Anlass dazu geben, „die Stimmung gegen D[ulckeit] zu verschärfen, und dadurch auch seine anderwärts vorhandenen Aussichten ernstlich gefährden". Er schrieb ihm weiter:

> „Ich verstehe es sehr gut, dass es Ihnen ein schmerzlicher Gedanke ist, auf Ihrem Lehrstuhl keinen Ihrer Schüler zu sehen. Busse u. mich haben Sie nicht gewollt, Dulckeit nicht durchgesetzt. Aber warum schlagen Sie nicht Michaelis vor? Er hat in Göttingen sicher viele Freunde, ist nicht als Hegelianer abgestempelt u. belastet [...], ist in G[öttingen] heimisch u. würde schon deshalb sich dort wohl fühlen – er ist auch von uns Kielern am wenigsten verschrien [...]. Wir würden ihn natürlich äußerst ungern ziehen lassen, aber – wir würden Dulckeit dafür berufen. Allerdings interessiert sich auch eine andere Fakultät sehr für Michaelis, u. ich will sowieso in Berlin erklären, dass entweder M[ichaelis] hier bleiben müsse – was wohl das wahrscheinlichere ist – oder aber, dass wir Dulckeit dafür bekommen müssten."[278]

An Dulckeit schrieb Larenz, dass was Binder wolle, ihm „nur schaden" könnte, da es nach einer „Schul-Verschwörung" aussehe.[279] Binder habe sich nach Larenz Aussage zudem über die Äußerungen Schürmanns, dass Dulckeit „parteipolitisch lau" einzuordnen sei, bei der Partei beschwert. Larenz gab sich Dulckeit gegenüber davon „entsetzt" und schrieb ihm: „Er muss von allen guten Geistern verlassen sein. Denn er erreicht sicher nichts als höchstens, sich ein Ausschlussverfahren auf den Hals zu ziehen!"[280]

Siegert setzte schließlich im Zusammenwirken mit Schürmann aus politischen Gründen die Berufung Saures zum 1. Dezember 1937 durch.[281] Saure vertrat jedoch keine rechtsphilosophische Lehre. Mit großer Abneigung hatten Binder und Dulckeit die Berufung Saures verfolgt, die Dulckeit als „Intrige" bezeichnete.[282] In ihrer Korrespondenz sprachen sie in Bezug auf Saure von „sauren Wochen",[283] „,Sauer'eien" und „Sauerkohl".[284] Auf Saures Ruf an die Karls-Universität in Prag folgte schließlich mit Martin Busse zum 1. April 1941 letztlich doch noch ein Binder-Schüler auf den ehemaligen Lehrstuhl seines Lehrers – wenn er sich auch selbst nicht mehr in der Hegel-Tradition seines akademischen Lehrers sah. Busse lehrte auch nicht rechtsphilosophisch, sondern vor allem agrarrechtlich und war kriegsbedingt zeitweilig abwesend.[285] Somit endete die rechtsphilosophische neuhegelianische Lehre der Göttinger Schule, die mit Binders Abkehr vom Neukantianismus in den späten 1920er Jahren

---

278 *Larenz*, Abschrift des Briefes an Binder vom 8. Juli 1937, NSUG Cod. Ms. Dulckeit 5.
279 *Larenz*, Schreiben an Dulckeit vom 8. Juli 1937, NSUG Cod. Ms. Dulckeit 5.
280 *Larenz*, Schreiben an Dulckeit vom 12. Juli 1937, NSUG Cod. Ms. Dulckeit 5.
281 *Schumann*, Die Göttinger Rechts- und Staatswissenschaftliche Fakultät 1933–1955, S. 76 f.
282 *Dulckeit*, Brief an Binder vom 10. Mai 1937, NSUG Cod. Ms. Dulckeit 1.
283 *Binder*, Brief an Dulckeit vom 16. November 1936, NSUG Cod. Ms. Dulckeit 1.
284 *Dulckeit*, Brief an Binder vom 4. Dezember 1936, NSUG Cod. Ms. Dulckeit 1.
285 Vgl. zu Busse Kapitel 1 Abschnitt IV.

begonnen hatte, mit dem Weggang Binders aus Göttingen nach dem Wintersemester 1937/38. Dulckeit sinnierte im Mai 1937 in einem Brief an Binder über die verpasste Chance der Weiterführung der Binderschen Tradition in Göttingen:

> „Wie schön wäre alles gewesen, - und es ist vielleicht nicht sehr unbescheiden, wenn ich dabei auch etwas an Sie denke. Denn wenn wir auch in der Hauptsache aus Ihrer Freundschaft und Erfahrung gezehrt hätten, so hätten wir doch wenigstens auch den Faden nicht ganz reißen lassen können, der Sie persönlich an die Universität knüpft, an der Sie so lange gewirkt haben und von der aus Sie der Wissenschaft Ihre entscheidenden und neuen Impulse gegeben haben. Ich glaube fest, dass eine spätere Zeit auch hier gerechter sein wird als das wissenschaftliche Tageszeitungsurteil, und dass kaum jemand seinen Platz im wissenschaftlichen Umbruch so sicher wird behaupten können wie Sie."[286]

Diese freundschaftliche Verbundenheit und der Dank Dulckeits, dass sich sein Lehrer in Bezug auf seine Nachfolge in Göttingen so für ihn verwendet hatte, sollte allerdings schon wenige Wochen später in eine erbittert geführte Diskussion über das Verständnis und Missverständnis der eigenen und jeweils anderen Rechtsphilosophie umschlagen.[287]

VI. Am Rande der Göttinger Schule

1. Walther Schönfeld

Walther Schönfeld (1888–1958) wird neben Binder bereits in den 1920er Jahren prominent mit der neuhegelianischen Rechtsphilosophie in Verbindung gebracht. Larenz nannte ihn 1931 neben Binder als „zweiten Vertreter des objektiven Idealismus".[288] Auch Dulckeit nannte einzig Schönfeld neben Binder, Busse und Larenz als neuhegelianischen und „antiliberalen" Wiederentdecker Hegels.[289] Schönfeld war nach dem ersten Weltkrieg Assistent in Breslau, danach Lehrstuhlvertreter in Königsberg, zwischen 1925 und 1929 Ordinarius in Greifswald 1929 bis 1945 sowie 1949 bis 1954 als Nachfolger Philipp Hecks in Tübingen.[290] Zwar setzte sich Schönfeld publizistisch mit Binder und seinen Schülern auseinander, ohne lokale oder personelle akademische Berührung mit den Göttinger Neuhegelianern ist er jedoch nicht der Göttinger Schule zuzurechnen. Gleichwohl steht

---

286 *Dulckeit*, Brief an Binder vom 10. Mai 1937, NSUG Cod. Ms. Dulckeit 1.

287 Vgl. dazu Kapitel 6 Abschnitt III.

288 *Larenz*, Rechts- und Staatsphilosophie der Gegenwart, 1931, S. 90, 108.

289 Vgl. *Dulckeit*, Hegel und der preußische Staat. Zur Herkunft und Kritik des liberalen Hegelbildes, Zeitschrift für deutsche Kulturphilosophie, Bd. 2, 1936, S. 63 Fn. 1.

290 Vgl. zu Schönfeld *Scheuren-Brandes*, Der Weg von nationalsozialistischen Rechtslehren zur Radbruchschen Formel, 2006, S. 83–131; *Scheuren-Brandes*, Walther Schönfeld (1888–1958) – Christliche Rechtswissenschaft als Lebensaufgabe, in: Wiesing u.a. (Hrsg.), Die Universität Tübingen im Nationalsozialismus, 2010, S. 881–896.

Schönfeld wiederholt im Fokus der Schriften der Göttinger Schule, da er ab Mitte der 1930er Jahre Binders „absoluten Idealismus" mit beißender Kritik kommentierte, die Binder als persönliche Beleidigung auffasste. Darüber hinaus war Binder schwer davon getroffen, dass seine Schüler die Schönfeldsche Kritik teilweise für berechtigt hielten und sich mit ihr sachlich auseinandersetzten. Über die Auseinandersetzung mit Schönfeld kühlte sich das Verhältnis Binders zu seinen Schülern erheblich ab.[291] Obwohl Binder es zeitweilig anders auffasste, traten Larenz und Dulckeit Schönfeld nur in sehr begrenztem Umfang bei. Dulckeit nannte Schönfeld in einem Brief an Binder im Jahr 1935 einen „Hohepriester", dessen etwaige Kritik an seinem Werk ihn freuen solle.[292] Larenz schrieb seinem Lehrer im Jahr 1938, dass sein „zeitweise fast freundschaftliches Verhältnis" zu Schönfeld durch dessen Angriffe auf Binder „ganz außerordentlich abgekühlt" sei.[293]

2. Karl Michaelis

Karl Michaelis (1900–2001) wird als Binder-Schüler und Angehöriger der „Kieler Schule" gelegentlich im Zusammenhang mit den Göttinger Neuhegelianern genannt.[294] So wies etwa Diederichsen auf Michaelis' Teilnahme an der Binderschen Hegel-Lektüre hin.[295] Dikoff nannte Michaelis im Jahr 1939 einen Binder-Schüler in eine Reihe mit Larenz, Dulckeit und Busse.[296] Karl Larenz sprach 1971 davon, dass ihn mit Michaelis „eine mehr als vierzigjährige Freundschaft" verbinde. Begegnet seien sie sich „in den zwanziger Jahren im Seminar unseres gemeinsamen akademischen Lehrers Julius Binder in Göttingen".[297] Auch Pawlowski stellte heraus, dass Michaelis rechtsphilosophische Übungen bei Binder absolvierte.[298] Michaelis selbst sprach im Jahr 1973 anlässlich des 70. Geburtstages von Larenz davon, dass auch er, wenngleich etwas früher als Larenz, aus München nach Göttingen gekommen sei: „Uns beide zogen in Göttingen die immer erneuten rechtsphilosophischen Anläufe Jul. Binders an".[299] Michaelis promovierte im Jahr 1925 bei Binder mit der Schrift

---

291 Vgl. zu der Auseinandersetzung zwischen Binder und Schönfeld Kapitel 6 Abschnitt V.

292 *Dulckeit*, Brief an Binder vom 21. Dezember 1935, NSUG Cod. Ms. Dulckeit 1.

293 *Larenz*, Abschrift des Briefes an Binder vom 1. Februar 1938, NSUG Cod. Ms. Dulckeit 5.

294 Zu Michaelis vgl. *Pawlowski*, Karl Michaelis †, Neue Juristische Wochenschrift 2001, S. 3031.

295 *Diederichsen*, Karl Larenz, S. 497.

296 *Dikoff*, Julius Binder †, S. 428.

297 *Larenz*, Vorwort zu *Pawlowski/Wieacker* (Hrsg.), Festschrift für Karl Michaelis zum 70. Geburtstag am 21. Dezember 1970, 1972, S. 5.

298 *Pawlowski*, Die Rechtsphilosophie in der Juristenausbildung heute, in: Pawlowski/Wieacker (Hrsg.), Festschrift für Karl Michaelis zum 70. Geburtstag am 21. Dezember 1970, 1972, S. 235 Fn. 1.

299 *Michaelis*, Ansprache bei der Feier des 70. Geburtstages von Karl Larenz am 23. 4. 1973, NSUG Cod. Ms. R. Smend A 573, 11 f.

Die Staatstheorie des Karl Rodbertus und ihre Stellung in der Sozialphilosophie des 19. Jahrhunderts und habilitierte sich 1931 in Göttingen mit der Schrift *Der Feststellungsprozess. Eine Untersuchung über den Gegenstand und die Grenzen der Rechtskraft des Feststellungsurteils.* Seine Kieler Antrittsvorlesung von 1934 *Wandlungen des deutschen Rechtsdenkens seit dem Eindringen des fremden Rechts* erschien 1935 in dem Gemeinschaftswerk der „Kieler Schule" *Grundfragen der neuen Rechtswissenschaft.* Larenz schilderte 1987, dass er Anfang Mai 1940 u.a. mit Michaelis eine private Gesprächsrunde über Hegel in Weimar veranstaltet habe.[300] Weder Michaelis' Schriften aus der Zeit vor 1945 noch sonstige Werke weisen aber explizite neuhegelianische Tendenzen auf. So stellte Larenz auch fest, dass Michaelis bezüglich der Rolle des Neuhegelianismus im Nationalsozialismus „nur mehr Beobachter am Rande" gewesen sei.[301] Es ist davon auszugehen, dass sich Michaelis zwar als Binder-Schüler zumindest in den 1920er Jahren durchaus mit Hegel beschäftigte, war er doch mit den Göttinger Neuhegelianern bekannt und teilweise befreundet, doch steht er mangels neuhegelianischer Schwerpunktsetzung seines wissenschaftlichen Werkes nicht im Fokus der vorliegenden Arbeit.[302]

3. Adam von Trott zu Solz

Adam von Trott zu Solz (1909–1944) wird verschiedentlich zumindest dem weiteren Schülerkreis Binders zugeordnet, da er von Binder seine Einführung in die Hegelsche Rechtsphilosophie erfahren habe.[303] Tatsächlich nahm er im Sommersemester 1931 an Binders und Larenz' rechtsphilosophischem Seminar teil und wurde 1931 mit der Schrift *Hegels Staatsphilosophie und das internationale Recht* in Göttingen bei Herbert Kraus[304] promoviert. Bei der Abfassung seiner Arbeit setzte sich Trott mit Binder, Larenz, Dulckeit und Busse auseinander.[305] In dem Vorwort zu seiner Dissertationsschrift erklärte Trott:

---

300 *Dreier*, Karl Larenz über seine Haltung im „Dritten Reich", S. 456 f. Zu dieser philosophischen Runde im Weimarer „Elefanten" vgl. Kapitel 6 Abschnitt VIII.

301 *Dreier*, Karl Larenz über seine Haltung im „Dritten Reich", S. 457.

302 Zu Michaelis Verbindungen zu den Neuhegelianern der Kieler Schule Larenz und Busse vgl. *Schumann*, Von Leipzig nach Göttingen, Eine Studie zu wissenschaftlichen Netzwerken und Freundschaften vor und nach 1945, in: Festschrift der Juristenfakultät zum 600jährigen Bestehen der Universität Leipzig, herausgegeben von Mitgliedern der Juristenfakultät, 2009, S. 633 ff.

303 So *Dreier*, Julius Binder, S. 440. Vgl. auch *Dulckeit*, Brief an Thieme vom 1. März 1949, NSUG Cod. Ms. Dulckeit 9, der Trott als Studienfreund bezeichnet und ihn der „Binderschule" zurechnet. Vgl. dazu Kapitel 8.

304 Herbert Kraus, Völkerrechtler, von 1928 bis zur Zwangspensionierung 1937 Ordinarius in Göttingen. Nach dem Krieg von 1947 bis 1953 erneute Lehrtätigkeit in Göttingen. Vgl. *Jaeger*, Kraus, Herbert, NDB, Band 12, 1980, S. 682 f.

305 Vgl. Trotts Verweise auf Binder, Larenz, Busse und Dulckeit in seinen Notizen während der Abfassung der Dissertation und seine Exzerpte zu Schriften von Binder, Busse und Larenz, BAK 1416/21 und 1416/22.

„Herrn Professor Binder habe ich meinen aufrichtigen Dank dafür auszusprechen, dass er mich an seinem Kreis teilnehmen und so im gemeinsamen Studium von seiner vorbildlichen Vertrautheit mit Hegels Philosophie lernen ließ."[306]

Dennoch beschrieb Trott sein Verhältnis zu Binder relativ distanziert. Insbesondere fühlte er sich von Binders auf Hegel gestützten „sittlichen Berechtigung des Krieges" und der Absage an eine Möglichkeit eines internationalen Rechts abgestoßen.[307] Er nannte Binder in den Notizen zu seiner Doktorarbeit einen „Doktrinär".[308] Auch promovierte Trott bei Kraus im Völkerrecht und nicht in der Rechtsphilosophie bei Binder, noch suchte in Göttingen die akademische und geistige Nähe zu Binder.[309] Dessen Hegel-Einführung besuchte er lediglich, um für seine Promotion bei Kraus „sattelfest" zu werden, nicht aber, um sich Binders Schülerschaft anzuschließen.[310] Gleichwohl bestanden Mitte der 1930er Jahre von Binders Seite aus Bestrebungen, Trott in seinen Kreis zu integrieren. So bedankte sich Binder 1934 nach anderthalb Jahren für die Zusendung der Promotionsschrift Trotts und entschuldigte sich damit, dass ihm „[w]ider Erwarten" die Schrift „wieder zu Gesicht und Erinnerung gekommen" sei. Er habe sie ausgeliehen und vermute, dass er Trott „im Drang" seiner Arbeit nicht gedankt habe. Er möchte dies aber „jedenfalls jetzt nachholen", nachdem die Schrift zu ihm „zurückgekehrt" sei. Gleichzeitig würde er sich freuen, wieder einmal etwas von Trott zu hören. Es würde Trott „vielleicht interessieren", dass er „nunmehr zu einer ganz neuen Auffassung des Völkerrechts gekommen" sei, die er „in absehbarer Zeit zu veröffentlichen zu können hoffe".[311] Er bot Trott im April 1934 durch Busse eine Privatassistentenstelle unter gleichzeitiger Überweisung als Referendar an das Landgericht Göttingen an.[312] Trott aber lehnte ab. Seiner Mutter schrieb er: „Binder ist bekanntlich jetzt Hofphilosoph, leidenschaftliches Mitglied etc.", auch schlage er das Angebot „einer jetzt mächtigen Professorendynastie" aus, doch „schätze [er] die Herren nicht".[313]

Da Trott jedoch – unabhängig von der angebotenen Stelle bei Binder – stets mit dem Gedanken gespielt hatte, eine akademische Karriere einzuschlagen, erkundigte

---

306 *A. von Trott zu Solz*, Hegels Staatsphilosophie und das internationale Recht, Diss. Göttingen 1932, S. 4.

307 *von Krusenstjern*, „daß es Sinn hat zu sterben – gelebt zu haben" Adam von Trott zu Solz 1909–1944, 2009, S. 169–171. Dort auch Ausführungen zu Trotts Promotion im Spannungsfeld zwischen Kraus und Binder.

308 Vgl. *A. von Trott zu Solz*, Kleines grünes Notizbuch Jan. 1931, S. 56, BAK 1416/21.

309 Den gelegentlichen Hinweis in der Literatur, Binder sei Zweitgutachter der Dissertation Trotts gewesen, konnte die vorliegende Arbeit nicht bestätigen. Allerdings konnte auch kein anderer Zweitgutachter eruiert werden.

310 Vgl. *von Krusenstjern*, „daß es Sinn hat zu sterben – gelebt zu haben", S. 170.

311 *Binder*, Brief an A. von Trott zu Solz vom 4. März 1934, BAK 1416/11.

312 Vgl. *Busse*, Brief an A. von Trott zu Solz vom 5. April 1934, BAK 1416/11.

313 Zitiert nach *von Krusenstjern*, „daß es Sinn hat zu sterben – gelebt zu haben", S. 240. Vgl. auch *C. von Trott zu Solz*, Adam von Trott zu Solz, Eine Lebensbeschreibung, 2009, S. 94.

er sich 1936 bei Larenz, der mittlerweile Professor in Kiel war, wie dieser eine Dozentenlaufbahn einschätze. Larenz antwortete brieflich, dass er „eine besonders lange Wartezeit als Dozent nicht zu befürchten“ haben werde, da er von Trotts „Eignung als Gelehrter und Dozent insoweit überzeugt“ sei, als er Trott „überhaupt kenne“. Soweit Larenz Voraussagen wagen könne, nehme er an, „dass die Aussichten auf eine Professur“ für Trott „nicht ungünstig sein würden“. Larenz ermutigte Trott: „Die Universität braucht heute dringend gerade Männer wie Sie, die über eine gewisse Unabhängigkeit verfügen, sich umgesehen haben und urteilen können.“ Allerdings wies Larenz darauf hin, dass „die ideelle und materielle Stellung des Universitätsprofessors sich in den letzten Jahren ganz außerordentlich verschlechtert“ habe.[314] 1937 erkundigte sich Larenz bei Trott, ob dieser noch eine Habilitation beabsichtige. Er könne sich denken, dass sich in Kiel „geeignete Möglichkeiten“ für Trott finden ließen.[315]

Seit ihrer gemeinsamen Zeit in Göttingen und dem Kontakt in Binders Seminar scheinen sich Larenz und Trott allerdings nicht sehr nahe gestanden haben, da Larenz von einer „Wiederanknüpfung unserer Beziehungen“ schrieb. Auch Busse entschuldigte sich 1934 dafür, dass er ihn „ohne irgendeine Rücksprache oder Fühlungnahme [...] in den letzten Jahren“ brieflich kontaktiere.[316] Später trug Larenz Trott die Besprechung der Abhandlung *Bernard Bosanquet's Philosophy of the State* in der von ihm mitherausgegebenen *Zeitschrift für deutsche Kulturphilosophie*, dem ehemaligen *Logos*, an. Trott übernahm die Besprechung, die 1938 als Aufsatz erschien.[317] Nach Zusendung des Bosanquet-Manuskripts grüßte Larenz Trott „herzlich“ von Binder, Michaelis und Busse, denen er Trotts „interessanten Brief“

314 *Larenz*, Brief an A. von Trott zu Solz vom 11. Juni 1936, BAK 1416/12.

315 *Larenz*, Brief an A. von Trott zu Solz vom 5. Juni 1937, BAK 1416/12. Larenz gab dagegen 1963 an, dass er auf dem Juristentag in Leipzig 1936 in einem persönlichen Gespräch mit Trott über dessen berufliche Zukunft geredet habe. Aufgrund seiner Gegnerschaft gegen das nationalsozialistische Regime habe Trott am Aufbau einer Opposition von innen her wirken wollen. Dazu habe er sich zwischen einer akademischen und einer diplomatischen Laufbahn entscheiden wollen. Explizit habe Trott Larenz gefragt, ob er ihm „zu dem Versuch einer Habilitation in Kiel, und zwar für das Gebiet des öffentlichen Rechts [...] raten könne, oder ob der Einfluss der Partei an der Universität bereits so stark sei, dass das nicht mit einem Lippenbekenntnis zu machen sei, sondern man von ihm verlangen werde, Dinge zu sagen und zu schreiben, die er mit seinem Gewissen nicht vereinbaren könne.“ Dann hätte er sich für die Diplomatie entscheiden wollen. Larenz gab an, dass er Trott „liebend gern zur Habilitation verholfen“ hätte, weil er sich ihm „durch die Hegelsche Philosophie verbunden fühlte“. Doch habe er aus politischen Gründen – zumindest im öffentlichen Recht – keine Möglichkeit für Trott in Kiel gesehen, was er ihm auch habe sagen müssen. *Larenz*, Brief an Sophie-Mathilde von Buch, 23.10.1963, BAK 1416/4.

316 *Busse*, Brief an A. von Trott zu Solz vom 5. April 1934, BAK 1416/11.

317 *A. von Trott zu Solz*, Bernard Bosanquet und der Einfluss Hegels auf die englische Staatsphilosophie, Zeitschrift für deutsche Kulturphilosophie, Bd. 4, 1938, S. 193–199.

vorgelesen habe, weiterhin richtete er Grüße von Dulckeit aus, dem er zuvor Trotts Grüße nach Heidelberg übermittelt habe. Auch teilte er Trott mit, dass Binder sich „sicher über einen Sonderdruck freuen würde".[318]

Es kann mithin festgehalten werden, dass Trott sich zwar nicht nur im Verlaufe der allgemeinen „Hegelrenaissance" der Zeit mit Hegel auseinandersetzte, sondern in Göttingen durchaus mit Binder und seinen Schülern in Kontakt kam und Binder auch die Initiative unternahm, Trott in seinen Kreis zu integrieren. Aufgrund der Vorbehalte Trotts gegen „die Herren", die fehlende akademische Schülerschaft und seine Weigerung, sich dem Binderschen Kreis anzuschließen, scheidet jedoch eine Einordnung in den engeren neuhegelianischen Schülerkreis Binders aus. Für die vorliegende Arbeit aufschlussreich ist gleichwohl sein Herkommen aus dem Binderschen Hegel-Seminar in Göttingen und seine späteren brieflichen Kontakte zu den Angehörigen der Göttinger Schule, auf die einzugehen sein wird.

318 *Larenz*, Brief an A. von Trott zu Solz vom 24. Januar 1938, BAK 1416/12.

Kapitel 2: „Von Kant zu Hegel" – Die rechtsphilosophische Entwicklung der Göttinger Schule

Um die rechtsphilosophische Entwicklung der Göttinger Schule nachzeichnen zu können, ist zunächst auf das Herkommen Binders aus der Rechtsphilosophie des Neukantianismus zu verweisen. Dieses ist nicht zu übersehen.[319] Der Beginn der *neuhegelianischen* Rechtsphilosophie Binders und seiner Schüler lässt sich vor diesem Hintergrund nur graduell bestimmen. Unzweifelhaft ist Binder zu Anfang der 1920er Jahre als neukantianisch beeinflusst anzusehen. Auch noch im Jahr 1927 scheute er sich davor, die rechtsphilosophischen Systeme Kants und Hegels „einander gegenüberzustellen und gegen einander abzuwägen". Vielmehr betrachte er „Kantianismus und Hegelianismus als verschiedene Richtungen in der heutigen Rechtsphilosophie".[320] Bezeichnend ist auch, dass Dulckeit als Binder-Schüler noch im Jahr 1931 eine reine Kant-Arbeit ohne neuhegelianische Bezüge als Dissertation vorlegte.[321] Die Hegelrenaissance des beginnenden Jahrhunderts unter Joseph Kohler sah Binder zunächst kritisch als ein „Bekenntnis zu dem rechtsgeschichtlichen und rechtsvergleichenden Positivismus [...], dem nur ein leichter weltanschaulicher Mantel, verbrämt mit dem Namen Hegels, umgehängt war".[322] So bezeichneten Binder und Larenz Kohler stets nur als „angeblichen" oder „sogenannten" Neuhegelianer.[323]

Dagegen sah Binder in der neukantianischen Beschäftigung mit Hegel, in der er sich zunächst selbst verortete, eine gewisse Fortentwicklung und eine „bedeutsame Wandlung [...] die in der neuesten Zeit mit der Rechtsphilosophie eingetreten ist".[324]

---

319 Vgl. *Glockner*, Hegelrenaissance und Neukantianismus, S. 169 ff. Überhaupt darf nicht verkannt werden, dass der Neuhegelianismus dem „wertphilosophischen" sog. südwestdeutschen Neukantianismus durchaus nicht fremd war, da auch dieser von der Existenz überpositiver Werte ausging und sich nicht auf die juristische Methodenreinheit beschränkte. Vgl. dazu *Wapler*, Werte und das Recht, S. 147 ff. Vgl. zur zeitweiligen Nähe Binders zum sog. südwestdeutschen Neukantianismus *Larenz*, Die Wendung zur Metaphysik in der Rechtsphilosophie Julius Binders, Zeitschrift für Rechtsphilosophie in Lehre und Praxis, Bd. 5, 1930/31, S. 193 ff. Zu Binders neukantianischem Herkommen vgl. *Jakob*, Grundzüge der Rechtsphilosophie Julius Binders, S. 15 ff.

320 *Binder*, Kantianismus und Hegelianismus in der Rechtsphilosophie, Vortrag, Archiv für Rechtsphilosophie, Bd. 20, 1926/27, S. 251 f.

321 Vgl. *Dulckeit*, Naturrecht und positives Recht bei Kant.

322 *Binder*, Kantianismus und Hegelianismus in der Rechtsphilosophie, S. 252.

323 Vgl. *Larenz*, Die Wendung zur Metaphysik in der Rechtsphilosophie Julius Binders, S. 202 Fn. 26; *Larenz*, Rechts- und Staatsphilosophie der Gegenwart, 1931, S. 59 f.; *Binder*, Kantianismus und Hegelianismus in der Rechtsphilosophie, S. 252.

324 *Binder*, a. a. O., S. 255 f.

Allerdings wollte er sich mit dem Erreichten nicht zufrieden geben und stellte einen gewissen Scheidepunkt des kritizistischen Neukantianismus fest, den er als rechtsphilosophische Fundierung noch nicht verlassen hatte, aber dessen Fortentwicklung zu einem Neuhegelianismus er zu antizipieren begann. Noch benannte er die neue Philosophie nicht *expressis verbis* als Neuhegelianismus, sondern redete zunächst von einem „neuen Kritizismus".[325] Er attestierte der Philosophie der Gegenwart ein Bedürfnis, den „formalen, wissenschafts-theoretischen Standpunkt des Kritizismus" zu überwinden und in Hegelscher Manier „wieder nach einer letzten und höchsten Synthese aller Bewußtseinsinhalte" zu streben.[326] Dieser philosophische Wendepunkt sei die Stelle, an der der Kritizismus „über sich selbst hinausführt". In der Philosophiegeschichte entfalte sich nun die Leistung des Idealismus, der allerdings „in der Anlage schon in Kant selbst enthalten ist". Binder hält fest: „Das ist der Punkt, wo wir den Schritt tun müssen von Kant, von der richtig verstandenen kritischen Philosophie, zu Hegel – d.h. dem richtig verstandenen Hegel und nicht dem Hegel des rechtsphilosophischen Positivismus."[327] Stets wiederholte Binder anfangs noch das Bekenntnis zu Kant, „dessen Größe und Konsequenz wir nicht müde werden zu bewundern", der aber „notwendig über sich selbst hinausführt, wie die Entwicklung unaufhaltsam zu Hegel führt, den wir insofern als den Vollender der Grundgedanken Kants, als den Schlußstein der kritischen Philosophie betrachten können".[328] Binder sah mithin seine Hinwendung zu Hegel durchaus noch im System des neukantianischen Kritizismus verhaftet, galt ihm doch Hegel noch als der „Schlußstein der kritischen Philosophie". Gleichwohl kann nicht verkannt werden, dass Binder sich auch hier schon spekulativer Hegelscher Metaphysik bediente, indem er die Ideen als die Mächte betrachtete, „die unmittelbar bedingend und gestaltend in die Wirklichkeit herein wirken, als transzendente Ursachen der praktischen und ästhetischen Wirklichkeit".[329] Die ganze Welt werde „von einem einzigen Prinzip beherrscht", dem Geist, welcher „regiert in der Welt, in der Gesetzlichkeit der Natur wie in der Gesetzlichkeit der Freiheit". Die Welt werde durch den Geist „überhaupt erst eigentlich zur *Welt*, d.h. zur Wirklichkeit, in der der Geist ‚waltet', zur Einheit, zur Totalität, zum geordneten Ganzen, einem Kosmos".[330] Dabei werde dieses „ganze gigantische System [...] nur durch die dialektische Methode" ermöglicht, die „auf dem Wege von der Thesis zur Antithesis und zur Synthesis als der Aufhebung und Überwindung der Gegensätze in einem sie umfassenden Begriff eben das Gemeinsame in der Gegensätzlichkeit erfaßt" und „vor allem auch die Gegensätzlichkeit von Natur und Freiheit, von Sein und Sollen überwindet und in einem großen Vernunftzusammenhang ‚aufhebt'".[331]

---

325 Vgl. *Binder*, a. a. O., S. 258.
326 *Binder*, a. a. O., S. 258.
327 *Binder*, a. a. O., S. 265.
328 *Binder*, a. a. O., S. 265.
329 *Binder*, a. a. O., S. 267.
330 *Binder*, a. a. O., S. 268.
331 *Binder*, a. a. O., S. 268.

Programmatisch ist dabei Binders Aussage „Wir müssen Hegelianer sein, wenn wir Kantianer sein wollen; oder: wir können nicht Kant bejahen, ohne Hegel weiterzugeben."[332] Sie verdeutlicht den Standpunkt Binders gegen Ende der 1920er Jahre, der zwar eine Integration Hegels in den kritizistischen Neukantianismus sucht und die Begründung eines „neuen Kritizismus" propagiert, der sich gleichwohl noch nicht von seinen neukantianischen Ursprüngen frei machen will.

I. Der „objektiv-idealistische" Rechtsbegriff

In seiner Schrift *Zur Lehre vom Rechtsbegriff* sagte sich Binder schließlich im Jahr 1929 von seiner neukantianischen Phase los und legte eine fortentwickelte, deutlich an Hegel orientierte Rechtsphilosophie vor. Er forderte eine „Rückkehr zum objektiven Idealismus" und zu einer „Identitätsphilosophie, die die Welt als das Werk des Geistes betrachtet, der in ihr waltet und der in der Doppelgestalt von objektivem und subjektivem Geiste mit sich identisch bleibt".[333] Er ging davon aus, „dass es *die Ideen* sind, die sich in dieser Wirklichkeit auswirken, dass diese Wirklichkeit nicht die ideenlose, ja ideenfeindliche Welt der Natur ist, sondern eine Welt, die ihr Sein gerade jenen Ideen verdankt, die so wie sie ist, durch die Ideen gestaltet ist".[334] Recht sei ein vom Volksgeist beständig neu und in jeder historischen Situation möglicherweise verschieden aus sich hervorgebrachter, wesentlicher Teil der Volksgesittung, „die der bewußte Wille des Volkes als Gesetzgeber in nie endender Tätigkeit erzeugt".[335] Es sei „dem Menschen so nahe und so unentbehrlich [...] wie die eigene Haut" und entziehe sich aufgrund seiner „Lebendigkeit" jeder statischen definitorischen Bestimmung.[336] Ein derartiger Rechtsbegriff könne nach Binder auch nicht mit den herkömmlichen juristischen Methoden der Begriffsbildung beschrieben werden, sondern fordere eine an Hegel orientierte „dialektische" Methodologie und könne eher expliziert und exponiert, als definiert werden.[337] Schließlich gebe es keinen Kantschen „Gegenstand an sich", sondern dieser sei „immer ein Inbegriff von Bewusstseinsinhalten". So sei der zu definierende Gegenstand „immer so, wie ich ihn weiß" und er verändere sich „mit den wechselnden Lagen meines Bewußtseins".[338] Ein idealer, ewiger, unabänderlicher, allen Völkern gemeiner Begriff vom Recht überhaupt sei eine leere Fiktion und beruhte auf einer verfehlten methodischen Fragestellung.[339] Binder erklärte seine Rechtserkenntnis wie folgt:

332 *Binder*, a. a. O., S. 268.
333 *Binder*, Zur Lehre vom Rechtsbegriff, Logos, Bd. XVIII, 1929, S. 18.
334 *Binder*, a. a. O., S. 18 f.
335 *Binder*, a. a. O., S. 1.
336 *Binder*, a. a. O., S. 2 f.
337 *Binder*, a. a. O., S. 2 ff.
338 *Binder*, a. a. O., S. 6.
339 Vgl. *Binder*, a. a. O., S. 8 ff.; 32 ff.

„Und so ist auf unserem Gebiet *das* Recht, was ich als Recht erkenne oder weiß, und darin ist es begründet, dass dieser Gegenstand meines Bewußtseins sich verändert, wächst und schwindet mit wachsender und schwindender Erkenntnis: eine Rechtsordnung bestimmten Inhalts, ein bestimmter Staat wird in dem Augenblick schlecht, schwach und sinnwidrig, indem er nicht mehr als gut, stark, sinnvoll begriffen wird: Recht und Staat und der Begriff von beiden sind mit dem veränderten Bewusstsein von ihnen selbst andere geworden. So mag ein geschichtlich gegebener Staat beschaffen sein wie er will: wird er vom Standpunkt des Individualismus begriffen, so wird er selbst dadurch beeinflußt: er wird für dieses Bewusstsein Mittel für die Zwecke des für sich seienden Individuums, das sich selbst als Selbst und Endzweck betrachtet, wird Notstaat, Rechtsstaat, Verstandes- oder Gesellschaftsstaat oder wie man diesen Staat nennen mag; und es bedarf nur einer Fortbildung *des Bewußtseins vom Staate*, damit dieser selbst ein anderer wird, sich auf eine höhere Stufe des objektiven Geistes erhebt, als Wille der Nation, als Selbst- und Endzweck, als Wirklichkeit der sittlichen Idee gewußt ist und *ist* – was der tiefe Sinn der Rechtsphilosophie Hegels mit ihren drei Stufen des Bewußtseins vom Staate ist. Insofern hat eine Definition vom Rechte, die der Ausdruck eines bestimmten Wissens von ihm ist, die einer bestimmten Bewußtseinslage entspricht, immer notwendig Apodiktizität; denn sie kann sinnvoll nichts vom Rechte oder vom Staate *an sich* aussagen wollen; das Recht kann nichts *an sich* sein, was es *nicht für uns* ist."[340]

Indem er sowohl deduktive als auch induktive Begriffsbildung des Rechts kritisierte, sprach sich Binder gegen eine gegenständliche Auffassung des Rechts aus und beschrieb das Recht als „Sinngebilde", in denen sich der objektive Geist „seine Objektivität" gegeben habe, indem er sich „unseres subjektiven Geistes bedient hat, um durch unser Denken, Handeln und Schaffen diese Objektivität zu erhalten".[341] Recht könne also nicht durch Definition verständlich gemacht werden, sondern nur durch verständige Teilhabe am objektiven Geist erfahren werden. Indem er auf die Geschichtlichkeit des von Hegel entlehnten objektiven Geistes hinwies, kam Binder auch zur Annahme des „geschichtlichen Wesen des Rechts", das nur in der jeweiligen Verwirklichungsform des objektiven Geistes seine Geltung entfalten könne.[342] Konstituierendes Element der (juristischen) Wirklichkeit sei dabei stets der Geist: *„die Idee bringt die Wirklichkeit schöpferisch hervor"*.[343] Bezeichnend für die Auffassung Binders ist die Überwindung der neukantianischen „kritizistischen" Sein-Sollen-Dichotomie, insofern der Idee nun „konstitutive" Teilhabe an der Wirklichkeit zugemessen wird. Binder schrieb, er habe sich

„aus Scheu vor der Selbstherrlichkeit der Idee geweigert, diese konstitutive Funktion so aufzufassen, dass die Idee in die Wirklichkeit eingehe, verwirklicht werde, die

340 *Binder*, a. a. O., S. 6 f.
341 *Binder*, a. a. O., S. 16.
342 Vgl. *Binder*, a. a. O., S. 17.
343 *Binder*, a. a. O., S. 22 f.

Wirklichkeit aus sich entlasse und geglaubt, es genüge, anzuerkennen, dass die Idee als Aufgabe von der subjektiven Vernunft begriffen und durch diese dann die Wirklichkeit der Idee gemäß gestaltet wird, so dass die Idee selbst jenseits der Wirklichkeit und infolgedessen eben Aufgabe, Forderung, Richtschnur bleibt, der die im Grunde doch andersartige Wirklichkeit gegenübersteht. Ich habe aber einsehen müssen, dass diese Auffassung eine Halbheit ist, und dass sie auf einem unvollständigen Eindringen in die Gedankenwelt des objektiven Idealismus beruht. Sie ist kritizistisch, insofern sie eine Gegensätzlichkeit zwischen objektivem und subjektivem Geiste voraussetzt, die sich bei näherem Zusehen als nicht haltbar erweist. Wenn bei Hegel die Idee die Wirklichkeit aus sich entläßt und die Wirklichkeit überhaupt nichts anderes ist als eben die Wirklichkeit der Idee, so darf das nicht mißverstanden werden: wirklich wird die Idee in der Sphäre des Geistes, also *über* dem Bereiche der Natur, und nur durch den Geist, d. h. durch die gestaltende Vernunft und den Willen des Menschen."[344]

Dieses Rechtsverständnis Binders, das sich sowohl gegen naturrechtliche als auch gegen positivistische Ansätze stellte, sollte die Grundlage für die rechtsphilosophische Diskussion Binders und seiner Schüler in den folgenden Jahren werden. Der Gedanke eines vernünftigen Rechts, das sich in Anlehnung an Hegel aus dem Geist konstituiert und sich in einer bestimmten historischen Situation eines Volkes objektiviert, war gewissermaßen der rechtsphilosophische Minimalkonsens des Göttinger Neuhegelianismus. Dieser Gedanke wurde – bei allen aufkommenden Differenzierungen zwischen Binder und seinen Schülern – allen folgenden Diskussion zugrundegelegt und niemals aufgegeben.

II. Larenz' Abkehr vom Neukantianismus

Auch Larenz sprach in seinen frühen Schriften in den 1920er Jahren noch nicht vom Neuhegelianismus. Er beschäftigte sich zunächst ebenfalls mit der Auseinandersetzung zwischen Neukantianismus und beginnender Hegel-Renaissance bzw. aufkommendem Neuhegelianismus. Der Titel seiner Dissertationsschrift *Hegels Zurechnungslehre und der Begriff der objektiven Zurechnung* aus dem Jahr 1927 ist mit einem Untertitel versehen: *Ein Beitrag zur Rechtsphilosophie des kritischen Idealismus und zur Lehre von der „juristischen Kausalität"*. Der Untertitel ist insofern aufschlussreich, als Larenz mit seiner Dissertationsschrift einen Beitrag zur „Rechtsphilosophie des kritischen Idealismus" leisten will, mithin sich ebenso wie Binder noch in der neukantianischen Tradition verhaftet sah. Der niederländische Hegelianer Samuel Adrianus van Lunteren nannte die Schrift dennoch einen „Fall der Hegel-Renaissance" und kritisierte die Larenzsche „Bezeichnung der Hegelschen Lehre als ‚*kritischen* Idealismus'". Die Hegelsche Lehre sei vielmehr „*absoluter Idealismus*, so absolut, dass er zugleich und in derselben Hinsicht *absoluter Realismus*

344 *Binder*, a. a. O., S. 25 f.

ist".[345] Diese Kritik van Lunterens verdeutlicht, wie schwierig zum Ausgang der 1920er Jahre eine exakte terminologische Abgrenzung zwischen neukantianischem Kritizismus, Hegel-Renaissance und aufkommendem Neuhegelianismus ist. Van Lunteren sah im Jahr 1930 jedenfalls weder die Schriften Binders noch Larenz' als Beweis dafür, „dass der Hegelianismus in Deutschland rein und kräftig aufblüht". Er bezeichnete dagegen Heinrich Levys Buch *Die Hegelrenaissance in der deutschen Philosophie* von 1927 als „Materialsammlung zu einer noch zu schreibenden Studie über die Beziehung der heutigen Philosophie zu Hegel". Es wäre seiner Auffassung nach „zu bedauern, wenn nächstens in Deutschland Hegel als redivivus gelten sollte, ohne es zu sein".[346]

Bezeichnend ist auch, dass Hermann Glockner noch im Jahr 1931 in seinem programmatischen Aufsatz *Hegelrenaissance und Neuhegelianismus* Binder und seine Schüler mit keinem Wort als Neuhegelianer erwähnte.[347] Glockner sah im Jahr 1931 in *Hegelrenaissance und Neuhegelianismus* ein Abrücken vom Kritizismus als Strukturmerkmal des Neuhegelianismus an.[348] In diesem Sinne hatte Larenz im Jahr 1929 in seiner Schrift *Das Problem der Rechtsgeltung* einen „objektiven Idealismus" unter Rückgriff auf Hegel vertreten, der „den abstrakte[n] Gegensatz von Sollen und Sein, den der Neukantianismus [...] voraussetzt, überwunden" habe,[349] und sich damit explizit vom Neukantianismus abgegrenzt.[350] Gleichwohl propagierte er abgesehen von der Terminologie des „objektiven Idealismus" unter Hegels Einfluss noch keinen erklärten Neuhegelianismus. Im Jahr 1931 sprach Larenz in seiner Abhandlung *Rechts- und Staatsphilosophie der Gegenwart* davon, dass die „gegenwärtige" Periode der Rechtsphilosophie „mit dem Auftreten des Neukantianismus, mit den Arbeiten von Lask, Binder, also etwa um die Jahrhundertwende oder bald danach" begonnen hätte. Von einer „Staatsphilosophie der Gegenwart" lasse sich dagegen „nur soweit sprechen, als wir die Zeit nach dem Kriege in Betracht ziehen; und wir dürften hier erst in den ersten Anfängen stehen".[351] Im Übrigen sei „auch jetzt noch jede ernste

---

345 *van Lunteren*, Rezension von Karl Larenz: Hegels Zurechnungslehre und der Begriff der objektiven Zurechnung. Ein Beitrag zur Rechtsphilosophie des kritischen Idealismus und zur Lehre von der „juristischen Kausalität", 1927 [zugleich Besprechung von Heinrich Levy, Die Hegel-Renaissance in der deutschen Philosophie, 1927], Logos, Bd. XIX, 1930, S. 287, 290.

346 *van Lunteren*, a. a. O., S. 287, 292.

347 Dabei erwähnt er auch noch im Jahr 1941 in einem Literaturbericht von 1924 bis 1940 *Zur Geschichte der neueren Philosophie* im Kapitel *Hegel und die Hegelianer* die „Binder-Schule" nur sehr kursorisch als Interpreten der Hegelschen Rechts- und Staatsphilosophie, vgl. *Glockner*, Zur Geschichte der neueren Philosophie, S. 67.

348 *Glockner*, Hegelrenaissance und Neuhegelianismus, S. 173.

349 *Larenz*, Das Problem der Rechtsgeltung, 1929, S. 23.

350 Nicht nachvollziehbar ist insofern die Bemerkung *Diederichsens*, Karl Larenz, S. 499, dass Larenz erst in seiner philosophischen Spätschrift *Richtiges Recht* aus dem Jahr 1979 den „Schritt vom Neukantianismus zum Neuhegelianismus" getan habe.

351 *Larenz*, Rechts- und Staatsphilosophie der Gegenwart, 1931, S. 4.

rechtsphilosophische Arbeit auf die Auseinandersetzung" mit dem Neukantianismus angewiesen,[352] wenn dessen bisherige unangefochtene Stellung auch in der Rechtsphilosophie zu Ende gegangen sei und „die Notwendigkeit empfunden wurde, über ihn hinauszugelangen".[353] An Stelle des Neukantianismus, der, „so beträchtlich seine Leistungen gewesen sind, im ganzen überholt sein" dürfte, seien einerseits die „phänomenologische Methode" und andererseits der „objektive Idealismus" getreten.[354] Larenz sah in der „nach dem Kriege einsetzenden Hegelrenaissance" und ihre Emanzipierung vom Neukantianismus „eine Grenze zweier philosophischer Richtungen, vielleicht zweier Epochen der Philosophiegeschichte".[355] Dabei legte er jedoch Wert darauf, dass die „heutige Erneuerung des Hegelianismus in der Rechtsphilosophie" nicht auf Josef Kohler zurückgehe, sondern sich „aus der Weiterführung des Kantischen Idealismus zum objektiven Idealismus" ergeben habe, „die durch den Gedanken der Rechtsidee notwendig wurde".[356] Dass Larenz diese Einordnung, aller propagierter Bedeutung zum Trotz, nach dem Krieg retrospektiv als relativ bedeutungsarm darstellen wird und somit den Wert seiner einstigen Rechtsphilosophie bewusst herunterspielen wird, soll im Fortgang der Arbeit aufgezeigt werden.

III. Der Übergang zum Neuhegelianismus

Bei aller Unschärfe der Trennung zwischen Neukantianismus und beginnendem Neuhegelianismus gingen Binder und seine Schüler schon bald von einer Unumkehrbarkeit ihrer philosophischen Entwicklung und von einer absoluten Alternativlosigkeit des Neuhegelianismus aus. Binder verwies in seiner Abhandlung *Rechtsbegriff und Rechtsgeschichte* im Jahr 1932 auf seinen wechselvollen rechtsphilosophischen Werdegang: ein „dornenvoller Weg blutig schwerer Arbeit, der für andere Arbeiten fast keinen Raum mehr ließ", der ihn vom Neukantianismus „den ganzen Weg des deutschen Idealismus zurücklegend, über Fichte bis zu Hegel" geführt habe, bei dem er „nicht zur Freude meiner Kollegen, endlich gelandet zu sein" glaubte.[357] Dikoff verortete im Jahr 1939 bereits das Jahr 1925 mit dem Erscheinen von Binders *Philosophie des Rechts* als Abkehr vom Neukantianismus und als Begründung des „Transpersonalismus, von manchen als Neuhegelianismus bezeichnet". Dies sei eine Hinwendung zu einem „ethischen und objektiven Idealismus", der schließlich mit dem Werk *Die Grundlegung zur Rechtsphilosophie* von 1935 zum „absoluten Idealismus" erstarkt sei.[358] Von 1925 habe sich Binder „immer

---

352 *Larenz*, a. a. O., S. 38.
353 *Larenz*, a. a. O., S. 40.
354 *Larenz*, a. a. O., S. 108.
355 *Larenz*, a. a. O., S. 43.
356 *Larenz*, a. a. O., S. 60.
357 *Binder*, Rechtsbegriff und Rechtsgeschichte, in: Festschrift für Ernst Mayer, 1932, S. 3.
358 *Dikoff*, Julius Binder †, S. 423 f.

entschiedener der Philosophie Hegels zu[gewandt], deren Wiederentdeckung für die deutsche Rechtsphilosophie mit seinem Namen verknüpft bleiben wird".[359]

Wapler sieht das Ende von Binders Neukantianismus erreicht, als er die Trennung von Sein und Sollen bzw. Wirklichkeit und Idee ab dem Jahr 1929 durch die Verschmelzung von Idee und Wirklichkeit aufgibt, bzw. ab 1930 die Idee zu einem realen Gestaltungsfaktor in der Wirklichkeit wird. Spätestens 1934 habe er den Boden des Neukantianismus endgültig verlassen und eine hegelianische Theorie entwickelt.[360] Die *Philosophie des Rechts* von 1925 sei auf jeden Fall aber noch als neukantianisch anzusehen.[361] Dieser Einschätzung kann insgesamt gefolgt werden. Allerdings forderte Binder schon in seinem programmatischen Titel von 1927 *Kantianismus und Hegelianismus* die Aufhebung der Trennung von Sein und Sollen und sieht die Idee als Gestaltungsfaktor der Wirklichkeit an. Er sah sich jedoch in der Tat noch selbst als neukantianischen Kritizisten an, der auf der Suche nach einem auf Kant *und* Hegel gestützten „neuen Kritizismus" ist.[362] Bereits mit den Titeln *Staatsraison und Sittlichkeit* und *Zur Lehre vom Rechtsbegriff* von 1929 hatte sich Binder jedoch vom „kritizistischen" Neukantianismus losgesagt und propagierte einen an Hegel orientierten „objektiven Idealismus" unter Überwindung des Sein-Sollen-Gegensatzes und unter Anerkennung der „Wirklichkeit der Idee".[363] Er kritisierte die strikte Trennung von Sein und Sollen, da sich mit „dem bloßen Nebeneinander von Geist und Natur [...] keines der Probleme der geschichtlichen und politischen Welt bewältigen" lasse. Schließlich mühe sich der Neukantianismus, der „nur unterscheiden, nicht verbinden kann", an diesen Problemen immer noch vergebens ab. Binder setzte dem eine Philosophie entgegen, „die geeignet ist, das Gemeinsame in den Gegensätzen zu erfassen und sie in einer höheren Einheit, ganz im Hegelschen Sinne, *aufzuheben*".[364]

Hürstel sieht den sukzessiven Übergang des Selbstverständnisses der Göttinger Schule vom Neukantianismus zum Neuhegelianismus ab 1927 mit dem Binderschen Diktum als gegeben an, in dem er den Hegelianismus als Voraussetzung für den Kantianismus propagiert, jedoch sich noch nicht für dessen Eigenwert einsetzte. Spätestens im Jahr 1929, als er sich in den Titeln *Staatsraison und Sittlichkeit* und *Zur Lehre vom Rechtsbegriff* explizit für Hegel aussprach, habe der Neuhegelianismus endgültig den Neukantianismus abgelöst.[365]

Binder selbst grenzte sich in seiner Abhandlung *Zur Lehre vom Rechtsbegriff* im Jahr 1929 *expressis verbis* von seinem Standpunkt ab, den er in seiner *Philosophie des Rechts* eingenommen habe. Dieser liege „heute wieder hinter mir zurück [...], als ich

359 *Dikoff*, a. a. O., S. 426.
360 *Wapler*, Werte und das Recht, S. 204 f., 247.
361 *Wapler*, a. a. O., S. 234.
362 Vgl. *Binder*, Kantianismus und Hegelianismus in der Rechtsphilosophie, S. 258, 268.
363 Vgl. dazu Kapitel 4.
364 *Binder*, Staatsraison und Sittlichkeit, 1929, S. 27 f.
365 *Hürstel*, Rechtsphilosophie oder Rechtsgeschichte?, S. 387.

vom Wesen der Idee und des Begriffes heute eine andere Auffassung habe als im Jahre 1925".[366] Er rechtfertigte die Überwindung seines neukantianischen Ansatzes und sein Überwechseln zum Hegelschen „objektiv idealistischen" Paradigma, insofern er die „Notwendigkeit des Fortschritts über den Kritizismus hinaus" an sich selbst erlebt habe. Seine rechtsphilosophischen Untersuchungen dieser Schaffensphase bedeuteten „gar nichts anderes als den Versuch, vom Standpunkt des Kritizismus aus ein Problem zu bewältigen, das sich von diesem Standpunkt aus nicht bewältigen ließ, und das Fortgetriebenwerden aus seinen Grenzen auf einen freieren und höheren Standpunkt". Er bezeichnete seine *Philosophie des Rechts* ausdrücklich als das „Ergebnis des Ringens um das klar gesehene Ziel mit den beschränkten Mitteln des Kritizismus". Ihm sei klar geworden, dass er „den endgültigen Standpunkt" noch nicht gewonnen habe und er habe an sich selbst erlebt, „was die *Selbstbewegung der Idee* im Hegelschen Sinn bedeutet". Er habe „in der reinen Sachlichkeit" seines Denkens und Wollens, „zusehen müssen, wie die Idee über die von mir aufgerichteten Schranken hinausging und einem neuen Ziel sich zuwendete, eine neue Gestalt anzunehmen begann". Es möge dem kritischen Bewusstsein „anstößig" erschienen, dass „die Idee ein eigenes Leben habe, dass sie sich schließlich auch gegen den menschlichen Willen und Verstand durchzusetzen wisse, und dass der Philosoph dieser Selbstbewegung des Geistes im Grunde nur ‚zuzusehen' brauche".[367]

Binder brachte sein Überwechseln vom Kritizismus zum „objektiven Idealismus" auf den Punkt, insofern sich ihm diese Ansichten

> „mit einem Male in seinem tiefsten Sinn [offenbarten], und es wurde mir klar, dass ich einen vergeblichen Kampf gekämpft hatte, als ich [...] versucht hatte, die Idee als constituens der Wirklichkeit des Geistes und hier des Rechtes aufzuzeigen und gleichwohl der Idee die Wirklichkeit abzusprechen, das Recht als ein durch die Idee bedingtes Sinngebilde aufzufassen, aber zu bestreiten, dass in diesem Sinngebilde der Sinn, und das heißt die Idee, wirklich sei. So muß ich es jetzt als meine Aufgabe betrachten, den damals eingenommenen Standpunkt auch wieder nur als einen vorläufigen anzusehen, die Eierschalen des Kritizismus abzustoßen und mich auf den reinen Standpunkt des objektiven Idealismus zu erheben [...]."[368]

Diese Überwindung des kritizistischen Paradigmas in Binders Philosophie stellte Larenz in seiner Schrift *Die Wendung zur Metaphysik in der Rechtsphilosophie Julius*

---

366 *Binder*, Zur Lehre vom Rechtsbegriff, S. 2. Die sukzessive Abgrenzung zur *Philosophie des Rechts* spiegelt sich möglicherweise auch in der Betitelung von Binders rechtsphilosophischer Vorlesung an der Rechts- und Staatswissenschaftlichen Fakultät in Göttingen wider. So betitelt Binder die Vorlesung „Rechtsphilosophie" in den Winterhalbjahren 1927/28, 1930/31 und 1932/33 – nicht jedoch später – analog zu seinem Werk als „Philosophie des Rechts", vgl. *Georg-August-Universität Göttingen*, Verzeichnisse der Vorlesungen, Sommerhalbjahr 1926 ff.

367 *Binder*, Zur Lehre vom Rechtsbegriff, S. 23 f.

368 *Binder*, a. a. O., S. 23 f.

Binders von 1931 deutlich heraus. Kennzeichnend für den Übergang von neukantianischem „kritischen" zum „objektiven Idealismus" war nach Larenz die „Wendung zur Metaphysik" in der Rechtsphilosophie Binders, die keiner „plötzliche ‚Eingebung'" entsprungen sei, sondern „Ergebnis eines langjährigen Ringens mit den Problemen der Kulturphilosophie und vor allem das Ergebnis einer eingehenden Auseinandersetzung mit dem Neukantianismus ist, dem sich Binder ursprünglich selbst zurechnete".[369] Dabei sei das Problem „die Frage nach dem Verhältnis von Idee und Wirklichkeit" gewesen, denn das „war ja der Grund der Vergeblichkeit aller Versuche des Neukantianismus, das Recht zu begreifen, dass ‚von der Normativität der Idee, des Sollens in dieser Philosophie kein Weg zu ihrer Immanenz in der Wirklichkeit führt'".[370]

Die Ablösung vom Neukantianismus sei schon in der *Rechtsphilosophie* von 1925 angelegt gewesen, insofern bereits hier die Gegensätzlichkeit von Sein und des Sollen und der Charakter der Rechtsgeltung in Frage gestellt worden seien und sich die Erkenntnis durchgesetzt habe, dass „Rechtsnormen [...] geistige Gebilde [sind], die wirklich sind, weil sie einem historischen Vorgange ihre Entstehung verdanken, sich in einem bestimmten Material verkörpern und innerhalb bestimmter zeitlicher und räumlicher Schranken als verbindlich gewusst und geübt werden, das heißt ‚gelten'".[371] Erst in späteren Abhandlungen wie *Zur Lehre vom Rechtsbegriff* von 1929 komme jedoch deutlich zum Ausdruck, „dass die Welt der Kultur nicht beziehungslos neben der Naturwirklichkeit steht, sondern die höhere ist, indem sie diese in sich einbegreift, sie als ihr Bildungsmaterial betrachtet, das durch den Geist bearbeitet und gestaltet wird".[372]

Weiterhin komme Binder verstärkt zu der Auffassung, dass das Recht „Teil der Gesittung eines Volkes und damit objektiver Geist in einer geschichtlich besonderen Gestalt" sei. Die Gerechtigkeit führe Binder nun nicht mehr auf „den Gedanken der Gleichheit, sondern auf den der Gemeinschaft" zurück, wodurch die Idee des Rechts für Binder „zu der ewigen Aufgabe" werde, „den Gedanken der Gemeinschaft im sozialen Leben zu verwirklichen und ihn auch gegenüber dem Widerstreben Einzelner durch das Mittel des Rechtszwanges zu sichern".[373] Schließlich sei der „Gedanke der Wirklichkeit als einer Wirklichkeit der Idee" nur „auf dem Boden eines dialektischen, spekulativen Denkens möglich". Das sei auch der Grund dafür, „dass sich Binder, je mehr er bestrebt war, seine Gedanken zu Ende zu denken, um so mehr der Philosophie *Hegels* sich näherte, als deren entscheidende Leistung ihm mit Recht gerade die Dialektik erschien".[374]

---

369 *Larenz*, Die Wendung zur Metaphysik in der Rechtsphilosophie Julius Binders, S. 185. Vgl. S. 200.

370 *Larenz*, a. a. O., S. 201.

371 *Larenz*, a. a. O., S. 196 f.

372 *Larenz*, a. a. O., S. 198.

373 *Larenz*, a. a. O., S. 199.

374 *Larenz*, a. a. O., S. 202.

Vor dem geschilderten Ringen um die Emanzipierung des „objektiven Idealismus" von seinem kritizistischen Herkommen wird deutlich, dass zwar retrospektiv ab 1929 von einem Beginn des Neuhegelianismus gesprochen werden mag. Doch impliziert dies noch nicht, dass auch die betrachteten Autoren, ab diesem Zeitpunkt von dem Neuhegelianismus als ausgewiesener (rechts-)philosophischer Richtung ausgingen, geschweige denn, dass sich Binder und Larenz bereits als Vertreter der Richtung des rechtsphilosophischen Neuhegelianismus bezeichnet hätten.

Larenz gab im Jahr 1930 in Verbindung mit Ernst Mayer und Max Wundt zu Binders sechzigstem Geburtstag die Festgabe *Rechtsidee und Staatsgedanke, Beiträge zur Rechtsphilosophie und zur politischen Ideengeschichte* heraus, deren Beiträge Binders Abkehr vom Neukantianismus zwar anschneiden, jedoch noch keine Neuetablierung eines neuhegelianischen Systems konstatieren. Ausweislich der Widmung des Buches brachten „Freunde und Schüler" dem „Rechts- und Staatsphilosophen" ihre Beiträge in zwei Abteilungen dar: I. Beiträge zur Rechtsphilosophie und ihrer Geschichte und II. Beiträge zur Geschichte des Staatsdenkens. In der Tat finden sich in dieser Festgabe eine Reihe von prominenten Autoren. Walther Schönfeld, als Vertreter der Hegel-Renaissance lieferte den ersten Beitrag *Puchta und Hegel*. Er nannte Binder seinen „Führer und Freunde im Geiste einer auf den deutschen Idealismus und namentlich auf *Hegel* gegründeten Rechtsphilosophie".[375]

Schönfeld sprach von einem „große[n] Wiederaufnahmeverfahren, das unsere Zeit gegen *Hegel* eingeleitet hat", das aber noch nicht abgeschlossen sei. Insbesondere sei es Hegels Dialektik „als die Form der Konkretisierung des Begriffs, die noch im Streit befangen ist". Der Jurisprudenz der Gegenwart maß er zu, „den Verhandlungen darüber ihre volle Aufmerksamkeit zuzuwenden, damit sie auf dem Plane ist, wenn das Urteil fällt, das weder eine volle Verurteilung noch einen vollen Freispruch bringen dürfte".[376]

Max Wundt stellte in seinem Beitrag *Von Platon zu Aristoteles* fest, dass die wichtigste Entwicklung der zeitgenössischen philosophischen Rechts- und Staatslehre „zweifellos der Übergang vom Neukantianismus zu einer Gestalt" wäre, „die ihre philosophische Rechtfertigung mehr in einer freien Anlehnung an Kants Nachfolger sucht". Er nannte Binder einen „wesentliche[n] Zeuge[n] dieser Entwicklung", schließlich stelle Binders Entwicklung selbst „diesen Fortgang des philosophischen Gedankens dar, indem er vom Neukantianismus ausging, während die Grundlage seiner Philosophie des Rechts zwar diesen Ursprung nicht verleugnet, aber doch deutlich den Zusammenhang zugleich mit Fichte und Hegel zeigt".[377] Wundt verglich in seinem Beitrag den philosophischen Übergang in der griechischen Philosophie

375 *Schönfeld*, Puchta und Hegel, in: Karl Larenz (Hrsg.), Rechtsidee und Staatsgedanke, Beiträge zur Rechtsphilosophie und zur politischen Ideengeschichte, Festgabe für Julius Binder, 1930, S. 1.
376 *Schönfeld*, a. a. O., S. 61 f.
377 *Wundt*, Von Platon zu Aristoteles, S. 188.

von Platon zu Aristoteles mit der gegenwärtigen Ablösung des Kantschen Paradigmas durch Fichte und vor allem Hegel.[378]

Am Schluss des Bandes steht Larenz' Beitrag über *Staat und Religion bei Hegel.* Abseits der Beiträge Schönfelds und Larenz' die die Festgabe einführen und beenden, sowie der Bezüge Wundts auf Binder und die Hegel-Renaissance, kann die Festgabe *Rechtsidee und Staatsgedanke* schwerlich als eine Sammlung neuhegelianischer Beiträge angesehen werden.[379] Vor dem Hintergrund der Widmung („gewidmet von Freunden und Schülern") und der oben zitierten vorsichtigen Bemerkung Wundts bezüglich des Übergangs vom Neukantianismus „zu einer Gestalt, die ihre philosophische Rechtfertigung mehr in einer freien Anlehnung an Kants Nachfolger sucht", kann darauf geschlossen werden, dass im Jahr 1930 die Kreis um Binder noch kein rein neuhegelianischer war, geschweige denn ein solcher, der sich selbst so bezeichnet hätte. Gleichwohl rechneten sich mit Schönfeld, Wundt und Larenz zu seinen „Freunden und Schülern" prominente Vertreter der Hegel-Renaissance, die sich selbst – wenn auch erst später – als solche betrachteten.

Spätestens im Jahr 1931 mit Erscheinen des Gemeinschaftswerkes *Einführung in Hegels Rechtsphilosophie* von Binder, Busse und Larenz kann schließlich von einem *neuhegelianischen* Werk die Rede sein, das auch von außen als solches aufgenommen wird.[380] Larenz bestätigte diese Auffassung, indem er 1937 festhielt, dass die Epoche des Positivismus, unter den er den Neukantianismus einordnete, „etwa von 1870 bis 1930" gedauert habe.[381] In der Zeit vor 1931 sind Binder und Larenz als Teil eines Hegel-affinen Kritizismus im weitesten Sinne, bzw. „kritischen Idealismus", aufzufassen. Nach der ersten Hinwendung Binders und Larenz' zu Hegel in den späten 1920er Jahren nahm in den darauffolgenden Jahren die publizistische Auseinandersetzung mit Hegel und die Betonung dessen philosophischen Eigenwerts gegenüber Kant stetig zu. Erst in den beginnenden 1930er Jahren widmeten Binder und seine Schüler ihr Hauptaugenmerk auf die Auseinandersetzung mit Hegel.

---

378 *Wundt*, a. a. O., S. 188 ff.

379 Der Theodor-Mommsen-Schüler Bernhard Kübler steuert einen romanistischen Beitrag bei und Helmuth Mayer ein strafrechtshistorisches Thema. Der Philosoph Paul Hensel, Doktorvater des philosophischen Neuhegelianers Hermann Glockner, schreibt über *Recht und Macht* und der Jurist Alfred Löwenstein über *Wirtschaftsidee und Rechtsidee.* Der Theologe Friedrich Brunstäd, der sich anderweitig ausführlich mit Hegel beschäftigte, liefert einen Beitrag über *Das Eigentum und seine Ordnung*. Der Rechtshistoriker Ernst Mayer schreibt über *Die Staatsziele im Wandel der Geschichte.* Heinz Wiegand schreibt über *Die Staatslehre des Thomas von Aquin und ihre Bedeutung für die Gegenwart*, der Theologe Emanuel Hirsch über *Rousseaus Geschichtsphilosophie.*

380 Vgl. *Lasson*, Rezension von Binder/Busse/Larenz, Einführung in Hegels Rechtsphilosophie, S. 448.

381 Vgl. *Larenz*, Rechtswissenschaft und Rechtsphilosophie. Eine Erwiderung, Archiv für die civilistische Praxis, Bd. 143, 1937, S. 264.

IV. Das Gemeinschaftswerk „Einführung in Hegels Rechtsphilosophie" von 1931

Die Hegel-Abhandlungen Binders und seiner Schüler in den Jahren vor der nationalsozialistischen „Machtergreifung", also etwa von 1929 bis ins Jahr 1933 hinein, sind von textnahen Interpretationsbemühungen geprägt. Der Sammelband *Einführung in Hegels Rechtsphilosophie* aus dem Jahr 1931 kann dabei nicht nur als wichtiges und durch seine Annoncierung als Gemeinschaftswerk gleichsam schulbildendes Werk der Binder-Schule angesehen werden, sondern stellt mit seiner Zielrichtung, „zu Hegel hin- und in sein Denken einzuführen",[382] ein aussagekräftiges Beispiel dar, wie die Göttinger Schule in den Jahren vor der Hinwendung zu nationalsozialistischen Denk- und Argumentationsmustern Hegels Rechtsphilosophie interpretierte. Der Rezensent Georg Lasson zeigte die Beiträge zu dem Gemeinschaftswerk „mit besonderer Freude an als redende Zeugnisse für den Fortschritt, den das Hegelstudium während des letzten Jahrzehnts genommen hat". Insbesondere den Binderschen Vortrag pries er an: „Wer Hegels Absicht und seine Auffassung des Gegenstandes musterhaft dargestellt sehen will, der greife zu diesen Seiten".[383] Die Betrachtung der Beiträge Larenz', Busses und Binders in dem Gemeinschaftswerk sind unerlässlich für das spätere Hegelverständnis der Göttinger Schule, weil in ihnen die wesentlichen Begriffe dargestellt werden, mit denen in den folgenden Jahren wiederholt, wenngleich mit veränderter Konnotation und zunehmend schlagwortartig operiert wurde.

1. Larenz' Annäherung an den Hegelschen Begriff

Larenz wollte in der einleitenden Abhandlung des Gemeinschaftswerkes *Einführung in Hegels Rechtsphilosophie* die Voraussetzungen und die „Grundgedanken der Hegelschen Rechtsphilosophie" darlegen, „so wie sie sich aus seinem System selbst ergeben". Dabei setzte er sich eingehend mit dem Hegelschen Begriffssystem auseinander.

Er weist auf die Schwierigkeit hin, dass „in Hegels System jeder Begriff seine eigentümliche Bedeutung erst durch den Fortgang des Systems selbst" erhalte,[384] sodass, wer Hegels Gedanken kennen lernen wolle, „seine Sprache verstehen und mehr noch in ihr denken lernen" müsse.[385] Hegels Begriffe seien

> „der adäquate Ausdruck seines Denkens, und die Schwierigkeit und Dunkelheit der Begriffe liegt nicht darin, dass sie den Gedanken schwerfällig, ungenau oder unvollständig widergäben, sondern darin, dass sich die Gedanken in einer Ebene des Denkens bewegen, die von der gewöhnlichen Ebene unseres Bewusstseins so sehr verschieden ist, dass die Sprache sie in der uns geläufigen Bedeutung der Worte nicht wiederzugeben

---

382 *Binder/Busse/Larenz*, Einführung in Hegels Rechtsphilosophie, 1931 S. 3.

383 *Lasson*, Rezension von Binder/Busse/Larenz, Einführung in Hegels Rechtsphilosophie, S. 448.

384 *Larenz*, Hegels Begriff der Philosophie und der Rechtsphilosophie, S. 7.

385 *Larenz*, a. a. O., S. 8.

vermag, so dass also dieses Denken mit Notwendigkeit sich erst seine eigene Sprache schaffen musste und nur in dieser ihm gemäßen Sprache verstanden werden kann."[386]

Diese Besonderheit der Hegelschen Sprache führe dazu, dass „wer Hegels Sprache nicht kennt, seine Gedanken nicht versteht, und wer seine Gedanken nicht kennt, seine Sprache nicht versteht". Es komme folglich darauf an, „„die Anstrengung des Begriffs auf sich zu nehmen'",[387] was in Hegels Worten bedeute, das Wesen des Begriffs in seinem Werden nachzuvollziehen, denn „der Begriff ist nur das, als was er in der vorausgegangenen Entwicklung des Gedankens geworden ist".[388]

Auf den Titel der Abhandlung *Hegels Begriff der Philosophie und der Rechtsphilosophie* eingehend, erklärt Larenz dieses Nachvollziehen der gedanklichen Entwicklung von Hegels Rechtsphilosophie als den „Begriff der Rechtsphilosophie".[389] Nach einem Rekurs auf die dualistische, Subjekt und Objekt trennende, Kantsche Erkenntnistheorie und das „unphilosophische Wissen" erklärt Larenz als das philosophische Bewusstsein dasjenige fortgeschrittene Wissen, das erkennt, „dass die Entgegensetzung des Wissens und des Gegenstandes nur der einen Gestalt des Wissens angehört". Die Entgegensetzung bestehe nicht „zwischen dem Bewusstsein und dem Jenseits des Bewusstseins, sondern innerhalb des Bewusstseins selbst". Damit sei der „Gegensatz, der dem Realismus als ein absoluter erscheint, [...] aufgehoben in der Einheit des Bewusstseins, das diesen Gegensatz als mit dem in ihm selbst gesetzten Gegensatz der beiden Gestalten des Wissens gleichbedeutend weiß". In diesem Sinne sei der Realismus als erkenntnistheoretisches Prinzip und nur „vorläufige Gestalt" des Wissens „aufgehoben".[390] Das unphilosophische Wissen gelange nur zur „Vorstellung" aber nicht zu einem „Begriff", denn Begreifen bedeute für Hegel, „etwas *in sich einbegreifen*". Das begreifende Denken sei daher „das philosophische Denken, das sich mit seinem Gegenstande als eins weiß und ihn so in sich einbezieht".[391] Dabei sei der Begriff nicht „äußerliche Zusammenfassung unterschiedener selbständiger Elemente", sondern „Einheit der in ihm selbst gesetzten Unterschiede, das ist Inbegriff seiner Momente". Jedes Moment sei dabei „notwendige Stufe in der logischen Entwicklung des Begriffs".[392]

Dieser Fortschritt von unphilosophischem, in Subjekt und Objekt unterteilendem Wissen einzelner Momente des Begriffes, zu deren Vereinigung im philosophischen Denken ist nach Larenz die „Dialektik".[393] Das philosophische Denken sei daher „spekulatives oder dialektisches Denken, indem es sich nicht in Vorstellungen, sondern in Begriffen bewegt" und diese Bewegung sei nicht „subjektive Zutat des

386 *Larenz*, a. a. O., S. 8.
387 *Larenz*, a. a. O., S. 8.
388 *Larenz*, a. a. O., S. 9.
389 Vgl. *Larenz*, a. a. O., S. 9.
390 *Larenz*, a. a. O., S. 11 f.
391 *Larenz*, a. a. O., S. 12.
392 *Larenz*, a. a. O., S. 12.
393 *Larenz*, a. a. O., S. 12 f.

erkennenden Subjekts“, sondern „die immanente Selbstbewegung des Begriffs in der Unterscheidung und Aufhebung seiner Momente“.[394] Die Dialektik vollziehe sich dabei „in der Form der Setzung einer These, einer Antithese und der Synthese“. Allerdings verhielten sich These und Antithese nicht zueinander,

> „wie zwei sich fest gegenüberstehende Größen, sondern die These setzt die Antithese als ihren Gegensatz, ohne den sie selbst nicht gedacht werden kann, *und setzt zugleich sich als das übergreifende Ganze*, das den Gegensatz in sich aufhebt und so die Synthese ist.“

Die Synthese sei somit die dialektische „Bewegung von der These zur Antithese“;[395] die „dialektische Einheit“ mithin „nicht die den Gegensatz von sich ausschließende formale Identität des Verstandes, sondern sie ist der gedachte Widerspruch, ‚die Identität der Identität und der Nichtidentität‘“. Aus diesen „dialektischen“ Voraussetzungen der Erkenntnistheorie folgt nach Larenz, dass der Erkenntnisgegenstand „nicht etwas dem Wissen gegenüber Fremdes, sondern nichts anderes als das Wissen selbst“ sei.[396]

Das Wahre sei nicht die formale Identität des Satzes A=A, sondern „die Einheit als der sich aufhebende Unterschied“, das Ganze „des sich unterscheidenden und in seinen Unterschieden mit sich eins bleibenden Wissens“.[397] Schließlich zieht Larenz für diese Auffassung von Wissen und Wahrheit das bekannte Zitat von Hegel aus der Vorrede der *Phänomenologie des Geistes* heran: „‚Das Wahre ist das Ganze‘, es ist ‚das durch seine Entwicklung sich vollendende Wesen‘“.[398]

Als weiteren „zentralen Begriff der Hegelschen Philosophie“ führt Larenz denjenigen des Geistes ein: „Der Geist ist die Substanz, die sich weiß, das konkret Allgemeine, das alle Besonderungen in sich fasst und sich in ihnen selbst bestimmt, die Totalität des Wissens und seiner Gegenstände, das Wahre, das das Ganze oder System ist.“[399] Als „subjektiver Geist“ sei der Geist nur „in der beschränkten Gestalt der einzelmenschlichen Individualität verwirklicht“, als „objektiver Geist“ dagegen „nach seiner Wahrheit als allgemeiner Geist, als der Wille nicht nur eines Einzelwesens, sondern eines Gemeinwesens“. Der objektive Geist sei demnach „Selbstverwirklichung des allgemeinen Geistes in der Gemeinschaft und als der Wille der Gemeinschaft, der sich in Recht, Moralität, Sitte und im Staate äußert, der als ein sittlicher Organismus die konkrete Totalität aller Verhältnisse des objektiven Geistes darstellt“.[400]

Um schließlich den Gegenstand der Abhandlung zu erreichen, kommt Larenz auf der Grundlage der einführenden erkenntnistheoretischen Begriffsklärungen auf den Gegenstand der Rechtsphilosophie zu sprechen. Abgeleitet von seiner „dialektischen“ Philosophie der Selbstverwirklichung und Selbsterkenntnis des Geistes,

---

394 *Larenz*, a. a. O., S. 13.
395 *Larenz*, a. a. O., S. 14.
396 *Larenz*, a. a. O., S. 15.
397 *Larenz*, a. a. O., S. 16.
398 *Larenz*, a. a. O., S. 16. Vgl. *Hegel*, Phänomenologie des Geistes, S. 22.
399 *Larenz*, Hegels Begriff der Philosophie und der Rechtsphilosophie, S. 18.
400 *Larenz*, a. a. O., S. 23.

sei die Rechtsphilosophie „*Selbsterkenntnis des objektiven Geistes, des allgemeinen Willens als der sich wissenden Substanz des Rechts und des Staates*". Dabei sei für Hegel Recht „nicht etwa schon deshalb ein Objektives, weil es der *gemeinsamen* Überzeugung, dem Rechtsgefühl aller oder doch einer Mehrheit des Volkes angehört, sondern weil es etwas Vernünftig-Allgemeines ist", sprich: die (Selbst-)Verwirklichung des Geistes. Das positive Recht sei dabei „geschichtlich bedingter" Ausdruck eines bestimmten Volkes, denn der Geist entfalte sich „als konkret-allgemeiner nur in den bestimmten Gestalten der konkreten Volksgeister und damit in der Geschichte", wonach ein „aus abstrakten Grundsätzen abgeleitetes" immerwährend gleichbleibendes Naturrecht in der Wirklichkeit nicht möglich sei.[401] Insgesamt nimmt dieser Aufsatz Larenz' dessen späteres neuhegelianisches Werk voraus. Die hier entwickelten Begriffe von Begriff, Dialektik, Geist und Recht wird Larenz in den folgenden Jahren wiederholt aufgreifen. Nach der „Machtergreifung" erfahren sie über den hegelianischen Kontext hinaus eine spezifisch nationalsozialistisch gefärbte Konnotation.

2. Busses Erläuterung der Hegelschen Rechtsphilosophie

Busse widmet sich in seinem Beitrag zu dem Gemeinschaftswerk *Einführung in Hegels Rechtsphilosophie* der Klärung des Themas der Rechtsphilosophie Hegels. Dabei versteht Busse den Begriff „Thema" im „dialektischen" Sinne, insofern dieses ein Gedanke sei, „der als Anfang eine Entwicklung im Denken fordert, um seine Wahrheit und den in ihm verborgenen Gehalt zu erweisen". Busse greift den Gedanken auf, dass sich die Wahrheit einer Gedankenführung aus ihrem Prozess ergebe, denn die „Entwicklung eines Themas im Denken bringt die Bestimmungen, damit aber auch die Gegensätze und Widersprüche hervor, die im Thema verborgen liegen" und das Resultat „oder das Wahre eines Themas ist das Ganze seiner Entwicklung selbst".[402]

Busse setzt sich zunächst mit dem Gegensatz von „natürlichem, naiven" zu dem „spekulativen" oder „philosophischen" Bewusstsein auseinander. Das erstere begreife einen Gegenstand als „etwas Reales, Ungeistiges, außerhalb des Bewußtseins Liegendes" und werde sich im Übergang zum philosophischen Bewusstsein bewusst, dass es „den Gegenstand, den es weiß, *denkt*, und dass jeder Gegenstand ein *Gedanke* ist".[403] Auf dieser Grundlage der „dialektischen" Erkenntnis und der Überwindung der Trennung von Subjekt und Objekt kommt Busse zu der Auffassung, dass „das Wahre oder das Ganze" oder der „Geist als Subjekt und das System als die denkende Bewegung" begriffen werden müsse, „in der das Subjekt die Mannigfaltigkeit seiner selbst offenbart". Weiterhin müsse man sich „beim Begriff des Subjekts bewusst

401 *Larenz*, a. a. O., S. 23 ff.

402 *Busse*, Das Thema der Rechtsphilosophie Hegels, in: Binder/Busse/Larenz, Einführung in Hegels Rechtsphilosophie, 1931, S. 30.

403 *Busse*, a. a. O., S. 31.

werden, dass diese Tätigkeit des Geistes zugleich Tätigkeit des Subjekts als eines einzelnen Selbst ist!"[404]

Konsequenz ist für Busse, dass „das Bewusstsein des einzelnen Selbsts, der Gedanke des Ich nur ein Gedanke innerhalb des allgemeinen Geistes" sein könne und „der Geist selber" es sei, „der den Gedanken des einzelnen Ich hervorbringt". Da das „Selbst oder der Geist" als Subjekt „zugleich allgemeiner Geist" wäre, aber „eben nur ein *Moment* desselben", entwickele und offenbare sich der Geist in dem gesamten System und in seinen Begriffen „als die eine innere Bewegung dieser Begriffe". Insbesondere seien die Begriffe „einzelne Person, Eigentum, Vertrag, Recht, Wirtschaft und Moral" einzelne Momente dieser (Selbst-)Verwirklichung des Geistes.[405]

Um auf das Thema der Rechtsphilosophie einzugehen, „wird die Philosophie des Rechts als der Teil des Systems" begriffen, „in dem der denkende Geist sich die Begriffe des Rechts und des Staates, der Sittlichkeit und Moral zum Gegenstande macht". Dabei müssten „diese starren Begriffe" auf Grundlage der „dialektischen" Begriffsbildung und der Erkenntnis der (Selbst-)Verwirklichung des Geistes im Recht durchdacht werden, „d.h. der Entwicklung in ihnen [ist] nachzuspüren, die Bewegung aufzuzeigen, die von dem einen zum andern geht". Die Rechtsphilosophie habe zu erkennen, „wie das Eigentum, der Vertrag oder die Schuld für sich Abstraktionen sind, und wie die Wirklichkeit gerade darin besteht, nicht für sich zu existieren, sondern im Zusammenhang eines Ganzen, des Rechts, zu stehen".[406]

Als wesentliche Begriffe der Hegelschen Rechtsphilosophie erkennt Busse die Freiheit und den Willen. Wobei der Wille als die Verwirklichung der Freiheit angesehenen wird; jedoch nicht der „willkürlichen" Freiheit der Triebbefriedigung, sondern als die „Ordnung der Triebe", die „das Ich in Freiheit" vollbringe, „indem es sich als die lebendige Einheit erweist, die sich in den verschiedenen Trieben geltend macht".[407] Der Wille befreie sich von der triebhaften Abhängigkeit, „indem es sich zum sich selbst bestimmenden Willen erhebt" und „seine Zwecke objektiv, als denkender Geist" bestimmt, d.h. bewusst Teil des allgemeinen Geistes werde.[408] Die einzelnen Personen seien sich demnach wesentlich gleich, den jedes „einzelne Selbst ist als Person aus der Zufälligkeit seiner Willkür in sich als den allgemeinen, sich frei bestimmenden Willen zurückgekehrt".[409] Endlich kommt Busse auf die Bestimmung der Rechtsphilosophie zurück, indem er die „Beziehung des allgemeinen Willens auf seine eigene Bestimmung als äußere Wirklichkeit" als das normative „Gelten" bezeichnet. Schließlich sei das Recht die „Wirklichkeit, die Bestimmung des allgemeinen Willens und als solche im allgemeinen Willen aufgehoben und gültig".[410]

---

404 *Busse*, a. a. O., S. 33.
405 *Busse*, a. a. O., S. 34 f.
406 *Busse*, a. a. O., S. 35.
407 *Busse*, a. a. O., S. 44 ff.
408 *Busse*, a. a. O., S. 46 f.
409 *Busse*, a. a. O., S. 51.
410 *Busse*, a. a. O., S. 54.

Busse resümiert: „Der philosophischen Erkenntnis des Rechts wird also vom System der Philosophie her das Thema gestellt, die Erhebung des Willens zum allgemeinen Willen zu erkennen, der seine Bestimmungen als gültige Bestimmungen der Freiheit aus sich hervorbringt und in sich setzt." Als Aufgabe der Rechtsphilosophie sieht Busse an, „die These von der Freiheit des Willens, von der Verwirklichung seiner Allgemeinheit" zu entwickeln „und in der Erkenntnis der Wirklichkeit des Rechts zu erproben".[411] Im Gegensatz zu Larenz wird Busse seine Auseinandersetzung mit der Hegelschen Rechtsphilosophie in den folgenden Jahren nicht fortsetzen. Wie die vorliegende Arbeit aufzeigen wird, beschäftigt sich Busse in den folgenden Jahren nicht mehr publizistisch mit der Rechtsphilosophie Hegels.

3. Binders Erläuterung des Hegelschen Systems

Binder will in seiner Abhandlung *Das System der Rechtsphilosophie Hegels* auf die vorhergehenden Aufsätze Larenz' und Busses aufbauen, die sich die Aufgabe gestellt hätten, „die Voraussetzungen darzulegen, von denen aus allein die Rechtsphilosophie Hegels als ein Teil seines Systems verstanden werden kann". Larenz habe die „dem Denken oder dem Begriff, dem denkenden Subjekt wie dem gedachten Gegenstand immanente Selbstbewegung, die Hegel als seine dialektische oder spekulative Methode bezeichnet hat", zu erklären versucht und Busse „gleichfalls von der Dialektik und Spekulation ausgehend, die Eigenart dieses Denkens an der Entwicklung des Rechtsbegriffs selbst".[412] Beide Abhandlungen mit ihrer Klärung von Gegenstand und Methode des Hegelschen Rechtsdenkens ermöglichten „überhaupt erst ein Eindringen in die Geheimnisse der Hegelschen Rechtsphilosophie und vor allem das Verständnis der darin durchgeführten Terminologie".

Während Larenz' und Busses Aufsätze „als eine freie Nachdenkung und Beleuchtung der Gedankengänge" bezeichnet werden könnten, die in der Vorrede und Einleitung in Hegels Rechtsphilosophie Ausdruck gefunden hätten, sollte mit seiner eigenen Abhandlung der Versuch unternommen werden, „die gewonnenen Ergebnisse auf die Rechtsphilosophie Hegels selbst anzuwenden und dadurch den Grundgedanken dieses schwierigen, oft missverstandenen Systems dem Verständnis näherzurücken".[413] Binder umreißt den Hegelschen „absoluten Idealismus", auf den einführenden Begriffsklärungen Larenz' und Busses aufbauend und „die Erkenntnis voraussetzend und begründend, dass alle Realität Bewusstseinsinhalt, Gedanke und insofern ideell und deshalb die Idee die wahrhafte Realität ist". Gleichzeitig sei „natürlich auch die Logik als die Entwicklung des idealistischen Denkens in seinen reinen Gedankenbestimmungen, zu denen vor allem die Begriffe von Sein, Dasein, Wirklichkeit, Materie, Wille, Welt, Geist und andere" gehörten, zu begreifen und „als Bestimmungen des Denkens überhaupt" zu erweisen. Sie seien nicht „Formen des subjektiven Denkens,

---

411 *Busse*, a. a. O., S. 55.
412 *Binder*, Das System der Rechtsphilosophie Hegels, in: Binder/Busse/Larenz, Einführung in Hegels Rechtsphilosophie, 1931, S. 56 f.
413 *Binder*, a. a. O., S. 57.

mit denen ein ihnen gegenüberstehendes alogisches Material erfasst und verarbeitet würde, wie es die kantischen Kategorien waren", sondern „Formen des *gegenständlichen* Denkens, in denen der Gegenstand als Inhalt des Bewusstseins entsteht und sich entfaltet und begriffen wird". Daraus folge „ohne weiteres die Idealität auch der Welt des Rechts, die das rechtsphilosophische Denken zu begreifen und das heißt als Denken zu erschaffen hat".[414] Dabei sei das Recht „Tat und Gedanke des Geistes, der in ihm seine Wirklichkeit findet und als das Recht die Welt des objektiven Geistes begründet".[415] Seine Realität bestünde darin, „dass es denkend gewusst wird, Inhalt des denkenden Bewusstseins, Gedanke ist".[416] Die Selbstverwirklichung des Geistes sei im Recht mit dem Begriff des Willens und der Freiheit verknüpft: „Die Freiheit setzt nicht nur das Recht voraus oder umgekehrt; sondern die Freiheit *ist das Recht*". Freiheit wird hier jedoch nicht als „die Freiheit der Willkür des besonderen Individuums" bezeichnet, „sich in beliebiger Weise, so oder anders zu betätigen", sondern die Freiheit, „sich aus allen Bestimmtheiten und Bedingtheiten in sich selbst zurückzuziehen, keine Bestimmungen anzuerkennen als diejenigen, die der Wille sich selbst in seiner Freiheit gibt, *so* allgemein zu sein und dieser Allgemeinheit einen besonderen Inhalt zu geben", wodurch der Wille „von der abstrakten Allgemeinheit und Freiheit zur konkreten Allgemeinheit, Einheit des Allgemeinen und des Besonderen im Einzelnen aufsteigt".[417]

Nach diesen Begriffsklärungen erläutert Binder die drei Teile des Systems der Hegelschen Rechtsphilosophie nach *Enzyklopädie* und *Rechtsphilosophie*: das abstrakte Recht, die Moralität und die Sittlichkeit. Er bezeichnet die in der Rechtsphilosophie teilweise unternommene Interpretation, dass das abstrakte Recht Hegels mit dem positiven Privatrecht, die Sittlichkeit mit dem öffentlichen Recht und die Moralität dazwischen als Moralphilosophie angesehen werden könnte, als „unerhört und tadelnswert", weil dadurch „Recht und Staat, die doch nur der Sittlichkeit zu dienen, sie zu ermöglichen bestimmt sein sollten, über die Moral erhöht und zum absoluten Wert gesteigert sein sollten".[418] Die Gliederung des Hegelschen Systems habe mit der „alten systematischen Einteilung der Ethik in Rechts- und Moralphilosophie überhaupt nichts zu tun". Das Große der „dialektischen" Hegelschen Rechtsphilosophie sei es ja gerade „zu unterscheiden ohne zu scheiden, dass sie die Gegensätze relativiert und in einem höheren Begriffe aufhebt". Deshalb sei auch die Moralität „nicht der angebliche Fremdkörper im System der Rechtsphilosophie, so wenig wie etwa die Sittlichkeit ein bloßes Attribut des Staates ist".[419] Die Hegelschen Begriffe abstraktes Recht, Moralität und Sittlichkeit seien in diesem Sinne „drei Stufen der Dialektik der Freiheit und des Willens" in der „Entwicklung des Rechtsbegriffes".[420] Das abstrakte Recht habe zum

414 *Binder*, a. a. O., S. 58.
415 *Binder*, a. a. O., S. 59.
416 *Binder*, a. a. O., S. 60.
417 *Binder*, a. a. O., S. 68.
418 *Binder*, a. a. O., S. 61.
419 *Binder*, a. a. O., S. 52.
420 *Binder*, a. a. O., S. 69.

Grundbegriff „die Person, oder besser, im Sinne Hegels, es *ist Person*; es ist der Wille als Person", es sei „die abstrakte Identität des Ich = Ich, das ohne jede Besonderheit in dieser seiner Inhaltlosigkeit zwar die Möglichkeit jeder Differenziertheit in sich schließt, aber diese Unterschiede eben noch nicht entwickelt hat". Die abstrakte Person sei demnach „das einzelne Exemplar der Gattung Mensch", in dem sich „der Geist nur als Einzelfall der Gattung weiß, als vernünftiges Individuum, also noch nicht zum Bewusstsein seiner wahren Natur als der konkreten Allgemeinheit gekommen ist".[421] Von dieser Bestimmung des abstrakten Rechts ausgehend führt Binder die „dialektische" Selbstentwicklung des Geistes auf die Stufe der Hegelschen Moralität fort: „vom abstrakten Recht der bloß vernünftigen Persönlichkeit schreitet der Geist fort zur Moralität". Der Wille erkenne, „das Allgemeine, das das Substantielle seiner Persönlichkeit ist, als ihm gegenüber gültig an und stellt sich so ihm gegenüber, um es als für ihn geltend zu bejahen". Dieser „für sich seiende besondere Wille erfasst sich als unterschieden von anderen Individuen, so dass er im bewussten Gegensatze und damit in der Kategorie des ‚Verhältnisses' zu diesen andern Individuen steht".[422] Daher sei das einzelne Ich in der Sphäre der Moralität „nicht das Ich der abstrakten *Identität*, der unterschiedslosen Gleichheit mit dem andern Ich; sondern es ist *besonderes* Ich mit seinen besonderen Bestimmungen".[423] Die Allgemeinheit werde

> „der beherrschende Gesichtspunkt für die Willensbestimmung des Subjekts: es erkennt seine Bestimmtheit, mit all seinen besonderen Zwecken, durch das Allgemeine, und damit sich selbst als das sich *bestimmende*, das nicht bestimmt *werden* darf, zur Allgemeinheit und damit zu sich selbst".[424]

Im Fortgang der Selbstverwirklichung des Geistes stehe im „dialektischen" Prozess nach abstraktem Recht und Moralität schließlich die Sittlichkeit, die „die wirklich gewordene Freiheit, die Einheit von Begriff und Dasein" sei, in der die abstrakte Person der Stufe des abstrakten Rechts ebenso wie das moralische Subjekt der Stufe der Moralität nur als Momente enthalten seien, „so dass die abstrakte Person des abstrakten Rechts in die Bestimmung des *Verhältnisses*" übergetreten sein müsse, „des Verhältnisses zum Allgemeinen und zu den anderen Personen als diesem Allgemeinen". Von da wiederum müsse sie „dieses *Allgemeine* als die *Wahrheit* ihrer Subjektivität erkennend, sich selbst zu dieser Allgemeinheit bestimmt und diese so zur Objektivität gestaltet haben". Diese Objektivität müsse „die ihrer Subjektivität gesetzte Ordnung und Regel" sein, „damit von einem wirklichen *Recht* gesprochen werden kann". Das positive Recht sei dabei „das so im Willen der vernünftigen, sich gegenseitig als Subjekte kennenden und anerkennenden, miteinander in Gemeinschaft, Einheit des Geistes, des Wollens und der Zwecke und beständiger Wechselbeziehungen lebenden

421 *Binder*, a. a. O., S. 70 f.
422 *Binder*, a. a. O., S. 73.
423 *Binder*, a. a. O., S. 74.
424 *Binder*, a. a. O., S. 76.

Menschen".[425] Auf dieser begrifflichen Grundlage aufbauend resümiert Binder: „Das Recht der Sittlichkeit ist also das in *seiner Positivität* als *Recht begriffene Recht*".[426]

Binder erkennt, dass seine Interpretation der sittlichen Verwirklichung des Individuellen einzig in der Allgemeinheit der Objektivität gewisse Probleme hinsichtlich der individuellen Freiheit und der Sittlichkeit des individuellen Lebens aufwirft, indem er die rhetorische Frage stellt: „Soll wirklich aller sittliche Wert nur im Gemeinschaftsleben, in der Gesellschaft und im Staate zu finden sein?" Für Binder „ist kein Zweifel, dass diese Frage im Sinne Hegels bejaht werden muss" und diese Auffassung könne nur von einem Standpunkt aus „anstößig" erscheinen, „der das Wesen dieses Staates als der *konkreten Wirklichkeit* der Idee nicht begriffen hat".[427] Der Hegelsche Staat wolle „*nicht* nur die Persönlichkeitssphäre seiner Bürger in sich aufnehmen und so die individuelle Freiheit reglementieren und ersticken, sondern er *ist* das Ganze dieser Sphären". Das gesamte Leben seiner Bürger „als Wollen, Denken und Schaffen *ist* eingegliedert in diesen Staat, der also nicht bloß ein beherrschender Apparat oder ein Inbegriff von Rechtsnormen, sondern das ganze natürliche, geistige, sittliche Leben seiner Bürger in ihrer Gesamtheit ist". Weil in diesem Sinne der Staat „die Wirklichkeit und Vollständigkeit dieses Lebens ist, gibt es keine Freiheit außer dem Staate und ohne den Staat; es gibt ja auch kein individuelles Leben außer der Gemeinschaft". Der Staat „als die Wirklichkeit der Freiheit" sei „kein Idealzustand, auch kein bloßes politisches Programm, sondern die ruhige, nüchterne Erfassung des Wesens, das der Geist des Denkers begreift, weil es sein eigenes Wesen ist".[428]

Binder legt mit dieser Abhandlung eine Interpretation der Hegelschen Rechtsphilosophie vor, die einerseits erklärtermaßen über die von seinen Schülern behandelten einführenden Teilaspekte hinausgeht und anderseits auch ein Abriss der kommenden Auseinandersetzung Binders mit Hegel ist. In den kommenden Jahren wird Binder seine Auffassung vom Hegelschen Staat und seiner Interpretation der Sittlichkeit in einer Vielzahl an Abhandlungen vertiefen und sich dabei in fortschreitendem Maße auch von Hegel absetzen. Die Anlehnung an die Hegelsche Begrifflichkeit wird dabei stets erhalten bleiben.

V. „Die allein mögliche Philosophie" – Das rechtsphilosophische Selbstverständnis Binders und seiner Schüler

Die Veröffentlichung des Werkes *Einführung in Hegels Rechtsphilosophie* im Jahr 1931 durch Binder, Larenz und Busse ist für die Göttinger Schule insofern bezeichnend, als es als Gemeinschaftswerk den Zusammenhalt der Schule indiziert. Georg Lasson sprach daher folgerichtig im Jahr 1932 in seiner Rezension dieses Werkes

425 *Binder*, a. a. O., S. 87.
426 *Binder*, a. a. O., S. 88.
427 *Binder*, a. a. O., S. 93 f.
428 *Binder*, a. a. O., S. 94.

von einer Göttinger „juristischen Hegelschule".[429] Die Frage nach dem spezifischen rechtsphilosophischen Selbstverständnis dieser Binder-Schule lässt sich aus diversen philosophiegeschichlichen und philosophietheoretischen Veröffentlichungen der Autoren beantworten. Binder, Larenz, Busse und Dulckeit untersuchten Gegenwart und Vergangenheit der Rechtsphilosophie mit dem Ziel, einerseits die philosophische Entwicklung der jüngeren Zeit zu kritisieren und anderseits den eigenen Standpunkt bewusst davon abzugrenzen und zu definieren. Da es nach Aussage Dulckeits in einem Brief an Binder aus dem Jahr 1935 „in der Tat sehr schwierig sei, für einen gewöhnlichen Juristen eigentlich ohne Anleitung und Schulung unmöglich, Hegel zu verstehen",[430] begriffen sich die Schüler Binders zunächst ganz explizit als Adepten im Hegelverständnis ihres Lehrers. Erklärtermaßen gemeinsam arbeiteten sie an der Erneuerung des Hegelianismus. So schrieb Dulckeit in seinem programmatischen Aufsatz *Hegel und der preußische Staat. Zur Herkunft und Kritik des liberalen Hegelbildes* im Jahr 1936, in dem er das „liberale" Hegelbild des 19. Jahrhunderts bekämpfen wollte:

> „Nachdem *Binder* den inneren philosophischen Sinn der Hegelschen Dialektik für die Rechtsphilosophie gleichsam wiederentdeckt und im Verein mit *Busse* und *Larenz* nach verschiedenen Richtungen auseinandergelegt hatte, schien das Verständnis der ‚Philosophie des Rechts' im wesentlichen angebahnt zu sein. Trotzdem hatte der Neuhegelianismus nach wie vor Veranlassung, für den wahren Hegel, wie er ihn verstand, mit allem Nachdruck einzutreten. Die Gegenseite schob ihm nicht nur ohne Berechtigung die Absicht unter, den historischen Hegel für die Gegenwart unmittelbar wieder zum Leben zu erwecken, sondern sie hatte dabei auch immer noch ein vollkommen verzeichnetes Hegelbild vor Augen."[431]

In einer Reihe von Veröffentlichungen zu Beginn der 1930er Jahre formulierte vor allem Larenz den eigenen rechtsphilosophischen Standpunkt, der grundsätzlich an den „objektiven Idealismus" der Binderschen Philosophie anknüpfte, doch im Laufe der Jahre zunehmend abweichend interpretiert wurde. Noch in seiner späten rechtsphilosophischen Schrift *Richtiges Recht* aus dem Jahr 1979 wies Larenz auf sein Herkommen aus dem „objektiven Idealismus" Binders in den späten 1920er Jahren hin.[432]

Kokert merkt allerdings kritisch an, dass Larenz zwar stets „auf die außerordentliche Bedeutung" des „objektiven Idealismus" für die Gegenwart hingewiesen habe, doch „keinen Autor zitieren [konnte], der sich dieser Lehre angeschlossen

---

429 *Lasson*, Rezension von Binder/Busse/Larenz, Einführung in Hegels Rechtsphilosophie, S. 448.

430 *Dulckeit*, Brief an Binder vom 1. Dezember 1935, NSUG Cod. Ms. Dulckeit 1.

431 *Dulckeit*, Hegel und der preußische Staat, S. 63. Vgl. zur Bekämpfung des „liberalen Hegelbildes" auch *Larenz*, Hegelianismus und preußische Staatsidee: die Staatsphilosophie Joh. Ed. Erdmanns und das Hegelbild des 19. Jahrhunderts, 1940; *Binder*, Hegel und der neue Geist, S. 252 ff.

432 Vgl. *Larenz*, Richtiges Recht, Grundzüge einer Rechtsethik, 1979, S. 203, Fn. 4.

hatte".[433] Wenn man von der anfänglichen Einordnung Busses und Dulckeits neben Larenz in den engeren Binderkreis absieht, ist dem durchaus zuzustimmen. Eine Rolle spielt dabei auch, dass sich Binder mit seinem „absoluten Idealismus" von der „objektiv idealistischen" Philosophie zu entfernen begann, die als gemeinsame Identifikationsgrundlage gedient hatte. Binder sprach zwar bereits im Jahr 1931 vom „absoluten Idealismus" als der Hegelschen Philosophie,[434] doch drängte er vor allem ab 1933 immer stärker zu seinem eigenen „absoluten Idealismus" hin, den er von der zeitgenössischen Rechtsphilosophie abgrenzen wollte und setzte sich deshalb ebenfalls mit den „Bestrebungen und Leistungen der neueren Rechtsphilosophie" auseinander.

Insbesondere in seiner Schrift *Neuere Strömungen in der Rechts- und Staatsphilosophie* im Jahr 1935 rechnete Binder mit „Positivismus" und neukantianischem „Kritizismus" ab – rechtsphilosophische Strömungen, die er selbst durchlaufen hatte.[435] Dabei kritisierte er die „moderne Juristenphilosophie, die dogmatisch, ohne eine kritische Prüfung" es für notwendig halte, „an der angeblich von Kant ein für allemal vollzogenen Hinrichtung der Metaphysik" festzuhalten „und sich infolgedessen von vornherein gegen den Grundgedanken *meiner* Rechtsphilosophie" verschließe. Diese gehe nämlich davon aus, dass es „die Rechts*idee* ist, die die Welt des Rechts im kritischen Sinne möglich macht".[436] In seiner Abhandlung *Philosophie und Staat* aus dem Jahr 1936 ging Binder schließlich davon aus, dass der „‚*absolute Idealismus*' im Sinne Hegels" nicht ein bloßer philosophischer Standpunkt unter anderen möglichen Standpunkten sei, sondern „die *allein mögliche Philosophie*, die ihrer selbst bewusst gewordene, sich selbst begreifende Philosophie, die deshalb das Recht hat, ihre Ergebnisse als schlechthin gültig zu betrachten und Anerkennung für sich und ihre Ergebnisse zu fordern".[437]

Dulckeit unterstützte Binder in seiner Auffassung und schrieb ihm in einem Brief, dass die methodischen Fragen dieser Abhandlung „wirklich an die letzten Probleme des Hegelianismus überhaupt" rührten.[438]

Wie oben angeschnitten, blieb es Binder und seinen Schülern gemeinsam, dass sie sich erklärtermaßen von der traditionellen „liberalen" Hegeldeutung absetzen wollen. So schrieb Dulckeit in seinem Werk *Rechtsbegriff und Rechtsgestalt* im Jahr 1936 unter Verweis auf Larenz' zweite Auflage der *Rechts- und Staatsphilosophie der Gegenwart* aus dem Jahr 1935:

> „Wer aber nicht die Neigung und Muße hat, diese ‚Anstrengung des Begriffs' auf sich zu nehmen, den sollte die Ehrfurcht vor der Größe des tiefsten deutschen Denkers auch vor billiger und oberflächlicher Kritik zurückhalten. Eine solche Kritik ist auch heute

433 *Kokert*, Der Begriff des Typus bei Karl Larenz, S. 67.
434 Vgl. *Binder*, Das System der Rechtsphilosophie Hegels, S. 61.
435 Vgl. *Binder*, Neuere Strömungen in der Rechts- und Staatsphilosophie, S. 242 ff., 275.
436 *Binder*, a. a. O., S. 273.
437 *Binder*, Philosophie und Staat, 1935, S. 169 f.
438 *Dulckeit*, Brief an Binder vom 24. Dezember 1935, NSUG Cod. Ms. Dulckeit 1.

> noch nicht verstummt. Sie beruht zum großen Teil auf dem *Zerrbild* Hegels, das uns vom 19. Jahrhundert, der Zeit des Individualismus, des Liberalismus und des abstrakten Verstandesdenkens, überliefert worden ist. Wenn auch die marxistische Verfälschung Hegels heute vergessen ist, wirkt die *liberale* Missdeutung seiner Philosophie immer noch nach, und es ist ein besonderes Verdienst von *Larenz*, auf die Plattheit und Haltlosigkeit dieser überkommenen Vorurteile mit allem Nachdruck hingewiesen zu haben."[439]

Damit ergeben sich für den Neuhegelianismus bzw. „objektiven Idealismus" Binders und seiner Schüler folgende Ansatzpunkte: Zunächst sollte Hegel überhaupt wieder von der Rechtsphilosophie interpretiert werden. Weiterhin sollte Hegel von der angeblich bestehenden „liberalen" Fehldeutung befreit werden und schließlich zum Vorbild für eine Weiterentwicklung der Rechtsphilosophie dienen. Diese sei schließlich in der Gestalt des „objektiven Idealismus" von der bestehenden zeitgenössischen Philosophie abzugrenzen, der die philosophische Berechtigung abgesprochen wird. Binder und seine Schüler sahen sich damit zunehmend als einzige Richtung an, die die rechtsphilosophischen Fragen der Gegenwart – der Zeit der späten Weimarer Republik – aufzugreifen und zu beantworten vermochte. Dass sie dabei nur sehr verhaltene Reaktionen in der Rechtsphilosophie erzielten und ihre wenig praxisrelevanten Ansätze von der rechtswissenschaftlichen Diskussion der Weimarer Republik und des beginnenden „Dritten Reiches" geradezu ignoriert wurden, steht auf einem anderen Blatt.

1. Larenz' Kritik der zeitgenössischen Rechtsphilosophie

Mit seiner ersten Auflage der Abhandlung *Rechts- und Staatsphilosophie der Gegenwart* legte Larenz im Jahr 1931 eine Auseinandersetzung mit der Rechtsphilosophie der Zeit vor, um den eigenen auf Hegel gegründeten Standpunkt des „objektiven Idealismus" erstens von anderen zeitgenössischen rechtsphilosophischen Richtungen abzugrenzen und zweitens den eigenen Standpunkt zu erläutern.[440] Im Jahr 1935 veröffentlichte Larenz die zweite Auflage der *Rechts- und Staatsphilosophie der Gegenwart*, in der er seinen Fokus vom „objektiven Idealismus" zur „neuen deutschen Rechtswissenschaft" und zum „völkischen Staatsgedanken" verschob.[441]

In der ersten Auflage von 1931 wollte Larenz jedoch „in dem scheinbar unentwirrbaren Geflecht einander widersprechender Meinungen die Grundlinien aufzeigen und aus ihnen die einheitliche Problematik der Rechts- und Staatsphilosophie" entwickeln.[442] Larenz setzt sich in der Schrift zunächst mit dem Rechtspositivismus auseinander, in dem er nur einen übertriebenen rationalistischen „Ersatz für eine

439 *Dulckeit*, Rechtsbegriff und Rechtsgestalt: Untersuchung zu Hegels Philosophie des Rechts und ihrer Gegenwartsbedeutung, 1936, S. 13 f.

440 Vgl. *Larenz*, Rechts- und Staatsphilosophie der Gegenwart, 1931, S. 2.

441 Vgl. zu dem veränderten Schwerpunkt der zweiten Auflage Kapitel 6 Abschnitt II.

442 *Larenz*, a. a. O., S. 1.

Rechtsphilosophie" erkennen kann.[443] Im Neukantianismus dagegen verortet er den Beginn der „philosophischen Selbstbesinnung der Rechtswissenschaft", allerdings kranke der Neukantianismus noch daran, dass er „keine strenge Notwendigkeit und Allgemeingültigkeit" lehre, die in der „Gesetzlichkeit der Vernunft selbst begründet" sei.[444] Überdies kennzeichne ihn eine gewisse „Eindimensionalität", da es ihm an dem „dialektischen Denken" ermangele.[445]

Larenz unterteilt den Neukantianismus in verschiedene Richtungen: Rudolf Stammlers Theorie der Rechtswissenschaft, den Marburger Neukantianismus[446] und den südwestdeutschen Neukantianismus.[447] Auch Hans Kelsens reine Rechtslehre falle im weiteren Sinne unter den Neukantianismus, schließlich verbinde Kelsen mit dem Neukantianismus vor allem der Gedanke, dass es nur eine Wirklichkeit gebe, Sein und Sollen zwei völlig getrennte Denkbestimmungen seien und das Recht reine Idealität sei.[448]

Weiterhin setzt sich Larenz mit der Phänomenologie Edmund Husserls und Adolf Reinachs sowie den Kelsen-Schülern Fritz Schreier und Felix Kaufmann auseinander, bemängelt jedoch auch hier, dass der Widerspruch nicht überwunden würde, „der sich ergibt, wenn zugleich die Positivität und die Idealität des Rechts behauptet werden, ohne dass einer dialektischen Betrachtung Platz gegeben würde".[449]

An der „kulturphilosophischen Richtung" der Rechtsphilosophie[450] und im rechtsphilosophischen „Relativismus"[451] kritisiert Larenz, dass trotz gelegentlicher Begründungsversuche auf Hegel „die Idee als ein abstraktes Prinzip, nicht als die Fülle des geistiges Lebens in sich schließende Totalität" und mithin Hegels Dialektik völlig verkannt würden,[452] sowie das Recht nach wie vor als abstrakte Idee und nicht als Wirklichkeit angesehen werde,[453] bzw. im Relativismus eine „allgemeingültige Erkenntnis" des Rechts bestritten werde.[454]

443 Vgl. *Larenz*, a. a. O., S. 10. Larenz setzt sich hier vor allem mit Ernst Rudolf Bierling, Félix Somló, Karl Wolff, Edmund Mezger, Ernst von Beling, Georg Jellinek und Ernst Weigelin auseinander.
444 *Larenz*, a. a. O., S. 10.
445 Vgl. *Larenz*, a. a. O., S. 39.
446 Hierzu rechnet Larenz Hermann Cohen und Max Salomon.
447 Hierzu rechnet Larenz Wilhelm Windelband, Heinrich Rickert, Emil Lask und Konstantin Tsatsos.
448 Vgl. *Larenz*, a. a. O., S. 22 ff.
449 *Larenz*, a. a. O., S. 54.
450 Larenz rechnet hierzu Josef Kohler, Fritz Berolzheimer, Wilhelm Sauer, Max Ernst Mayer und Fritz Münch.
451 Larenz rechnet hierzu Arthur Baumgarten, Erich Bernheimer, Gustav Radbruch und Rudolf Laun.
452 Vgl. *Larenz*, a. a. O., S. 62.
453 Vgl. *Larenz*, a. a. O., S. 63.
454 Vgl. *Larenz*, a. a. O., S. 67.

An „rationalem Naturrecht“[455] unter teilweiser Berufung auf Hegel kritisiert Larenz, dass „eine konkrete rechtliche wie auch sittliche Entscheidung“ nicht unmittelbar aus der Vernunft jedes Einzelnen abgeleitet werden könnte, sondern in dem „sittlichen und Rechtsbewusstsein seiner Gemeinschaft begründet ist, in dem die Idee des Rechts und der Sittlichkeit auf eine bestimmte Weise einen konkreten Inhalt erfahren hat“[456].

An den zeitgenössischen Begründungen eines religiösen Naturrechts[457] bemängelt er u.a. das ungeklärte Verhältnis von natürlichen und positiven Rechtsnormen.[458]

Mit diesem rechtsphilosophischen „Rundumschlag“ grenzte Larenz den eigenen bzw. den Binderschen Standpunkt des „objektiven Idealismus“ dezidiert von allen zeitgenössischen Richtungen der Rechtsphilosophie ab. Es entspricht dem Diskussionsstil der nächsten Jahre, dass er sich – wie im Übrigen auch Binder – weniger mit einzelnen Gedanken der kritisierten rechtsphilosophischen Autoren bzw. Richtungen auseinandersetzte, als dass er den eigenen Standpunkt geradezu apodiktisch als alleinige zur Beantwortung der zeitgenössischen Fragen berechtigte Rechtsphilosophie überhöhte und inhaltlich von der kritischen Diskussion ausnahm. Dabei wurde Hegel stets als Gewährsmann und als Vordenker des eigenen „objektiven Idealismus“ angeführt. Der rechtsphilosophische Diskurs nahm allerdings von der Larenzschen Apotheose seiner bzw. der Binderschen Rechtsphilosophie ersichtlicherweise keine nennenswerte Notiz und die „Kampfansage“ Larenz’ an die zeitgenössische Rechtsphilosophie blieb weitgehend unbeantwortet.

2. Die Rechtsphilosophie des „objektiven Idealismus“

Den eigenen rechtsphilosophischen Standpunkt als Anlehnung an die Rechtsphilosophie Binders und als Ausgangspunkt der eigenen rechtsphilosophischen Entwicklung stellte Larenz ebenfalls in der *Rechts- und Staatsphilosophie der Gegenwart* dar. Kokert weist darauf hin, dass Larenz in seinen frühen Schriften die „Aufgabe“ gehabt hätte, „Binders Lehren zu bekräftigen und den Leser immer wieder auf Binders Hauptwerk“ aufmerksam zu machen.[459] Tatsächlich erläutert Larenz in dieser Schrift insbesondere und wiederholt die „Idee des Rechts“, deren Träger Julius Binder sei, in der Entwicklung vom „kritischen“ über den „transzendentalen“ zum „objektivem Idealismus“.[460] Maßgeblich sei hier, dass das Recht nicht nur als „Methode des Beurteilens“ oder

455 Wie es u.a. von Friedrich Darmstädter und Leonard Nelson vertreten werde.
456 *Larenz*, a. a. O., 1931, S. 72.
457 Wie es Larenz zufolge etwa von Viktor Cathrein vertreten werde.
458 Vgl. *Larenz*, a. a. O., S. 74 f.
459 *Kokert*, Der Begriff des Typus bei Karl Larenz, S. 58 f.
460 *Larenz*, Rechts- und Staatsphilosophie der Gegenwart, 1931, S. 76. Daneben habe „fast gleichzeitig mit Binder“ der objektive Idealismus „einen zweiten Vertreter in Walther Schönfeld gefunden“, *Larenz*, a. a. O., S. 90.

„logisches Verfahren" angesehen werde, sondern schließlich als eine „geschichtliche Wirklichkeit, ein Gegenstand eigener Art" begriffen werden müsse.[461]

Larenz erklärt die Entwicklung des Binderschen Idealismus davon ausgehend, dass Ideen nicht wie im Kantianismus als von der Wirklichkeit unterschieden gedacht werden dürften, sondern „sinnbegründende Prinzipien" seien. Sie seien „‚konstitutiv' nicht im Sinne der Kategorie als eines formalen Ordnungsprinzips der Wahrnehmungen, sondern im Sinne eines die Wirklichkeit gestaltenden, sinngebenden Faktors".[462] Dies sei der Anschluss an diejenigen Gedanken, die „ihre großartigste Durchführung in der Hegelschen Philosophie erfahren haben". Schließlich sei eine solche „Synthese des Seins und des Sinnes, der Wirklichkeit und der Idee" nur denkbar „auf der dialektischen Struktur des Geistes, der sich selbst gegenständlich wird, sich in der Objektivation seiner selbst erscheint und so eine Welt hervorbringt, in der er sich als ‚objektiver Geist' entfaltet". Allerdings weist Larenz darauf hin, dass Binder zunächst „zwar durch die innere Konsequenz seines Standpunktes zu Hegel gedrängt" worden sei, jedoch „noch den kantischen Ausgangspunkt festzuhalten" versucht habe. Er habe nämlich „die normative Funktion der Idee gegenüber der konstitutiven als die primäre" betrachtet und „die Idee noch in erster Linie als ein Sollen, eine Forderung [...], die nur mittelbar, indem das vernünftige Subjekt sie erfüllt, auch die Wirklichkeit gestaltet".[463]

Schließlich habe Binder jedoch im „objektiven Idealismus" eine Auffassung erlangt „der zufolge die Idee nicht nur eine Forderung an das Subjekt darstellt, sondern sich auch als objektiver Geist verwirklicht".[464] Positives Recht sei demnach „Erscheinungsform der Idee".[465] Schließlich versucht Larenz den „objektiven Idealismus" in Bezug auf die Begriffe Individualismus und Universalismus zu erklären, wobei letzterer davon ausgehe, dass der „schlechthin Einzelne" des ersteren lediglich eine Abstraktion sei und „dass in der Wirklichkeit vielmehr der Einzelne stets durch bestimmte Gemeinschaftsverhältnisse, die er nicht schafft, sondern vorfindet, bedingt ist und dass daher die Gemeinschaft ebenso ursprünglich ist wie das Individuum".[466]

Unter dieser anti-individualistischen Prämisse konstruiert Larenz schließlich eine „Phänomenologie des Staates" und eine „Metaphysik des Staates". Die „Erfassung der geistigen Wirklichkeit" des Staates sei „nur auf einer universalistischen Grundlage" möglich.[467] Schließlich definiert Larenz in diesem Sinne den Binderschen Staat des „objektiven Idealismus" als „das Volk als in der Geschichte handelnde Willenseinheit":[468]

461 Vgl. *Larenz*, a. a. O., S. 79.
462 Vgl. *Larenz*, a. a. O., S. 81.
463 *Larenz*, a. a. O., S. 83.
464 *Larenz*, a. a. O., S. 84.
465 *Larenz*, a. a. O., S. 87.
466 *Larenz*, a. a. O., S. 94 f.
467 Vgl. *Larenz*, a. a. O., S. 99.
468 *Larenz*, a. a. O., S. 104.

„Der Staat ist seinem Wesen nach Wille. Er ist nicht etwa das Produkt des Willens, denn er *ist* [...] nur indem er sich hervorbringt, und er bringt sich hervor, indem er sich will, sich als Wille betätigt. Einen Willen aber kann der Staat nur betätigen, wenn Menschen als seine Organe ihr Wollen und Handeln als das des Staates wissen."[469]

Diese Argumentationsmuster werden Binder und seine Schüler in den folgenden Jahren unter verschiedenen Gesichtspunkten modifizieren. Konsens bleibt allerdings, was Larenz in dieser frühen Schrift formuliert bzw. von Binder paraphrasiert hat: Der Staat ist der objektiv gewordene Geist. Er lebt durch die Individuen, die sich als Glieder seiner selbst und der Gesamtheit begreifen. Das Recht beschreibt das Dasein des Staates und seiner Glieder als notwendige Ausprägung dieser Idee und kann nicht willkürlich durch den Menschen geschaffen werden.

3. Die „Gegenwartsbedeutung" des deutschen Idealismus

Nachdem sich Larenz im Jahr 1931 mit seiner Abhandlung *Rechts- und Staatsphilosophie der Gegenwart* als Kritiker der zeitgenössischen Rechtsphilosophie hervorgetan hatte, bekam er im Jahr 1932 die Gelegenheit, den Beitrag Günther Holsteins *Geschichte der Staatsphilosophie* für das *Handbuch der Philosophie*, das von Alfred Bäumler und Manfred Schröter herausgegeben wurde, zu vervollständigen. Holstein hatte einen ersten Teil 1931 vorgelegt, der sich mit der Geschichte der Staatsphilosophie von Platon bis Rousseau beschäftigt hatte und war im selben Jahr verstorben. Larenz schreibt in der Vorbemerkung zu dieser Abhandlung, dass es zwar die Absicht Holsteins gewesen sei, im zweiten Teil auf die deutsche Staatsphilosophie seit der Reformation einzugehen „und die Staatsphilosophie des deutschen Idealismus und der Romantik mit der Entwicklung des protestantischen Staatsgedankens zu verknüpfen". Larenz selbst hätte es dazu „an unentbehrlichen Vorarbeiten" gefehlt. Ihm erscheine es aber „gerechtfertigt, die Rechts- und Staatsphilosophie des deutschen Idealismus etwas eingehender, auch im Hinblick auf die Stellungnahme der Folgezeit darzustellen, nicht nur um dadurch dem Werk Holsteins den Abschluss zu geben", sondern auch deshalb, weil es „trotz vieler Einzeluntersuchungen der letzten Jahre" immer noch an einer solchen Gesamtdarstellung fehle.[470]

Larenz legt in *Die Rechts- und Staatsphilosophie des deutschen Idealismus und ihre Gegenwartsbedeutung* einen philosophiehistorischen Abriss des deutschen Idealismus vor, der in Hegel seinen höchsten Repräsentanten gefunden habe.

469 *Larenz*, a. a. O., S. 103.

470 *Larenz*, Die Rechts- und Staatsphilosophie des deutschen Idealismus und ihre Gegenwartsbedeutung, S. 91. Bereits 1928 hatte Larenz, das Fehlen einer „Gesamtdarstellung der Rechts- und Staatsphilosophie des deutschen Idealismus" beklagt, „die diese Seite des Denkens der idealistischen Philosophen im Zusammenhange des Systemgedankens des Idealismus und seiner Entwicklung erkennen ließe." *Larenz*, Rezension von Victor Basch, Les Doctrines Politiques des Philosophes Classiques de l'Allemagne, Logos, Bd. XVII, 1928, S. 225.

Larenz geht von Kant aus, der noch nicht die „freie Tätigkeit des Geistes" als „letzten metaphysischen Grund aller Wirklichkeit, auch der Natur" erkannt habe,[471] und dem „noch der Blick für die Geschichtlichkeit des Rechts und die Wirklichkeit des Staates als einer geistigen Totalität und Individualität" fehle.[472] Er fährt mit Fichte fort, der „trotz gelegentlicher Anklänge an die ‚organische Staatsauffassung', den Gemeinschaftsgedanken vom Staate noch fernhält" und diesen „noch nicht als eine Individualität" betrachte.[473] Schelling dagegen habe zwar „als erster den organischen Staatsgedanken durchgeführt, aber um den Preis der Abschwächung, ja des Verlustes des ethischen Freiheitsgedankens des Idealismus"[474], weil er „den Geist seiner absoluten Substanz" unterordne, „die weder geistig noch materiell sein soll".[475] Die historische Rechtsschule schließlich habe zumindest erkannt, dass „alles Recht sein Prinzip, seinen Ursprung und seine immanente Wertidee in dem Volksgeist, in der geistigen Eigenart einer historisch gewordenen individuellen Gemeinschaft" finde, gleichwohl habe sie die Idee des Naturrechts nicht überwunden, sondern „nur beiseitegestellt", d.h. auch sie habe noch den Eigenwert und die geistige Wirklichkeit des Rechts nicht begriffen.[476]

Anschließend erörtert Larenz ausführlich, die „Rechts- und Staatsidee des objektiven Idealismus" und stellt die Hegelsche Rechts- und Staatsphilosophie eingehend und in ihrer Entwicklung in den verschiedenen biographischen Stationen des Philosophen dar. Während Hegel in seinen Jugendschriften „in dem Leben eines Volkes die Verwirklichung der Sittlichkeit gefunden hatte", so trete in seinem späteren System der Rechts- und Staatsphilosophie „an die Stelle des Lebens nun der Geist und der Wille als der mit Bewusstsein tätige Geist". Im Gegensatz zur Romantik und der historischen Rechtsschule bilde für Hegel jedoch „die ‚Substanz' des Rechts und des Staates" nicht

> „ein unbewusst in geheimnisvollen Tiefen der Seele waltender Volksgeist, als dessen höchste Offenbarung Sitten, Gebräuche und Gewohnheit angesehen werden müssen, sondern der in der Arbeit an sich selbst sich seiner bewusst gewordene Geist der nationalen Gemeinschaft, der sich in den Gesetzen deutlich und klar ausspricht".[477]

---

471 *Larenz*, Die Rechts- und Staatsphilosophie des deutschen Idealismus und ihre Gegenwartsbedeutung, S. 96.

472 *Larenz*, a. a. O., S. 105.

473 *Larenz*, a. a. O., S. 124. Auch später bewertet Larenz Fichte nur als Vorläufer Hegels, würdigt jedoch dessen „Idee einer wesenhaft deutschen Philosophie", vgl. *Larenz*, Die Idee einer wesenhaften deutschen Philosophie bei Johann Gottlieb Fichte, Kieler Blätter, Bd. 1, 1938, S. 41 ff.

474 *Larenz*, Die Rechts- und Staatsphilosophie des deutschen Idealismus und ihre Gegenwartsbedeutung, S. 131.

475 *Larenz*, a. a. O., S. 136.

476 *Larenz*, a. a. O., S. 145. Zu der Auseinandersetzung Larenz' mit der historischen Schule vgl. auch seinen Aufsatz *Volksgeist und Recht* aus dem Jahr 1935.

477 *Larenz*, Die Rechts- und Staatsphilosophie des deutschen Idealismus und ihre Gegenwartsbedeutung, S. 160.

Der Staat sei dabei „die sittliche Totalität, die vollkommenste Gestalt des sittlichen Geistes“, er sei „allgemeiner Wille als der Wille einer Gemeinschaft, die sich als solche Selbstzweck ist“.[478]

Hegel überwinde dabei „die Einseitigkeit des Kantischen Freiheitsbegriffs, indem er die Einheit des individuellen und des allgemeinen Geistes [...] in dem Leben der Gemeinschaft verwirklicht fand und erkannte, dass die höchste Gemeinschaft die höchste Freiheit ist“.[479]

Schließlich setzt sich Larenz mit der Beschäftigung der Folgezeit mit der Hegelschen Philosophie auseinander und geht dabei vor allem auf Marxismus und Neukantianismus ein.[480] Er wirft Marx und Engels ein fundamentales Missverstehen der Hegelschen Philosophie vor. Insbesondere die Auffassung der Dialektik als „eines bloßen Antagonismus, die Verwechslung des dialektischen Widerspruchs (der Vernunft als der geschichtlichen Substanz mit sich selbst) mit dem bloßen Widerstreit einander entgegengesetzter gesellschaftlicher Tendenzen oder Entwicklungsrichtungen“ sei wohl das folgenschwerste Missverständnis. Auch könne man „nicht einfach Hegels Metaphysik verleugnen und seine Dialektik beibehalten“.[481] Insgesamt sei der Marxismus nicht über ein „Kokettieren mit der Hegel eigentümlichen Ausdrucksweise“ hinausgekommen.[482]

Am Neukantianismus kritisiert Larenz, wie schon früher, die Abstraktion des Rechts und die Unüberwindbarkeit des Gegensatzes von Sein und Sollen.[483]

Schließlich habe die Gegenwart mit dem Neuhegelianismus den Weg zum deutschen Idealismus wiedergefunden und sehe sich „vor die Frage gestellt, was die Rechts- und Staatsphilosophie des deutschen Idealismus *uns* bedeuten kann“. Dies sei vor allem der „Gemeinschaftsgedanke, der sich in unserer Zeit so mächtig regt“ und der „nirgends einen so durchdachten philosophischen Ausdruck“ gefunden habe, wie bei Hegel.[484]

---

478 *Larenz*, a. a. O., S. 167.
479 *Larenz*, a. a. O., S. 174.
480 Vgl. *Larenz*, a. a. O., S. 174 ff.
481 *Larenz*, a. a. O., S. 178 f.
482 *Larenz*, a. a. O., S. 180.
483 Vgl. *Larenz*, a. a. O., S. 183.
484 *Larenz*, a. a. O., S. 186 ff. Diese Bezugnahme des Beitrages auf die „Gegenwartsbedeutung“ des deutschen Idealismus griff Larenz nach dem Krieg auf, indem er behauptete, er sei von dem im preußischen Kultusministerium tätigen Wilhelm Ahlmann, der später dem Widerstand des 20. Juli nahestand, vor seiner Ernennung in Kiel damit beauftragt worden, „dafür zu sorgen, dass der nun in der Entstehung begriffene Staat nicht nur auf dem bloßen Machtdenken, sondern auf den ethischen Fundamenten der idealistischen Rechts- und Staatsphilosophie, wie ich sie eben im Handbuch der Philosophie dargestellt hatte, errichtet würde“. Zitiert nach *Erdmann*, Wissenschaft im Dritten Reich, in: Ders., Geschichte, Politik und Pädagogik, Aufsätze und Reden, 1970, S. 335 Fn. 18. Zu dieser angeblichen „Mission“ Larenz’ vgl. Kapitel 7 Abschnitt V.

Als seltene Kritik von philosophischer Seite bemängelte Marcuse an Larenz' Darstellung, dass die „bei aller Knappheit gut unterrichtete Arbeit" unter „einer ungenügenden (durch den gesteckten Rahmen vielleicht verhinderten) Klärung der philosophischen Begrifflichkeit" leide, „die sich besonders in den Abschnitten über Schelling und Hegel" auswirke. Larenz bleibe überdies bei seiner Kritik der Marxschen Hegeldeutung „weit hinter dem schon erarbeiteten Stand des Problems zurück".[485] Schönfeld nannte die Abhandlung dagegen „nicht nur eine würdige Fortsetzung des Begonnenen, sondern ein Meisterwerk philosophiegeschichtlicher Arbeit, wie wir nur wenige auf diesem Gebiete haben und wie es uns wohl nur der Verfasser geben konnte aus jahrelangem, vertrauten Umgang mit den Denkern, die hier zur Sprache kommen". Die Abhandlung sei „die erste Gesamtdarstellung dieser Art".[486]

Insgesamt kann Larenz' Abhandlung *Die Rechts- und Staatsphilosophie des deutschen Idealismus und ihre Gegenwartsbedeutung* als Programmwerk des „objektiven Idealismus" angesehen werden. Larenz formulierte darin zum einen seine Generalkritik an der bestehenden zeitgenösssischen Rechtsphilosophie. Zum anderen machte er jedoch auch deutlich, was der Anspruch der Göttinger Schule angesichts der politischen Verunsicherungen der letzten Jahre der Weimarer Republik war: Nur der Neuhegelianismus der Binderschen Ausprägung vermöge eine Antwort auf die Frage zu geben, die nach Ansicht Binders und seiner Schüler danach drängte, realisiert zu werden; nämlich wie der Staat und das Recht der Zukunft aussehen müsse.

485 *Marcuse*, Besprechungen, Zeitschrift für Sozialforschung, II, 1933, S. 426.
486 *Schönfeld*, Rezension von Holstein/Larenz, Staatsphilosophie, 1933, Archiv für die civilistische Praxis 140, 1935, S. 105, 107 f.

Kapitel 3: Die „sittliche Totalität" – Das neuhegelianische Staats- und Gesellschaftsverständnis der Göttinger Schule

Lüben Dikoff sprach im Jahr 1939 davon, dass Binder seit dem Jahr 1930 „jene Monographien" herausgegeben habe, „die seinen Namen in der Welt als Rechts- und Staatsphilosophen der neuen politischen Bewegungen bekannt machten".[487] Glockner verwies im Jahr 1941 auf die Leistungen, die die Binder-Schule für die Erklärung der Hegelschen Rechts- und Staatsphilosophie erbracht habe.[488] In der Tat kreisten eine Reihe von Werken Binders und seiner Schüler aus den späten 1920er und frühen 1930er Jahren um das Thema der Neubegründung eines „volksstaatlichen" Gemeinwesen auf Hegelscher Grundlage. Diese staatsphilosophischen Überlegungen gingen einher mit der Ablehnung des bestehenden parlamentarischen Staates der Weimarer Republik. So schrieb Binder in seiner Schrift *Der deutsche Volksstaat* von 1934, dass es der Sinn seiner „staatsphilosophischen und politischen Tätigkeit von 1918 an" gewesen sei, an die Stelle der Weimarer Republik, die er einen „Staat der Lüge" nannte, einen „wahren deutschen, nationalen, eben ‚deutschen Volksstaat' zu setzen und das politische Denken der Deutschen auf ihn zu lenken".[489] Dabei war Binders antidemokratisches Staatsverständnis stets „idealistisch" bzw. neuhegelianisch begründet, indem er von dem anthropologischen Verständnis ausging, dass

> „der Mensch in Wahrheit überhaupt nicht das Einzelwesen ist, als das ihn der Individualismus voraussetzt, sondern dass der Mensch Existenz, Leben, Würde und Wert hat, ein vernünftiges und sittliches Wesen, Kulturträger ist nur als Glied von Zusammenhängen, die sich in der Geschichte der Menschheit herausbilden und in die der einzelne Mensch hineingeboren wird [...] und die ihn gerade zum *Menschen* machen, d.h. durch die er sich als freies schöpferisches Wesen, als Ich und Persönlichkeit und d.h. als *Geist* bewährt."[490]

Vor dem Hintergrund dieser gemeinschaftsbezogenen Grundgedanken soll im Folgenden die Entwicklung der staatsphilosophischen Anschauungen der Göttinger Schule dargestellt werden. Sie sind stets in Hinblick auf den historischen Kontext des (drohenden) Untergangs der Weimarer Republik und der aufkommenden Ideen des Nationalsozialismus zu lesen.

---

487 *Dikoff*, Julius Binder †, S. 423.
488 Vgl. *Glockner*, Zur Geschichte der neueren Philosophie, S. 67.
489 *Binder*, Der deutsche Volksstaat, 1934, S. 23 f.
490 *Binder*, Der autoritäre Staat, Logos, Bd. XXII, 1933, S. 154.

I. Binders Schmähschriften auf Versailles und die Weimarer Republik

In den späten 1920er und beginnenden 1930er Jahren legte Binder eine Serie von Schriften vor, in denen er die aufgezwungene Friedensordnung von Versailles und die Weimarer Republik mit ihrem parlamentarisch-demokratischen System auf das Heftigste bekämpfte und schließlich durch ein auf Hegel begründetes Staatskonstrukt ersetzen wollte.

Unter dem Aspekt der Betrachtung der Entwicklung des Binderschen Neuhegelianismus, die in dieser Zeit voranschreitet, ist es aufschlussreich festzustellen, wie Binder in diesen Schriften auf Hegelsche Gedanken zurückgriff, diese jedoch noch nicht dezidiert im rechtsphilosophischen Sinne verwandte, sondern zunächst in politischer Absicht. Es sind in erster Linie die Schriften *Der 28. Juni und die Kriegsschuldfrage*, *Staatsraison und Sittlichkeit* und *Führerauslese in der Demokratie* aus dem Jahr 1929 sowie *Die sittliche Berechtigung des Krieges und die Idee des ewigen Friedens*, *Der Staat der Musik* und *Der deutsche Volksstaat* aus dem Jahr 1930. In der Schrift *Der 28. Juni und die Kriegsschuldfrage* polemisierte Binder heftig gegen den Diktatfrieden von Versailles und die Folgen des als bitteres Unrecht empfundenen Kriegsschuldartikels 231 für Deutschland.

Auf Hegelsche Gedanken geht Binder lediglich am Ende der Abhandlung indirekt ein, indem er die Rettung Deutschlands aus der als äußerst schmählich empfundenen Situation einer vernünftigen geistigen Macht der Geschichte überantwortet:

> „Diese Wirklichkeit eines größeren Deutschlands, das Deutsche und Österreicher und vor allem die jetzt unter der Herrschaft unserer Feinde schmachtenden Auslandsdeutschen umfaßt, wird kommen, es müßte denn kein Geist die Welt regieren und in der Geschichte walten und kein Gott, der in der Geschichte sein Urteil über Recht und Unrecht spricht!“[491]

Die Frage nach der deutschen Kriegsschuld, die allein auf die Frage nach der ersten Kriegserklärung abstellte, nämlich der deutschen gegen Russland am 1. August 1914, führt Binder auf eine „schon fast vergessene Theorie“ eines an Hugo Grotius angelehnten Völkerrechtsverständnisses zurück, dass formalistisch den Angriffskrieg verbiete, nicht aber auf die tieferen Ursachen des Krieges abstelle.[492] So hält Binder fest, dass entgegen dieser formalistischen Ansicht, der Krieg „im Grunde nicht erst am 14. August 1914 begonnen hat und nicht schon mit dem Frieden von Versailles beendet worden ist“.[493]

Mithin sieht Binder Deutschland in einem höheren metajuristischen Sinne weiterhin im Kriegszustand gegen seine Feindstaaten. Der Auffassung der Siegermächte von der deutschen Kriegsschuld stellt Binder die „deutsche Auffassung

491 *Binder*, Der 28. Juni und die Kriegsschuldfrage, 1929, S. 31.
492 *Binder*, a. a. O., S. 16.
493 *Binder*, a. a. O., S. 20.

vom gerechten Krieg" entgegen.[494] Unter Rückgriff auf Fichte und Hegel entwickelt Binder eine metaphysische Rechtfertigung des Krieges:

> „Nicht die äußere Tatsache, dass ein Angriff vorliegt, der Verteidigungsmaßnahmen hervorruft und berechtigt erscheinen läßt – wodurch natürlich die Frage hervorgerufen wird, wer in allererster Linie ‚angefangen hat', was einen *regressus in infinitum* bedeutet – ist es, die das Recht zur Kriegsführung begründen muß, sondern *die Idee*, um deren willen er geführt wird [...]. Der Krieg muß verstanden werden nicht als eine Aktion von Politikern und Soldaten, sondern als die gewaltige Synthese im geschichtlichen Leben, im Werdegang der Völker."[495]

Unter Rückgriff auf Hegels Ausführungen zum Krieg meint Binder eine metaphysische historische deutsche Berechtigung zum Krieg zu erkennen und erklärt, auf den diktierten Frieden von Versailles abzielend, den er als Strafurteil der Sieger erkennt:

> „Der Krieg ist gerechtfertigt, wenn er als sittliche Notwendigkeit erkannt wird: über diese Notwendigkeit kann kein menschliches Tribunal entscheiden, und vor allem kein Tribunal von Menschen und Nationen, für die die Sittlichkeit in der Nützlichkeit aufgeht."[496]

Gleichwohl beklagt Binder, dass es nur

> „ein kleines Häuflein unmoderner und weltabgewandter Menschen [ist], in denen diese Gesinnung des deutschen Idealismus noch heute lebendig ist. [...] Aber es hilft nicht; wir müssen über die Lage und den furchtbaren Ernst zur Klarheit kommen. Die Gesinnung des deutschen Idealismus muß im ganzen deutschen Volk wieder lebendig werden, die in der Zeit des Materialismus und vollends in der Nachkriegszeit zugrunde gegangen ist."[497]

Mithin waren die hitzigen Ausführungen Binders gegen den „Schandfrieden" von Versailles nicht nur eine politische Bekenntnisschrift, sondern es spricht aus ihr auch der Aufruf Binders zur Wiedererweckung des deutschen Idealismus Fichtes und Hegels. Gleichwohl wird weniger auf die Philosophie Hegels eingegangen, als vor allem auf dessen Paragraphen in der Rechtsphilosophie rekurriert, die dem Krieg eine positive, reinigende und richtende Kraft in der Geschichte beimessen.[498]

---

494 Vgl. *Binder*, a. a. O., S. 31 f.
495 *Binder*, a. a. O., S. 33.
496 *Binder*, a. a. O., S. 34 f.
497 *Binder*, a. a. O., S. 35.
498 Vgl. *Hegel*, Grundlinien der Philosophie des Rechts, § 324: „Der Krieg als der Zustand, in welchem mit der Eitelkeit der zeitlichen Güter und Dinge, die sonst eine erbauliche Redensart zu sein pflegt, Ernst gemacht wird, ist hiermit das Moment, worin die Idealität des *Besonderen ihr Recht erhält* und Wirklichkeit wird; - er hat die höhere Bedeutung, daß durch ihn, wie ich es anderwärts ausgedrückt habe, ‚die sittliche Gesundheit der Völker in ihrer Indifferenz gegen das Festwerden der endlichen Bestimmtheiten erhalten wird, wie die Bewegung der Winde die See

In eine ähnliche Richtung wie die Schrift *Der 28. Juni und die Kriegsschuldfrage* zielt Binders Abhandlung *Staatsraison und Sittlichkeit.* Auch in dieser Schrift beschäftigte sich Binder mit der Rechtfertigung der deutschen Kriegserklärung und der Ablehnung der deutschen Kriegsschuld als moralisch verwerfliche Kategorie. Gleichwohl tritt die Hegelsche Philosophie in dieser Schrift wesentlich stärker in den Vordergrund als in der polemischen Schrift gegen den Vertrag von Versailles *Der 28. Juni und die Kriegsschuldfrage.* Insbesondere wandte sich Binder gegen ein „individualistisches" Staatsverständnis, das das „größte Glück der größten Zahl" zur Grundlage hätte. Dagegen bemüht er unter Rückgriff auf Hegel ein Staatsverständnis, das den Staat zur Individualität erhebe, die ein wesentliches Eigeninteresse daran habe, sich im Laufe der als vernünftig erkannten Geschichte zu verwirklichen.[499] Gleichzeitig fordert Binder

> „die Idee wachzuhalten, die allein die Möglichkeit einer Wiedergeburt unseres Volkes verheißt, einer Wiedergeburt im Geiste, zur inneren und äußeren Freiheit: die nationale Idee, die der deutsche Idealismus zuerst erfaßt hatte, und das Bewusstsein wieder zu erwecken und lebendig zu halten, dass der Staat nicht der Hüter geistiger und sittlicher Werte sein kann, ohne Macht zu besitzen, und dass er also Machtstaat sein muß, um Kulturstaat und Nationalstaat sein zu können."[500]

Sehr deutlich wird an den zahlreichen Erwähnungen Hegels, dass es Binders Anliegen war, nicht nur eine Wiedergeburt des deutschen Idealismus zu veranlassen, wie er es in *Der 28. Juni und die Kriegsschuldfrage* propagiert hatte, sondern dass es ihm auch um eine prononcierte Auslegung der Philosophie Hegels ging. Schon der Titel der Abhandlung *Staatsraison und Sittlichkeit* macht deutlich, dass es Binder nicht nur um die Rechtfertigung des deutschen Interesses am Krieg als politische Staatsraison ging, sondern dass er diese in den philosophischen Kontext der *Sittlichkeit* stellt, eines spezifisch Hegelschen Terminus, der die Selbstverwirklichung des allgemeinen Geistes im Staat impliziert.[501] Die deutsche Kriegserklärung war folglich für Binder nicht nur ein notwendiger Akt der deutschen Staatsraison, sondern ein Akt der Selbstverwirklichung des im deutschen Staat geschichtlich wirkenden Geistes.[502]

Dabei ist festzuhalten, dass sich Binder, trotz seiner Apotheose des autonom handelnden Staates, gegen eine Aufopferung des Einzelnen für den Staat im Sinne des unbedingten Aufgehens in der Gemeinschaft richtet. Er lehnt ein Denken ab, dass nur entweder den Staat oder aber den Einzelnen betont:

---

vor der Fäulnis bewahrt, in welche sie eine dauernde Ruhe, wie die Völker ein dauernder oder gar ein ewiger Friede, versetzen würde'. – Dass dies übrigens *nur* philosophische Idee oder, wie man es anders auszudrücken pflegt, eine Rechtfertigung der *Vorsehung* ist und daß die wirklichen Kriege noch einer anderen Rechtfertigung bedürfen, davon hernach."

499 Vgl. *Binder*, Staatsraison und Sittlichkeit, S. 16 ff.

500 *Binder*, a. a. O., S. 72.

501 Vgl. *Cobben/Cruysberghs/Jonkers/De Vos* (Hrsg.), Hegel-Lexikon, S. 408 ff.

502 Vgl. *Binder*, Staatsraison und Sittlichkeit, S. 11.

„Es ist das Unglück der heutigen Welt, die noch in der Finsternis einer neuen Aufklärung liegt und in den Fesseln des Positivismus schmachtet, dass sie im tiefsten Grunde unethisch ist und die Erkenntnisse des Idealismus nicht mehr zu fassen vermag, dass sie stets in Gegensätzen denkt, deren Überwindung eine allerdringlichste Aufgabe [...] ist. [...] Es ist nicht denkbar, dass der Staat den Menschen als Mittel benutzt, ohne sich selbst zu verneinen, und in allem, was er unternimmt, um sich als Subjekt, als Selbst- und Endzweck zu betätigen und zu erhalten, bejaht, und erhält er zugleich die seiner Herrschaft unterworfenen Menschen als Personen."[503]

Insbesondere richtet sich Binder gegen die „Marionettentheorie" des Hegelschen Machtstaatsdenkens, wonach der Einzelne gleichsam nur ein Werkzeug des Geistes sei, und das „alte liberale Vorurteil", dass Hegel „die Persönlichkeit des Einzelnen um des Staates willen" vernichtet habe. Vielmehr geht Binder davon aus, dass „erst bei Hegel die Persönlichkeit und ihre Freiheit wirklich zu ihrem Rechte" komme.[504] Gleichwohl sieht Binder bei Hegel keineswegs einen „individualistischen" Ansatz des Einzelnen gegenüber dem Staat, sondern erkennt als Aufhebung des Gegensatzes von subjektivem und objektivem Geist,

„dass der Wille des Einzelnen frei und sein Träger daher Person ist, nur insofern er sich als *allgemeiner Wille* weiß, was eben bedeutet, dass er nicht frei ist, indem er sich aus der Gemeinschaft des Staates *ausgliedert*, wie es das Ideal des [...] Liberalismus war [...]".[505]

Richard Kroner warf in seiner Rezension von Binders Schrift ein, dass dieser übersehe, dass in Hegels dialektischem System gerade nicht im Staat eine Aussöhnung der Gegensätzlichkeiten der subjektiven Moralität und des objektiven Rechts erfolgte, sondern „die gesamte Sphäre des objektiven Geistes im Systeme *Hegels* die Stufe der Antithesis darstellt, d. h. aber eine [...] Stufe des *unaufgelösten* Widerspruchs". Ein Übergang vom objektiven zum absoluten Geist vollziehe sich erst, wenn „der Boden des Staates und der Boden der bloß politischen Geschichte überhaupt" verlassen, d.h. eine überstaatliche bzw. völkerrechtliche Ebene erreicht werde.[506]

Die Staatsrechtfertigung aus *Staatsraison und Sittlichkeit* griff Binder in seiner kurzen Schrift *Der Staat der Musik* aus dem Jahr 1930 unter Rückgriff auf Hegel auf. Er kritisiert dort die Forderung Nietzsches, den Staat auf Musik zu gründen sowie dessen Ablehnung des preußischen Staates und attestiert dem deutschen Geist, dass er „das Wesen des Staates nie vollkommen begriffen und es nie über sich vermocht hat, einen unbedingten Entschluß zum Staate zu fassen".[507] Lediglich Hegel sei „Ernst und Strenge des Staates als sein Wesen und seine Notwendigkeit, seine Sittlichkeit und Ewigkeit klar bewußt geworden". Er habe es „gewagt, sich offen zum

503 *Binder*, a. a. O., S. 30.
504 *Binder*, a. a. O., S. 57 f.
505 *Binder*, a. a. O., S. 58.
506 *Kroner*, Staatsraison und Sittlichkeit, Bemerkungen zur gleichnamigen Schrift von Julius Binder, Zeitschrift für Rechtsphilosophie in Lehre und Praxis, 1929, S. 283.
507 *Binder*, Der Staat der Musik, S. 1.

Staate zu bekennen, der für ihn *etwas Heiliges*, nicht die bloße Möglichkeit individueller Sittlichkeit seiner Bürger, sondern selbst die Wirklichkeit der Sittlichkeit ist".[508] Binder kritisiert insbesondere Nietzsches angeblich unzureichende Vorstellung von einem einseitig musischen griechischen Staatsideal bei Platon, dass „nicht auf den äußeren Machtmitteln irgendwelcher Obrigkeiten" beruhe. Binder führt an: „Der Staat der Griechen hat ebenso wie der Staat Friedrichs des Großen oder Bismarcks seine Bürger auf die Schlachtfelder geführt und Machtpolitik betrieben".[509] Nietzsche verkenne den bloßen pädagogischen Nutzen, den Platon der Musik beigemessen habe und Binder vergleicht den platonischen Staat mit den Staatsvorstellungen Hegels, der sich „mit mehr Recht" auf Platon hätte berufen können.[510] Schließlich stellt Binder Platon als frühen Vordenker der Hegelschen „organischen Staatstheorie" dar und greift seine Hegelsche Staatsdeutung aus *Staatsraison und Sittlichkeit* auf, wonach Hegel den Staat

> „als die *Lebensform der Nation* [erfasst], so dass er eine natürlich-sittliche und keine willkürlich-verstandesmässige Grundlage hat, als den *Willen der Nation* zu Dasein und Freiheit, und erkennt, dass Freiheit des Individuums nur im Staate und seiner Rechtsordnung, deren Wesen die Freiheit ist, möglich ist, und dass die Freiheit - insofern die Antinomik von Determinismus und Indeterminismus überwindend - nicht die Freiheit der Willkür des absoluten Individuums, sondern das Bewusstsein des Einzelnen von seiner Zugehörigkeit zum Ganzen und seiner Abhängigkeit von ihm ist, dass die *Freiheit an sich*, auf die der Einzelne nur *angelegt* ist, und die insofern in dem absoluten Individuum nicht wirklich ist, in der Dialektik der Entwicklung Freiheit an und für sich werden muss, Bewusstsein vom Staate und Willen zum Staate, der eben diese Freiheit und damit die Wirklichkeit der Sittlichkeit auf Erden ist. Hier ist denn auch die Gegensätzlichkeit von Individuum und Staat aufgehoben, der Widerspruch von Gemeinschaft und Persönlichkeit verschwunden, hat die Alternative: Persönlichkeit oder Staat? ihren Sinn verloren. Die Persönlichkeit muss sich und den Staat nur recht verstehen, um zu erkennen, dass eigene Persönlichkeit und Staatspersönlichkeit sich nicht ausschließen, der Mensch Selbstzweck und Endzweck nur als Glied des Staates sein kann, der so auch nicht ein bloßes Mittel zum Zweck seiner Bürger ist, sondern als Träger eines eigenen Willens und eigener Aufgaben auch sein eigenes Recht und seine eigene Persönlichkeit hat."[511]

Ähnlich wie in seinen Schriften *Der 28. Juni und die Kriegsschuldfrage* und *Staatsraison und Sittlichkeit* übt Binder in seiner Abhandlung *Die sittliche Berechtigung des Krieges und die Idee des ewigen Friedens* heftige Kritik an der deutschen Gegenwart und dem Diktatfrieden von Versailles. Binder will dabei aufzeigen, dass sich „die Abschaffung des Krieges und die Einführung eines ewigen Friedens als unmöglich erweisen wird". Weiterhin will er unter Rückgriff auf Hegel „das sittliche Wesen

508 *Binder*, a. a. O., S. 1.
509 *Binder*, a. a. O., S. 3.
510 *Binder*, a. a. O., S. 5.
511 *Binder*, a. a. O., S. 6 f.

des Krieges erkennen [...], nicht des Krieges an sich, wohl aber des Krieges unter gewissen Voraussetzungen und Bedingungen".[512] Der „Frieden der Schande und des Elends" sei nur „ein Frieden des Scheins" und „in Wahrheit der grausamste Krieg unserer Feinde gegen ein waffen- und wehrloses Volk". Er sei „die härteste Sklaverei, in der sich jemals ein vorher freies, geachtetes, mächtiges Volk befunden hat".[513]

Gleichzeitig verdammt Binder den Pazifismus der Deutschen. Zwar könne er die Friedenssehnsucht der Massen nachvollziehen, die „mit dem Winseln eines geschlagenen Hundes eine fatale Ähnlichkeit" gehabt habe, doch wäre es ihm

> „weniger begreiflich [...], dass diese Absage an den Krieg überhaupt und die Hoffnung auf einen ewigen Frieden von breiten Schichten der Gebildeten geteilt wurden. Dichter und Denker, Gelehrte und Politiker vertraten und vertreten noch in allem Ernst die Forderung, den Krieg abzuschaffen; sie kämpfen [...] für die Idee des ewigen Friedens, die ihnen ebenso als sittliche Forderung erscheint, wie sie den Krieg mit seinen Schrecken als unsittlich und mit dem Kulturzustand der heutigen Menschheit nicht vereinbar betrachten".[514]

Binder sieht die Gefahr, dass dieser Pazifismus

> „bei einem geschlagenen in seinen Lebensnotwendigkeiten geschmälerten, in seinem nationalen Dasein bedrohten Volke eine ernste Gefahr in sich schließt: die Gefahr nämlich, dass dadurch der Nation der Weg zur Gesundung, zur Selbstbefreiung und Erhebung erschwert werden wird."[515]

Unter Verweis auf Nietzsche, kann nach Binder der ewige Friede nur aus der Position des Siegers heraus verkündet werden.[516] Er unternimmt einen Gang durch Philosophie und Geschichte um Frieden und Krieg als sittliche Werte zu definieren. Dabei stellt er der Kantschen Forderung „Es soll kein Krieg sein" mit Hegel „geradezu die sittliche Forderung gegenüber: ‚Es *soll* Krieg sein' – sofern er sich nämlich nicht als Willkür, sondern als notwendig für die Existenz des Staates und des Volkes, für die Freiheit des Ganzen und der Einzelnen erweist".[517] Dabei definiert Binder den Hegelschen Staat

> „nicht mehr [als] eine Vereinigung von Individuen, sondern ein Volk als Einheit, in der Form des Rechtes, die Lebensform der Nation, als eine Erscheinung des Geistes in der Wirklichkeit, und insofern notwendig und ewig; ein Wesen von sittlichem Wert, und darum Selbstzweck und Endzweck [...]."[518]

---

512 *Binder*, Die sittliche Berechtigung des Krieges und die Idee des ewigen Friedens, 1930, S. 7.
513 *Binder*, a. a. O., S. 5.
514 *Binder*, a. a. O., S. 6.
515 *Binder*, a. a. O., S. 6.
516 *Binder*, a. a. O., S. 6.
517 *Binder*, a. a. O., S. 17.
518 *Binder*, a. a. O., S. 17.

Diese Staatsdefinition ist insofern von Bedeutung, als Binder Kants unbedingte Ablehnung des Krieges mit dessen „individualistischer" Staatsauffassung erklärt, wonach der Staat im Sinne der Aufklärung nur ein durch Gesellschaftsvertrag errichteter Zusammenschluss von Individuen sei, woraus „schon in der Aufklärungszeit das Problem erstanden [ist], ob der Staat über das Leben seiner Bürger verfügen kann". Wenn der Staat aber „nur um der Einzelnen willen [besteht], dann muss diese Frage im Grunde verneint werden, und dann muss eben auch die Frage nach der *Berechtigung des Krieges* verneint werden".[519] Binder betrachtet aber, im Lichte seiner Hegelschen Staatsdefinition, den Krieg als sittlich notwendiges Instrument des Staates in seinem geschichtlichen Selbstverwirklichungsprozess in der Auseinandersetzung mit anderen Staaten. Da er auch davon ausgeht, „dass etwas im Menschen ist, was ihn über sein empirisches, animalisches Dasein hinaushebt, so dass dieses Dasein gar nicht das Wesentliche an ihm und seiner Persönlichkeit ist, sondern etwas Zufälliges, das verschwinden kann, ohne dass diese dadurch vernichtet wird", rechtfertigt er auch den Tod des Einzelnen im Krieg für seinen Staat: „Es gibt einen Tod, der nicht Vernichtung, sondern Erhöhung der Persönlichkeit, der nicht Tod, sondern Leben ist: der Krieger stirbt nur, um zu leben".[520]

Damit erreicht Binder unter dem Rückgriff auf Hegelsche Geschichtsphilosophie eine metaphysische Rechtfertigung und Sinngebung des Krieges abseits der herkömmlichen völkerrechtlichen Semantik und kann von seinem Standpunkt aus konstatieren, dass damit „alle Argumente des Individualismus gegen den Krieg" zusammenbrächen. Dabei greift er die Hegelsche Formulierung auf, dass durch den Krieg „die sittliche Gesundheit der Völker erhalten wird, wie die Bewegung der Winde, die die See vor Fäulnis bewahrt".[521] Binder kritisiert die „positivistische" Auffassung des Verbotes des Angriffskrieges und ist „vielmehr mit Hegel der Ansicht, dass *der* Krieg berechtigt ist, der sich als sittlich notwendig erweist, mag er nun als Angriffs-, als Verteidigungs- oder sogar als Präventivkrieg geführt werden". Er greift die Hegelsche Geschichtsphilosophie auf und überantwortet die Frage „ob der Krieg diese Notwendigkeit ist", der Geschichte als dem „ewigen Richter".[522] Schließlich führt er an, „dass nur ein Volk, das den Sinn für den Krieg und den Willen zum Krieg sich bewahrt hat, es verdient, fortzuleben und in der Geschichte fortleben wird".[523] Den Versailler Friedensschluss und den Völkerbund kritisiert Binder als Instrument v.a. der französischen Machtpolitik, der sich der sittliche und geschichtlich wirkende deutsche Staat im Hegelschen Sinne nicht beugen dürfe.[524] Versuche der rechtlichen Definition und Ächtung des Krieges sieht Binder als fruchtlos an, weil der Krieg eben kein rechtlicher Zustand sei, sondern „vielmehr ein tatsächlicher Zustand zwischen den kriegführenden Völkern,

519 *Binder*, a. a. O., S. 31 f.
520 *Binder*, a. a. O., S. 33.
521 *Binder*, a. a. O., S. 37.
522 *Binder*, a. a. O., S. 17 f.
523 *Binder*, a. a. O., S. 37.
524 *Binder*, a. a. O., S. 19 ff.

darin bestehend, dass Macht gegen Macht gesetzt und dadurch versucht wird, den eigenen Willen dem Feinde unter Aufbietung aller erdenklichen Mittel der äußern Gewalt aufzuzwingen".[525] Krieg ist für Binder kein Rechtszustand, sondern „die *reine Gewalt*".[526] Er sieht „die *Unausrottbarkeit* der Kriege im Leben der Völker begründet, dass es unter ihnen immer Konflikte geben wird und geben muss".[527]

In der von der Gesellschaft Deutscher Staat herausgegebenen Reihe *Schriften zur politischen Bildung*, die zahlreiche Beiträge zur Elitediskussion der Weimarer Republik lieferte, legte Julius Binder 1929 die Abhandlung *Führerauslese in der Demokratie* vor.[528] Binder stellt fest, dass „das Fehlen eines Führers einem Volke Verhängnis" werden könne und vermeint eine „tiefe Sehnsucht nach dem Führer, die unser ganzes Volk erfüllt" und einen „‚Schrei nach dem Führer'" festzustellen.[529] Unter ausgewiesen autoritärer Prämisse diskutiert Binder in dieser Schrift das Problem der Elitenauslese in einer egalitären Demokratie.

Trotz der die nationalsozialistische Terminologie vorwegnehmenden Sprache darf die Schrift nicht unter nationalsozialistischen Gesichtspunkten gelesen werden, da trotz der Simultanität der Führer-Terminologie noch keine expliziten Bezüge zum Nationalsozialismus erkennbar sind. Die Schrift muss vielmehr in den antidemokratischen, autoritären Diskurs der Weimarer Republik eingeordnet werden, wobei Binder reaktionäre und monarchistische Sympathien erkennen lässt, denn „in dem Monarchen, der den Staat ‚verkörpert', nicht nur ‚repräsentiert', haben wir die zur Auslese des Führers zweifellos am besten berufene Person kennen gelernt".[530] Binder offenbart in dieser Schrift eine fundierte und offene Abneigung gegen das demokratische System der Weimarer Republik. Er stellt fest, dass ihn die Beschäftigung mit der Weimarer Demokratie zu Gedanken nötige, „von deren Oberflächlichkeit

525 *Binder*, a. a. O., S. 28.
526 *Binder*, a. a. O., S. 28.
527 *Binder*, a. a. O., S. 29.
528 Binder hatte 1926 in der gleichen Reihe die Schrift *Die Gerechtigkeit als Lebensprinzip des Staates* publiziert. Die Gesellschaft Deutscher Staat wurde im Jahr 1920 u.a. von Max Wundt und Julius Binder gegründet. Vgl. dazu *Malinowski*, Vom König zum Führer, Sozialer Niedergang und politische Radikalisierung im deutschen Adel zwischen Kaiserreich und NS-Staat, 2003, S. 306, der die Gesellschaft Deutscher Staat zur „Neuen Rechten" zählt. *Ulbricht*, ‚Goethe-Schiller-Universität Jena-Weimar'? Die Salana im politisch-intellektuellen Netzwerk der Doppelstadt – eine Skizze, in: Hossfeld u.a. (Hrsg.), Kämpferische Wissenschaft, Studien zur Universität Jena im Nationalsozialismus, 2003, S. 327, ordnet die Gesellschaft als „rechtsintellektuell" ein. Vgl. zur Ausrichtung der Gesellschaft Deutscher Staat auch *Tilitzki*, Die deutsche Universitätsphilosophie in der Weimarer Republik und im Dritten Reich, Teil 1, 2002, S. 521. *Binder*, Der deutsche Volksstaat, S. 25, bekennt 1934 „mit Befriedigung", der Gesellschaft „als Gründer anzugehören" und erhofft sich von der weiteren Betätigung „noch viel auch für das Dritte Reich".
529 *Binder*, Führerauslese in der Demokratie, 1929, S. 5.
530 *Binder*, a. a. O., S. 56.

und Unhaltbarkeit" er überzeugt sei. Weiterhin müsse er sich mit einer Staatsform abgeben, der gegenüber er nur „die Haltung der Legalität aufzubringen vermag".[531]

Abgesehen von seiner fundamentalen Kritik des bestehenden politischen Systems, greift Binder seine an Hegel orientierte Staatsauffassung auf, die er bereits in der Schrift *Staatsraison und Sittlichkeit* und den anderen staatsphilosophischen Schriften formuliert hatte. Das Volk „als die geschichtliche Erscheinungsform des Geistes" leide am Fehlen eines Führers insofern, als es in dem ersehnten Führer „wieder zu sich selbst, zu seinem Selbstbewußtsein" kommen wolle und Führer und geführtes Volk in der dialektischen Überwindung ihres Gegensatzes zu einem höheren Selbstbewusstsein des Volkes und mithin des objektiven Geistes gelangen würden.[532] In diesem Sinne setze der Begriff des Führers den Begriff des Volkes voraus, wobei das Volk „nicht als abstrakter Kollektivbegriff, als eine Zusammenfassung Einzelner [...] sondern das Volk selbst als *konkrete* Wirklichkeit" aufzufassen sei. Das Volk sei demnach „eine Vielheit, die Einheit ist, in der die Einzelnen so ‚aufgehoben' sind, dass sie in einem Verhältnis gegenseitiger Bedingtheit zum Ganzen stehen". Nicht als bloße „Mengenteilchen" und Individuen würden die Einzelnen Menschen zu „Trägern des Geistes, zu Mitgliedern einer Gemeinschaft, eben zu Personen", sondern durch das „Zum-Ganzen-Zusammengewachsensein".[533] Weiterhin ist der Staat nach Binder

> „nicht eine Vereinigung jetzt lebender Menschen, sondern ein geschichtliches Wesen [...], das aus den Tiefen der Vergangenheit in die Gegenwart hineinreicht und über sie hinaus in die Zukunft strebt: ein Organismus, [...] der im Werden der Geschichte wird, indem die Idee sich verwirklicht, die sich des Geistes und des Willens übergewaltiger Menschen bedient, und des Schicksals, das in seiner Schmiede die Menschen zur Einheit zusammenschweißt und aus ihr mit gewaltigen Schlägen Funken des Geistes, des Einheitswillens und Einheitsbewußtseins, hervorlockt."[534]

In dieser Hegelschen Systematik und Terminologie ordnet Binder den Führer als das Organ ein, „in dem der Wille und das Selbstbewußtsein des Volkes als Person zur Wirklichkeit gelangt, so dass der Führer und Geführte Wechselbegriffe sind und ein Volk die natürliche Einheit beider ist, die Synthese, in der diese Momente seines Daseins aufgehoben sind".[535] Diesem systematisch-spekulativen Staatsbild, das den Staat als Verwirklichung des Geistes sieht, entspricht, „dass ein Führer nicht ‚gemacht werden kann', dass ein Führer entweder *ist oder nicht ist*".[536] Jede andere Auffassung gehöre „der Welt der toten, lebensfremden Begriffe an, vor allem der mechanistischen Auffassung des aufklärerischen Individualismus, nach der ein Volk

531 *Binder*, a. a. O., S. 6.
532 *Binder*, a. a. O., S. 9 f.
533 *Binder*, a. a. O., S. 10.
534 *Binder*, a. a. O., S. 49.
535 *Binder*, a. a. O., S. 11 f.
536 *Binder*, a. a. O., S. 12.

und ein Staat eine Vereinigung von einzelnen Individuen ist, und Führer derjenige, den diese Vielheit sich zum Führer erkürt".[537]

Entsprechend der Ausgangsfrage nach der Auslese des Führers in der egalitären Demokratie, wonach das Volk als „geschichtliches, sittliches, politisches Wesen" sein „eigentümliches geschichtliches und geistiges Leben [zu] führen", und „seine Aufgabe im Reich des Geistes [zu] erfüllen" hätte, antwortet Binder: „Die Demokratie gibt dafür keine Gewähr und kann dafür keine Gewähr geben, [...] weil *keine Verfassung für sich allein die Gewähr geben kann*, dass das Volk den seinem Begriff entsprechenden Führer findet".[538] Auf mögliche Einwände – Binder geht auf Kelsens Ansicht ein, „man könne der Demokratie nachrühmen, dass sie das bestmögliche Selektionsprinzip garantiere, weil sie die größtmögliche Basis für die Auslese schaffe" – entgegnet er, dass Vertreter dieser Ansicht „unter Führerauslese *und unter Führer etwas ganz anderes verstehen*, als was diese Begriffe *uns* bedeuten, und was sie vor allem bedeuten, wenn das Volk nach dem Führer ruft".[539]

Schließlich erörtert Binder unter Rückgriff u.a. auf Max Weber das Problem, dass in der (partei-)demokratischen Führer-, d.h. Politikerauslese eher die Frage „Wie kann ich auf die Menge Einfluß gewinnen, um eine führende Stellung zu erlangen, und wodurch kann ich mich dieser Stellung behaupten?" bestehe, als die Frage nach der „objektiv richtigen", geschichtlichen und geistigen Berechtigung des Führers.[540] Binder sieht folglich die rechtlich verfasste Verbindlichkeit der demokratischen Herrschaft als hinderlich für die Selbstverwirklichung des Geistes im Volk und im korrespondierenden Führer an. Führertum ließe sich nicht rechtlich fixieren, sondern sei die Äußerung eines geschichtlich wirkenden Geistes. Schließlich könne die Demokratie „keine Gewähr [dafür] geben [...], dass das Volk den von ihm ersehnten Führer wirklich findet".[541] Führer im demokratischen Sinne ist lediglich „der Mann – oder auch die Frau – die eine Mehrheit von Leuten zur Besorgung ihrer gemeinschaftlichen Geschäfte beruft", nicht aber „das gewordene Haupt der Gemeinschaft, dasjenige Glied dieses Lebenszusammenhanges, in dem das geistige und sittliche Leben der Nation Wirklichkeit und Bewußtheit geworden ist" – ein Vollstrecker des geistigen und geschichtlichen Willens des Volkes und der in ihr wirkenden Idee.[542]

Unter Rückgriff auf Hegelsche Ansätze redet Binder „von dem Monarchen als dem geborenen Führer seines Volks, dem Adel als der natürlichen Führerschicht und der Geschichte als der die Auslese vornehmenden Macht".[543] Der Monarch *bedeute* den Staat, „weil er mit seiner individuellen Persönlichkeit im Staate aufgeht, weil er als Mensch den ganzen Sinn seines Daseins im Staate hat. So wird der Gegensatz

---

537 *Binder*, a. a. O., S. 12.
538 *Binder*, a. a. O., S. 13.
539 *Binder*, a. a. O., S. 16 f.
540 Vgl. *Binder*, a. a. O., S. 36 ff, 44 f.
541 *Binder*, a. a. O., S. 14.
542 Vgl. *Binder*, a. a. O., S. 17 f.; 50 f.
543 *Binder*, a. a. O., S. 57.

von Individuum und Staat, der in jedem Staatsbürger notwendig besteht, in dem König aufgehoben".[544]

Als Ausleseprozess des Führers identifiziert Binder den Geist der in der Geschichte wirkt:

> „Die Leistung in der Geschichte kann geradezu als der Ausleseprozess bezeichnet werden, in dem sich aus dem lebendigen Volkstum Führerschicht und Führertum herausbilden, um, wenn sie gealtert sind, wenn sie ihre organische Funktion nicht mehr zu erfüllen vermögen, abzusterben und in das Volkstum zurückzusinken. Es ist der Geist in der Nation, der in der Geschichte wirksam ist und diese Auslese vornimmt und der dabei machtvoller und gerechter verfährt als ein Wahlausschuß und die Mehrheit der Wahlberechtigten in der Demokratie. In der auslesenden Macht der Geschichte, die die Geschlechter emporhebt und wieder niedersteigen läßt, erkennen wir den Geist, der die Welt regiert, der erhaben ist über die Willkür und die Einsicht einer Generation von Menschen."[545]

Vor diesem Hintergrund, offenbar noch ohne direkte politische Bezüge zu den Nationalsozialisten und Hitler, erklärt Binder auf die Gegenwart bezogen:

> „Unser Schrei nach dem Führer hat so lange keinen Sinn, als wir uns einbilden, ein Parlament könne einen Führer ernennen. Aber wenn unser Volk aus seinem gegenwärtigen Traum wieder zum Bewusstsein, zum Bewusstsein seiner selbst erwacht, wenn es sich wiederfindet, dann kann es gewiß sein, auch den Führer zu finden, den es braucht. Und auf diesen Augenblick, er mag noch so fern liegen, wollen wir hoffen."[546]

In seiner Schrift *Der deutsche Volksstaat* aus dem Jahr 1930 greift Binder seine Kritik des gegenwärtigen deutschen Staatswesens aus den anderen staatskritischen Schriften der späten 1920er Jahre auf und stellt der demokratisch-parlamentaristischen Weimarer Republik ein hegelianisches Staatskonzept entgegen. Die Schrift geht auf einen Vortrag auf einer Schulungswoche der Deutschen Studentenschaft, des Zusammenschlusses der Allgemeinen Studentenausschüsse, mit dem Thema „Der Staat" in Weimar zurück. Er kritisiert ein individualistisches Staatsverständnis, da der „Staat [...] nicht eine Ver-Einigung von irgendwelchen einzelnen Menschen unter Rechtsgesetzen" sei, sondern „ein Volk in der Form des Rechtes". Der Staat sei die „Lebensform eines Volkes und sein Wille zu Dasein und Wirksamkeit".[547]

Der Staat ist demnach für Binder nicht eine Akkumulation von Individuen, sondern eine eigene geschichtlich wirkende organische Wesenheit, die den Einzelnen notwendig inkorporiert und ihm erst ein soziales Dasein ermöglicht. Dabei trennt Binder den Begriff Volk insofern von dem des Staates, als der Staat die Rechtsverfassung des Volkes sei. Deshalb sei die Bezeichnung Volksstaat „im Grunde ein

---

544 *Binder*, a. a. O., S. 59.
545 *Binder*, a. a. O., S. 65 f.
546 *Binder*, a. a. O., S. 67.
547 *Binder*, Der deutsche Volksstaat, S. 184.

Pleonasmus". Da der Staat begrifflich das Volk in der Form des Rechtes sei, „ist der Staat das Volk".[548] Der Staat ist nach Binder insofern organisch, als er neben dem Volk weitere Gemeinschaften in sich schließt: „Ehe, Familie, Sippe, Zünfte, Stadt- und Ortsgemeinden, Stände usw., und nur kraft dieser Zugehörigkeit zu diesen engeren Verbänden ist der Einzelne Staatsbürger und also nur mittelbar am Staat beteiligt".[549] Er betont, dass

> „das Ganze dieses Staates [...] eine Lebenseinheit [ist], [...] und das Ganze ein *lebendiger Organismus* ist, der von seinen einzelnen Gliedern Leben empfängt und ihnen Leben spendet, so dass ein ewiger Austausch der Kräfte und Säfte, beständiges gegenseitiges Anregen und Befruchten, Zusammenwirken und Zusammenschaffen ist".[550]

Binder tritt mit dieser Interpretation gleichzeitig der Darstellung der Demokratie als Volksstaat entgegen, denn „[a]lles was die Demokratie, der falsche Volksstaat, für sich in Anspruch nimmt, das wird in diesem Staat des Universalismus verwirklicht und berichtigt".[551] Binder wehrt sich gegen eine vorgebliche numerische Gleichmacherei in der Demokratie durch eine organische Gerechtigkeit in seiner Volksstaatskonzeption, da

> „dieser Staat [...] ja nicht auf der *Gleichheit*, sondern auf der *Gerechtigkeit* aufgebaut [ist], die darin besteht, Gleiches gleich und Ungleiches ungleich zu behandeln, so dass jeder in *den* Verband eingegliedert wird, in den er nach seiner Eigenart, seinem Wissen und Können, kurz seinem Berufe gehört und er in dieser Eigenschaft auch dem Staate nutzen wird".[552]

Binder identifiziert sein Volksstaatskonzept mit Hegel, da man „ohne Übertreibung sagen [kann], dass erst *Hegel den Begriff* des Staates, und zwar gerade als *Volksstaat*, gefunden, den Staate wirklich *begriffen* hat". Schließlich sei es „das unsterbliche Verdienst Hegels gewesen, dass er den Individualismus gänzlich überwunden, die Wesenseinheit von Staat und Volk erkannt, das geistig-sittliche Wesen des Staates, seine Persönlichkeit und die gegenseitige Bedingtheit von Staatspersönlichkeit und Einzelpersönlichkeit begriffen hat".[553] In direkter Kritik des geltenden politischen Systems fordert Binder: „Wir müssen es wieder erfahren und wieder begreifen, dass ein Volk nicht eine Summe einzelner Individuen ist, sondern eine Lebensgemeinschaft, eine Einheit, müssen in uns den Gemeinschaftsgeist und den Gemeinwillen wieder erwecken und mit diesem Geiste unsern Staat durchdringen: dann wird der Wiederaufbau Wahrheit und wird unser Staat der wahre Volksstaat sein".[554]

548 *Binder*, a. a. O., S. 187.
549 *Binder*, a. a. O., S. 185.
550 *Binder*, a. a. O., S. 185.
551 *Binder*, a. a. O., S. 185.
552 *Binder*, a. a. O., S. 186.
553 *Binder*, a. a. O., S. 189.
554 *Binder*, a. a. O., S. 190.

Die Tiraden Binders gegen den Frieden von Versailles und den Staat der Weimarer Republik sind einerseits Ausdruck eines tiefsitzenden Ressentiments weiter Kreise der konservativen Schichten der Gesellschaft gegen das parlamentaristische System, das in direktem Konnex mit der als schmächlich empfundenen Niederlage des Weltkrieges gesehen wurde. Andererseits sind sie Ausdruck des Willens zum Neuaufbau eines „legitimen" deutschen Staates (im Gegensatz zu der als historisch illegitim empfundenen Weimarer Republik). Dabei bediente sich Binder der Hegelschen Philosophie, aus der er einerseits den Drang zu einer historischen Veränderung ableitete (der „Verliererstaat" des parlamentarischen Systems von Weimar kann nicht Ausdruck des historischen deutschen Geistes sein) und andererseits eine Staatsphilosophie entwickelte, die sich dezidiert von der als schwach empfundenen Weimarer Republik absetzt (ein „organischer Volksstaat" als legitime staatliche Form des deutschen Volkes anstatt eines parlamentaristischen Systems, das Spielball ephemerer Gruppierungen ist).

II. Die Abwicklung der Weimarer Republik

Die politische Gegenwart vor der „Machtergreifung" hatte Binder im Jahr 1930 unter dem Aspekt der „in ihr Gegenteil verkehrten Freiheit unserer Tage, die Freiheit in ihrem Anderssein" allein als „eine Zeit wiedergekehrter vollendeter Sündhaftigkeit" zu begreifen vermocht, da sie nicht der Hegelschen Freiheit entsprochen habe, die „in dem Goetheschen Worte zu uns spricht: ‚Und das Gesetz nur kann uns Freiheit geben'".[555]Zunächst scheint die Feststellung der Verwirklichung eines autoritären „Volksstaates" durch Hitler daher in der Tat die Erfüllung der Forderungen der Binderschen antidemokratischen Polemik gewesen zu sein und Binder und seine Schüler versuchten bereits unmittelbar nach der „Machtergreifung", dem folgenden systematischen Umbau des Staatswesens einen rechtsphilosophischen Sinn zu geben. Schon bald offenbarte sich allerdings die Untauglichkeit ihres Ansinnens.

Aus Binders Schriften der Übergangszeit der Weimarer Republik zur nationalsozialistischen Herrschaft aus den Jahren 1932 und 1933 wird deutlich, wie verhasst Binder und seinen Schülern das parlamentarische System von Weimar ist und wie sehr die neue Staatsform zunächst als Verwirklichung der eigenen Ideale gesehen wurde. So befasste sich Binder in seiner Schrift *Der autoritäre Staat* aus dem Jahr 1933[556] explizit mit der Abwicklung der Weimarer Republik und mit dem Versuch des glücklosen Reichskanzlers Heinrich Brüning, mit Hilfe von Notverordnungen gegen den Willen der „nationalen Opposition" vorzugehen. Nach Binders eigener Aussage habe dieses Vorgehen Brünings bei Binder die Erkenntnis geweckt, dass das Weimarer System der Volkssouveränität und der Regierung der Parteien versagt habe und

---

555 *Binder*, Die Freiheit als Recht, S. 147.

556 Die Abhandlung scheint bereits im Jahr 1932 entstanden zu sein, jedenfalls setzt sie sich mit der Regierung der „nationalen Konzentration" unter Franz von Papen auseinander und geht noch nicht auf die Regierungen Schleichers und Hitlers ein.

die Notwendigkeit verdeutlicht, „an die Stelle der Herrschaft der Parlamentsmehrheit eine andere Art von Herrschaft zu setzen“ und den „Staat der Volkssouveränität in einen Staat der Autorität umzugestalten“. Papen habe versucht, das „von Brüning geschmiedete Werkzeug“ der Parlamentsmehrheit auszuschalten und somit deren gescheiterte Herrschaft abzuwickeln. Allerdings sei diese „Wendung zum autoritären Staat“ der Versuch gewesen, „ohne Verfassungsänderung zu einem anderen Regierungssystem zu kommen“ und den Grundsatz, „der für das repräsentative Königtum aufgestellt wurde, auf das Parlament umzuformen in der Weise, dass das Parlament zwar die Volkssouveränität repräsentiere, aber nicht regiere“. Freilich habe Papen beabsichtigt, seine Politik durch eine Neuwahl durch das Volk legitimieren zu lassen und dann per Verfassungsänderung das „System des Parteienstaates von 1919“ zu beseitigen, doch sei dies letztlich gescheitert.[557]

Immerhin sei aber die Forderung nach dem „autoritären Staat“ aufgekommen. Weshalb Binder angibt, sich bemühen zu wollen, den „*Begriff des* Staates zu erfassen und dem deutschen Geiste näher zu bringen und zu zeigen, dass dieser Begriff von den Vorstellungen, die in der Weimarer Verfassung Gestalt gewonnen haben, wesentlich verschieden sei“. Dabei scheinen Binder die „jüngsten Versuche, den autoritären Staat zu begründen und eine Reform der Reichsverfassung in der Richtung auf ihn vorzuarbeiten“ ganz wesentlich von Rudolf Smends verfassungsrechtlichen Gedanken, insbesondere seiner Integrations- und Legitimationslehre, beeinflusst zu sein.[558]

Binder bezeichnet Smends Integrationslehre, die als wesentliche Strömung der Weimarer Staatsrechtslehre die Gruppenbezogenheit des Individuums propagierte, wonach es Aufgabe des Staates sei, die Individuen im politischen Prozess zu integrieren,[559] als „Modebegriff der heutigen Staatsrechtsliteratur“ und weist darauf hin, dass er mit dem Hegelschen Integrationsbegriff aus § 141 der *Rechtsphilosophie* nichts zu tun habe,[560] da es Hegel nicht darum gehe, „aus sinnlich zu erfassenden Einzelheiten die Vorstellung eines Ganzen zu gewinnen“. Hegel beabsichtige vielmehr die

> „Aufhebung der nur für das abstrakte Denken verschiedenen Subjektivität und Objektivität zur konkreten Einheit des sittlichen Bewusstseins, die dieses Bewusstsein mit

557 *Binder*, Der autoritäre Staat, S. 128.
558 *Binder*, a. a. O., S. 129.
559 Vgl. *Smend*, Verfassung und Verfassungsrecht, 1928.
560 Vgl. *Hegel*, Grundlinien der Philosophie des Rechts, § 141: „Für das *Gute*, als das substantielle Allgemeine der Freiheit, aber noch *Abstrakte*, sind daher ebensosehr Bestimmungen überhaupt und das Prinzip derselben, aber als mit ihm *identisch*, *gefordert*, wie für das *Gewissen* das nur abstrakte Prinzip des Bestimmens, die Allgemeinheit und Objektivität seiner Bestimmungen gefordert ist. Beide, jedes so für sich zur Totalität gesteigert, werden zum Bestimmungslosen, das bestimmt sein *soll*. – Aber die Integration beider relativen Totalitäten zur absoluten Identität ist schon *an sich* vollbracht, indem ebendiese für sich in ihrer Eitelkeit verschwebende Subjektivität der *reinen Gewissheit* seiner selbst *identisch* ist mit der *abstrakten Allgemeinheit* des Guten; - die somit *konkrete* Identität des Guten und des subjektiven Willens, die Wahrheit derselben, ist die *Sittlichkeit*.“

der ihm eigenen Notwendigkeit selbst vollzieht, und wodurch es eben seine Einheit und sittliche Natur überhaupt beweist".[561]

Mithin sei die Hegelsche Integration nicht „eine Methode des subjektiven Geistes, einen ihm transzendenten Vorgang zu erfassen, oder ein gedankliches Ergebnis herzustellen", sondern sei die „Selbstbewegung des Geistes, der sich als sittliches Bewusstsein in das objektive Gute und den subjektiven moralischen Willen auseinanderlegt und aus dieser Unterscheidung heraus zur Einheit mit sich selbst zurückkehrt". Dies sei eine „für den Denker objektive Bewegung, der er insofern nur ‚zuzuschauen' hat".[562] Dabei sei die Smendsche Integrationslehre zwar ein „Fortschritt über die zeitlich vorausgehende Staatsrechtslehre hinaus", indem sie der Verfassung und formell legalen Gesetze nicht „ohne weiteres" Gültigkeit beimesse, sondern nach den Gültigkeitsbedingungen eines zunächst formal richtig beschlossenen und verkündeten Gesetzes frage. Sie unterlasse es aber, „ihre Begriffe, Methoden und Voraussetzungen an denen der Philosophie zu orientieren und zu kontrollieren".[563] Deshalb sei sie letztlich „nicht haltbar".[564] Indem sie sich „ängstlich hütet" in den Bereich der Metaphysik zu geraten, bleibe sie selbst in den in den „Voraussetzungen und den bedingten Begriffen des Positivismus hängen". Zu sehr seien die Smendschen Grundsätze „von empiristischen und psychologistischen Vorstellungen abhängig". Demgegenüber verweist Binder auf die Begriffe der „Rechts- und Staats*philosophie* der Gegenwart", die erklären könnten, dass „wahre Integration eine andere Aufgabe hat, als verschiedene Typen von Staaten herauszuarbeiten", die lediglich unverbunden nebeneinander existierten. Sie müsste vielmehr „diese verschiedenen Typen in *dem Staate*, in dem Staat der Idee aufheben".[565]

Gleichwohl komme Smend das Verdienst zu, dass er darauf hingewiesen habe, dass Herrschaft stets legitimierungsbedürftig sei und hinter ihr andere Werte und Ordnungen stünden, die als integrierende Faktoren wirkten. Hinter einem „überwiegend herrschaftlichen Staatstypus" stünde dabei „eine überwiegend sachliche statische Welt unpolitischer Werte und Ordnungen".[566] Smend sowie der staatswissenschaftliche Diskurs der Zeit reagierte ersichtlicherweise nicht auf diese Kritik Binders.

In diesem Zusammenhang geht Binder auch auf Carl Schmitts Schrift *Legalität und Legitimität* aus dem Jahr 1932 ein, in der Schmitt zwischen der bloßen Legalität des positiven Rechts und einer überpositiven Legitimität, die auf einer höheren Staatsraison basiert, unterscheidet.[567] Binder bezeichnet den Ansatz Schmitts als „interessantes" Unternehmen, „auf der Grundlage der Weimarer Verfassung[,] trotz dem in ihr zur Geltung gekommenen Prinzip der Volkssouveränität[,] einen autoritären Staat

561 *Binder*, Der autoritäre Staat, S. 130 Fn. 1.
562 *Binder*, a. a. O., S. 130 Fn. 1.
563 *Binder*, a. a. O., S. 133.
564 *Binder*, a. a. O., S. 139.
565 *Binder*, a. a. O., S. 133.
566 *Binder*, a. a. O., S. 134.
567 Vgl. Schmitt, Legalität und Legitimität, 1932.

zu errichten". Womit er den Versuch der Regierung Papens meint, „ohne und gegen das Parlament zu regieren, zu rechtfertigen und zugleich die nötigen Gesichtspunkte für die Verfassungsreform zu gewinnen". Nach Schmitt unterteile sich die Weimarer Verfassung in drei sich widersprechende Legitimationsprinzipien: das Prinzip des souveränen Volkswillens, das liberale Prinzip der Grundrechte und schließlich das Prinzip des „autoritativen Führertums", das sich aus der starken Stellung des Reichspräsidenten ergebe. Diese drei Prinzipien widersprächen und bekämpften einander und seien im Grunde unvereinbar. Wobei das dritte Prinzip des autoritativen Führertums sich gegenwärtig durch die Praxis der Notverordnungen des Reichspräsidenten in den Vordergrund schöbe. Für Binder ist jedoch eine Staatsverfassung aus verschiedenen inkompatiblen metajuristischen Legitimationsprinzipien eine „vom politischen Standpunkt aus vielleicht begreifliche und interessante, wissenschaftlich aber nicht haltbare Hypothese". Mithin lehnt er auch, die Bevorzugung des einen Prinzips auf Kosten der anderen ab. Eine Installierung einer autoritativen Herrschaft auf Grundlage der Weimarer Verfassung kann er staatsphilosophisch keinen Sinn abgewinnen:

> „Das angebliche Prinzip der autoritären Regierung, absolut gesetzt, d.h. aus dem Zusammenhang der Reichsverfassung herausgelöst und zum alleinigen Grundpfeiler unseres staatsrechtlichen Lebens erhoben, kann nicht *durch die Verfassung* legitimiert und *durch sie* gültig werden; denn es ist ebenso wie das Prinzip des plebiszitären Volkswillens dem die ganze Verfassung beherrschenden Grundgedanken der Volkssouveränität subordiniert, so dass die Maßnahmen des Reichspräsidenten ebenso wie etwaige von ihm veranlasste Volksentscheide ohne Gültigkeit wären, wenn sie sich in erkennbarer Wiese gegen diesen Grundgedanken wenden würden."[568]

Philosophisch gefasst, bzw. „in der Sprache des kritischen Idealismus ausgedrückt" kann nach Binder

> „der Wert, der als Legitimationsprinzip dieses oder jenes geschichtlich gegebenen Staates und dieser oder jener Staatsform in Frage kommt, [...] nur *einer* sein; und es kann daher auch nur *der* Staat sich vor der richtenden Vernunft als *gültig* und berechtigt ausweisen, der gerade diesen Wert, wenn auch in geschichtlich bedingten Formen realisiert."[569]

Binder begründet diese Ansicht ganz explizit mit Hegelschen Gedanken und untermauert sie mit seiner Philosophie der Wirklichkeit der Rechtsidee als Selbstverwirklichung des Geistes im Staat. Nach Binder müsste der Staat „seinen Begriff realisieren, um Staat zu sein, um als gültige, verpflichtende und anzuerkennende Ordnung menschlicher Verhältnisse betrachtet werden zu können".[570] Das heißt, dass ein Staat nicht mit einer Verfassung eines gegenläufigen Legitimationsprinzips existieren könnte, sondern sich vielmehr dieses als Hegelscher „Begriff" in dem Staat verwirkliche. Das Legitimationsprinzip sei hier der Geist, der sich je nach geschichtlicher

568 *Binder*, a. a. O., S. 138.
569 *Binder*, a. a. O., S. 140.
570 *Binder*, a. a. O., S. 142.

Situation verschieden selbst verwirklichen könne. Andersherum gefasst, müsse sich der Staat allerdings auch „als Staat erweisen, d.h. als Realisation seines Begriffes, um seine *Berechtigung* zur kategorischen Geltendmachung seines Willens darzutun, um vor allem Gehorsam von uns verlangen zu können".[571] Allerdings könne die Durchsetzung der staatlichen Autorität – der Staat *hat* nach Binder nicht Autorität, sondern *ist* Autorität – nicht durch bloße Gewalt gegen den widerstrebenden Willen vollzogen werden: „denn diese Macht entgleitet ins Nichts, sobald die Autorität im eigentlichen Sinne entschwindet". Binder fasst seinen Hegelschen Staatsbegriff pointiert zusammen: „Der Staat ist legitmiert, weil er seinem Begriff entspricht, und ein Gebilde, das diesen Begriff nicht realisiert, ist nicht legitimiert, weil es kein Staat ist".[572] Auf die Problemstellung des „autoritären Staates" bezogen führt Binder aus, das dies vor dem ausgeführten staatsphilosophischen Hintergrund bedeuten müsse, dass „diese Regierung sich als eins weiß mit dem *staatlichen* Willen, der [...] allein dem Ganzen und d.h. der in Form des Rechts lebenden Volksgemeinschaft dienen soll". Daher könne diese autoritäre Regierung „vom Volke die Anerkennung *ihrer* Autorität verlangen, weil diese mit der *des Staates*" zusammenfalle. Sie finde diese Anerkennung

> „solange das Bewusstsein, Denken und Wollen des Volkes gesund ist, weil es imstande ist, sein eigenes Wesen als identisch mit dem Staate zu begreifen, weil jeder einzelne es fühlt, d.h. das unmittelbare, unreflektierte Bewusstsein hat, dass dieser staatliche Wille, der kraftvoll die Staatsnotwendigkeiten erfüllt, im letzten Grunde sein eigener Wille, die Wahrheit und Vernünftigkeit dieses Willens ist."[573]

Binder begründet diese „autoritäre" Staatsphilosophie ausdrücklich auf Hegel, dessen Staatsphilosophie sich im Grunde auf diese Autorität stütze:

> „Denn sie wurzelt in der Erkenntnis, dass der Staat als die Einheit des allgemeinen Willens und der besonderen Willen seiner Staatsbürger nicht auf einem Vertrag dieser einzelnen Willen beruhen kann, dass der Staat als die Wirklichkeit der sittlichen Vernunft erhaben über der bloßen Willkür und den Interessen der einzelnen Menschen ist und deshalb nicht um ihrer Interessen willen gegründet sein und bestehen kann; dass der Staat als der wahrhaft sittliche, vernünftige Wille den Einzelnen schlechthin kategorisch *bindet* und binden *kann*, weil der allgemeine Wille die Wahrheit und Vernünftigkeit des Einzelwillens ist, der *an sich* eben selbst *allgemeiner* Wille ist".[574]

Schließlich bezieht Binder seine staatsphilosophischen Ausführungen auf die Frage, in welcher Richtung eine Reform der positiven Verfassung von Weimar und des Staatswesens erfolgen sollte:

> „so *kann die Antwort nur lauten*: Nicht in der Richtung auf diese oder jene Verbesserung, auf Abstellung dieser oder jener Unvollkommenheiten, auf Beseitigung dieser oder jener

571 *Binder*, a. a. O., S. 143.
572 *Binder*, a. a. O., S. 143.
573 *Binder*, a. a. O., S. 147.
574 *Binder*, a. a. O., S. 149 f.

Einrichtungen, mit denen die Parteien Missbrauch getrieben haben oder die zu Unzulänglichkeiten geführt haben – sondern: auf Umkehrung des ganzen Systems, das in dieser Verfassung durchgeführt ist, auf Abkehr von dem grundsätzlichen Individualismus, auf Durchführung der universalistischen Staatstheorie, die allein imstande ist, die autoritäre Gewalt des Staates zu begründen, damit den Staat von der Herrschaft der Parteien zu befreien und wieder zu dem zu machen, was er ist: unbedingter kategorische Wille der Nation. Die Konsequenzen im einzelnen ergeben sich daraus von selbst. Jedes politische System ist unhaltbar, das irgendwie den Individualismus zur Voraussetzung hat, und jede Konsequenz ist abzulehnen, die die Männer der Revolution und der nachrevolutionären Zeit aus ihm gezogen haben. Der Staat als die Einheit des allgemeinen und des besonderen Willens, der Staat der universalistischen Staatstheorie ist der Staat, der seinen Begriff realisiert, ist allein der wahre Staat. So mag die Philosophie der Politik zu Seite stehen, um diesem wahren Staat, dem Staat des Begriffes, zum Leben zu verhelfen."[575]

Trotz kritischer Positionen sowohl Binders als auch Schmitts zur Weimarer Republik gab es zwischen beiden zeitlebens nur wenig persönliche Überschneidungen in dem Sinne, dass sich die beiden intensiv mit dem Werk des jeweils anderen auseinandergesetzt hätten. Grundsätzlich dürfte die Bindersche Auffassung der metaphysischen bzw. geradezu esoterischen Staatsbegründung bei Schmitt nur wenig Verständnis gefunden haben.[576]

III. Das gemeinschaftsbezogene neuhegelianische Staatsverständnis bei Larenz

Zwar sprach Larenz noch im Jahr 1931 davon, dass eine eigenständigen Staatsphilosophie der Gegenwart noch „in den ersten Anfängen" stehen dürfte, doch sah er dabei ganz offensichtlich die Staatskonzeptionen der Göttinger Schule als maßgeblich an.[577] In *Staat und Religion bei Hegel. Ein Beitrag zur systematischen Interpretation der Hegelschen Rechtsphilosophie* zu dem Sammelband *Rechtsidee und Staatsgedanke*, der Festgabe zu Binders sechzigstem Geburtstag im Jahr 1930, wirft Larenz als das „wichtigste Problem einer systematischen Interpretation" der Rechtsphilosophie Hegels die Frage nach dem „Verhältnis des objektiven Geistes zum absoluten Geist, also die Frage nach dem systematischen Zusammenhange von Recht, Staat und Religion" auf, weil sich aus ihr allein „die Eingliederung der Welt des Rechtes und des Staates in den Gesamtaufbau der Geisteswelt und damit erst ihr eigentümlicher Sinn und Wert" ergeben könne.[578] Gleichzeitig weist Larenz auf die seiner Auffassung nach systematischen Unzulänglichkeiten der bisherige Interpretation

575 *Binder*, a. a. O., S. 160.

576 Vgl. schon Schmitts frühe ablehnende Rezension von Binder, in: Kritische Vierteljahresschrift für Gesetzgebung und Rechtswissenschaft 18 (1916), S. 431–440.

577 Vgl. *Larenz*, Rechts- und Staatsphilosophie der Gegenwart, 1931, S. 4.

578 *Larenz*, Staat und Religion bei Hegel: ein Beitrag zur systematischen Interpretation der Hegelschen Rechtsphilosophie, in: Karl Larenz (Hrsg.), Rechtsidee und

von Hegels Rechts- und Staatsphilosophie, vor allem durch Franz Rosenzweig[579], hin und die Notwendigkeit „Hegels begriffliche Formulierungen aus der Methode und dem Zusammenhange seines Systems zu verdeutlichen und insbesondere die dialektischen Übergänge klarzustellen". Es dürfte sich Larenz zufolge bei Hegel kein Begriff finden, der „außerhalb des systematischen Zusammenhanges, abgelöst von der dialektischen Vermittlung des Ganzen in seinem eigentümlichen Sinne" verständlich wäre.[580] Diese ausstehende systematische Interpretation müsse „mit dem Begriffe des Geistes einsetzen, um seine immanente dialektische Gliederung klarzulegen und von da aus das Verständnis für das dialektische Verhältnis des objektiven und des absoluten Geistes, des Staates und der Religion zu erschließen".[581]

Larenz interpretiert in *Staat und Religion bei Hegel* daher in diesem Sinne die Hegelschen Begriffe „subjektiver", „objektiver" und „absoluter Geist", „Dialektik", „Idee", „Freiheit", „Staat", „Religion", „Moralität" und „Sittlichkeit" in ihrer „dialektischen Entwicklung" und ihrem „dialektischen Verhältnis" zueinander.

Geist bezeichne demnach

> „eine bestimmte Stufe, die das Bewusstsein in seinem Werden zum absoluten Wissen, d.h. zum Wissen seiner selbst als des Absoluten erreicht. Diese Stufe erreicht das Bewusstsein dort, wo es den letzten Schein einer ihm fremd gegenüberstehenden Gegenständlichkeit durchschaut hat, wo sich ihm ‚die Gewißheit, alle Realität zu sein, zur Wahrheit erhoben hat'. [...] Der Geist ist für sich selbst wirklich. Er ist ‚die Vernunft, die sich ihrer selbst als ihrer Welt, und der Welt als ihrer selbst bewußt ist.'"[582]

Von dieser Geist-Definition ausgehend, greift Larenz zu der immanenten Dialektik über, weil zwar „der Geist sich als wirklich und in der Wirklichkeit sich als Geist weiß, [...] aber sein Begriff [...] erst seine *unmittelbare* Wahrheit [ist]. Die Unmittelbarkeit ist sein Mangel, denn es liegt im Wesen des Wahren, mit sich selbst vermittelt zu sein". Diese Differenz werde durch die Dialektik aufgehoben, denn „Unmittelbarkeit und Vermittlung sind Momente des dialektischen Fortgangs. Das Denken hebt mit einer einfachen Bestimmung an, die ihm unmittelbar gewiß ist. Von dieser ihm unmittelbar gewissen Bestimmung geht es zu weiteren Bestimmungen fort, die durch die vorangegangenen vermittelt werden".[583] Schließlich kehre das Denken im „Resultate des dialektischen Prozesses [...] zu seinem Ausgangspunkt zurück, der

Staatsgedanke, Beiträge zur Rechtsphilosophie und zur politischen Ideengeschichte, Festgabe für Julius Binder, 1930, S. 243 f.

579 Franz Rosenzweig, 1886–1929, jüdischer Religionsphilosoph; seine Habilitationsschrift *Hegel und der Staat*, 1920, gilt als erste umfassende kritische und richtungsweisende Auseinandersetzung mit Hegels politischer Philosophie. Vgl. *Schmied-Kowarzik*, Rosenzweig, Franz, NDB 22, 2005, S. 86–87.

580 *Larenz*, Staat und Religion bei Hegel, S. 243.

581 *Larenz*, a. a. O., S. 244.

582 *Larenz*, a. a. O., S. 244.

583 *Larenz*, a. a. O., S. 244.

sich ihm so ebenso als vermittelt wie als unmittelbar gewiß erweist und dadurch von der Gewißheit zur Wahrheit erhoben wird".[584]

Die Dialektik als Selbstverwirklichungsprozess des Geistes begreifend, legt Larenz dar, dass der Geist als „Resultat der vorhergehenden Stufen des Bewußtseins [...] erst unmittelbar oder erst in seinem Begriff, noch nicht mit sich selbst vermittelt, als Idee erfaßt" sei, jedoch der Begriff des Geistes „zur Idee entwickelt werden [muss], d.h. er muss die Totalität seiner Momente durchlaufen und sich als Einheit begreifen oder er muss seine Unmittelbarkeit aufheben und sich durch sich mit sich selbst vermitteln".[585]

Als Verwirklichungsform des Geistes in diesem dialektischen Prozess definiert Larenz die Freiheit als „Bei-sich-selbst-Sein" des Geistes, in dem Sinne, dass der Geist „in seinem dialektischen Fortgang nicht mehr aus sich selbst heraus" trete, sondern „bei sich selbst" bleibe.[586]

Subjektiver Geist sei „der Geist, wie er sich unmittelbar als Geist des *einzelnen* Individuums vorfindet". Er sei „als Geist des einzelnen Individuums der natürlichen Welt entgegengesetzt und steht zu ihr als Wille in einem äußerlichen Verhältnis". In einem dialektischen Selbsterkenntnis- und Selbstverwirklichungsprozess führe der Weg des subjektiven Geistes „zum Wissen dessen, was er an sich ist: zum Wissen seiner Freiheit. Die Freiheit ist also das Resultat des subjektiven Geistes". Allerdings verwirkliche sich diese Freiheit des subjektiven Geistes in dialektischer Verwirklichung ihrerseits weiter und diese „Vermittlung der Freiheit, die Erhebung ihres Begriffs zur Idee, ist der *objektive Geist*, das Werden des *absoluten Geistes*". Dabei sei der objektive Geist zugleich „Entgegensetzung zum subjektiven Geist und die Aufhebung dieser Entgegensetzung".[587]

Staatsphilosophisch gesehen sei die dialektische Verwirklichung des objektiven aus dem subjektiven Geist „von der Seite des Individuums betrachtet, die Erhebung des Individuums zur Einheit mit dem im Staat realisierten vernünftigen Gesamtwillen, von der Seite des an sich allgemeinen Geistes aus betrachtet, dessen Vermittlung mit sich selbst durch die Individuen".[588]

Larenz greift diesen Gedanken der Selbstverwirklichung des subjektiven Geistes wiederholt auf und führt in dahingehend aus, dass der Einzelne erst im objektiven Geist – in der staatlichen Gemeinschaft – seine rechtliche Wirklichkeit in Bezug auf andere erfahren könne.

Er führt weiterhin die Hegelschen Begriffe der Moralität und Sittlichkeit aus, wonach in der Moralität der Einzelne „*für sich selbst* allgemein [wird]: er weiß sich in seinem individuellen Bewusstsein gerade in seiner Besonderheit als Träger der sittlichen Vernunft". Allerdings werde dieses „formelle Gewissen" des Einzelnen

584 *Larenz*, a. a. O., S. 244.
585 *Larenz*, a. a. O., S. 245.
586 *Larenz*, a. a. O., S. 245.
587 *Larenz*, a. a. O., S. 246.
588 *Larenz*, a. a. O., S. 247.

im Rahmen der Moralität erst „in der konkreten Einheit des individuellen und des allgemeinen Bewußtseins, der Sittlichkeit“ aufgehoben. In der Sittlichkeit würden „der Einzelne und der allgemeine Geist konkret identisch in der Vermittlung durch die Gemeinschaft, die ebensowohl Tat und Werk der Einzelnen wie Selbstdarstellung des ihnen innewohnenden allgemeinen Geistes ist“.[589] Daher habe auch die Sittlichkeit „ihre Vollendung im Staate als der Wirklichkeit des sittlichen Willens eines Volkes“.[590] Larenz fasst diese Ausführung über die Selbstverwirklichung des subjektiven im objektiven Geiste bzw. im Staat wie folgt zusammen:

> „Im Staate sind alle bisherigen Entgegensetzungen aufgehoben. Indem das Volk seinen Staat will und ihn hervorbringt, will und verwirklicht es sich selbst; der Staat ist so der freie Wille, der sich selbst will. Im Staat hat die Freiheit ihre vollkommenste Verwirklichung. Frei ist, wer als Glied eines freien Volkes lebt, und die sittliche Gesinnung besteht danach darin, die Freiheit seines Volkes und Staates zu wollen. [...] So ist der Staat auf der einen Seite die wahrhafte Einigung der Individuen, die ihn als ihr Werk wollen, sich in ihm als frei und in dieser sittlichen Gesinnung sich als verbunden wissen. Auf der anderen Seite gelangt der Staat eben in diesem Wissen und Wollen der Individuen zum Bewusstsein seiner selbst. Im Staat erlangt der Geist eines Volkes sein Selbstbewußtsein, indem der Einzelne sich zum Bewusstsein und Wollen des Staates erhebt“.[591]

Larenz setzt sich jedoch dem Gedanken entgegen, dass nach dieser Staatsauffassung der Einzelne im Staat instrumentalisiert würde, „denn diese Frage setzt eine Trennung beider voraus, die der Wahrheit nicht entspricht. Das Verhältnis des Staates zu seinen Gliedern ist nicht das von Mittel und Zweck, sondern das einer dialektisch unterschiedenen Einheit“.[592] Auch wehrt sich Larenz gegen den Gedanken der „Verabsolutierung des Staates“ bei Hegel indem er auf den Begriff des absoluten Geistes zu sprechen kommt, um den Staat gegen „Religion und gegen die Philosophie abzugrenzen“. Während der objektive Geist „die Vermittlung des Geistes mit sich selbst durch die Gestaltung einer äußeren Welt“ sei und in der Form des Staates „sich auf eine äußere Wirklichkeit“ beziehe, „der damit auf endliche Gegenstände und Zwecke gerichtet ist“, sei der absolute Geist „die Vermittlung des Geistes mit sich *durch* sich selbst“. Die Vermittlung sei hier demnach „nicht mehr Gestaltung einer äußeren Welt, sondern Zeugnis des Geistes in ihm selbst, Gedanke und Wort, Glauben und Wissen, Lehre und Offenbarung“.[593]

Während also der objektive Geist noch „Geist in einer bestimmten Gestalt, Geist eines einzelnen und natürlich bestimmten Volkes, Staat unter Staaten“ sei und der Staat im Verhältnis zu anderen Staaten sich im „Kampf des Anerkennens“ befinde, gehe daraus aber kein überstaatlicher Rechtszustand hervor, „weil der nur in einem

---

589 *Larenz*, a. a. O., S. 250.
590 *Larenz*, a. a. O., S. 252.
591 *Larenz*, a. a. O., S. 252.
592 *Larenz*, a. a. O., S. 253.
593 *Larenz*, a. a. O., S. 254.

Überstaat verwirklicht sein könnte, dieser aber sich selbst einen Gegen-Staat erzeugen müsste, um als endlicher Wille wirklich zu sein". Diese Unmöglichkeit eines Völkerrechts und der Kampf der Staaten untereinander sei „der geschichtliche Prozess, in dem sich die Idee der Freiheit als die Grundlage aller Staaten zum Bewusstsein bringt". Als das Resultat des geschichtlichen Prozesses nenne Hegel „diese Idee den Weltgeist, als Ausgangspunkt einer neuen dialektischen Entwicklung im System den absoluten Geist".[594] Der absolute Geist sei mithin „das Resultat des objektiven Geistes". Daraus ergebe sich

> „das Verhältnis von Staat und Religion für Hegel als das einer dialektischen Einheit im Unterschiede, einer Einheit, in der die Religion die Sphäre des Rechts und des Staates als ein aufgehobenes Moment in sich begreift, der Staat aber in der Religion die letzte Grundlage seines Daseins findet."[595]

Während es aber die Religion immer mit der „‚Aufhebung' alles Weltlichen, damit auch der Geschichte" zu tun habe und die Sittlichkeit „mit dem Handeln in der ‚Welt'", finde die Sittlichkeit „für Hegel ihre abschließende Gestalt im Staate, der ein einzelner, endlicher und bestimmter ist, während die Religion zwar ihr Dasein in der religiösen Gemeinde hat, nicht aber ein politisches Gemeinwesen, eine universale politische Gemeinschaft über den Staaten begründen kann".[596]

Zwar provozierte dieses Werk, soweit ersichtlich, keine direkte Reaktion im rechtsphilosophischen Diskurs, doch ist das anthropologische Verständnis des ontologisch gemeinschaftsbezogenen Menschen, wonach der Staat nicht ohne den Einzelnen und vor allem der Einzelne nicht ohne den Staat oder zumindest die Gesellschaft nicht lebensfähig ist, zweifellos ein wesentlicher Topos des staatsphilosophischen und staatsrechtlichen Diskurses der Weimarer Zeit.[597] Die rechtsphilosophischen Abhandlungen von Larenz, die seit den frühen 1930er Jahren wesentlich von der Auseinandersetzung mit dem Verhältnis des Einzelnen zur Gemeinschaft geprägt wurden, werden nachfolgend in den Jahren nach der „Machtergreifung" zwar spezifisch nationalsozialistisch zugeschärft, jedoch nicht mehr wesentlich verändert. So greift Larenz die Vorstellung von dem existentiell gemeinschaftsbezogenen Menschen z.B. in seinem Aufsatz *Volksgeist und Recht* aus dem Jahr 1935 auf:

> „Für uns folgt die Bindung des Einzelnen an das Recht aus seiner Existenz in der Gemeinschaft. Sie ist zunächst und ihrem letzten Grund nach *existentieller*, nicht *normativer*

---

594 *Larenz*, a. a. O., S. 255.
595 *Larenz*, a. a. O., S. 256.
596 *Larenz*, a. a. O., S. 257.
597 Vgl. nur *Baumgartner*, Sehnsucht nach Gemeinschaft, Ideen und Strömungen im Sozialkatholizismus der Weimarer Republik, 1977; *Gutmann*, Wiederkehr der Gemeinschaft? Rechtshistorisch gebotene Fragen an die kommunitaristische Philosophie, in: Nehlsen/Brun (Hrsg.), Münchener rechtshistorische Studien zum Nationalsozialismus, 1996, S. 9 ff.; *Gertenbach* (Hrsg.), Theorien der Gemeinschaft zur Einführung, 2010.

Art, d.h. sie ergreift und durchdringt den Menschen kraft seiner Existenz als Glied der Gemeinschaft. Existenz bedeutet uns, wie hier zu erinnern ist, Einheit des Einzelnen mit der Substanz des völkischen Lebens. Weil die innere Form der Gemeinschaft ihren Gliedern im Blute liegt, darum ist ihnen das Lebensgesetz der Gemeinschaft nicht nur ein *Sollen*, sondern ein *Müssen*."[598]

Im Jahr 1941 führt Larenz diese gemeinschaftsbezogene Staatsauffassung wie folgt aus:

> „Echte Gemeinschaft [...] ist, so erkennt Hegel, ihrem Charakter nach *total*, das heißt, sie prägt und bestimmt den Einzelnen in seiner gesamten Art zu sein, auch und gerade da, wo sie nicht reglementiert, sondern dem freien Entschluss und dem schöpferischen Wirken des Einzelnen Raum gewährt. Sie ist gleichsam das stets gegenwärtige Medium, in dem sich die Entwicklung und das Tun der Einzelnen abspielt. Es ist ein naheliegendes und häufig anzutreffendes Missverständnis, als bedeute die ‚totale Gemeinschaft' für Hegel soviel wie eine umfassende, zentralistisch-bürokratische Regelung. Das Gegenteil ist Hegels Ansicht. [...] Der Reichtum des Lebens, das ist eine Grundanschauung Hegels, die er mit den Romantikern teilt, besteht gerade in seiner Mannigfaltigkeit. Aber dieser Mannigfaltigkeit des Lebens in einem Volke und Staate darf nicht zur Isolierung einzelner Lebenserscheinungen oder Persönlichkeiten führen, sondern muss sich, um in Wahrheit einen ‚Reichtum' des Lebens zu bedeuten, im Rahmen des gemeinschaftlichen Geistes halten und in jeder Besonderheit noch das Ganze des gemeinsamen Lebens widerspiegeln. So gesehen, bedeutet aber die totale Gemeinschaft keine Unterdrückung der Persönlichkeit, sondern vielmehr die Voraussetzung und Gewähr ihrer Entfaltung. Hegel drückt das so aus, dass er erklärt: die Gemeinschaft dürfe nicht als Beschränkung der wahren Freiheit des Individuums verstanden werden, sondern müsse als deren Erweiterung angesehen werden. Die höchste Gemeinschaft sei so die höchste Freiheit. Hierbei versteht Hegel unter ‚Freiheit' natürlich nicht das ungezügelte Belieben des Einzelnen. [...] Freiheit bedeutet Hegel die Möglichkeit einer seiner Wesensart gemäßen Entfaltung des Einzelnen wie eines Volkes. Seine Wesensart aber hat der Einzelne nicht nur als dieses Individuum, sondern als Repräsentant und Glied der Gemeinschaft, in deren Lebenszusammenhang er durch sein eigenes Dasein verflochten ist. Es gibt für ihn daher auch keine wahre Selbstentfaltung, und das heißt Freiheit, außerhalb der Gemeinschaft oder gegen sie. So sind totale Gemeinschaft und recht verstandene Freiheit der Persönlichkeit also keine sich ausschließenden Gegensätze, sondern vielmehr so eng miteinander verbunden, dass sich Hegel die eine nicht ohne die andere vorstellen kann und daher – nicht etwa nur in seinen Jugendschriften, sondern dauernd – ebensowohl gegen den abstrakten Individualismus der Aufklärung

598 *Larenz*, Volksgeist und Recht. Zur Revision der Rechtsanschauung der Historischen Schule, Zeitschrift für deutsche Kulturphilosophie, Bd. 1, 1935, S. 47 f.

und des Liberalismus, wie gegen den gleichmachenden Kollektivismus eines rein staatlichen Absolutismus, eine totale Bürokratisierung, ankämpft."[599]

Larenz stützt sein gemeinschaftsbezogene Staatsverständnis explizit auf Hegel, dessen Staatsbegriff, wie er betont, gemeinhin missdeutet worden sei. Insbesondere sei Hegels Staatsverständnis von seinen frühen Schriften und seiner im Jahr 1817 veröffentlichten *Heidelberger Enzyklopädie* her zu interpretieren und nicht allein durch seine *Rechtsphilosophie* aus dem Jahr 1821. So sei es „bemerkenswert", dass Hegel in der *Nürnberger Enzyklopädie* „den Ausdruck ‚Staat' überhaupt nicht verwendet, sondern an seiner Stelle lediglich vom Volk und von seiner Verfassung spricht". Dies bedeute jedoch keine „sachliche, sondern lediglich eine terminologische Abweichung" von den anderen Schriften, da „Hegel mit dem ‚Staat' nichts anderes" meine, „als das Volk – eine natürlich-geistige Einheit und Gemeinschaft – in seiner politischen Verfassung, die es zu geschichtlichem Handeln befähigt".[600] So bestünden tatsächlich

> „zwischen Hegels Jugendschriften, in denen durchweg vom Volke, und in seinen Spätschriften, in denen mehr vom Staate die Rede ist, kein Gegensatz. Man muss nur beachten, dass Hegel von vornherein erklärt, ein Volk müsse, um als sittliche Totalität zu bestehen, sich als ein politischer Körper organisieren, und das deshalb die völkische Gemeinschaftsethik schon in Hegels Frühschriften sogleich in die Staatsphilosophie übergeht. Umgekehrt betont seine spätere Staatsphilosophie stets die entscheidende Bedeutung des Volksgeistes, den Hegel wiederum noch in der letzten Auflage seines Systems in dem ‚Naturgeist' der Rasse angelegt sein lässt. Es ist daher nicht ernsthaft zu bezweifeln, dass Hegel jenen Satz seines ersten rechts- und staatsphilosophischen Werkes: dass die absolute sittliche Totalität nichts anderes als ein Volk sei, immer festgehalten hat, und dass auch sein letztes großes Werk, die Rechtsphilosophie, nur von diesem Satz aus richtig verstanden werden kann."[601]

Hegel habe unter dem Staat „die Totalität aller Kräfte eines Volkes in ihrer Zusammenfassung zu einer in sich gegliederten ‚Gestalt' des sittlichen Lebens, d.h. zur Gemeinschaft" verstanden;[602] das Volk in der Anschauung Hegels sei daher die „sittliche Totalität", bzw. als Staat „die vollendete Wirklichkeit der sittlichen Idee".[603] Die „Totalität" sei dabei das „verbindende Glied" aller Gemeinschaftsverhältnisse

---

599 *Larenz*, Der deutsche Rechtsgedanke und seine Bedeutung für ein neues Europa, Kieler Blätter, Heft 1, 1941, S. 44.

600 *Larenz*, Hegels Nürnberger Schriften in ihrer Bedeutung für die Entwicklung seiner Rechts- und Staatsphilosophie, Archiv für Rechts- und Staatsphilosophie, Bd. 31, 1937/38, S. 363. Vgl. dazu auch *Larenz*, Rezension von Theodor Haering, Hegel, Sein Wollen und sein Werk, Zeitschrift für deutsche Kulturphilosophie, Bd. 5, 1939, S. 76 ff.

601 *Larenz*, Der deutsche Rechtsgedanke und seine Bedeutung für ein neues Europa, S. 45.

602 *Larenz*, Die Bedeutung der völkischen Sitte in Hegels Staatsphilosophie, Zeitschrift für die gesamte Staatswissenschaft, Bd. 98.1937/38, S. 111.

603 Vgl. Die Bedeutung der völkischen Sitte in Hegels Staatsphilosophie, S. 133 ff.

bei Hegel und bedeute die lebendige und umfassende „Einheit und Ganzheit, in der alle Trennungen und Entgegensetzungen des Verstandes ‚aufgehoben', also ebenso erhalten wie überwunden und eingegliedert sind".[604]

IV. Busses Interpretation des Hegelschen Staatsbegriffs

Auch Busse schaltete sich in den Diskurs der neuhegelianischen Staatsphilosophie mit ein. Er legte in seiner Dissertationsschrift *Hegels Phänomenologie des Geistes und der Staat* vom 20. März 1930 (erschienen 1931) eine Interpretation des Hegelschen Staatsbegriffes vor, insofern „die Beziehung von Hegels Phänomenologie des Geistes auf sein System der Enzyklopädie in der Darstellung des Staates" untersucht werden soll. Busse will mithin die Unterschiedlichkeiten in verschiedenen Stadien des Hegelschen Staatsverständnisses erklären. Hegels *Phänomenologie des Geistes* wurde im Jahr 1807 veröffentlicht. Das betrachtete Staatsverständnis der späteren Schriften Hegels beruhe Busse zufolge vor allem auf der *Enzyklopädie der philosophischen Wissenschaften* aus dem Jahr 1817, die im Jahr 1830 stark erweitert in der dritten Auflage erschien und auf den *Grundlinien der Philosophie des Rechts* aus dem Jahr 1821. Ausdrücklich stellt Busse seine Arbeit in den Kontext der Binderschen Lehre. Er dankt Binder für die Vermittlung der „entscheidenden Grundlagen zu der vorliegenden Arbeit" und Larenz für die „wesentlichen Anregungen".[605]

Georg Lasson bewertete die Dissertationsschrift Busses als „eine reichlich schwere Aufgabe" für eine Erstlingsarbeit, doch sah er sie als „befriedigend gelöst" an.[606] Binder lobte die Dissertationsschrift als „ausgezeichnete Abhandlung".[607] Dulckeit spricht im Jahr 1936 von einer „ausgezeichneten Untersuchung", auf die in seiner eigenen Abhandlung *Rechtsbegriff und Rechtsgestalt* in der Frage des Verhältnisses der Phänomenologie des Geistes zum System der Philosophie „laufend Bezug genommen werden kann".[608] In einer anderen Schrift nannte er sie „ausgezeichnet" aber „viel zu wenig beachtet".[609]

Die Arbeit soll sich ihrer Problemstellung nach insbesondere mit der von Rosenzweig vertretenen Lehre auseinandersetzen, dass aus „der Verschiedenheit der Darstellung des Staates in der Phänomenologie des Geistes und im späteren System auf einen Wandel der Staatsauffassung Hegels geschlossen" werden könnte. Dabei soll „die Verschiedenheit beider Werke aus dem Ganzen der Philosophie Hegels heraus zu verstehen und ihre Beziehung aufeinander systematisch zu erfassen" sein und schließlich bewiesen werden, „dass die Phänomenologie das System der Enzyklopädie notwendig ergänzt und nicht etwa als ein bloßer früherer Entwurf

---

604 *Larenz*, Rezension von Theodor Haering, Hegel, Sein Wollen und Werk, S. 78.
605 *Busse*, Hegels Phänomenologie des Geistes und der Staat, Vorwort.
606 *Lasson*, Rezension von Busse, Hegels Phänomenologie des Geistes und der Staat, Kant-Studien, Bd. 36, 1931, S. 352.
607 *Binder*, Philosophie und Staat, S. 176 Fn. 9.
608 *Dulckeit*, Rechtsbegriff und Rechtsgestalt, S. 12 Fn. 1.
609 *Dulckeit*, Hegel und der preußische Staat, S. 73.

vom System überholt und mit ihm unvereinbar" wäre. Den Unterschied beider Darstellungen „wird die systematische Betrachtung des Verhältnisses von Phänomenologie und System zueinander zu rechtfertigen haben, indem [er] als ein in der Idee der Philosophie begründeter, notwendiger eingesehen wird".[610]

Busse untergliedert seine Arbeit in drei Teile, von denen die ersten beiden rein systematisch die „Phänomenologie des Geistes und die Darstellung des Staates im erscheinenden Wissen", die „Phänomenologie des Geistes in ihrer Beziehung auf die Darstellung des Staates im System" und der dritte abschließend und vergleichend die „Phänomenologie des Geistes in der Entwicklung der systematischen Erfassung des Staates bei Hegel" aufzeigen sollen.[611]

Im ersten Teil stellt Busse zunächst die Hegelsche Phänomenologie mit ihrem Begriff des erscheinenden Wissens und der Selbstbewusstwerdung des Geistes dar, in dem der „Geist [...] wirklich [ist] in dem Bewusstsein, Bürger des Volkes zu sein", um schließlich die Darstellung des Staates in diesem Hegelschen Konzept zu skizzieren, wonach „‚die Staatsmacht', das Gemeinwesen des Volkes, die Wirklichkeit der Substanz" sei. Der Staat gliedere sich, wobei Busse auf Hegel zurückgreift, „‚in die Systeme der persönlichen Selbständigkeit und des Eigentums, des persönlichen und dinglichen Rechts'", die Familie habe „in ihm ihr Bestehen, wie umgekehrt dem Staat aus der Familie, aus dem Volk als dem Wechsel der Geschlechter seine Kräfte zuströmen". Auch die Interessen der Einzelnen „finden ihre Erfüllung, und nach der Arbeitsweise bilden sich selbständige Gliederungen in eigenen Zusammenkünften und Ständen".[612] Busse beschreibt in diesem Teil das Hegelsche Staatskonzept der *Phänomenologie* wonach der Staatsbegriff aus seinen verschiedene Momenten Familie, abstraktes Recht, bürgerliche Gesellschaft und Moralität gebildet werde.

Im zweiten Teil erläutert Busse die Darstellung des Staates im Hegelschen System der dialektischen Entfaltung des objektiven Geistes in der Entwicklung vom subjektiven zum absoluten Geist und vom Volksgeist zur Weltgeschichte. Demnach sei der Staat hier „die durch die Tätigkeit des substantiellen Willens vermittelte Wirklichkeit der Freiheit, die bewußte allgemeine Verwirklichung der Substanz". Der Staat stelle hier „die äußere Wirklichkeit der Idee dar als eine in sich geschlossene Totalität ihrer Momente". Indem der Volksgeist „aus dem der Staat erwächst" sich „zum Staate gestaltet, gewinnt er eine Bedeutung in der Geschichte, die als Wirklichkeit der Idee in der Geschichtsphilosophie begriffen wird". Der Staat sei die „Geschichte als Gegenwart", sodass die Besonderheit der verschiedenen historischen Staaten als solche erkannt und „ihre geschichtliche Aufgabe als eine bestimmte und notwendige in der Gesamtentwicklung" begriffen werde.[613]

Die Unterschiedlichkeit beider Darstellungsweisen des Staates durch Hegel folgen nach Busse nun „schon daraus, dass die Phänomenologie als Weg zur Wissenschaft

---

610 *Busse*, Hegels Phänomenologie des Geistes und der Staat, S. 1 f.

611 Vgl. *Busse*, a. a. O., Inhalts-Übersicht.

612 *Busse*, a. a. O., S. 56.

613 *Busse*, a. a. O., S. 78 f.

erst zu dem Element des absoluten Wissens hinführt, in dem das System die Entwicklung der Idee vollzieht. Erst im System ist jedes Moment Begriff und der Staat als das gewusst, was er an sich ist". In der *Phänomenologie* erscheine der Staat „nur als Gemeinwesen in der unmittelbar sittlichen Welt, in der die Momente noch nicht zur Entfaltung gekommen sind und daher die dialektische Bedeutung des Staates als der selbstbewußten Vereinung des Selbsts und des objektiven Geistes nicht hervortritt".[614] Diese Betrachtungsweise des Staates, „die nur Momente desselben" erfasse, sei dagegen „im System überwunden und ihr Inhalt in der Entwicklung des objektiven Geistes als Moment aufgehoben".[615] Aus dem Unterschied der Darstellung des Staates in Hegels Phänomenologie und System sei jedoch nach Busse „nicht auf eine Verschiedenheit der zugrunde liegenden Staatsauffassung, auf eine Wandlung derselben zu schließen". Vielmehr sei die Darstellung der *Phänomenologie* nur eine Beschreibung „abstrakter Momente", wohingegen *Enzyklopädie* und *Rechtsphilosophie* den Staat als Wirklichkeit der Idee in der „Totalität ihrer Momente" erklärten.[616] Die *Phänomenologie* stelle „nicht die Besonderung des Geistes im geschichtlichen Werden dar, sondern [...] die Bewegung von logischen Bestimmtheiten der Idee über die Natur und den subjektiven und objektiven Geist zum absoluten Geist". Unterschiedliche Wertigkeiten von Moralität und Staat in verschiedenen Stadien der Hegelschen Staatsinterpretation, wie sie etwa Rosenzweig behauptete, weist Busse unter Verweis auf die spezifische Entstehungsgeschichte einzelner Schriften Hegels zurück.[617]

Die Einschaltung Busses in den Diskurs der Neubegründung des Staates auf hegelianischer Grundlage bleibt, neben seinem Beitrag zu dem Gemeinschaftswerk mit Larenz und Binder, der relativ bescheidene Beitrag Busses zur Hegel-Philosophie der Göttinger Schule. Erkennbar an seinem Lehrer Binder sowie an Larenz ausgerichtet, legt Busse zwar ein Anfangswerk vor, dass zweifellos dem Hegel-Kontext der Göttinger Schule unterfällt, doch wird Busse zunächst die akademische Laufbahn zugunsten einer Karriere in der Landwirtschaftsverwaltung aufgeben und auch später seine akademische Publizistik ganz an der neugewonnenen Thematik ausrichten. Wie unten gezeigt werden wird, werden Busses neuhegelianische Gefährten seine Abwendung von der Fortschreibung des Neuhegelianismus als erklärte Abkehr von der Göttinger Schule werten.

V. Der gemeinschaftsbezogene Staat als Verwirklichung des objektiven Geistes

In der Einführung zur Festgabe *Rechtsidee und Staatsgedanke* zu Binders sechzigstem Geburtstag im Jahr 1930 legte Larenz eine prägnante Zusammenfassung des eigentümlichen neuhegelianischen Staatsverständnisses Binders vor. Er entwickelt

614 *Busse*, a. a. O., S. 97.
615 *Busse*, a. a. O., S. 100.
616 *Busse*, a. a. O., S. 78, 101.
617 *Busse*, a. a. O., S. 129 ff. Vgl. *Rosenzweig*, Hegel und der Staat, 1920.

in ihr die Begriffe Recht, Staat und Volk bzw. Gemeinschaft und die Hegelschen Begriffe Freiheit und Sittlichkeit in der für den Binderschen Neuhegelianismus typischen identitären Weise. Alle Begriffe bedingten sich gegenseitig und erschienen als verschiedenen Konkretisierungen des selben Geistes. Daher sei die „Rechtsidee nichts anderes [...] als die Idee des Staates, indem sie als die eigentümliche geistige Macht gedacht werden muß, die im Staat schöpferisch wirkt, ihn beseelt und belebt und ihn zu einem geistigen Organismus gestaltet". Gleichwohl „gilt gerade hier, die Einheit nicht als tautologische, als formale Identität, sondern als dialektisch unterschiedene und damit als wahrhaft ‚lebendige' Einheit zu begreifen". Diese *dialektisch unterschiedene Einheit des Staates* „denken wir uns als die zur Willenseinheit zusammengeschlossene, als die handelnde Volksgemeinschaft, somit als Willenssubjekt, als Bewegung und Aktivität, das Recht als System geltender Normen, damit als eine ruhende Ordnung". Bewegung und ruhende Ordnung seien hier „keine absoluten Gegensätze, sondern jedes hat das andere ‚Moment' an sich selbst". Dabei sei das Recht „auch Bewegung, Wechsel und Aktivität durch seine Funktion, angewendet und im Wege des Zwanges verwirklicht zu werden". Rechtsanwendung sei auch „Fortbildung, Vervollständigung und Erneuerung des Rechtes, das sich im geschichtlichen Wandel als lebensfähig erweisen muss". Daher seien „Recht und Staat aufeinander angelegt und in ihrer Unterschiedenheit auch eins: der Staat hat nur als die rechtlich geordnete und in der Form des Rechtes sich ordnende Gemeinschaft, das Recht als die Ordnung eines zu staatlichem Handeln geeinten Volkes Bestand". Recht stehe daher nicht nur in dialektischer Identität bzw. Verschiedenheit mit dem Staat, sondern sei

> „[a]ls die Ordnung der sich selbst ordnenden Gemeinschaft [...] selbst ein Stück des Lebens der Gemeinschaft, es wird durch die Gemeinschaft hervorgebracht und ermöglicht sie wiederum, es ist ihr eigenes Werk und zugleich die Bedingung ihrer Fortdauer. In seinem Recht bestätigt ein Volk ebensosehr seine Einheit, als es sie dadurch hervorbringt."[618]

Schließlich bringt Larenz Hegel und den Geist mit ein, da es „der Geist [ist], der in seinem Werk sich selbst hervorbringt, der, wie Hegel sagt, sich zu dem macht, was er ist, weil er sich selbst bestimmt". Dialektisch gewendet greift Larenz wiederum die Begriffe Staat, Geist und Nation auf: „So ist der Staat Willenseinheit als der einheitliche Geist der Nation, er ist ein Ganzes des sittlichen Lebens, dem das Recht als eine unentbehrliche Seite zugehört". Gleichzeitig werden die Hegelschen Begriffe Freiheit und Sittlichkeit mit in diese *dialektisch unterschiedene Einheit des Staates* mit eingebracht, indem die Idee des Staates „die Idee der Freiheit, der Selbstbestimmung eines Volkes als einer Willenseinheit" und „[i]n der Freiheit des Ganzen [...] auch die des Einzelnen enthalten" sei. Dabei ist diese Freiheit „freilich nicht die Freiheit der Willkür, sondern des der konkreten Verantwortung in konkreten Gemeinschaftsverhältnissen sich bewußten sittlichen Willens". Sie kommt „dem Einzelnen nicht als einem außerhalb der Gemeinschaft stehenden Individuum, sondern nur

618 *Larenz*, Einführung, in: Ders. (Hrsg.), Rechtsidee und Staatsgedanke, S. V f.

in der Gemeinschaft und durch sie zu und wird ihm daher nicht durch das Recht beschränkt, sondern verliehen und gesichert". Dabei bringt Larenz auch den Begriff der „Gliedstellung" des Einzelnen im Staatsganzen ein, insofern sich die Freiheit des Einzelnen „nach der Gliedstellung des Einzelnen im Ganzen, nach seiner Aufgabe und seiner Verantwortung" bemisst. Sie ist „Teilhabe an der Gemeinschaft als einem organisch sich gliedernden Ganzen, in dem jedem ‚das Seine' zuteil wird".[619]

Abschließend misst Larenz den erläuterten Begriffen eine aktuelle politische Implikation bei, die Binder in der Tat in seinen Schmähschriften auf den Vertrag von Versailles und die gegenwärtige politische Situation in Deutschland unter Rückgriff auf Hegel entwickelt hatte:[620]

> „Wir verstehen das Recht als den Ausdruck des Willens eines Volkes zur Freiheit und Gerechtigkeit, und da es diesen Willen nur betätigen kann, wenn es im Staat zur Willenseinheit verbunden und frei ist, sich selbst bestimmt, so ist die Freiheit des Staates eine Forderung der Gerechtigkeit. Nur als Glied seines Volkes erfüllt der Einzelne seine sittliche Bestimmung: nur als Glied eines *freien* Volkes ist er selbst frei, und nur ein freies Volk vermag die Idee der Gerechtigkeit in der Gestaltung seines Gemeinlebens zu verwirklichen. So ist die Rechtsidee nicht eine abstrakte Forderung ohne Rücksicht auf die Wirklichkeit konkreter Gemeinschaften, sondern gestaltende Macht als der Wille einer konkreten Volksgemeinschaft zur Freiheit und Verwirklichung ihrer sittlichen Aufgabe in der Ordnung des Gemeinschaftslebens und darum ‚das Lebensprinzip des Staates.'"[621]

Die Diskussion um die neuhegelianische Staatsphilosophie wurde in erster Linie von Binder und Larenz dominiert. Doch auch Dulckeit – der zwar erst einige Jahr später auf den Plan trat als die anderen Angehörigen der Göttinger Schule (seine Dissertationsschrift über Kant erscheint erst im Jahr 1932) – brachte sich in die neuhegelianische Staatsdiskussion mit ein. Dabei lehnte sich Dulckeit zunächst an die völkerrechtskritischen Positionen der polemischen Schriften Binders an. In einer Rezension aus dem Jahr 1935 über die Schrift von Johannes Hoffmeister *Die Problematik des Völkerbundes bei Kant und Hegel* weist er, unter Hinweis auf Deutschlands Austritt aus dem Völkerbund, auf Widersprüche der Kantschen Völkerbundskonzeption hin, die erst Hegel mit seiner Weltgeistlehre zu lösen vermocht hätte, die allerdings das Ideal eines Völkerbundes zugunsten eines jeweils dominierenden Volkes ausschließe. Hegel sei zugleich der

> „deutsche Gemeinschaftsphilosoph, der im Volke als Staat nicht mehr wie Kant eine Summe beliebiger Menschen, eine ‚Vereinigung von Menschen unter Rechtsgesetzen' (zwecks Sicherung individueller Rechte), sondern die höhere Einheit als Selbstzweck

619 Vgl. zu Larenz' Konzept der „Gliedstellung" Kapitel 7 Abschnitt III.
620 Zu Binders Kritik der Weimarer Republik vgl. Kapitel 3 Abschnitt I.
621 *Larenz*, Einführung, in: Ders. (Hrsg.), Rechtsidee und Staatsgedanke, S. VI f.

erkennt, der gegenüber der Einzelne mit all seinen Rechten, seinem Eigentum und selbst mit seinem Leben nur relativen Wert haben kann."[622]

Er lobt Larenz, dass dieser die „Belege dafür, dass der tragende Grundbegriff in Hegels Staatsphilosophie niemals der Staats als solcher, sondern stets das Volk" gewesen sei, in seiner Schrift *Die Bedeutung der völkischen Sitte in Hegels Staatsphilosophie* „vollständig zusammengestellt" habe.[623] In der Tat hatte Larenz dort die These aufgestellt, dass es *„nicht der Staat in der gewöhnlichen Bedeutung dieses Wortes"* gewesen sei, der *„Hegels eigentliches und ursprüngliches Anliegen"* gewesen sei, *„sondern die Gemeinschaft als ein Lebensganzes von eigener Prägung und umfassendster Wirksamkeit"*.[624] Larenz hatte „Hegels gesamte praktische Philosophie" letztlich auf die folgende Grundfrage reduziert: „was ist eigentlich eine lebendige Gemeinschaft und wie kann sie in einem Volke zur Wirklichkeit werden?"[625] Allerdings hält er im Jahr 1940 fest, dass Hegels „Gemeinschafsethik" weder zu dessen Zeiten noch gegenwärtig wirklich verstanden worden sei.[626] Dennoch behaupte er, dass „überhaupt erst unsere Gegenwart imstande" sei, „Hegels eigentliches und tiefstes Anliegen" nämlich „die wahrhaft umfassende Gemeinschaft eines Volkes die ‚sittliche Totalität'" wirklich zu verstehen.[627] Dulckeit selbst sieht den „Begriff des objektiven Geistes im Begriff des Volksstaates als der geschichtlichen Individualität vollendet".[628]

Mithin fasst Dulckeit den nationalsozialistischen Staat in Hegelschen Gedanken auf und sieht ihn als verwirklichten Geist der Geschichte an. Er bemüht sich überdies „das landläufige liberale Hegelbild, das immer noch in Philosophie und Wissenschaft sein Unwesen treibt, als solches zu zerstören",[629] wonach Hegel „mit seiner Rechtsphilosophie keinen andern Zweck verfolgt habe als die Verherrlichung des preußischen Staats von 1818".[630] Freilich habe Hegel

„in Preußen keinen ‚schlechten und unwahren Staat' in dem Sinne gesehen, dass er überhaupt keine Gestaltung der Sittlichkeit mehr sei und darum untergehen müsse. Aber darum wird er auf der anderen Seite doch nicht im damaligen Preußen den Weltgeist

622 *Dulckeit*, Rezension von Hoffmeister, Die Problematik des Völkerbundes bei Kant und Hegel, Kant-Studien, Bd. 40, 1935, S. 314, 315 f.
623 *Dulckeit*, Das Selbstbewusstsein des Geistes. Zum Werke von J. Hessing, Die Tatwelt, Bd. 14, 1938, S. 31 Fn. 2.
624 *Larenz*, Die Bedeutung der völkischen Sitte in Hegels Staatsphilosophie, S. 110.
625 *Larenz*, Der deutsche Rechtsgedanke und seine Bedeutung für ein neues Europa, S. 43.
626 Vgl. *Larenz*, Johann Friedrich Kierulff, Bemerkungen zu seiner „Theorie des gemeinen Civilrechts", in: Paul Ritterbusch u.a. (Hrsg.), Festschrift zum 275jährigen Bestehen der Christian-Albrechts-Universität zu Kiel, 1940, S. 117 f.
627 *Larenz*, Hegelianismus und preußische Staatsidee, S. 14 f.
628 *Dulckeit*, System und Geschichte in Hegels Philosophie, Zeitschrift für deutsche Kulturphilosophie, Bd. 4, 1938, S. 55.
629 *Dulckeit*, Hegel und der preußische Staat, S. 74.
630 *Dulckeit*, a. a. O., S. 64.

verwirklicht gesehen haben, wie man gemeint hat. Der Weltgeist ist zwar in die germanische Welt eingegangen, aber das Preußen von 1820 konnte schon aus dem Grunde noch nicht seine Gestalt sein, weil diesem Preußen selbst ja ein tiefgreifender Mangel anhaftete: es war ja nicht der Staat des deutschen Volkes. Und insofern war dieses Preußen in der Tat immer noch ein unwahrer Staat. Aber eben doch schon ein wirklicher Staat. Wenn Hegel dagegen 1802 seine Schrift über die ‚Verfassung Deutschlands' mit den Worten einleitete: ‚Deutschland ist kein Staat mehr', und am Ende der Abhandlung nach dem Eroberer verlangte, der mit Gewalt die Einigung des deutschen Volkes – im Dienste der Idee – erzwingen soll, so lässt sein späteres Schweigen keinesfalls darauf schließen, dass er den Gedanken an den deutschen Staat aufgegeben hätte. Und wenn er in Preußen wirklich den Wegbereiter des Reiches gesehen haben sollte, so hat ihm die spätere Geschichte auch hierin recht gegeben."[631]

Dass Binder und seine Schüler in der Neugestaltung des deutschen Staates die Verkörperung des geschichtlich wirkenden Geistes erkennen wollten, ist Ausdruck ihres Strebens, ihrer Staatsphilosophie, die sie aus dem „objektiven Idealismus" in Anlehnung an Hegel geschaffen hatten, zur politischen Wirksamkeit zu verhelfen. Dabei stellten die staatsphilosophischen Gedanken gewissermaßen die Grundlage ihres „objektiven Idealismus" dar. Aus der an Hegel angelehnten Gemeinschaftsethik entwickelten Binder und seine Schüler ihre Philosophie, wonach der Staat der Ausdruck des historisch wirkenden Geistes sei, der sich in einem Volk verwirkliche. Dieses lebe wiederum in der sozalethischen Form seines historisch geschaffenen Rechtes, das ebenfalls Ausdruck des Geistes sei. Jede Norm, die entgegen dem geschichtlich gewachsenen Recht installiert werde, müsse das Volk – dieser Anschauung zufolge – als illegitim ablehnen. Allerdings fand diese Vorstellung von der neuhegelianischen Fundierung des neu zu schaffenden Staates keine Resonanz. Weder der rechtswissenschaftliche Diskurs noch die politische Diskussion stiegen in die Gedankenwelt Binders und seiner Schüler ein.

---

631 *Dulckeit*, a. a. O., S. 76 f.

Kapitel 4: Der „objektive" und „absolute Idealismus"

Wesentliches Moment der Binderschen Rechtsphilosophie, an das sich seine Schüler zunächst anlehnten, ist die Forderung nach der Überwindung der erkenntnistheoretischen Trennung von Subjekt und Objekt und die Behauptung einer allumfassenden Präsenz des Geistes in der Wirklichkeit, d.h. der Bewusstwerdung des objektiven Geistes im subjektiven Selbstbewusstsein des Einzelnen. In diesem Sinne wurde auch das Recht als sich verwirklichendes Moment des Geistes in der Wirklichkeit angesehen. Recht entspringe nicht nur einer metaphysischen Quelle der Idealität des Geistes, sondern sei gleichzeitig identisch mit dem positiven Recht und der Rechtswirklichkeit. Letztere wiederum sei die selbstbewusste Verwirklichung des Geistes, bzw. der Wille desselben.

Stimmten Binders Schüler zwar zu Beginn der 1930er Jahre noch prinzipiell mit diesen rechtsphilosophischen Positionen überein, so grenzten sie sich sukzessive von der sich zuspitzenden Binderschen Philosophie des „absoluten Idealismus" ab, den Larenz retrospektiv mit einiger Berechtigung als „esoterisch" bezeichnete.[632] Diese Bezeichnung trägt der Tatsache Rechnung, dass Binder seine Rechtsphilosophie nicht als isolierte akademische Teildisziplin ansah, sondern als Teil einer umfassenden Wirklichkeitserkenntnis seines „idealistischen" Systems.

In seinem Beitrag *Rechtsbegriff und Rechtsgeschichte* zu der Festschrift zum siebzigsten Geburtstag des Würzburger Rechtshistorikers Ernst Mayer im Jahr 1932 reißt Binder „das Problem *der Voraussetzung* aller Rechtswissenschaft" an, welches „ein metajuristisches Problem" sei,[633] nämlich die Frage nach dem Begriff des Rechts in seinem Verhältnis zur Geschichte.[634] Damit führt er in die Gedankenwelt seines „absoluten Idealismus" ein. Er greift erklärtermaßen auf seinen Beitrag *Zur Lehre vom Rechtsbegriff* von 1929 zurück.[635] Binder setzt sich zum Ziel, nicht zu untersuchen, „was man so gemeinhin als ‚Begriff' zu bezeichnen pflegt", sondern den „sog. *konkrete[n] Begriff*" Hegels, „d.h. die Einheit des Besonderen und des Allgemeinen".[636] Da dieser Begriff „Funktion und Ergebnis" des Denkens sei, müsse er aus der „immanente[n] Logik des Idealismus" heraus verstanden werden. Diese beinhalte nach Binder die Vorstellung, dass das Denken die Aufgabe habe, die Wirklichkeit zu erfassen und „das was *die Vorstellung*, die selbst eine Stufe des sich entwickelnden Denkens ist, sich und das heißt dem Denken gegenüberstellt, zu begreifen". Weiterhin müsse es seine „in der Vorstellung bestehende Gegensätzlichkeit von Subjekt und Objekt" aufheben und „so

632 Vgl. *Larenz*, Methodenlehre der Rechtswissenschaft, S. 103.
633 *Binder*, Rechtsbegriff und Rechtsgeschichte, S. 2.
634 Vgl. *Binder*, a. a. O., S. 5.
635 Vgl. *Binder*, a. a. O., S. 6 Fn. 1.
636 *Binder*, a. a. O., S. 6 f.

den Gegenstand als das dem denkenden Subjekt Vorgestellte, Gegenübergestellte, als *fremd* Gedachte als *das Gedachte* und damit als *das Denken* selbst und als die *Einheit von Subjekt und Objekt*" begreifen.[637]

Letztlich bedeute die Erkenntnis, dass „Gegenstand des Denkens das Denken selbst, das Denken, das sich selbst denkt, indem es sich in Denken und Gedanken, in Subjekt und Objekt auseinanderlegt", dass „Gegenstand des Erkennens nicht der einzelne ‚Gegenstand der Vorstellung oder des Bewusstseins überhaupt sein kann, sondern die Totalität aller erdenklichen Gegenstände", welche als „Welt" aufgefasst werden könnten. Da diese Welt dabei stets das eigene Bewusstsein sei, könnte sie auch als Bewusstsein selbst aufgefasst werden.[638]

In diesem „dialektischen Prozess der Entwicklung des Geistes als des sich erkennenden Geistes" klärt sich für Binder die Frage nach dem Begriff, insofern der „so sich immer erneuende, sich beständig erschaffende und begreifende Begriff" die „Idee oder der alle Wirklichkeit bedingende und in aller Wirklichkeit, nur sich selbst erkennende Geist" sei. Idee sei dabei „der lebendige, sich als Gegenstandsbewusstsein wirklich werdende und aus diesem zu sich selbst als Wirklichkeit dieses Gegenstandsbewusstseins zurückkehrende Geist". Der Begriff ist nach Binder „als konkreter Begriff die als Geist begriffene Totalität". Ein besonderer Begriff könne nur Begriff sein, „als Glied dieser Totalität, als eine Station auf dem Wege des sich begreifenden Geistes, als eine Stufe des sich auseinanderlegenden und wieder zusammenfassenden Bewusstseins".[639]

Auch der Rechtsbegriff könne nur als „konkreter Begriff" in diesem Sinne aufgefasst werden und erweise sich „als eine Stufe in dem Fortschritt des sich begreifenden Denkens", und zwar „als der Übergang vom subjektiven zum objektiven Geist, d.h. zu dem Geist, der seine Wirklichkeit in der objektiven Welt des Rechts findet und sich in dieser Objektivität und als sie begreift".[640] Diese Bestimmung des Rechtsbegriffs bedeute nach Hegel: *„Das Recht ist das Dasein des freien Willens"*.[641]

Zur Bestimmung der Freiheit verweist Binder dabei auf seinen Vortrag auf dem ersten Hegel-Kongress *Die Freiheit als Recht* von 1930.[642] Um auf den Titel seiner Abhandlung *Rechtsbegriff und Rechtsgeschichte* zurückzukommen, befasst sich Binder in deren zweitem Teil mit der Implikation dieser Rechtsidee für die Rechtsgeschichte. Er kritisiert die historische Rechtsschule und Savigny indem er auf den Hegelschen Gedanken hinweist, dass sich eine gebildete Nation durchaus ein positives Recht geben könnte und verweist andererseits darauf, dass der Begriff des Rechts

> „nicht der feste, tote, von der Wirklichkeit abgezogene Allgemeinbegriff ist, sondern die begriffene konkrete Wirklichkeit, und das heißt, da diese Wirklichkeit auch wieder nicht dem denkenden und wollenden Subjekt als ein Jenseits gegenübersteht, sondern

---

637 *Binder*, a. a. O., S. 7.
638 *Binder*, a. a. O., S. 8.
639 *Binder*, a. a. O., S. 10.
640 *Binder*, a. a. O., S. 11.
641 *Binder*, a. a. O., S. 14.
642 Vgl. *Binder*, a. a. O., S. 16.

sein eigenes Bewusstsein, Gedanke und Wille des Subjektes selbst ist, dass *Begriff* und *Wirklichkeit* zusammenfallen, so dass das Recht als wirkliches Recht sich selbst denkendes und begreifendes Denken, sich selbst wollender Wille und damit, als Gedanke und Wille, sich selbst bestimmend und darum die schlechthinnige Unbedingtheit und Unbestimmtheit, die an und für sich seiende Freiheit ist."[643]

Geschichte sieht Binder dabei im Hegelschen Sinne als den „Werdegang des Geistes" an, der sich als „frei und objektiv geworden" im Staat verwirkliche.[644]

Auf das Thema seiner Abhandlung bezogen, bezeichnet Binder die Geschichte als „die Verwirklichung des Begriffes von Recht und Staat in der Zeit". Die „‚geschichtliche Entwicklung' von Recht und Staat" sei „überhaupt nichts anderes als die Entwicklung des *Begriffes* in der Zeit".[645] Er resümiert: „Das Recht ist dieser sich entwickelnde und verwirklichende Geist, der sich auswirkt in der Geschichte und erkannt wird im Begriff."[646]

I. Die Wirklichkeit des Bewusstseins bei Binder

Aus dem an Hegel angelehnten Gedanken der Verwirklichung des Geistes in Recht und Geschichte heraus, begann Binder im Jahr 1932 die erkenntnistheoretischen Grundlagen seines „absoluten Idealismus" zu umreißen. In den einleitenden Sätzen zu seiner Abhandlung *Der autoritäre Staat* geht er von der Erkenntnis Hegels aus, „dass das Bewusstsein als die metaphysische Voraussetzung aller Wirklichkeit und aller Wirklichkeitsbetrachtung in der Unterschiedenheit von Subjekt und Objekt mit sich identisch ist, dass nichts an sich ist, was nicht auch für uns wäre", dass es weiterhin „jenseits des Bewusstseins kein Sein gibt, dass vielmehr alles Sein innerhalb des Bewusstseins liegt". Erst die Erkenntnis dieser Identität von Subjekt und Objekt sowie von Bewusstsein und Gegenstand mache jegliche Wirklichkeit und Wirksamkeit von Recht und Staat begreifbar.[647] Konkret auf das Recht bezogen schärft Binder diese Ansicht in seiner Schrift *Der obligatorische Vertrag im System der Hegelschen Rechtsphilosophie* aus dem Jahr 1934 noch zu:

„Nur für eine Rechtswissenschaft, die das Recht als Leben und als Geist begreift, ist das Recht einer Entwicklung fähig; nur die Erkenntnis, dass der Geist die einzige Realität ist, diese kostbare Frucht des deutschen Idealismus, die in dem Geiste unseres großen Landsmannes Hegel herangereift ist, kann uns in den Stand setzen, das Recht als lebendige Entwicklung des Geistes zu verstehen und die Begriffe des Rechts, die

643 *Binder*, a. a. O., S. 23 f.
644 Vgl. *Binder*, a. a. O., S. 20 ff.
645 *Binder*, a. a. O., S. 24.
646 *Binder*, a. a. O., S. 30.
647 *Binder*, Der autoritäre Staat, S. 127. Vgl. zu der „Wirklichkeit des Geistes" auch *Binder*, Der Idealismus als Grundlage der Staatsphilosophie, Zeitschrift für Kulturphilosophie, Bd. 1, 1935, S. 151. Zur Definition des „absoluten Idealismus" vgl. *Binder*, Philosophie und Staat, S. 196 ff.

> für den bloßen Verstand ein mehr oder weniger glücklich angeordnetes Aggregat von Einzelheiten bilden müssen, in einem lebendigen System, als Glieder eines geistigen Organismus, eines aus dem andern und alle aus dem Ganzen hervorgehen zu lassen, um ihrerseits wieder dieses Ganze zu gestalten."[648]

In seiner Schrift *Der Idealismus als Grundlage der Staatsphilosophie* aus dem Jahr 1935 entwickelt Binder auf der Grundlage dieses „absoluten Idealismus" eine Staatsphilosophie, die er nicht als subjektive „Weltanschauung" bezeichnet, sondern als „objektive Erkenntnis":[649]

> „Wir müssen den Staat begreifen als Wirklichkeit des Geistes und können ihn dann begreifen als Wirklichkeit der Freiheit. Der Staat ist Einheit in der Mannigfaltigkeit seiner Gliederung; er ist das Volk, das als dieses gegliederte Volk in der Form des Rechtes lebt, ist Wille des Volkes zur Einheit seines völkischen Daseins und zur Selbstbehauptung und Auswirkung in der geschichtlichen und politischen Welt. Er ist Wille des Volkes, der sich zu dieser seiner Lebensform, seinem Dasein und seiner Wirksamkeit selbst bestimmt und ist insofern, als sich selbst bestimmender Wille *Dasein des freien Willens.* Als dieser freier Wille ist der Staat Wirklichkeit der Freiheit, und insofern Wirklichkeit der Sittlichkeit."[650]

Dieses System des „absoluten Idealismus" führte Binder schließlich in seiner Schrift *Grundlegung zur Rechtsphilosophie* im Jahr 1935 aus, die als Bekenntnisschrift des „absoluten Idealismus" angesehen werden kann.

Schönfeld kritisierte an dieser Schrift allerdings, dass man „auf diese Grundlegung zur Rechtsphilosophie das Haus der Rechtsphilosophie nicht bauen" könne und bezeichnete die Auffassung Binders von der umfassenden Wirklichkeit des Bewusstseins als „unannehmbar".[651] Auch Wundt bemängelte, dass Binders Abhandlung nur „an den Begriff des Rechts heranführt, ihn aber selber noch nicht entfaltet".[652] Von Schweinichen übte Kritik an Binders Dialektik-Auffassung und bezeichnete die von Binder gegebene „Widerlegung eines *antiquierten* erkenntnistheoretischen Realismus [...] im Rahmen der gegenwärtigen wissenschaftlichen Diskussion" als das „Einrennen von offenen Türen".[653] Binder weist dieses „Einrennen von offenen Türen" jedoch vehement zurück, weil „die geistige Welt außerhalb des Dritten Reiches leider immer noch" von einem „Individualismus" beherrscht werde, der

648 *Binder*, Der obligatorische Vertrag im System der Hegelschen Rechtsphilosophie, S. 59.
649 Vgl. *Binder*, Der Idealismus als Grundlage der Staatsphilosophie, S. 144, 148.
650 *Binder*, a. a. O., S. 155 f.
651 *Schönfeld*, Rezension von Binder, Grundlegung zur Rechtsphilosophie, Archiv für die civilistische Praxis, Bd. 141, 1935, S. 104 f.
652 *Wundt*, Rezension von Binder, Grundlegung zur Rechtsphilosophie, Zeitschrift für deutsche Kulturphilosophie, Bd. 2, S. 281.
653 *Von Schweinichen*, Rezension von Binder, Grundlegung zur Rechtsphilosophie, Kant-Studien, Bd. 40, 1935, S. 356, 359.

überwunden werden müsse.[654] Insgesamt ist die Reaktion Binders auf seine Kritiker typisch: Er ging inhaltlich nur sehr spärlich auf sie ein und stellte seine Meinung nicht als relative und kritisierbare Stimme des wissenschaftlichen Diskurses dar, sondern als nicht zu widerlegende Kundmachung der Wahrheit, wobei diese zu eine „idealeren“ Wirklichkeit hinführen werde. Diese Reaktion wiederholt sich später auch gegenüber der Kritik seiner Schüler.[655]

Binder schreibt im Vorwort der *Grundlegung zur Rechtsphilosophie*:

> „Dieses Buch, das ich hiermit der Öffentlichkeit übergebe, bezweckt die Darlegung und Begründung des allgemeinphilosophischen Standpunkts, zu dem ich mich seit Veröffentlichung meiner ‚Philosophie des Rechts‘ durchgearbeitet habe, und als Begründung dieses Standpunkts zugleich die Aufhebung seiner bloßen Standpunkthaftigkeit, nämlich die Herstellung einer objektiv gültigen Grundlage für ein neues System der Rechtsphilosophie.“[656]

Damit gibt sich Binder überzeugt, dass seine Rechtsphilosophie keine bloße Lehrmeinung, Weltanschauung oder wissenschaftlicher Standpunkt unter anderen wäre, sondern er beansprucht für sie wissenschaftliche objektive Gültigkeit, die möglicherweise mit der herrschenden Meinung im Widerspruch stünde, aber durch die „Notwendigkeit des Systems“ gerechtfertigt sei.[657] Binder erörtert in dieser Schrift vor allem seine rechtsphilosophischen Grundbegriffe wie „Realismus“ und „Idealismus“ sowie „Freiheit“ und „Geltung des Rechts“. Hinsichtlich des Realismus und Idealismus vertritt Binder die ihm eigentümliche Verschmelzung beider Bergriffe, indem er davon ausgeht, dass

> „der *Realismus* des gewöhnlichen und damit des empirischen Bewusstseins durch den *Idealismus* ersetzt worden ist. Für uns, d.h. für das philosophische Denken, besteht die Realität der Außenwelt, wenn wir das nur dem Bewusstsein Angehörende mit dem herrschenden Sprachgebrauch als ideell bezeichnen, in ihrer *Idealität.* Sie wird als reell *vorgestellt* oder *gedacht.* Aber, indem sie als reell gedacht wird, wird in diesem Denken ihre Realität nicht vernichtet, nicht schlechthin verneint, sondern vielmehr erhalten oder aufgehoben: sie wird verneint nur als *transzendente* Realität, als an sich seiende, gegebene, jenseitige Realität; *bejaht* dagegen als bewusstseins-*immanente*, gedachte und vorgestellte Realität.“[658]

Der „richtig verstehende Idealismus“ verwerfe

> „den Gegensatz zwischen dem Ding an sich und seiner Erscheinung, weil er begreift, dass das Ding an sich nicht ein bloßes Problem, nicht ein bloßer Grenzbegriff oder ein „X“ ist, sondern ein *Unbegriff*, ein unauflöslicher Widerspruch in sich selbst. Ist das

654 *Binder*, System der Rechtsphilosophie, S. 30 Fn. 3a).
655 Vgl. dazu Kapitel 6 Abschnitt VI.
656 *Binder*, Grundlegung zur Rechtsphilosophie, S. III.
657 *Binder*, a. a. O., S. V ff. Vgl. auch S. 34.
658 *Binder*, a. a. O., S. 14 f.

Ding an sich wirklich ‚an sich', d.h. jenseits unseres Bewusstseins, dann können wir von ihm nichts aussagen, können wir mit ihm überhaupt nichts anfangen, weil es dann für uns überhaupt nicht da ist. Die Welt, die für uns allein in Betracht kommen kann, ist die Welt unseres Bewusstseins, unseres allgemeinen und individuellen menschlichen Bewusstseins. Was jenseits dieses Bewusstseins liegt, geht uns nichts an, und unsere Erkenntnis hat diese Welt des Bewusstseins zu ihrem Gegenstand und nicht ein Jenseits von ihr. Es kann in der Tat nichts an sich sein, was nicht für uns, d.h. Bewusstsein wäre; der Gegensatz zwischen dem an sich und dem für uns fällt überhaupt *in das Bewusstsein*. Es ist das Bewusstsein als Denken selbst, das sich den Gegenstand gegenüberstellt, vor-stellt, so dass dieser Gegen-stand für das Bewusstsein und in ihm bleibt."[659]

Noch prononcierter verdeutlicht Binder: „Der Gegenstand ist *nur Bewusstsein*; er ist Gegenstand als Bewusstsein, ist real als Gedachtes: die Idealität der Realität, die Begründung der Realität in ihrer Idealität, das ist der Sinn des (absoluten) Idealismus".[660] Vor allem Dulckeit wird sich später sehr kritisch mit dieser „allumfassenden Einheit des Bewusstseins" auseinandersetzen.[661]

Vor dem Hintergrund dieser Wirklichkeitsdeutung wird klar, warum Binder nicht von einem idealen Rechtsbegriff ausgeht, sondern als geltendes Recht stets nur das positive Recht ansehen kann.[662] Das Recht ist für ihn nur denkbar innerhalb des Bewusstseins, das es als positives Recht begreift: „Das Recht wird als geltend gewusst und begriffen und verwirklicht und kann anders denn als geltendes Recht nicht gewusst und begriffen werden".[663] Den Willen des Menschen als Rechtssubjekt sieht er als „schlechthin frei" an. Dabei legt er sein spezifisches Freiheitsverständnis zugrunde, das Freiheit als subjektive Übereinstimmung mit dem objektiven Geist bezeichnet. Der Wille folge

„Gesetzen der Freiheit oder der Vernunft, kann aber der blinden Naturnotwendigkeit nicht unterworfen sein. Und zwar ist frei in diesem Sinne der Wille des empirischen Menschen; die Freiheit gehört nicht in den mundus intelligibilis, sie ist nicht ‚bloß Idee', mit der uns nicht geholfen wäre, sondern ist, *als Idee*, in dieser empirischen Wirklichkeit zu finden, hat Dasein und Wirklichkeit in der Welt des Geistes, der Kultur, der Geschichte."[664]

Die Freiheit sei das „substantielle Wesen" des Rechts.[665] Der Gegensatz von Subjektivität und Objektivität werde in der Freiheit aufgehoben, insofern das „Recht der Objektivität" das „höhere Recht" sei. Ferner sei es die „eigene Notwendigkeit des moralischen Bewusstseins", über sich hinaus zu gelangen und „die Objektivität in

659 *Binder*, a. a. O., S. 25 f.
660 *Binder*, a. a. O., S. 26.
661 Vgl. Kapitel 6 Abschnitt III.
662 Vgl. *Binder*, a. a. O., S. 131 ff.
663 *Binder*, a. a. O., S. 137.
664 *Binder*, a. a. O., S. 77 f.
665 *Binder*, a. a. O., S. 84,

seine Subjektivität aufzunehmen und damit zum sittlichen Bewusstsein zu werden". Dies sei die „Identität von *Notwendigkeit* und *Freiheit*".[666]

II. Der objektive Idealismus bei Larenz

Auch Larenz beschäftigte sich mit ähnlichen Fragestellungen wie Binders idealistische Rechtsphilosophie. So befasste er sich im Jahr 1927 in dem Aufsatz *Die Wirklichkeit des Rechts* in erklärter Abgrenzung zum juristischen Positivismus mit der Frage, ob es berechtigt wäre und was es bedeute, von einer „*Wirklichkeit* des *Rechtes*" zu sprechen.[667] Dabei greift er einen Geist- und Wirklichkeitsbegriff auf, den er von Hegel bzw. Binder entlehnt, insofern im Sinne der idealistischen Philosophie davon auszugehen sei, „dass *das wahrhaft Wirkliche das Ich oder der Geist ist*".[668] Der Geist verwirkliche sich in der Kultur, welche als der Geist begriffen wird der sich „zur Wirklichkeit einer Welt gestaltet".[669] Das Recht sei dabei als Kulturerscheinung aufzufassen und die Frage nach der Wirklichkeit des Rechts wird, entsprechend dem Selbstverständnis der Zeitschrift Logos als „Internationale Zeitschrift für Philosophie der Kultur", zur Frage der Kulturphilosophie stilisiert.[670]

Larenz geht in seiner Abhandlung u.a. auf Hegel, die *Philosophie des Rechts* seines Mentors Binder von 1925, seine eigene gerade erst erschienene Dissertationsschrift und Schönfeld ein. Auf die Titelfrage der kurzen Abhandlung nach der Wirklichkeit des Rechts rekurrierend, ist für Larenz die geistige Wirklichkeit der Kultur unterschieden von der Wirklichkeit der physischen Naturgesetze. Bei der letzteren könne eine sinngemäße Fortpflanzung nur in Gestalt einer mechanischen Kausalität erfolgen, in der Kultur dagegen

> „wirkt Geistiges auf Geistiges, und die Bewegung schließt sich zum Kreise. Was das Kulturwerk bewirkt hat, ist Geist, und was es bewirkt, ist wieder Geist; und beides ist nicht verschieden wie zwei Naturdinge, die im Kausalnexus stehen, sondern es ist *ein und derselbe* Gedanke, den der Autor denkt, den ihm der Leser nach-denkt; ein und derselbe Wille, den der Gesetzgeber ausspricht, den der Richter und schließlich der Vollstreckungsbeamte vollzieht."[671]

Davon ausgehend, entwirft Larenz eine Rechtswirklichkeit die, angelehnt an den Hegelschen Gedanken der Selbstverwirklichung des Geistes in der bürgerlichen Gesellschaft und im Staat, das Recht als „Willen der Gemeinschaft" begreift:

> „Ist somit der objektive Geist der Geist der Gemeinschaft, so ist das Recht der Wille der Gemeinschaft, und zwar der Wille der Gemeinschaft auf ihren Bestand als solche. Denn

666 *Binder*, a. a. O., S. 113.
667 *Larenz*, Die Wirklichkeit des Rechts, Logos, Bd. XVI, 1927, S. 204.
668 *Larenz*, a. a. O., S. 205.
669 *Larenz*, a. a. O., S. 206.
670 Vgl. *Larenz*, a. a. O., S. 204.
671 *Larenz*, a. a. O., S. 206 f.

der Zweck aller Rechtseinrichtungen ist letztlich kein anderer, als das Zusammenleben der Menschen in einer Gemeinschaft. Dieser Zweck aber erweist sich als sinnvoll und gerechtfertigt, indem er auf die Rechtsidee bezogen wird, die uns so als die ethische Idee in ihrer Anwendung auf den Rechtszweck erscheint, d. h. als die ethische Idee, wie sie sich nicht an den einzelnen, sondern an die Gemeinschaft als solche richtet. Das Recht als der objektive, d.h. ausgesprochene und verwirklichte Wille der Gemeinschaft ist so bedingt durch die Rechtsidee als die Idee der Gemeinschaft von sich selbst, und eine Sinnwirklichkeit ist daher dann eine *rechtliche*, wenn sie Wille der Gemeinschaft ist, der auf die Idee ihrer selbst, als solcher, gerichtet ist. Das Recht ist wirklich, insofern es Wille der Gemeinschaft ist; daher ist Platos ‚Staat' oder Fichtes ‚Naturrecht', obgleich es in der Zeit gestalteter Sinn und somit wirklicher, objektiver Geist ist, doch kein wirkliches *Recht*, denn es *ist* nur als – wenn auch zugleich allgemeines – Werk seines Schöpfers, nicht aber als der ausgesprochene Wille einer Gemeinschaft. So ist das Recht allein *wirklich*, wie Binder sagt, als ‚der objektivierte, in Übung oder Satzung zum Ausdruck gekommene Volkswille'; die Wirklichkeit der Rechtsnorm besteht darin, ‚dass sie der Gemeinwille geschaffen hat, damit sie Regel des sozialen Lebens sei', und ihre Wirklichkeit besteht darin, ‚dass sie Regel dieses Lebens ist'."[672]

Es wird deutlich, dass Larenz schon in seinen frühen Auseinandersetzungen mit Hegel seinen Rechtsbegriff auf die Gemeinschaft stützte. Daraus modifizierte er später relativ problemlos die Volksgemeinschaftsbezogenheit seines Rechtsbegriffes. Gleichwohl lässt sich ein nationalsozialistischer Einfluss auf Larenz zu Ende der 1920er Jahre noch nicht nachweisen. Larenz propagiert in diesem Aufsatz von 1927 eine Identität des Rechts in seiner Idealität im Geiste und in seiner (Selbst-)verwirklichung in der Gemeinschaft und im positiven Recht:

„Alles Recht ist wirklich, aber alles Recht ist auch ideal, d.h. auf die Idee gerichtet, weil es wirklich nur ist, insofern es sinnhaft, und sinnhaft nur ist, insofern es der Wille der Gemeinschaft ist, der sich als der allgemeine Wille weiß. So ist die Rechtswirklichkeit die Wirklichkeit des Geistes, der sich als der Wille der Gemeinschaft weiß und vollbringt."[673]

Die Frage nach der Wirklichkeit des Rechts verfeinerte Larenz in seiner Schrift *Das Problem der Rechtsgeltung* aus dem Jahr 1929, in der er die Frage nach der Normativität des positiven Rechts aufgreift, die er vergleichbar in *Die Wirklichkeit des Rechts* diskutiert hatte: „Woher wissen wir denn, dass das, was wir positives Recht nennen, wirklich Recht *ist*? Worauf beruht es, dass eine Norm, wie immer sie auch entstanden sein mag, als Rechtsnorm *gilt*?"[674] Unter Bezugnahme auf die Abgrenzung von überpositiver Normativität und positivem Recht, etwa in der Frage der Bindung des Gesetzgebers an eine höhere Rechtsidee, kritisiert Larenz die psychologische, soziologische, normative und ontologische Ausdeutung des Geltungsbegriffs.[675]

672 *Larenz*, a. a. O., S. 208.
673 *Larenz*, a. a. O., S. 210.
674 *Larenz*, Das Problem der Rechtsgeltung, S. 5.
675 *Larenz*, a. a. O., S. 9.

Als Charakteristikum der Vertreter der ersten beiden philosophischen Richtungen sieht Larenz, dass sie das Recht „als ein in der Erfahrung anzutreffendes Stück der Wirklichkeit ansehen und seine Geltung als die besondere Art seiner *Wirksamkeit* betrachten".[676] Er fasst unter diesen Ansichten, die er als „naturalistisch", „psychologisch" und „soziologisch" bezeichnet, in verschiedenen Abstufungen Bierling, Jellinek, Stammler, Max Weber und Leibholz zusammen. Larenz wendet jedoch gegen die Ansichten dieser Gruppe ein, dass das Recht „nur auf das menschliche Bewusstsein" wirke, aber geistige Gebilde, wie Recht und Staat „zwar nur durch unser Bewusstsein und in unserem Bewusstsein zur Wirklichkeit gelangen, darum aber doch nicht mit den einzelnen Bewußtseinsvorgängen, in denen sie den einzelnen Menschen bewußt werden, zusammenfallen".[677] Vergleichbar zu seiner Rechtskonzeption aus *Die Wirklichkeit des Rechts* von 1927 beansprucht er für das Recht einen „objektiven Charakter" in einer „Welt geistiger Gebilde [...], die in ihrem Aufbau durch die ihr immanenten logischen Strukturprinzipien, letzten Endes durch die objektive Geltung von Werten und Ideen bestimmt wird".[678]

Die dritte Gruppe, die normative Auffassung der Rechtsgeltung, sieht Larenz vor allem von Hans Kelsen vertreten, den er zu dieser Zeit im Gegensatz zu späteren Schriften noch relativ wohlwollend beurteilt: „Er hat das unbestreitbare Verdienst, gegenüber dem Psychologismus den normativen Charakter des Rechtes, seine wesentliche Verschiedenheit von allen psychischen Vorgängen betont zu haben",[679] schließlich könne die Geltung des Rechts nicht nur als eine „psychologische oder soziologische Tatsächlichkeit" aufgefasst werden, da sie nicht ein Verhalten bezeichne, sondern eine Norm „*für* das Verhalten, die es ermöglicht, dieses danach zu beurteilen".[680] Er stellt die Ansicht Kelsens heraus, wonach die Norm nicht gelte „sofern sie befolgt wird, sondern sofern sie befolgt werden soll".[681] Da die Normativität des positiven Rechts allerdings immer nur aus einer übergeordneten Normativität abgeleitet werden könne, kritisiert Larenz die Kelsensche Hilfskonstruktion einer „Ursprungsnorm" oder „Grundnorm", wonach in einem kohärenten Normensystem logisch eine bestimmte Norm – zumindest hypothetisch – als kompetenzbegründend angenommen werden muss,[682] für deren Richtigkeit oder Gültigkeit es nach Larenz aber kein Kriterium gebe. Damit werde aber auch der Charakter der Rechtsgeltung hypothetisch: „Das Recht ‚gilt' nur unter einer Voraussetzung, die ihrerseits willkürlich [...] ist".[683] Schließlich müsse Kelsen trotz seines „radikal

676 *Larenz*, a. a. O., S. 9.
677 *Larenz*, a. a. O., S. 9.
678 *Larenz*, a. a. O., S. 9.
679 *Larenz*, a. a. O., S. 15. In der Abhandlung *Sittlichkeit und Recht*, S. 368 von 1943 bezeichnet Larenz Kelsens „Reine Rechtslehre" als das „Endstadium" des „Verfallsprozesses" der deutschen und abendländischen Rechtsphilosophie.
680 *Larenz*, Das Problem der Rechtsgeltung, S. 15.
681 *Larenz*, a. a. O., S. 16.
682 Vgl. *Kelsen*, Reine Rechtslehre, 2. Auflage, S. 197.
683 *Larenz*, a. a. O., S. 17.

durchgeführten juristischen Positivismus“ in die naturrechtliche Hilfskonstruktion der hypothetischen, Normativität erzeugenden, Grundnorm flüchten.[684] Der Fehler Kelsens liege Larenz zufolge in der „‚vollkommenen Disparität‘ von Sein und Sollen“. Die Normen des positiven Rechts entstünden und vergingen jedoch „in der Zeit“.[685] Unter Rückgriff auf die Hegelsche Dialektik, die die Gegensätzlichkeiten von Sein und Sollen aufhebe, gliedert Larenz das Recht als „historische Gegebenheit“ in die Welt, „die wir als die Welt der Kultur, eine Welt objektiver Geistesgebilde kennzeichnen“, ein. Gleichwohl sei die Geltung des Rechts „an seinen zeitlichen Bestand in dieser Welt der Kultur gebunden, ohne dass darum freilich an ein Sein im Sinne der *Natur*wirklichkeit zu denken wäre“.[686] Larenz spielt mithin auf seine Auffassung aus der Schrift *Die Wirklichkeit des Rechts* von 1927 an, wonach die Unvereinbarkeit von positivistischer und überpositiver Begründung der Rechtsgeltung „dialektisch“ überwunden werden müsse, denn dieser Widerspruch sei nur dann zu begreifen, wenn die Dichotomie von Sollen und Sein als ein „dialektischer“ begriffen werde. Larenz meint damit einen Gegensatz, „der sich selbst aufhebt, der ebenso notwendig ein Gegensatz als eine Einheit darstellt, so, dass ein jeder der gegensätzlichen Begriffe den anderen schon in sich schließt“.[687]

Als vierte Gruppe bezeichnet Larenz die ontologische Auffassung der Rechtsgeltung nach Gerhart Husserl, der unter Rechtsgeltung „die *Seinsform* des Rechtes“ verstünde, durch die der betroffene Sachverhalt den „Charakter einer Rechts*wirklichkeit*“ erlange.[688] Husserl hatte 1925 in seiner Schrift *Rechtskraft und Rechtsgeltung* ein Rechtsverständnis angeregt, das die Betrachtung der tatsächlichen Wirklichkeit bzw. Wirksamkeit rechtlicher Phänomene jedem Rechtsverständnis zugrunde legte.[689] Letztlich verabsolutiere Husserl nach Larenz jedoch die Positivität gegenüber der Normativität und „während Kelsens Weg mit innerer Konsequenz zum Naturrecht führte, führt Husserls Weg zum Psychologismus zurück“.[690] Zusammenfassend erklärt Larenz:

> „Die Geltung des Rechts ist so weder ein bloßes Sein, sei es im Sinne der naturalistischen Psychologie und Soziologie oder der ontologischen Auffassung Husserls, noch ein bloßes Sollen im Sinne der Zeitlosigkeit und des Regresses auf eine ‚Ursprungsnorm‘ im Sinne Kelsens, sondern Norm *und* Zeitwirklichkeit, Geltungs*anspruch* und Geltungs*bestand*, Idee und Positivität *in einem*. Das Recht ‚gilt‘, sofern es positiv, sofern es eine Zeitwirklichkeit ist, die *als solche* einen überzeitlichen Sinn – die Idee des Rechtes – verwirklicht. Als verbindliche Norm hat es innerhalb der Rechtsgemeinschaft zeitlichen Bestand, indem es mit dem Anspruch auf Geltung *gesetzt* ist und so gewußt wird. Dem zeitlichen Bestande nach beruht seine Geltung auf einem Entstehungsakt –

684 *Larenz*, a. a. O., S. 17 f.
685 *Larenz*, a. a. O., S. 18.
686 *Larenz*, a. a. O., S. 18 f. Vgl. dort auch Fußnote 47 mit dem Verweis auf Hegel.
687 *Larenz*, a. a. O., S. 22 f.
688 *Larenz*, a. a. O., S. 21.
689 Vgl. *Husserl*, Rechtskraft und Rechtsgeltung, Band 1, 1925.
690 *Larenz*, a. a. O., S. 22.

einem sinngebenden Tun, einer *Normsetzung* – dem Grunde seines Normanspruchs, seiner *Verbindlichkeit* nach auf einer überzeitlichen Gültigkeit der Idee. Die ‚Rechtsgeltung' bedeutet also den zeitlichen Bestand einer Norm, deren Verbindlichkeit und das heißt, deren *Bestand als Norm* auf einem überzeitlichen Geltungsgrunde, der Idee des Rechtes, beruht. Die Rechtsgeltung selbst ist weder zeitlich noch überzeitlich, sondern wie alle Sinn-Wirklichkeit, alle ‚Geltung' eines Kulturwerkes, Verzeitlichung eines Überzeitlichen, ein Zeitliches, das nur durch seinen überzeitlichen Sinn Wirklichkeit hat. Naturrecht und Positivismus sind damit beide überwunden, denn das Naturrecht behauptet die Zeitlosigkeit, der Positivismus die bloße Zeitlichkeit des Rechtes. – Seine philosophische Ausgestaltung hat dieser Standpunkt in der Lehre *Hegels* vom objektiven Geist und von der Wirklichkeit der Idee gefunden."[691]

Mit weiteren Verweisen auf Hegel, wonach das Recht „objektiver sittlicher Geist" sei, die Geltung des Rechts „nichts anderes als die *Wirklichkeit* seiner Idee"[692] und „alles Recht als positives ein in der Geschichte entstehendes und darum auch vergehendes und gerade in diesem ständigen Fluß und Wechsel ein geschichtlich-lebendiges" sei,[693] sowie „nichts anderes als die Ausprägung des sittlichen Willens einer Volksgemeinschaft",[694] beschließt Larenz seine Betrachtung. Dabei beantwortet er die eingangs gestellt Frage nach der Bindung des Gesetzgebers an eine überpositive Rechtsidee: „Nicht die Willkür des Gesetzgebers schafft das Recht, sondern sein durch die Rechtsidee gebundener und geleiteter Wille."[695]

Charakteristisch für diese Vorstellung von der „Wirklichkeit des Rechts" wird ihre (volks-)gemeinschaftsbezogene Zuspitzung nach der „Machtergreifung" der Nationalsozialisten.[696] So schreibt Larenz im Jahr 1935 in seinem Aufsatz *Volksgeist und Recht*:

„Wenn wir das Recht als geschichtlich sich entwickelnde Gestalt des Volksgeistes begreifen, der sich in der Prägung des Gemeinschaftslebens verwirklicht, dann begreifen wir es damit als eine *konkrete Gemeinschaftsordnung*. Als solche ist es Lebensordnung, eine tatsächlich eingehaltene Weise des Zusammenlebens, nicht nur Normordnung, d.h. ein Inbegriff von Sollensbestimmungen. Die Lebensordnung eines Volkes *gilt* nicht nur, sondern ist in dem Handeln seiner Glieder *wirklich*. Die dem Juristen allein geläufige Auffassung des Rechts als einer lediglich normativen Ordnung ist darum so gefährlich, weil sie zumeist mit einer individualistischen Rechtsauffassung einhergeht. Ihr liegt nämlich die Vorstellung zugrunde, dass erst durch die Norm ein an sich unverbundener Haufen einzelner Individuen zu einer sozialen Gesamtheit vereinigt werde. [...] In Wahrheit ist das Recht nicht die logische Bedingung der völkischen Gemeinschaft,

691 *Larenz*, a. a. O., S. 26.
692 *Larenz*, a. a. O., S. 31.
693 *Larenz*, a. a. O., S. 33.
694 *Larenz*, a. a. O., S. 41.
695 *Larenz*, a. a. O., S. 34.
696 Vgl. zur nationalsozialistischen Prägung der Göttinger Schule Kapitel 7.

> sondern ihre mit ihr *gleichursprüngliche* Lebens- und Daseinsform. Gemeinschaft und Recht sind im konkret-dialektischen Sinne eins. Nicht eine Menge ursprünglich unverbundener Einzelner wird erst durch das Recht zu einem Gemeinwesen vereinigt, sondern die ursprünglich im Blutszusammenhange angelegte Gemeinschaft gibt sich in ihrem Recht die Form ihres Daseins, ohne die sie überhaupt nicht in die Erscheinung treten kann."[697]

Darüber hinaus ist bemerkenswert, dass Larenz Mitte der 1930er Jahre die Auffassung, dass das Recht Ausdruck des objektiven (Volks-)geists sei, dahingehend modifizierte, dass dieses nur durch Legitimation des Gesetzgebers Wirklichkeit erlange: „Als das Wesen der Gesetzgebung erkannten wir die Verwirklichkeit eines völkischen Rechtsgeistes im geschichtlichen Ringen durch Entscheidung der Führung". Allerdings sei damit gesagt, dass „nicht jede beliebige Anordnung" des Gesetzgebers Recht schaffen könne, sondern nur der Wille des Gesetzgebers, „der die Rechtsidee seines Volkes als Substanz seines eigenen Denkens und Wollens in sich trägt". So wenig also der Volksgeist ohne die Legitimation des Gesetzgebers Recht schaffen könne, könne auch der Gesetzgeber ohne Legitimation durch den Volksgeist kein Recht schaffen:

> „Die Volksüberzeugung ist daher nicht die *Quelle* des Rechts, sondern ein *Prüfstein*, an dem sich die Rechtsschöpfung durch den Gesetzgeber und den Richter letzten Endes zu bewähren hat. [...] Nur der dem Volksgeist verbundene Gesetzgeber ist zu echter Rechtsschöpfung imstande. Diese Bindung des Gesetzgebers an den Volksgeist ist nicht normativer, sondern existentieller Art."[698]

Die Auffassung das Recht aus der „sittlichen Substanz" des Volkes stamme, brachte Larenz – wie im Übrigen auch Binder – schließlich im Jahr 1939 dazu, dass er die Trennung von Sitte und Recht aufheben und beide zusammen als „umfassende völkische Lebensordnung" begreifen wollte.[699] In seinem Aufsatz *Sitte und Recht* schreibt er:

> „Die heutige deutsche Rechtswissenschaft bekennt sich zu der Auffassung, dass das Recht nicht nur ein System gesellschaftlicher Normen, die durch Zwangsgewalt gesichert werden, sondern die wirkliche und verpflichtende Lebensordnung einer umfassenden, nicht auf Willkür, sondern auf blutsmäßiger Einheit und Schicksalsverbundenheit beruhenden Gemeinschaft: des Volkes, ist. Die Lebensordnung eines Volkes begreift nun aber nicht etwa nur das Recht, sondern sicherlich ebenso die Sitte in sich."[700]

Es handele sich bei Sitte und Recht

---

697 *Larenz*, Volksgeist und Recht, S. 45 f.

698 *Larenz*, a. a. O., S. 57.

699 Vgl. zu Binders Auffassung der Einheit von Sitte und Recht *Binder*, Die Einheit der praktischen Gesetzgebung, in Festschrift für Paul Koschaker, 1939, Bd. III, S. 420 ff.

700 *Larenz*, Sitte und Recht, Zeitschrift für deutsche Kulturphilosophie, Bd. 5, 1939, S. 232.

„nicht um zwei verschiedene Ordnungen oder Gesetzgebungen, sondern um verschiedene Erscheinungsformen der *einen* völkischen Gesamtordnung als der objektiven Sittlichkeit, die in ihrer widerspruchslosen (wenn auch nicht unterschiedslosen) Einheit als Sitte *und* Recht Ausdruck der Einheit und Ganzheit des völkischen Lebens ist."[701]

Diese Aufhebung der Unterscheidung von Sitte und Recht macht den Charakter des Rechts deutlich, wie ihn Larenz in Anlehnung an Binder vertrat: Das Recht ist wie die Sitte nur die naturgemäße sozialethische Äußerung des Volkes (das in seinem Staat wiederum eine Verkörperung des geschichtlich wirkenden Geistes ist). Daraus folgt, dass ein Volk sein Recht nicht nach Gutdünken ändern kann, wie es sich auch nicht seiner Sitte einfach entledigen kann. Vielmehr muss ein Volk demnach immer danach streben, in dem ihm entsprechenden Recht (bzw. der ihr entsprechenden Sitte) zu leben.

III. Binders „System der Rechtsphilosophie"

Nach der *Grundlegung zur Rechtsphilosophie* aus dem Jahr 1935 erschien im Jahr 1937 Binders über 500-seitiges Werk *System der Rechtsphilosophie*, das er als „Der ‚Philosophie des Rechts' 2. vollkommen neu bearbeitete Auflage" betitelte. Aus der ersten Auflage der *Philosophie des Rechts* des Jahres 1925 seien die „allgemeinphilosophischen Ausführungen" als eigenständiges Werk in der *Grundlegung zur Rechtsphilosophie* ausgegliedert worden. Weiterhin sollten die Kapitel 6 bis 8 der ersten Auflage unter dem Titel *Wissenschaftslehre des Rechtes* „später und hoffentlich bald erscheinen",[702] was jedoch durch Binders Tod im Jahr 1939 nicht mehr geschah.[703] Das *System der Rechtsphilosophie* solle „den Grundgedanken des Rechts, so wie er in der ‚Grundlegung' gewonnen worden ist, in seine Konsequenzen" entwickeln und dadurch „ein in sich geschlossenes Ganzes, das ‚System des Rechts'" aufbauen. So werde „das ganze Werk den absoluten Idealismus, wie er in dem Riesenwerke des größten deutschen Denkers[704] Gestalt gewonnen hat und auch in meiner ‚Grundlegung' begründet und entwickelt worden ist, voraussetzen und die idealistische Rechtsphilosophie als *die* Philosophie des Rechts schlechthin begreifen lassen".[705] Aufgabe der *Grundlegung zur Rechtsphilosophie* sei die Begründung und Entwicklung eines rechtsphilosophischen Systems „als ein System des absoluten Idealismus".[706]

Binder knüpft mithin mit diesem letzten großen Werk im Zusammenspiel mit der *Grundlegung zur Rechtsphilosophie* an seine *Philosophie des Rechts* aus dem Jahr 1925 an, in der er seinen „objektiven Idealismus" begründet hatte und will damit

701 *Larenz*, a. a. O., S. 254.
702 *Binder*, System der Rechtsphilosophie, S. VII.
703 Vgl. die fragmentarische Veröffentlichung der Wissenschaftslehre bei *Flitsch*, Mitteilungen aus Binders Wissenschaftslehre, ARSP 43, 1957, S. 531 ff.
704 [D.i. Hegel, Anm. d. Verf.]
705 *Binder*, System der Rechtsphilosophie, S. VII f.
706 *Binder*, a. a. O., S. 143.

die rechtsphilosophische Fundierung seines „absoluten Idealismus" abschließen. Diese Absicht sollte unter seinen Schülern vielfältigen Widerspruch provozieren.[707]

Binder gliedert sein *System der Rechtsphilosophie* in zwei Kapitel und insgesamt 26 Paragraphen. Das erste Kapitel stellt die „Kategorien des Rechts als Kategorien der Freiheit" dar, bei denen er „den Hegelschen Erkenntnisbegriff" der Identität von Bewusstsein und Wirklichkeit voraussetzt, den er schon früher entwickelt hatte:

> „[E]*s ist nichts an sich, was nicht für uns wäre*, wir haben die Erkenntnis in dem Gegenstand und als den Gegenstand; wir können einen Gegenstand nur erkennen, indem wir die allgemeinen Begriffe, mit denen wir ihn erkennen oder bestimmen, aus dem Gegenstande selbst herausholen. Es handelt sich einfach um die Auseinanderlegung des Bewusstseinsinhalts, als welcher Subjekt und Objekt, Denken und Gegenstand identisch sind."[708]

Als Recht erkennt Binder nicht „ein Idealrecht aus reiner Vernunft", sondern das „*wirkliche Recht*, als Wirklichkeit der Vernunft", d.h. das geschichtliche Recht, dass sich der objektive Geist in seiner freien Selbstverwirklichung gegeben habe.[709] Das zweite Kapitel erörtert die einzelnen „Grundbegriffe des Rechts", die in die „Sphäre der Einzelpersönlichkeit" und die „Sphäre der Gesamtpersönlichkeit" unterteilt werden. Diese Zweiteilung ergebe sich aus dem Verständnis der Rechts als der Verwirklichung des Geistes:

> „Wenn das Recht wirklich, wie wir vorausgesetzt haben, Dasein des freien Willens ist, und wenn der Wille frei ist als Einheit des besonderen und des allgemeinen Willens, und der allgemeine Wille ein Dasein nur als besonderer Wille menschlicher Subjekte haben kann und dieser besondere Wille seinerseits wieder frei sein kann nur insofern in ihm und als er der allgemeine Wille wirklich ist, dann müssen wir in dem empirischen, geschichtlich gegebenen Rechte, das den Gegenstand unserer Betrachtung überhaupt bildet, zwei Sphären unterschieden können, die Sphäre des allgemeinen Willens, der in den Einzelwillen Dasein hat, und die Sphäre des Einzelwillens, der sein Recht und seine Freiheit darin hat, dass er sich als Erscheinung des allgemeinen Willens begreift. Damit ist die Disposition des folgenden schon gegeben: wir teilen unsere Erörterung ein in das Recht der Sphäre des Einzelwillens und das Recht der Sphäre des allgemeinen Willens."[710]

Binder betont dabei, dass

> „diese beiden Sphären einander nicht so selbständig gegenüberstehen, wie es den Anschein hat und wie es die meiste Menschen wissen, sondern dass sie sich gegenseitig

707 Zu Binders „objektivem Idealismus" vgl. *Jakob*, Grundzüge der Rechtsphilosophie Julius Binders, S. 33 ff. Zu der Kritik an Binders „absoluten Idealismus" durch seine Schüler vgl. Kapitel 6.

708 *Binder*, System der Rechtsphilosophie, S. 5.

709 *Binder*, a. a. O., S. 6 ff.

710 *Binder*, a. a. O., S. 9 f.

> durchdringen und im letzten Sinn eine Einheit bilden, wie den auch besonderer und allgemeiner Wille im Grunde nur *eins* sind."[711]

In der „Sphäre der Einzelpersönlichkeit" handelt Binder die Begriffe Person, Ehe, Familie, Eigentum, Willenserklärung, Vertrag und Gesellschaft ab. In der „Sphäre der Gesamtpersönlichkeit" widmet er sich dagegen den drei Unterabschnitten „Individualismus und Universalismus", „Die Ideologien der politischen Parteien" und „Der Staat". Im Staatskapitel erläutert Binder die Begriffe „Staat und Recht", „Bindung des Staates an sein Recht. Das Staatsunrecht", „Die Souveränität des Staates", „Das Staatsgebiet", „Die staatliche Herrschaft", „Die Staatsformen", „Der Führerstaat", „Die Aufgaben des Staates", „Selbstverwaltung", „Der Rechtsstaat", „Die Rechtsprechung", „Die Gesetzgebung", „Staatspolitik und Staatspädagogik", „Recht und Revolution", „Staat und Kirche" sowie „Überstaatliches Recht".[712]

Die Person und das Rechtssubjekt definiert Binder unter Rückgriff auf Kant und Hegel als ethischen Begriff und Gegenstück des Objekts: „Objekt ist, was bloß Mittel für fremde Zwecke ist, was keinen Wert an sich, sondern nur für andere hat: Subjekt ist dagegen der Mensch als Träger seiner Würde, die es verbietet, ihn als Mittel für fremde Zwecke zu gebrauchen: als Selbstzweck und Endzweck". Daher sei die Person im Rechtsinn, „was von der Rechtsordnung als Selbstzweck angesehen wird". Als Selbstzweck werde das Subjekt „wegen seiner Vernünftigkeit" anerkannt, freilich als Träger „der den Menschen belebenden allgemeinen Vernunft". Mithin könne als Person oder Subjekt nur der Mensch „als der einzige in der Welt vorhandene Träger eines vernünftigen Willens, aber auch jeder Mensch sein".[713] Dies impliziert nach Binder keine individualistische Definition der Person. Es sei ja gerade „das *Allgemeine*, nämlich die Vernunft", die den Menschen zur Person und zum Rechtssubjekt mache. Mithin sei die Person *„schon in ihrer Einzelheit ein Gemeinschaftsbegriff"*.[714]

In dieser gemeinschaftsbezogenen Deutung definiert Binder auch die Ehe nicht als „bloße Geschlechtsverbindung" oder „Vereinigung" einzelner, sondern als „*Gemeinschaft*, d.h. Einheit in der Unterschiedenheit, Einheit des ganzen Lebens, des Empfindens, Wollens und Denkens" und somit auf Hegelsche Gedanken bezogen, als „Wirklichkeit des Geistes, der Sittlichkeit, der Freiheit: die Überwindung der Vereinzelung des Menschen und Gewinnung seines *wahren Wesens*".[715] Die Familie erscheint Binder in diesem Sinne

> „über die Ehe hinaus als Erweiterung der Persönlichkeit des einzelnen Menschen, als ein sittliches und sinniges Dasein, das nicht nur ‚Verhältnis' Einzelner zueinander ist, in dem, um mit Hegel zu reden, sowohl die Eltern erst die Wirklichkeit ihres Seins erhalten,

---

711 *Binder*, a. a. O., S. 10. Diese Dichotomie wird von Schönfeld heftig kritisiert, vgl. Kapitel 6 Abschnitt V.

712 Vgl. *Binder*, a. a. O., S. XIII ff.

713 Vgl. dagegen Larenz' Begriff der Person und des Rechtssubjektes Kapitel 7 Abschnitt III.

714 *Binder*, a. a. O., S. 33 f.

715 *Binder*, a. a. O., S. 48.

d.h. den vollen Sinn ihres Lebens finden, es vollenden und krönen, wie andererseits die Kinder in dieser Gemeinschaft nicht nur tatsächlich die Bedingung ihres physischen Daseins und Wachstums finden, sondern mit ihrer ganzen Persönlichkeit wurzeln, so dass ihr gesamtes natürliches, seelisches und geistiges Leben in dieser Gemeinschaft beruht, Leben in dieser Gemeinschaft ist und nur mit dem Erwachsen und der Bildung der Persönlichkeit als ihres individuellen Selbstbewusstseins aus diesem Urgrunde ihres Daseins herauswachsen, um schließlich ganz aus ihm herauszutreten und den natürlich-dialektischen Prozess der Antithesis und Synthesis von neuem zu beginnen."[716]

Auch in seinem Eigentumsbegriff wendet sich Binder gegen eine „individualistische" Definition des Eigentums als das „umfassendste der dinglichen Rechte, das, soweit nicht die Rechtsordnung selbst beschränkend eingreift, dem Rechtssubjekt die allgemeinste denkbare Herrschaft über die Sache gewährt".[717] Vielmehr könne das Eigentum

„vollkommen nur aus dem Begriff der Gemeinschaft verstanden werden, die den Einzelnen in das Ganze eingliedert und den Gegensatz zwischen ihm und den anderen Einzelnen aufhebt, die ihn zu einem Organ der Gemeinschaft macht und ihm in seinem Eigentum eine Sphäre zu freier Verfügung *anvertraut*, damit er sie pflicht- und sinngemäß für das Ganze verwalte, damit er die ihm damit gegebenen Güter und Befugnisse benutze im Dienste zwar seiner individuellen Person, die aber selbst ja nicht ein abstraktes einzelnes Wesen ist, sondern Glied des Ganzen, das wechselseitig die Gemeinschaft bedingt und durch sie bedingt ist, so dass auch sein Eigentum im Dienste der Gemeinschaft steht."[718]

Der Vertrag ist für Binder „der *gemeinschaftliche* Wille der beiden Kontrahenten", der „als solcher zugleich allgemeiner Wille und damit rechtlich bedeutsam ist".[719] Das bedeutet in Binders gemeinschaftsbezogener Rechtsauffassung, dass der subjektive Wille nur rechtlich bedeutsam sein könne, „insofern er den allgemeinen Willen realisiert".[720]

Die Gesellschaft ist für Binder im Hegelschen Sinne „ein notwendiges Zwischenglied zwischen dem Einzelnen und der staatlichen Gemeinschaft. Sie ist mehr als die bloße *Summe* der sich negativ gegenüberstehenden Individuen und ist weniger als die staatliche *Gemeinschaft*".[721] Sie sei die „Zusammenfassung der Individuen mit ihren Familien und den Anstalten und Mitteln zur Befriedigung ihrer Interessen und Lebensnotwendigkeiten zu einem Ganzen, das aber noch nicht wirkliche *Gemeinschaft*" sei.[722]

716 *Binder*, a. a. O., S. 66 f.
717 *Binder*, a. a. O., S. 69.
718 *Binder*, a. a. O., S. 77 f.
719 *Binder*, a. a. O., S. 93.
720 *Binder*, a. a. O., S. 96.
721 *Binder*, a. a. O., S. 110.
722 *Binder*, a. a. O., S. 111.

Im Staat schließlich gipfelt Binders gemeinschaftsbezogener „absoluter Idealismus", er ist für ihn die „notwendige Gestalt in der Entwicklung des sich selbst in der Wirklichkeit und als Wirklichkeit darstellenden Geistes"[723] und die „lebendige Einheit eines Volkes in der Form des Rechts".[724] Dabei stehen in Binders „absolutem Idealismus" Staat, Staatsvolk und Recht in einem Verhältnis in dem das Volk nicht „durch sein Recht oder durch seinen Staat *beherrscht*" werde, und das Volk nicht durch die Rechtsordnung „*beschränkt* und *gebunden*" werde, sondern das Volk „in seinem Rechte und als Staat" lebe, der „seinem Wesen nach Verband selbständiger freier Menschen ist, ursprüngliche Einheit, die in dem Einheitsbewusstsein dieser Menschen wurzelt und die den seinen Sinn verkennenden selbstsüchtigen Willen der Einzelnen überwindet".[725]

Mit dem *System der Rechtsphilosophie*, das zweifellos als Hauptwerk Binders „absolut idealistischer" Phase betrachtet werden kann, ist Binders rechtsphilosophisches Wirken abgeschlossen. Nachdem er 1935 in der *Grundlegung zur Rechtsphilosophie* seinen allgemeinphilosophischen Ansatz dargelegt hatte, führte er im *System* seine Rechtsphilosophie aus. Diese basiert auf dem an Hegel angelehnten Grundgedanken der Verwirklichung des geschichtlich wirkenden Geistes in einem Volk, das sich für sein soziales Dasein ein Recht und einen Staat schaffen muss. Der Einzelne ist jedoch nicht bloße „Marionette" dieses Geistes, der zu seiner Existenz Recht und Staat benötigt, sondern vielmehr notwendiges Glied einer „organischen" bzw. „identitären" Einheit aus Individuum und Volk. Beide bedingen sich gegenseitig und können nicht ohne einander gedacht werden. Dementsprechend ist auch jedes Institut des Rechts nur gemeinschaftsbezogen zu denken. Die Person als isolierte, von allen anderen Personen unabhängige, rechtliche Einheit ist für Binder sinnlos. Sie ist notwendiges Glied der Rechtsgemeinschaft und damit auch Organ des Geistes, der sich in der Geschichte verwirklicht.

Bis zu seinem Tod im Jahr 1939 legte Binder nur noch kürzere rechtsphilosophische Abhandlungen vor, die im Wesentlichen nur noch sein *System der Rechtsphilosophie* gegen zahlreiche erhobene Kritik, vor allem seitens Schönfelds und seiner Schüler, verteidigen sollten.[726] Binder fühlte sich nicht nur von seinen ehemaligen Schülern und Weggefährten missverstanden, er missbilligt auch deren philosophische Entwicklung. Zu einer eingehenden rechtsphilosophischen Auseinandersetzung mit seinen Kritikern kam es jedoch nicht mehr. Binder fühlte sich schlichtweg zu alt und kraftlos um sein System noch einmal entsprechend den erhobenen Einwänden einer Kritik zu unterziehen. Darüber hinaus war er durch die Kritik persönlich gekränkt und deshalb nur sehr eingeschränkt bereit, sich

723 *Binder*, a. a. O., S. 230.
724 *Binder*, a. a. O., S. 234.
725 *Binder*, a. a. O., S. 239.
726 Vgl. zur inhaltlichen Kritik Schönfelds sowie der Schüler Binders Kapitel 6.

mit seinen Kritikern inhaltlich auseinanderzusetzen.[727] Das *System der Rechtsphilosophie* war damit rechtsphilosophisch gesehen Binders „letztes Wort" und mit Recht bezeichnete Larenz das Werk später als „Abschluss" der Hegel-Philosophie Binders.[728]

727 Vgl. dazu Kapitel 6 Abschnitt VI.
728 *Larenz*, Rechtswahrer und Philosoph, S. 2.

Kapitel 5: Rechtsdogmatische Ansätze der Göttinger Schule

Trotz der überwiegend rechtsphilosophischen Ausrichtung der Göttinger Schule von den späten 1920er bis in die 1930er und vereinzelt 1940er Jahre hinein, finden sich bei allen betrachteten Autoren auch rechtsdogmatische Schriften ohne explizite neuhegelianische Bezüge. Aber auch in den rechtsphilosophischen Schriften lassen sich verschiedene Gedanken feststellen, die konkret in das positive Privatrecht hineinwirken und die Privatrechtsdogmatik in einer explizit auf Hegel gestützten Stoßrichtung zu beeinflussen suchen.

Im Jahr 1934 fordert Larenz: „Die Starrheit der Einzeltatbestände selbst muss überwunden werden, indem jeder einzelne Rechtsbegriff mit einem neuen, konkreten Gehalt erfüllt wird".[729] Damit zielt er auf sein späteres Thema des „konkret-allgemeinen Begriffs" ab, dessen Bildung er auf Hegel stützt.[730] Die Grenzen zwischen rechtsphilosophischen und rechtsdogmatischen Gedanken sind dabei nicht immer klar zu ziehen und die Rechtsphilosophie steht als Impulsgeber für die Rechtsdogmatik stets im Hintergrund der Betrachtungen.[731] Ein Eigenwert der Rechtsdogmatik wird geradezu abgelehnt, indem eine „dialektische" Verbindung mit der Rechtsphilosophie gefordert wird. Dulckeit schreibt im Jahr 1936: „Was wir wollen und brauchen, ist eine *konkrete* Metaphysik oder eine Metaphysik der im philosophischen Sinne konkreten Wirklichkeit".[732] Binder stellt im Jahr 1938 in dem Beitrag *Die Bedeutung der Rechtsphilosophie für die Erneuerung des Privatrechts*, der in der von Hans Frank herausgegebenen Reihe *Zur Erneuerung des Bürgerlichen Rechts, Schriften der Akademie für Deutsches Recht* erscheint, die Frage, was die Rechtsphilosophie für eine „sachgemäße Erneuerung des Rechts überhaupt und insbesondere unseres Privatrechts" leisten könne.[733] Dabei dürfe sie nicht bestimmte

729 *Larenz*, Rezension von Hedemann, Die Flucht in die Generalklauseln, Zeitschrift für das gesamte Handelsrecht und Konkursrecht, Bd. 100, 1934, S. 382.

730 Vgl. dazu *Larenz*, Zur Logik des konkreten Begriffs. Eine Voruntersuchung zur Rechtsphilosophie, Deutsche Rechtswissenschaft, Vierteljahresschrift der Akademie für Deutsches Recht, Bd. 5, 1940; *Larenz*, Typologisches Rechtsdenken. Bemerkungen zu V. Tuka: Die Rechtssysteme, Archiv für Rechts und Sozialphilosophie, Bd. 34, 1940/41.

731 Vgl. zur Schwierigkeit der Trennung zwischen Rechtsphilosophie und Rechtsdogmatik im Nationalsozialismus *Rottleuthner*, Rechtsphilosophie und Rechtssoziologie im Nationalsozialismus, S. 298 f.

732 *Dulckeit*, Rezension von Hans Welzel, Naturalismus und Wertphilosophie im Strafrecht, S. 297.

733 *Binder*, Die Bedeutung der Rechtsphilosophie für die Erneuerung des Privatrechts, in: Hans Frank (Hrsg.), Zur Erneuerung des Bürgerlichen Rechts, Schriften der

rechtstechnische Feinheiten untersuchen, sondern folgende fundamentale Fragen stellen:

> „Wie müssen Gesetze, wie muss überhaupt das Zusammenleben eines Volkes, also auch und vor allem des deutschen Volkes, geordnet sein, damit wir diese Gesetze, diese Ordnung als ‚Recht', d.h. als *richtig* im Sinne nicht des theoretischen, sondern des praktischen Denkens, als notwendig für die Glieder und die Organe dieses Volkes und deshalb als *verbindlich* für die einen wie für die anderen begreifen können?"[734]

Aufgabe der Philosophie sei es, „Weltanschauung in objektiv gültiges Wissen zu verwandeln". Dabei sei „wesentliches Stück der nationalsozialistischen Weltanschauung", dass absolute Wertmaßstäbe des richtigen oder falschen abgelehnt würden. Die nationalsozialistische Theorie behaupte:

> „Es gibt keine absolute Wahrheit, Schönheit, Richtigkeit; das Kriterium, nach dem sich die Frage nach dem Wahren, Schönen, Guten beantwortet, ist überhaupt nicht für alle Menschen dasselbe, sondern ist verschieden, je nach der rassisch und völkisch bestimmten Eigenart der Menschen. Und so gibt es auch kein für alle Menschen in gleicher Weise geltendes Recht, sondern Recht ist nur, was einem bestimmten, aus einer bestimmten Rasse hervorgetretenen Volke vermöge seiner Eigenart, zu fühlen, zu denken, zu wollen, als richtige Ordnung seines Gemeinschaftslebens erscheint. So kann es vor allem kein ‚Naturrecht' geben. In der weiteren Konsequenz dieser Auffassung liegt notwendig, dass, was für das eine Volk Recht ist, für ein anderes Unrecht sein kann und umgekehrt."[735]

Auch die ersten Sätze von Larenz' Rezension von Carl Schmitts Schrift *Über die drei Arten des rechtswissenschaftlichen Denkens* illustrieren, wie die Göttinger Schule stets bestrebt war, der Dogmatik eine *metaphysische* Komponente abzugewinnen und die Rechtswissenschaft philosophisch (neuhegelianisch) zu untermauern:

> „In jeder Wissenschaft gibt es neben Zeiten ruhigen Fortschreitens solche des Umbruchs, in denen die Grundlagen fragwürdig werden, ein allgemeines Gefühl der Unsicherheit Platz greift. In einer solchen Periode befindet sich die deutsche Rechtswissenschaft schon seit geraumer Zeit. Lange freilich verkannte man den eigentlichen Grund der Unsicherheit; man suchte ihn lediglich im Methodologischen und wagte nicht, ihn im Metaphysischen zu sehen."[736]

Fraglich ist indes, wie die Göttinger Schule es tatsächlich schaffte, ihren neuhegelianischen rechtsphilosophischen Impetus in ihr rechtsdogmatisches Schaffen zu integrieren und Einfluss auf das positive Recht zu nehmen. Am ausgeprägtesten

---

Akademie für Deutsches Recht, Gruppe Rechtsgrundlagen und Rechtsphilosophie, Nr. 7, 1938, S. 18.

734 *Binder*, a. a. O., S. 20.

735 *Binder*, a. a. O., S. 20 f.

736 *Larenz*, Rezension von Carl Schmitt, Über die drei Arten des rechtswissenschaftlichen Denkens, Zeitschrift für deutsche Kulturphilosophie, Bd. 1, 1935, S. 112.

lässt sich diese Fragestellung bei Larenz verfolgen, da er von den Angehörigen der Göttinger Schule das umfangreichste rechtsdogmatische Werk vorlegte. Binder publizierte in den 1930er Jahren fast ausschließlich rechtsphilosophisch. Dulckeit legte darüber hinaus auch eine gewisse Anzahl an romanistischen Schriften vor. Busse publizierte zwar nach seinen rechtsphilosophischen Anfängen agrarrechtlich, doch sah er sich zu dieser Zeit nicht mehr als Neuhegelianer an.

Im Folgenden ist daher zu untersuchen, wie Larenz sein zivilrechtliches Werk einerseits an Hegel ausrichtete und andererseits versuchte, Hegels Rechtsphilosophie rechtsdogmatisch auszudeuten.

I. Hegel in Larenz' zivilrechtlichen Schriften

Entgegen dem auf den rechtsphilosophischen Schriften beruhenden Fokus dieser Abhandlung ist Larenz in der Bundesrepublik vor allem als Zivilrechtler bekannt. Tatsächlich hatte er schon in den 1920er und 1930er Jahren eine Reihe von Schriften vorgelegt, die keine vertiefte rechtsphilosophische Stoßrichtung erkennen lassen. Larenz' Habilitationsschrift *Die Methode der Auslegung des Rechtsgeschäfts* vom März 1930 ist etwa ausweislich ihres Untertitels *Zugleich ein Beitrag zur Theorie der Willenserklärung*. In der Tat weist diese Schrift nur wenige rechtsphilosophische Bezüge auf und Larenz konzentriert sich darauf, den „Dualismus von subjektiver und objektiver Auslegungsmethode" der Willenserklärung zu überwinden.[737] Larenz kommt schließlich zu dem Schluss, dass die Willenserklärung nicht Wollenserklärung oder Absichtserklärung sei, sondern Geltungserklärung. Damit sieht er sich in einem gewissen Gegensatz zur Binderschen Verneinung, dass ein Rechtserfolg überhaupt gewollt werden könnte.[738] Zwar enthält sich Larenz nicht gelegentlicher Verweise auf die erkenntnistheoretischen Aufgaben der Rechtsphilosophie und der Kritik an Kelsens „Wiener Schule",[739] auch schreibt er von einem „überzeitlichen Geltungsgrunde, einem ‚kategorischen Imperativ der Vernunft'; der Rechtsidee, die die Rechtsgemeinschaft als solche" konstituiere,[740] doch merkt er an, dass solche rechtsphilosophischen Erörterungen „hier freilich nicht näher ausgeführt werden" könnten.[741] Immerhin rekurriert Larenz auf die „objektive Vernunft des Gesetzes",[742] die „Welt des ‚objektiven Geistes'"[743] und erklärt, dass seine Arbeit „auf der Rechtsphilosophie *Julius Binders*, insbesondere auf deren methodologischen Ergebnissen" fuße.[744] Gleichwohl ist die Schrift, wie Larenz im Vorwort ankündigt, durchweg

737 *Larenz*, Die Methode der Auslegung des Rechtsgeschäftes. Zugleich ein Beitrag zur Theorie der Willenserklärung, 1930, S. 32. Vgl. auch S. 8 f.

738 *Larenz*, a. a. O., S. 45 ff.

739 Vgl. *Larenz*, a. a. O., S. IV ff.

740 *Larenz*, a. a. O., S. 56.

741 *Larenz*, a. a. O., S. 56.

742 *Larenz*, a. a. O., S. 92.

743 *Larenz*, a. a. O., S. 106.

744 *Larenz*, a. a. O., S. VI.

methodologischen Charakters.[745] Die Bezüge zu Hegel beschränken sich, von der „dialektischen", d.h. gegensatzüberwindenden Tendenz abgesehen,[746] allenfalls auf die Zitation der Zurechnungstheorie aus seiner eigenen Dissertation *Hegels Zurechnungslehre und der Begriff der objektiven Zurechnung*.[747] Zu rechtsphilosophischen Bezügen verweist Larenz auf seine Schrift *Das Problem der Rechtsgeltung* von 1929, die seine Habilitationsschrift „nach der Seite einer rechtsphilosophischen Grundlegung" ergänze.[748]

Auch in späteren vorwiegend dogmatischen Schriften wie *Die Wandlung des Vertragsbegriffs* von 1935, in der Larenz ein „neues Rechtsprinzip" fordert, das den „liberalen Gedanken der Vertragsfreiheit" grundsätzlich überwinde,[749] rekurriert Larenz gelegentlich auf Hegel, der „bereits genial vorausgesehen" habe, „wie die liberalistisch verstandene Freiheit des Einzelnen in der Wirklichkeit des neunzehnten Jahrhunderts [...] zur Abhängigkeit der meisten, zur wirtschaftlichen Not und zum Verlust jeder echten Freiheit, die nur in der Gemeinschaft möglich ist", geführt habe.[750] Dabei geht es ihm jedoch nicht um die rechtsphilosophische Interpretation Hegels, sondern um die Konstruktion eines „völkischen" Vertragsbegriffes, wonach der Vertrag „im nationalsozialistischen Recht nicht die Betätigung einer grundsätzlich unbeschränkten und nur ausnahmsweise gewissen Einschränkungen unterworfenen geschäftlichen Handlungsfreiheit der Einzelnen" sei, sondern eine „den Volksgenossen im Rahmen der Gesamtordnung eingeräumte und je nach Notwendigkeiten des Volkslebens mehr oder weniger weitgefasste Bestimmungsfreiheit, die niemals anders als im Einklang mit der völkischen Ordnung" ausgeübt werden könne.[751]

In Larenz' Standardwerk *Vertrag und Unrecht* in den Teilen *Vertrag und Vertragsbruch* aus dem Jahr 1936 und *Die Haftung für Schaden und Bereicherung* aus dem Jahr 1937 lassen sich zwar gelegentliche Bezugnahmen auf den „Volksgeist", die „deutsche Rechtsidee" und Hegel finden,[752] doch knüpft Larenz hier an das „neue Rechtsdenken" an,[753] das von der „Kieler Schule" vorangetrieben wurde und mit der Eckhardtschen Studienreform von 1935 eine gewisse dogmatische Neuordnung des

745 Vgl. *Larenz*, a. a. O., S. III ff.
746 Vgl. *Larenz*, a. a. O., S. 8 f. und 32 f.
747 Vgl. S. V, 33, 76 f. Zur dialektischen Methode vgl. S. III f., wo Larenz auf Schönfelds „dialektische Jurisprudenz" eingeht.
748 *Larenz*, Die Methode der Auslegung des Rechtsgeschäfts, S. VI.
749 *Larenz*, Die Wandlung des Vertragsbegriffs, Deutsches Recht 1935, S. 488, 489.
750 *Larenz*, a. a. O., S. 488, vgl. auch S. 490.
751 *Larenz*, a. a. O., S. 488, 491.
752 Vgl. *Larenz*, Vertrag und Unrecht, 1. Teil: Vertrag und Vertragsbruch, 1936, S. 82; *Larenz*, Vertrag und Unrecht, 2. Teil: Die Haftung für Schäden und Bereicherung, 1937, S. 11, 142 ff.
753 Zur Begründung des „neuen Rechtsdenkens" vgl. *Larenz*, Vertrag und Vertragsbruch, S. 11 ff.

Rechtsunterrichts erreichte. Explizite und rechtsphilosophische Bezugnahmen auf Hegel oder neuhegelianisches Rechtsdenken unterbleiben.[754]

Mitunter verwendet Larenz seine Bezugnahme auf Hegel auch als bloßen Aufhänger in seinen rechtsdogmatischen Abhandlungen. So erinnert Larenz im Jahr 1937 z.B. in seiner Abhandlung zur Neufassung des Ehescheidungsrechts daran, dass schon Hegel die Auffassung der Ehe als bloßen Vertrag als „Schändlichkeit" bezeichnet habe.[755]

II. Neuhegelianismus und das positive Recht bei Larenz

In der überwiegend rechtsdogmatischen Schrift *Die Lehre von der Rechtsgemeinschaft* aus dem Jahr 1932[756], in der Larenz anhand der schlichten Rechtsgemeinschaft und der Gemeinschaft zur gesamten Hand die Aufgabe der Dogmatik des geltenden Rechts untersucht, „germanische und römische Rechtsgedanken miteinander zu einer systematischen Einheit zu verschmelzen",[757] merkt Larenz an, dass hinsichtlich seines Verweises auf seine auf Hegel begründete Lehre der Willensartikulation in seiner Dissertationsschrift anzunehmen sei,

> „dass die vorstehenden Ausführungen deshalb beanstandet werden, weil sie in die zivilistische Erörterung einen rechtsphilosophisch begründeten Begriff einführen wollen. Im Gegensatz zu der herrschenden Auffassung glaube ich aber, dass gewisse Grundbegriffe, die die zivilistische Dogmatik nicht entbehren kann, wie vor allem die Begriffe der Person, des Willens (im spezifisch rechtlichen Sinne) und des subjektiven Rechts nur auf rechtsphilosophischem Wege einen gesicherten Inhalt erhalten können, und dass es dem Zivilisten daher gestattet sein muss, insoweit auch die Ergebnisse rechtsphilosophischer Untersuchung für seine Zwecke zu verwerten."[758]

Aus dieser Äußerung wird deutlich, dass Larenz auch seine dogmatischen Schriften durchaus vor dem Hintergrund seiner rechtsphilosophischen Anschauungen verstanden wissen wollte. In einer Reihe von Schriften befasste er sich von den 1920er bis in die 1940er Jahre mit den Begriffen der Person, des Willens und des subjektiven Rechts und erörterte sie mit unterschiedlich deutlichem Rückbezug auf Hegels Rechtsphilosophie.

---

754 Vgl. zu Larenz, der Kieler Schule und der Eckhardtschen Studienreform *Frassek*, Göttinger Hegel-Lektüre, Kieler Schule und nationalsozialistische Juristenausbildung, S, 45 ff.

755 *Larenz*, Grundsätzliches zum Ehescheidungsrecht, Deutsches Recht, 1937, S. 186. Vgl. ebenso *Larenz*, Die Rechtsordnung als völkische Lebensordnung, in: Tag des Deutschen Rechts, 1939, S. 567; *Larenz*, Der deutsche Rechtsgedanke und seine Bedeutung für ein neues Europa, S. 41.

756 Veröffentlicht 1933.

757 *Larenz*, Zur Lehre von der Rechtsgemeinschaft, Jherings Jahrbücher, Bd. 83, 1933, S. 108.

758 *Larenz*, a. a. O., S. 132, Fn. 1.

Im Jahr 1927 hatte er seine Dissertationsschrift *Hegels Zurechnungslehre und der Begriff der objektiven Zurechnung* veröffentlicht. Dulckeit schrieb im Jahr 1936, dass dieser „viel zu wenig beachteten frühen Arbeit von *Larenz*" das Verdienst gebühre, „die innere Haltlosigkeit der juristischen Kausalitätstheorien an Hand der Hegelschen Lehre aufgewiesen zu haben", wenn auch „*Larenz*' positiven Ergebnisse und vor allem seine (damalige) Hegelauffassung [..] heute naturgemäß zum großen Teil überholt" seien.[759] Ausweislich der Einführung zu der Dissertationsschrift unternimmt Larenz in ihr den Versuch, „die philosophischen Grundgedanken Hegels für die Probleme der heutigen Rechtsphilosophie und Rechtswissenschaft fruchtbar zu machen".[760] Diese Aufgabe sei deshalb innovativ, weil Hegel noch bis „vor kurzer Zeit" als eine „zwar geistreiche, jedoch wissenschaftlichen Anforderungen nicht standhaltende Gedankenspielerei und mit Bezug auf die ‚fortgeschrittene' Gegenwart als ein ‚überwundener Standpunkt'" gegolten habe.[761] Larenz propagiert eine wissenschaftliche Beschäftigung mit Hegel da er „gerade für die Gegenwart" eine „überragende Bedeutung" des Philosophen erkennt.[762] Konkreter Untersuchungsgegenstand ist die *objektive Zurechnung*, die Larenz zufolge von der zeitgenössischen Rechtswissenschaft „fast ausschließlich unter dem naturalistischen Gesichtspunkt der *Kausalität* gesehen" werde. Er versuche dagegen,

> „im Anschluß an die Lehren des kritischen Idealismus und besonders an Hegels Zurechnungslehre den *teleologischen* Charakter der objektiven Zurechnung und der damit zusammenhängenden Begriffe, wie der Tat, der Handlung und der Unterlassung zu erweisen und zu zeigen, wie sie im ethisch-teleologischen Charakter des Rechts ihre Begründung finden."[763]

Das Thema der Larenzschen Abhandlung ist die Auseinandersetzung mit dem Verhältnis des Willens und seiner Ursache in Bezug auf die Kausalität. In der Zweckverwirklichung äußere und verwirkliche sich der Wille selbst: „er bewirkt nicht wie die Ursache ein ihm Anderes, sondern sein Eigenes, er äußert sich darin selbst".[764] Die gestaltende Macht des Zwecks als Selbstverwirklichung des Willens greife also über die bloße ursächliche Kausalität hinaus, indem sie die Zweckverwirklichung als sinnvoll und nicht nur faktisch gegeben verstehe. Entgegen der Kantschen Trennung von Ursache und Zweck sei bei Hegel die Kausalität der Teleologie „als dienendes Glied" untergeordnet:[765]

---

759 *Dulckeit*, Rechtsbegriff und Rechtsgestalt, S. 169 Fn. 88. Zur späteren Kritik Dulckeits an Larenz und Binder vgl. Kapitel 6 Abschnitt III.

760 *Larenz*, Hegels Zurechnungslehre und der Begriff der objektiven Zurechnung, ein Beitrag zur Rechtsphilosophie des kritischen Idealismus und zur Lehre von der „juristischen Kausalität", 1927, S. V.

761 *Larenz*, a. a. O., 1927, S. V.

762 *Larenz*, a. a. O., S. VI f.

763 *Larenz*, a. a. O., S. VII f.

764 *Larenz*, a. a. O., S. 43.

765 *Larenz*, a. a. O., S. 43.

> „Der Wille als die übergreifende, durch den Zweck mit sich in der Wirklichkeit zusammenschließende Macht ist die Überwindung der bloßen Kausalität, in der Ursache und Wirkung stets gegeneinander ‚andere' bleiben; er ist die Macht über den Kausalverlauf."[766]

Der Wille sei die „Macht, die die einzelnen Ursachen zusammenfasst, sie in seinen Dienst nimmt und sich zu eigen macht".[767] Dabei gesteht Larenz ein, dass Hegel „diesen Zusammenhang nur mehr angedeutet" habe.[768] Freiheit schließlich sei „die Grundbestimmung des Willens, sein Wesen, seine Selbstheit".[769] Dabei greift Larenz Hegel auf, wonach der freie Wille nur der „vernünftige" Wille sein könne. Larenz verortet die Vernunft dabei vor allem in der Gemeinschaft:

> „Der freie Wille ist der sittliche Wille, der autonome Wille, der sich in seiner Subjektivität als übersubjektiv, als Moment der absoluten Totalität weiß, der so nicht mehr das partikulare Interesse, sondern das ‚an und für sich Gute', das Allgemeine als sein Eigenes will. Die Gemeinschaft wird zum Boden für die Entfaltung der Freiheit, denn in der Hingabe an die Forderungen der Gemeinschaft überwindet das Individuum seine Selbstsucht und Partikularität, hebt sie in ihr auf und befreit sich zu sich selbst als unbedingter Persönlichkeit, Vernunftwesen und Geist."[770]

Schließlich definiert Larenz den Hegelschen Zurechnungsbegriff als „Anerkennung des Subjekts, seiner Freiheit und Persönlichkeit durch das objektive Recht". In der Zurechnung der Tat und der Verantwortung erkenne das Recht den Einzelnen „als Persönlichkeit, Subjekt und Geist an" und werte „sein Tun als Tat der Freiheit".[771] Der Zurechnungsbegriff setze sich aus einem objektiven und einem subjektiven Zurechnungszusammenhang zusammen. Der objektive Zusammenhang berge

> „als ein Verhältnis endlicher Erscheinungen den Gegensatz von Zufälligkeit und Notwendigkeit in sich [...]. Die Auflösung dieses Gegensatzes erfolgt durch die Besinnung auf die Beziehung des Geschehens auf den Willen des Täters, der die Vielheit der kausalen Elemente zur teleologischen Einheit der Tat zusammenfasst."[772]

Subjektivität und Objektivität stünden dabei in dialektischem Verhältnis und müssten dialektisch vermittelt als Einheit der „Tat als ein Ganzes" aufgefasst werden.[773] Dabei kritisiert Larenz, dass Hegel aufgrund dieses willensbasierten Zurechnungsbegriffs keine Fahrlässigkeitszurechung kenne, dagegen jedoch eine Art von Gefährdungshaftung, indem er eine Haftung für den Schaden anerkenne, die von Dingen

---

766 *Larenz*, a. a. O., S. 44.
767 *Larenz*, a. a. O., S. 45.
768 *Larenz*, a. a. O., S. 45.
769 *Larenz*, a. a. O., S. 45.
770 *Larenz*, a. a. O., S. 49.
771 *Larenz*, a. a. O., S. 50.
772 *Larenz*, a. a. O., S. 58.
773 *Larenz*, a. a. O., S. 58 f.

verursacht würden, die im Eigentum oder sonstigem Zusammenhang mit einem stehen.[774]

Nach seiner Dissertationsschrift greift Larenz auch in seiner Abhandlung *Hegels Dialektik des Willens und das Problem der juristischen Persönlichkeit* aus dem Jahr 1931 den Versuch auf, aus der Rechtsphilosophie Hegels konkrete Anleihen für die positive Rechtswissenschaft zu ziehen. Insbesondere greift er in ihr auf die Willenstheorie seiner Dissertation zurück. Zwar weist er eingangs auf die Bindersche These hin, dass „das Problem der juristischen Persönlichkeit" keine speziell juristische, sondern eher eine „metaphysische" Frage sei, doch habe auch eine metaphysische Problemstellung logisch-juristischen Nutzen, da Hegel Logik und Metaphysik als „untrennbare Momente der Philosophie" begriffen habe. Larenz wirft die Frage auf, „ob und inwiefern wir berechtigt sind, nicht nur Menschen, sondern auch Verbänden, Korporationen und Stiftungen Rechtspersönlichkeit zuzuschreiben" und sie „gleich dem Menschen als mögliche ‚Träger' von Rechten und Pflichten und vielleicht sogar als Subjekte zurechenbarer Handlungen zu betrachten".[775]

Da das Merkmal des juristischen Personenbegriffs darin bestehe, als „‚Träger' von Rechten und Pflichten […] im Wechsel ihrer Rechtsbeziehungen dieselbe" und das „beharrende Element im Flusse des rechtlich bedeutsamen Geschehens" sowie in „allen verschiedenen Rechtslagen gleich" zu bleiben, bestehe das Problem der juristischen Persönlichkeit für die juristische Betrachtung in der Frage, „wie wir eine Vereinigung, die aus ‚mehreren' Menschen als ihren Mitgliedern besteht, als *Einheit* im Sinne der Unteilbarkeit und der Sichselbstgleichheit, ein Vielfaches als Einfaches denken zu können". Da sich der juristische Personenbegriff dabei als Problem der Willenszuordnung enthülle, stelle sich dabei die Frage nach der „Einheit und Unteilbarkeit des Willens", denn nur ein Willenssubjekt könne „Recht ausüben und Pflichten als solche erkennen und erfüllen, kann handeln und zur Verantwortung gezogen werden".[776] Das hieße für die Frage nach der Möglichkeit der einheitlichen Willenszuordnung in Bezug auf die juristische Persönlichkeit, „solche Einheit des Willens mit sich selbst in der Vielheit und dem Wechsel der Willensäußerungen und weiterhin die Einheit eines im Wechsel der Mitglieder sich gleichbleibenden Gesamtwillens zu begreifen".[777] Larenz wendet sich dabei gegen die Auffassung der juristischen Persönlichkeit als Fiktion und juristischen technischen Behelf, wie sie etwa von Romanisten wie Savigny und Puchta vertreten worden sei, insofern die Persönlichkeit des Verbandes oder der Stiftung vom Recht fingiert werde, „obgleich sie in der Realität nicht vorhanden ist".[778] Hier sei die juristische Persönlichkeit lediglich „ideelle Person". Demgegenüber stehe die germanistische Auffassung Otto

774 *Larenz*, a. a. O., S. 52 ff.

775 *Larenz*, Hegels Dialektik des Willens und das Problem der juristischen Persönlichkeit, S. 197.

776 *Larenz*, a. a. O., S. 198.

777 *Larenz*, a. a. O., S. 199.

778 Vgl. *v. Savigny*, System des heutigen römischen Rechts, 1840 ff.; *Puchta*, Lehrbuch der Pandekten, 1835.

von Gierkes, nach der die Persönlichkeit des Verbandes „in demselben Sinne eine ‚reale', wie die des Menschen" sei.[779] Der Begriff der juristischen Person stelle hier „nicht lediglich eine Fiktion, sondern die Erfassung eines wirklichen Sachverhaltes dar, dem die positive Rechtsordnung nur Rechnung trägt". Der Gegensatz dieser „ideellen" und „reellen" Auffassung bestünde nach Larenz „nur solange in unvermittelter Schärfe, wie Realität und Idealität als unvermittelte Gegensätze betrachtet werden". Hier geht Larenz auf Hegel ein, nach dessen Philosophie Idealität und Realität nicht als feststehende Gegensätze zu betrachten seien, sondern als „Momente einer Einheit und diese Einheit als eine *vermittelte*, als die stufenweise Aufhebung des Gegensatzes". Larenz will nun unter Rückgriff auf die Hegelsche Philosophie zwei Antinomien aufzeigen, in die sich das juristische Denken „mit Notwendigkeit" verwickele, „solange es an dem von ihm als unauflöslich angesehenen Gegensatz festhält und die Dialektik verkennt, die sich in dem Widerspruch kundgibt".[780]

Die erste dieser Antinomien sei diejenige von „Realität und Idealität der Person", wonach nach einem „realen Substrat" der Persönlichkeit, nach einem „beharrenden ‚Träger' der wechselnden Rechtsbeziehungen" gesucht werde, das diesem „naiven Realismus" zufolge lediglich in dem Willen des natürlichen Menschen gefunden werden könnte.[781] Diese „atomistische Auffassung" mache es unmöglich, „eine Vereinigung, also eine Vielheit, als Einheit, als reale Gesamtperson zu denken". In Bezug auf den Verband müsse diese Ansicht vielmehr zu dem Schluss führen, dass dieser, „sofern er etwas Reales sei, eine Vielheit von Individuen und daher nicht eine Einheit sein solle, nicht real genannt werden könne". Aus diesem Schluss ergebe sich dann die Fiktionstheorie.[782] Hier stünden sich nun „reale" natürliche Person und „ideelle" juristische Person gegenüber und es ergebe sich nach Larenz das Problem, dass derselbe Personenbegriff „einmal eine ‚Wirklichkeit' und ein anderes Mal eine nur gedachte Einheit" bezeichne, „ohne dass zunächst auf den Widerspruch reflektiert würde, der darin liegt, dass bald ein Reales, bald ein nur Ideelles die Grundlage aller Rechtsverhältnisse bilden soll".[783] Werde nun aber nach der Hegelschen Philosophie die strikte Dichotomie von Sein und Sollen und von Realität und Idealität aufgehoben und ein „dialektischer" Wirklichkeitsbegriff zugrunde gelegt, wonach beide Kategorien nur Momente einer einheitlichen Wirklichkeit wären, sei nun nicht mehr von der Voraussetzung „einer bloßen Entgegensetzung der Realität und der Idealität" auszugehen, sondern die Antinomie von ideeller und reeller juristischer Persönlichkeit „auf Grundlage ihrer konkreten Einheit" aufzulösen. Nach Larenz heißt das, dass „nun von einer Realität auszugehen" sei, „die nicht mehr *bloße* Wirklichkeit, sondern *geistige* Wirklichkeit, *Verwirklichung des Geistes* ist". In dieser Auffassung „der Person als geistiger Wirklichkeit, als Wirklichkeit des Geistes sind die bisherigen

779 Vgl. *v. Gierke*, Das Wesen der menschlichen Verbände, 1902.
780 *Larenz*, a. a. O., S. 215,
781 Vgl. *Larenz*, a. a. O., S. 217.
782 *Larenz*, a. a. O., S. 218.
783 *Larenz*, a. a. O., S. 219.

Abstraktionen, der Begriff der Person als eines realen Dinges oder Atoms und als einer nur gedachten Einheit aufgehoben".[784]

Die zweite zu überwindende Antinomie sei nach Larenz diejenige von „Einheit und Vielheit in der Gesamtheit" wonach der Gegensatz, ob „die menschlichen Verbände wirklich existierende Wesenheiten und somit auch für das Recht reale Personen sind" oder „es ganz im Belieben eines jeden positiven Rechts stehe, wen und was es als Person anerkennen wolle". Auch die Auflösung dieser Antinomie ergebe sich aus der Überwindung des abstrakten Denkens durch den Hegelschen „dialektischen Begriff der Person",[785] indem die juristische Persönlichkeit „als eine *geistige Realität* betrachtet" werden müsste, „die freilich ‚durch die Vermittlung leiblicher Organe in die sichtbare Welt eingreift'"[786]. Die „Einheit der Gesamtheit" müsse als die „*Bewegung*" begriffen werden, „in der sie sich aus der Vielheit als der Manifestation ihrer selbst hervorbringt, und diese Bewegung nicht nur als die des *natürlichen* Organismus, sondern als die Bewegung des *Willens*, als *Willensintegration*".[787] Dieser „dialektische Begriff der Person", den Larenz als „eine der wichtigsten Leistungen der Rechtsphilosophie Hegels" bewertet, ermögliche es „Einzelpersonen und Gesamtperson auf dieselbe Weise und beide sowohl als Einheit wie als wirklich zu denken". Die Person sei „weder ein Ding, ein sinnlich wahrnehmbares Etwas und damit das ‚Eins' der atomistischen Betrachtungsweise, noch auch nur ein Beziehungspunkt, eine unwirkliche, gedachte Einheit". Larenz beschreibt sie als „weder sinnlich-real noch unsinnlich-ideell", sondern als „Wirklichkeit, weil *Selbstverwirklichung des Geistes*".[788]

III. Das Privatrecht Hegels

Larenz und die übrigen Autoren der Göttinger Schule versuchten nicht nur, Hegelsche Gedanken für die Privatrechtsdogmatik nutzbar zu machen, sondern auch die Hegelsche Privatrechtskonzeption selbst rechtsdogmatisch zu erläutern und mit dem positiven Privatrecht in Beziehung zu setzen.

In seinem Beitrag zu dem zweiten internationalen Hegelkongress 1931 in Berlin[789] untersucht Larenz, wie sich das positive Privatrecht in das System der Hegelschen Philosophie einfügen ließe. Dabei stelle sich nicht die Frage, wie sich Hegels Philosophie zum Privatrecht als einem Gegenstand verhalte, sondern wie ihr „in ihrer eigenen Bewegung der Begriff des Privatrechts zur Aufgabe" werde. Es geht also Larenz darum, zu untersuchen, wie das Privatrecht mit systematischer Berechtigung in das Hegelsche Gesamtsystem eingeordnet werden könnte. Diese Herangehensweise könne nur insofern verstanden werden, als die Philosophie „den Begriff des Privatrechts als

784 *Larenz*, a. a. O., S. 224 f.
785 *Larenz*, a. a. O., S. 231.
786 *Larenz*, a. a. O., S. 226.
787 *Larenz*, a. a. O., S. 231.
788 *Larenz*, a. a. O., S. 231.
789 Vgl. zum II. internationalen Hegelkongress *Hartmann*, Bericht über den II. Internationalen Hegelkongress in Berlin, 18. bis 22. Oktober 1931, S. 317 ff.

ein Moment des sich wissenden Ganzen, das das Wahre ist", hervorbringe.[790] Dabei sei für Hegel das Recht nicht nur Mittel oder Voraussetzung der Sittlichkeit, sondern unmittelbar Selbstzweck in Gestalt der „Äußerung und *wirklichen[n] Gegenwart* des sittlichen Geistes". Dieser verwirkliche sich nicht nur „*vermittelst* des Rechtes, sondern *im* Recht und *als* das Recht". Hegels § 30 der *Rechtsphilosophie* zitierend, nennt Larenz das Recht „‚etwas Heiliges überhaupt', weil es Dasein des freien Willens ist".[791] Dieser Satz gelte auch für das Privatrecht und daher sei die Frage für Hegel nicht, wozu das Privatrecht diene, sondern welcher sittliche Gedanke sich im Privatrecht offenbare und wie die sittliche Idee, „die als Idee des Privatrechts wie als die Idee des Staates ein und dieselbe ist", sich verwirkliche.[792]

Die Idee, die sich im Privatrecht und im Staat offenbare, ist nach Larenz die „*Allgemeinheit des Willens*, der Persönlichkeit". Der allgemeine Wille sei für Hegel die „Substanz" des Privatrechts und des Staates. Der Unterschied sei allerdings, dass er sich im Staat und in der Familie als „*konkret-allgemeiner Wille* eines Gemeinwesens" verwirkliche und im Privatrecht erst als „*abstrakte Allgemeinheit* des Willens des Einzelnen". Die Grundlage des Privatrechts sei mithin für Hegel das „abstrakte Recht".[793] Somit bestehe auch der sittliche Wert des Privatrechts nicht in der Festsetzung von Bedingungen, „unter denen die Freiheit des Einen mit der der Andern zusammen bestehen könne", sondern darin, „dass sich hier bereits der sittliche Charakter des Willens, seine Allgemeinheit", geltend mache, wenn auch vorerst nur auf abstrakte Weise.[794]

Grundbegriff des abstrakten Rechts sei die Person, die jedoch nicht mit dem Individuum als selbständiger, für sich seiender Einzelner oder als soziales Atom gedacht werden könne, sondern die die „erste Erscheinungsform des objektiven Geistes" sei. Dieser verwirkliche sich in der „dialektischen Entwicklung" über die Moralität zur Sittlichkeit. Auf der Stufe der Sittlichkeit sei der Wille „konkret-allgemeiner Wille" und durchdringe als der „Wille eines Gemeinwesens, einer Familie oder eines Staates" den besonderen Willen des Einzelnen und komme „*in ihm*, in

790 *Larenz*, Hegel und das Privatrecht, 1932, in: Verhandlungen des zweiten Hegelkongresses (Berlin 1931), 1932, S. 135 f.

791 *Larenz*, a. a. O., S. 136. Vgl. *Hegel*, Grundlinien der Philosophie des Rechts, § 30: „Das Recht ist etwas *Heiliges überhaupt*, allein weil es das Dasein des absoluten Begriffes, der selbstbewussten Freiheit ist. – Der *Formalismus* des Rechts aber (und weiterhin der Pflicht) entsteht aus dem Unterschiede der Entwicklung des Freiheitsbegriffs. Gegen formelleres, d.i. *abstrakteres* und darum beschränkteres Recht hat die Sphäre und Stufe des Geistes, in welcher er die weiteren in seiner Idee enthaltenden Momente zur Bestimmung und Wirklichkeit in sich gebracht hat, als die *konkretere*, in sich reichere und wahrhafter allgemeine, eben damit auch ein höheres Recht."

792 *Larenz*, Hegel und das Privatrecht, S. 136 f.

793 *Larenz*, a. a. O., S. 137.

794 *Larenz*, a. a. O., S. 137 f.

seinem Denken und Handeln zur Existenz".[795] Larenz deutet in diesem Sinne das Hegelsche Rechtsgebot „Sei eine Person und respektiere die Andern als Personen"[796] in der Weise, dass als Grundprinzip des abstrakten Rechts nicht das „Fürsichsein des einzelnen Individuums" verstanden werden dürfe, sondern die „erste, noch abstrakte Negation des Fürsichseins, d.h. die abstrakte Allgemeinheit des Willens". In diesem Sinne deutet er das Hegelsche Rechtsgebot um und formuliert: „*Erkenne dich selbst als allgemein und die Andern als dasselbe Allgemeine*".[797]

In dem gleichen Sinne interpretiert Larenz die drei juristischen Begriffe, die Hegel unter dem abstrakten Recht zusammenfasst: Eigentum, Vertrag und Unrecht. Das Eigentum sei für Hegel „nicht etwa ein Mittel, eine Voraussetzung der Betätigung der Freiheit eines Einzelnen" oder gar „eine Einrichtung, die nur der Befriedigung der partikularen Bedürfnisse" diene, sondern „eine Erscheinungsform des sittlichen, allgemeinen Willens", worin sich auch sein sittlicher Wert begründe. Es sei als „Manifestation des Freien Willens wesentlich Selbstzweck". Im Eigentum gebe sich der Wille „sein Dasein in einer besonderen einzelnen Sache". Er werde sich damit selbst „als ein besonderer Wille gegenständlich und tritt dadurch in ein Verhältnis zu anderen besonderen Willen".[798]

Dieses Verhältnis werde für Hegel anschaulich im Vertrag, der „nichts anderes als die ideelle Bestimmung des Willens über eine Sache" sei und als die „gemeinsame Bestimmung zweier besonderer Personen" ihren Ausdruck in der Erklärung ihres Vertragswillens finde. In der Geltung des Vertrages gelte nur der „*eigene* Wille des Vertragspartners *als allgemeiner Wille* gegenüber *seinem* Willen *als besonderer Willen*".[799]

Das Unrecht schließlich dürfe nicht als dialektische Synthese aus Eigentum und Vertrag aufgefasst werden, sondern es sei vielmehr für Hegel „nichts Wirkliches, denn wirklich ist ihm nur das, worin die Idee in die Existenz tritt". Das Unrecht sei jedoch eine „bloße nichtige Existenz" und zeige sich als solche in der „Vernichtung durch den Rechtszwang".[800] Freilich weist Larenz darauf hin, dass das abstrakte Recht bei Hegel nicht isoliert betrachtet werden dürfe, sondern erst in der dialektischen Entwicklung auf der Stufe der Sittlichkeit seine volle Wirksamkeit entfalten könne. So fehle ihm anfangs noch der Rechtszwang, der die Geltung durchsetze, der erst auf der Stufe der Sittlichkeit, im konkreten Gemeinwesen, gegeben sei. Hier sei das abstrakte Recht nun die bürgerliche Gesellschaft, in der das abstrakte Recht als Rechtspflege erst wirkliches Privatrecht werde.[801]

---

795 *Larenz*, a. a. O., S. 138 f.

796 Vgl. *Hegel*, Grundlinien der Philosophie des Rechts, § 36: „Die Persönlichkeit enthält überhaupt die Rechtsfähigkeit und macht den Begriff und die selbst abstrakte Grundlage des abstrakten und daher *formellen* Rechts aus. Das Rechtsgebot ist daher: *sei eine Person und respektiere die anderen als Personen.*"

797 *Larenz*, a. a. O., S. 139.

798 *Larenz*, a. a. O., S. 140.

799 *Larenz*, a. a. O., S. 141.

800 *Larenz*, a. a. O., S. 142.

801 *Larenz*, a. a. O., S. 142 f.

Aus der späteren Warte des „völkischen" Rechts änderte sich allerdings die Larenzsche Beurteilung des Hegelschen Privatrechts. So schreibt er in seiner Abhandlung *Die Aufgabe der Rechtsphilosophie* im Jahr 1938, dass deutlich geworden sei,

> „dass die Gegenstände des von Hegel sogenannten ‚abstrakten Rechts' im nationalsozialistischen deutschen Recht der Gegenwart nicht mehr aus dem Gedanken der abstrakten Person, sondern nur aus der Idee der der Gemeinschaft verantwortlichen Persönlichkeit verstanden werden können, deren Rechtsstellung auf ihrer Gliedschaft im Ganzen beruht. Der Begriff der abstrakten Person, der so, wie ihn Hegel verstanden hat, als Prinzip einer andern geschichtlichen Gestaltung – nämlich für das individualistisch verstandene spätrömische Privatrecht und seinen Niederschlag im ‚Pandektensystem' des 19. Jahrhunderts – von Bedeutung bleibt, ist für das völkische Recht im eigentlichen Sinne gegenstandslos geworden."[802]

Ähnlich wie Larenz in seinem Vortrag *Hegel und das Privatrecht* auf dem zweiten internationalen Hegelkongress 1931 in Berlin, untersuchte auch Binder das Verhältnis zwischen Hegels Rechtsphilosophie und dem positiven Recht. Er stellt auf dem dritten internationalen Hegelkongress 1933 in Rom die Frage,[803] „wie grundlegend das gedankliche Gebäude des absoluten Idealismus [...] für die richtige Erfassung der Gebilde des empirischen Rechts" sei. Schließlich könnten juristische Begriffe nur von Voraussetzungen aus begriffen werden, die keine Voraussetzungen der positiven Rechtswissenschaft mehr seien und sein könnten und „deren Wahrheit und Gültigkeit zu erweisen nur eine Philosophie imstande" sei.[804] Er stellt konkret die Frage, welche Rolle „der obligatorische Vertrag im rechtsphilosophischen System des absoluten Idealismus, genauer der Hegelschen Rechtsphilosophie" spiele, wo er sich bei Hegel finde, „oder – wo [...] er sich finden [müsste], wenn dieses System die Geschlossenheit besäße, die es als System, gerade im Sinne Hegels, für sich in Anspruch nehmen muss". Binder konkretisiert die Fragestellung indem er nach der Eingliederung der Obligation, des Schuldverhältnisses des positiven Rechts, in das System der Hegelschen Rechtsphilosophie fragt. Schließlich sei der „*Vertrag* in Hegels Rechtsphilosophie die einzige Stelle [...], wo das Schuldverhältnis *gesucht* werden", aber bei näherer Betrachtung nicht gefunden werden könne.[805]

Unter dieser Fragestellung untersucht Binder zunächst das Schuldverhältnis des positiven Rechts und gliedert dieses in die Bedeutungskomponenten „Leistensollen" und „für Leistung Haften" auf, wobei die Schuld wohl römischrechtlich begründet und die Haftung dem germanischen Recht zuzuschreiben sei. Der Begriff der Haftung biete keine Schwierigkeiten, schließlich entspreche es „vollkommen unserm

---

802 *Larenz*, Die Aufgabe der Rechtsphilosophie, Zeitschrift fur Deutsche Kulturphilosophie, Bd. 4, 1938, S. 234.

803 Die Abhandlung erscheint 1934.

804 *Binder*, Der obligatorische Vertrag im System der Hegelschen Rechtsphilosophie, S. 37 f.

805 *Binder*, a. a. O., S. 38 f.

juristischen Gemeinbewusstsein, dass der Schuldner für die Leistung haftet und dass diese Haftung in seinem Unterworfensein unter Klage, Urteil und Vollstreckung besteht". Beim Begriff der Schuld jedoch „muss der intellektuelle Apparat des Juristen notwendig versagen", da für ihn „das Gebot der Rechtsordnung, [...] der objektive Wille des Rechts dem subjektiven Willen der Person oder des Rechtssubjektes als sein *Anderes* gegenüber" stehe. Für ihn sei das Recht „immer der *abstrakte* objektive Wille im Gegensatz zu dem ebenso abstrakten subjektiven Willen". Insofern spreche der Jurist von der „Heteronomie des Rechts im Gegensatz zu der Autonomie der Moral, bei der er sich die Verpflichtung des moralischen Subjektes als durch sein eigenes sittliches Bewusstsein begründet denkt".[806]

Binder sieht diesen Gegensatz von subjektivem und objektivem Geist, von Recht und Sittlichkeit, für das positivistische juristische Denken als unaufhebbar an und misst ihm die Unfähigkeit bei, zu begründen, „wie von diesem heteronomen Standpunkt aus eine *Verpflichtung* des Rechtssubjektes durch das Recht und auf das Recht, eine Pflicht, dem Gebot der Rechtsordnung zu gehorchen und es zu erfüllen, und. d.h. in unserm Falle: ein *Leistensollen* des Schuldners, überhaupt soll begriffen werden können". Es bleibe dem Juristen nichts anderes übrig, „als einfach vorauszusetzen, *dass* der Wille der Rechtsordnung, obwohl er ihn nur als das *andere* des Schuldnerwillens weiß, die Leistungspflicht begründet".[807] Allerdings stelle sich für den Idealismus auf der Grundlage Hegels dieser Dualismus nicht als Problem, da für ihn „das Recht nicht das Andere der Sittlichkeit, sondern die Sittlichkeit selbst" sei.[808] Die Erwartung, dass Hegel auch *expressis verbis* auf das Schuldverhältnis eingegangen wäre, werde „schmerzlich enttäuscht". Denn weder die Obligation noch der Schuldvertrag hätten in diesem System Berücksichtigung gefunden.[809] Binder weist dabei auf seine Ausführungen zum Privatrecht in der Rechtsphilosophie Hegels aus seiner Abhandlung *Das System der Rechtsphilosophie Hegels* von 1931 hin, wonach er eine Gleichsetzung des Hegelschen „abstrakten Rechts" mit dem positiven Privatrecht ablehnt.[810]

Vielmehr müssten die drei Sphären der Selbstverwirklichung des Geistes abstraktes Recht, Moralität und Sittlichkeit als „dialektische Einheit" betrachtet werden, nämlich als „spekulative Entwicklung der Idee des freien Willens, die durch die dialektischen Stufen des abstrakten Einzelwillens, des moralischen Willens und des sittlichen Bewusstseins hindurchschreitet, bis sie schließlich die Herrschaftssphäre des objektiven Geistes, der eben als das Recht der Menschen wirklich ist", erreiche. Mithin habe keiner der drei Teile eine isolierte Bedeutung wie es vorausgesetzt werde, „wenn man den ersten Teil als Privatrecht, den zweiten als Moralphilosophie und den dritten als das öffentliche Recht" betrachte. Jeder in diesem Hegelschen

806 *Binder*, a. a. O., S. 42.
807 *Binder*, a. a. O., S. 43.
808 *Binder*, a. a. O., S. 44.
809 *Binder*, a. a. O., S. 44.
810 Vgl. Kapitel 4 Abschnitt III.

System entwickelte Begriff sei „nur Moment des dieses aus sich hervortreibenden und durch es weitergetriebenen Begriffes des Rechts oder der Sittlichkeit oder der Freiheit überhaupt" und es handele sich „um die spekulative Entwicklung des Begriffes des freien Willens". Auf der Stufe des abstrakten Rechts jedoch verharre dieser als abstrakter Einzelwille „rein negativ" gegenüber anderen Einzelwillen und wegen der Negativität des abstrakten Einzelwillens sei es unmöglich, dass auf der Stufe des abstrakten Rechtes ein schuldrechtliches System überhaupt angetroffen werden könnte.[811] Schließlich fehle es auf dieser Stufe an der *„objektiven Rechtsordnung*", die Schuldrecht und Schuldvertrag notwendig voraussetzten.[812]

Wenn Hegel gleichwohl im Bereich des abstrakten Rechts in § 80 seiner *Rechtsphilosophie* vom Vertrag spreche, dürfe das rechtsdogmatisch nicht missverstanden werden, da Hegel den Vertrag in diesem Sinne ausschließlich als Veräußerungs- oder Verfügungsgeschäft ansehe, nicht jedoch als Verpflichtungsgeschäft.[813] Das Wesen des *„römischen Kontraktes* als eines bloßen Verpflichtungsgeschäftes" werde dabei überhaupt nicht erfasst, und trete gar nicht „über die Schwelle des Bewusstseins des Philosophen" und könne dies auch nicht, weil sich aus der „abstrakten, negativen Einzelpersönlichkeit" ein Leistensollen bzw. eine Verpflichtung nicht herleiten lasse.[814]

Erst auf der dritten Stufe des Hegelschen Systems könne im Staat und der „objektiven Wirklichkeit des Rechts" ein Privatrecht gedacht werden, wenn dies auch Hegel selbst nicht getan habe.[815] Grund dafür könne sein, dass Hegel von dem „abstrakten Eigentum" der Pandektenjurisprudenz des 19. Jahrhunderts ausgegangen wäre, das *„als schlechthinnige Willkür des berechtigten Subjektes,* [...] *weder in der moralischen noch in der sittlichen Welt mehr möglich*" sei. Konsequent gedacht, nehme das Eigentum im Hegelschen System auf der Stufe der Sittlichkeit jedoch „mit innerer Notwendigkeit eine neue Funktion, eben die soziale Funktion in sich auf". Das Eigentum werde als soziale Pflicht für das „moralische Bewusstsein" durch die Rechtsordnung begriffen und ausgeübt.[816] Auf den Vertrag bezogen bedeute dies, dass der Schuldner durch seine Verpflichtungserklärung gebunden werde, weil sie identisch mit dem allgemeinen Willen der Rechtsordnung sei und diese wiederum in ihrer Allgemeinheit unabhängig von der Fortdauer des Willens des Schuldners. Durch seine Willenserklärung habe der Schuldner „den objektiven Geist des Rechts gerufen; und er konnte es, weil dieser in seiner Objektivität nur im subjektiven Willen, und als er, Wirklichkeit haben kann; aber diesen Geist, den er rief, wird

---

811 *Binder*, a. a. O., S. 46.
812 *Binder*, a. a. O., S. 47.
813 Vgl. aber *Hegel*, Grundlinien der Philosophie des Rechts, § 80: [...] *Zusatz.* Beim Vertrag wurde der Unterschied gemacht, dass durch die Übereinkunft (Stipulation) zwar das Eigentum mein wird, ich aber den Besitz nicht habe und diesen durch Leistung erst erhalten soll."
814 *Binder*, Der obligatorische Vertrag im System der Hegelschen Rechtsphilosophie, S. 50.
815 Vgl. *Binder*, a. a. O., S. 50.
816 *Binder*, a. a. O., S. 51.

er nun nicht mehr los, wie der Zauberlehrling von Goethe".[817] Binder stellt damit schließlich fest: „Das Geheimnis aller Willensbindung, aller Verpflichtung überhaupt ist damit gelichtet".[818]

Auch Dulckeit geht in seiner Schrift *Rechtsbegriff und Rechtsgestalt* im Jahr 1936 davon aus, dass seine Interpretation des Hegelschen Vetragsbegriffs „auch für die Neugestaltung des deutschen Rechts nicht ohne Bedeutung" sein dürften. Im Mittelpunkt des praktischen Interesses stehe dabei die von Hegel angenommene „unmittelbare Einheit des Verpflichtungs- und Verfügungsgeschäftes", die vom positiven Recht strikt voneinander getrennt und als selbständige Verträge nebeneinander gestellt würden.[819] Es könne nun aber

> „gewiss keine Rede davon sein, dass eine philosophische Sinnerfassung und logische Begründung unmittelbar in die Form von Rechtssätzen gebracht und so zu positivem Recht werden könnte. Hegel selbst wendet sich dagegen, dass durch die systematische Entwicklung des ‚philosophischen' Rechts ‚ein positives Gesetzbuch, d.i. ein solches, wie der wirkliche Staat eines bedarf, herauskommen solle'. Die Stelle, ‚wo das Recht positiv werden muss', ist vielmehr die Rechtspflege im System der Sittlichkeit."[820]

Dulckeit erörtert seine Reformgedanken in einem Kapitel, das er „Die Neugestaltung des deutschen Vertragsrechts" nennt.[821] Gleichwohl betont er, dass die weitere technische Ausgestaltung seiner Auffassung nicht das Ziel einer grundsätzlichen Untersuchung sein könne. Die „bis zu ihren praktischen Konsequenzen (d.h. bis in die Gestaltung des positiven Rechts) fortgeführte philosophische Lehre Hegels" entspreche aber

> „nicht nur den Forderungen, die die Gegenwart an die Neugestaltung des Rechts stellt: sie stimmt bis ins Einzelne auch mit der Auffassung des *germanischen* Rechts überein. Auch das deutsche Recht hat an die Stelle der Trennung zwischen dinglichen und persönlichen Rechten den Unterschied von kundbaren (nach außen wirksamen) und (noch) nicht kundbaren (nur im Innenverhältnis wirksamen) Rechten und Rechtsgeschäften gekannt; auch hier ging im Innenverhältnis das Eigentum, entgegen der romanistischen Trennung zwischen schuldrechtlichem Verpflichtungsvertrag und abstrakt-dinglichem Verfügungsgeschäft, bereits mit Abschluss des Vertrages über; auch hier erstarkte es zum auch nach außen hin wirksamen Eigentum erst mit der Übertragung des leiblichen oder Buchbesitzes, der Gewere, die als kundbare typische Form des Rechts auch dann Beachtung fand, wenn sie als bloßer Rechtsschein der wahren Rechtslage (im Innenverhältnis) zuwiderlief."[822]

817 *Binder*, a. a. O., S. 53.
818 *Binder*, a. a. O., S. 53 f.
819 *Dulckeit*, Rechtsbegriff und Rechtsgestalt, S. 107.
820 *Dulckeit*, a. a. O., S. 109.
821 *Dulckeit*, a. a. O., S. 107–113.
822 *Dulckeit*, a. a. O., S. 112.

Damit habe sich nach Dulckeit wiederum gezeigt, „dass Hegel die philosophischen Grundlagen für eine solche Neugestaltung des Rechts im deutschen Geist bereits wesentlich geschaffen hat; denn als der erste wirklich freie deutsche Denker hat er letztlich doch nur aus dem Quell der deutschen Substanz geschöpft".[823]

Die Interpretation Hegels in Bezug auf das positive Recht war ein rechtsphilosophisches Grundanliegen Binders und seiner Schüler, weil sie Hegels Rechtsphilosophie für das positive Recht nutzbar machen wollten und Hegel als Patron für das neu zu schaffende deutsche Recht propagierten. Während Larenz in seiner Dissertation den Versuch unternahm, die Lehre von der juristischen Kausalität mit einer objektiven Zurechnung, die er auf Hegel stützt, zu begründen, waren es in den folgenden Jahren vor allem die Begriffe des abstrakten Rechts und der Person bei Hegel, die Binder und seine Schüler für eine zeitgenössische Rechtsphilosophie fruchtbar machen wollten. Allerdings führten die Versuche, Hegels Rechtsphilosophie mit den juristischen Begriffen der Rechtswissenschaft zu qualifizieren, auch zu fortschreitenden Auseinandersetzungen zwischen Binder und seinen Schülern. Gerade die Auseinandersetzung über die Begriffe des abstrakten Rechts und der Person bei Hegel wurden ein wesentlicher Streitpunkt zwischen Binder und vor allem Larenz.[824]

823 *Dulckeit*, a. a. O., S. 113.
824 Vgl. dazu Kapitel 6 Abschnitt II.

Kapitel 6: Philosophische Auseinandersetzungen innerhalb der Göttinger Schule

Waren die späten 1920er und frühen 1930er Jahre von der gemeinschaftlichen Seminar- und Semesterarbeit geprägt, die vor allem in dem Sammelband *Einführung in Hegels Rechtsphilosophie* im Jahr 1931 von Binder, Larenz und Busse zum Ausdruck kam, so begannen sich die einzelnen Angehörigen der Göttinger Schule im Verlaufe der 1930er Jahre in ihrer Hegel-Deutung zu differenzieren und voneinander abzugrenzen. Busse schrieb im April 1934 an Adam von Trott zu Solz, indem er diesen, unter Erinnerung an die gemeinsame Einführung in Hegels Rechtsphilosophie in Binders Seminar, zur Mitarbeit in dem Binder-Kreis gewinnen wollte, dass Trott wohl wisse, dass die Binder-Schüler von Binders Philosophie aus „ihren eigenen Weg gehen". Er meine deshalb „keine ‚Richtlinie' und kein Programm" wenn er von den „Aufgaben" schreibe, die der „Göttinger Kreis um Binder" vor sich sehe und zu deren Bewältigung er Trott als Binders Privatassistenten gewinnen wolle. Wie weit die Angehörigen des Kreises die Aufgaben „gleich sehen und in gleicher Weise anpacken", werde sich „immer erst viel später erkennen lassen".[825] Hier zeigt sich, dass Busse zwar im April 1934 noch von der Aktivität und dem Zusammenhalt der Göttinger Schule ausging, jedoch schon erste rechtsphilosophische Differenzierungen innerhalb der Schülerschaft Binders deutlich wurden. Anfangs wurden diese Differenzierungen noch als terminologische Unterschiedlichkeiten abgetan, die nicht als Gefährdung der gemeinsamen neuhegelianischen Stoßrichtung angesehen wurden. Dulckeit schrieb etwa unter Bezugnahme auf eine Kritik Binders im März 1935 an diesen: „Sachlich gesehen bestehen zwischen uns sicherlich keine Gegensätze – meiner Ansicht nach ist es zum großen Teil wirklich nur eine Frage der Formulierung, die mir freilich im Sinne Hegels notwendig scheint".[826] Der Nachsatz, dass er auf seiner Ausdrucksweise beharre, weil er sie „im Sinne Hegels notwendig" ansehe, nimmt jedoch schon die späteren Hauptdifferenzen zwischen Binder und seinen Schülern vorweg: sie werden sich schon bald gegenseitig bezichtigen, Hegel misszudeuten.

Dulckeit, der sich im Winter 1935/36 vertretungsweise in Bonn aufhielt, doch alles auf eine Rückkehr an die Wirkungsstätte seines Lehrers setzte, schrieb diesem zu Weihnachten 1935, dass er sehr hoffe, „dass wir im Sommer diesen ‚Kampf um die Wahrheit' beginnen können – nur schade, dass Busse nicht dabei sein kann".[827] Busse hatte mittlerweile, wie Larenz bereits zuvor, Göttingen verlassen und hielt sich fortan aus dem rechtsphilosophischen Diskurs größtenteils heraus. Dulckeit

825 *Busse*, Brief an A. von Trott zu Solz vom 5. April 1934, BAK 1416/11.

826 *Dulckeit*, Brief an Binder vom 21. März 1935, NSUG Cod. Ms. Dulckeit 1.

827 *Dulckeit*, Brief an Binder vom 24. Dezember 1935, NSUG Cod. Ms. Dulckeit 1.

versuchte sich zwar philosophisch in einen gemeinsamen Kampf mit Binder einzubringen, doch konnten sie sich, vor allem nach der gescheiterten Besetzung des Binderschen Lehrstuhls durch Dulckeit, in ihren Briefen und Schriften nicht wieder auf eine gemeinsame Linie ihrer Rechtsphilosophie einigen.

Als die Nachfolgeverhandlungen im Frühsommer 1937 endgültig gescheitert waren und klar wurde, dass Saure auf den Binder-Lehrstuhl berufen werden sollte,[828] begannen sich auch Binder und Dulckeit rechtsphilosophische Auseinandersetzungen zu liefern. Programmatisch schrieb Dulckeit Ende 1937 an Binder:

> „Ich bin natürlich weit davon entfernt, Ihnen die starken und hohen ethischen Inhalte, mit denen Sie seit jeher den Kampf um die Gesundung des deutschen Geistes geführt haben, auch nur im entferntesten […] abzusprechen; ich weiß auch, dass Sie vielen jungen Menschen während Ihrer Tätigkeit wieder inneren Halt und geistigen Glauben wiedergegeben haben – auch bin ich insoweit stets Ihr begeisterter Schüler gewesen, der sich gerne von Ihnen den rechten Weg hat zeigen lassen. Nun aber geht es doch zwischen uns um mehr (nachdem die Einheitsfront auch insofern begründet war, als aus dem Schüler ein Mitkämpfer geworden ist) um ganz nüchterne logische und methodische Fragen. Ich bin auch der Letzte, pädagogische Notwendigkeiten und Rücksichten anzuerkennen: Sie wissen doch selbst, *wie* oft wir alle, gegen Ihren Widerspruch, in letzter Zeit darauf gedrungen sind. Aber Ihnen selbst ging es doch bei Ihrer Phil. notwendigerweise um mehr, als nur ‚Erzieher' im besten Sinne zu sein? Wir wollen doch alle die Wahrheit *ganz* wahr ergreifen, und da gibt es doch nur das Gesetz der Wahrheit selbst (die natürlich als Wahrheit garnicht ‚Erkenntnis um ihrer selbst willen' sein kann). Wenn wir auch heute andere *Wege* eingeschlagen haben, so einigt uns doch *noch immer* das Resultat in seiner Gesamtheit, und das bleibt schließlich Hegel […]). Aber niemals und niemand würde ich zugeben, dass Sie Ihren Lebenszweck verfehlt hätten; Sie sind und bleiben derjenige, der die Bahn gebrochen und für uns freigemacht hat. Im Übrigen halte ich es (mit Schönfeld) nicht für unumgänglich erforderlich, ein *ganzes* System neu zu machen, wenn man hegelisch denkt […].“[829]

Damit riss Dulckeit die wichtigsten Punkte der Auseinandersetzungen zwischen Binder und seinen Schülern an: Er versuchte Binder zu verdeutlichen, dass sich seine Schüler rechtsphilosophisch von ihm emanzipiert hatten und nicht bereit waren, seine Entwicklung vom neuhegelianischen „objektiven Idealismus“ zum „absoluten Idealismus“ mitzutragen. Letzterer hatte sich nach Ansicht Dulckeits und Larenz von der Hegelschen Philosophie entfernt. Dass Dulckeit dabei auch in seinen Schriften in der Sache unerbittlich Stellung gegen Binder bezog und sich gar auf Schönfeld berief, von dessen Kritik sich Binder persönlich beleidigt fühlte, verbitterte Binder und ließ ihn auf Distanz zu seinem Schüler gehen. Die sachliche Zustimmung Dulckeits zu Schönfeld traf ihn schließlich mehr, als dessen Angriff

---

828 Vgl. dazu Kapitel 1, Abschnitt V.

829 *Dulckeit*, Brief an Binder vom 7. Dezember 1937, NSUG Cod. Ms. Dulckeit 1.

selbst.[830] Er sprach Dulckeit (aber auch Larenz) das Recht ab, sich als Hegelianer zu bezeichnen, vielmehr seien beide durch ihre Hinwendung zu Schönfeld – gegen die diese sich freilich verwahrten – „Schellingianer“ geworden.[831]

Die Auseinandersetzung zwischen Binder und seinen Schülern ging schließlich so weit, dass Dulckeit Binder im Mai 1938 brieflich die offene Abwendung von dessen Rechtsphilosophie erklärte:

> „Sie werden [...] verstehen, dass wir als Ihre Schüler Ihr System, sobald wir es als unrichtig erkannt haben, ebenso preisgeben müssen, wie sie selbst bedenkenlos bereit sind, sich von Hegel insoweit abzuwenden, als Sie sein System nicht mehr billigen zu können glauben. Nur bin ich überzeugt: Objektiv gesehen [...] kämpfen Sie hierbei nicht mehr für die Wahrheit, sondern nur noch für Ihr System.“[832]

Dieser erklärte Abfall Dulckeits von Binders Rechtsphilosophie erschien Larenz „etwas zu scharf u. lieblos“. Dass Binder nicht für die Wahrheit kämpfte, sondern nur noch für sein System, hätte Dulckeit „vielleicht doch besser nicht geschrieben“. Dulckeit habe Binder „persönlich sehr verwundet“. Binder erklärte Larenz nach dessen Aussage, dass ihn Dulckeit in einer Weise behandelt habe, „die ihn tief geschmerzt hätte“, schließlich habe er ihm zu verstehen gegeben, „dass er besser seinen Mund hielte“. Larenz gab sich jedoch sicher, dass die „mildernde Betrachtungsweise“ durch Binders Frau „mit der Zeit die Oberhand gewinnen“ werde. Man müsse zu Binders Gunsten sagen, dass er „wirklich erheblich an Gedächtnisschwäche zu leiden scheint u. nun einfach zu alt ist, die ihm vertrauten Gedankenbahnen zu verlassen“. Eine Auseinandersetzung mit ihm hätte „natürlich gar keinen Zweck“, aber persönlich sei er „doch ganz famos“.[833]

Im Einzelnen ist es im Nachhinein sachlich nicht immer ganz einfach nachzuvollziehen, wo die rechtsphilosophischen Trennlinien zwischen Binder und seinen Schülern verliefen. Es scheinen zumindest auch persönliche Befindlichkeiten der Beteiligten, und vor allem Binders, dabei eine Rolle gespielt zu haben, dass gegen Mitte der 1930er Jahre ein Auseinanderdriften der ehemaligen Göttinger Schule festgestellt werden kann. Es soll daher im folgenden Kapitel der Versuch unternommen werden, die aufgetretenen Fliehkräfte der Göttinger Schule entlang den rechtsphilosophischen und persönlichen Auseinandersetzungen nachzuzeichnen. Aussagekräftig sind neben den vorliegenden Publikationen vor allem die Briefwechsel zwischen Binder, Larenz und Dulckeit, auf die im Folgenden ausführlich einzugehen sein wird. Da die Kritik Schönfelds an Binder stetiges Thema der Auseinandersetzung Binders auch mit seinen früheren Schülern war, wird auch auf diese eingegangen.

---

830 Vgl. *Dulckeit*, Brief an Binder vom 19. Februar 1938, NSUG Cod. Ms. Dulckeit 1.

831 Vgl. *Larenz*, Abschrift des Briefes an Binder vom 1. Februar 1938, NSUG Cod. Ms. Dulckeit 5; *Larenz*, Brief an Dulckeit vom 1. Februar 1938, NSUG Cod. Ms. Dulckeit 5.

832 *Dulckeit*, Brief an Binder vom 24. Mai 1938, NSUG Cod. Ms. Dulckeit 1.

833 *Larenz*, Brief an Dulckeit vom 25. Juni 1938, NSUG Cod. Ms. Dulckeit 5.

I. Eine Fortsetzung der Göttinger Schule in Kiel?

Binder hatte sich um das Jahr 1935 herum von der mehr oder weniger orthodoxen Hegelauslegung gelöst und vertrat nun seinen „absoluten Idealismus", den Larenz retrospektiv „esoterisch" nannte und Schönfeld mit ätzender Kritik kommentierte. Binder traf es schwer, dass seine Schüler sich teilweise sachlich mit den Schönfeldschen Angriffen auseinandersetzten, diese sogar „im Kern" für berechtigt hielten und Schönfeld nicht aus Solidarität mit ihm in Gänze verdammten.[834] Zwar teilten Dulckeit und Larenz nicht den aggressiven Ton Schönfelds gegen Binder, doch grenzten sie sich ebenfalls philosophisch zunehmend von ihm ab. Im Gegensatz zu der daraus folgenden persönlichen Verstimmung zwischen Binder einerseits und Larenz und Dulckeit andererseits, trugen die beiden letzteren ihre rechtsphilosophischen Differenzen von Beginn an respektvoll und zurückhaltend miteinander aus. Dulckeit berichtete Binder etwa von einem Treffen mit Larenz in Köln im Januar 1936: „Es war wirklich sehr nett [...]. Über die Meinungsverschiedenheit zwischen L[arenz] und mir oder uns vielmehr (abstraktes Recht usw.) sprachen wir von vornherein nicht".[835] Im Juni 1937 hob Dulckeit Binder gegenüber im Zusammenhang mit dem Hegelianismus „die Verdienste von Larenz mit allem Nachdruck" hervor.[836] Anfang 1938 schrieb Dulckeit an Binder, dass er Larenz „manchen Vorwurf früherer Jahre [...] innerlich abgesehen habe".[837] Gleichwohl ging Dulckeit nach der Entfernung Larenz' von der Philosophie Hegels davon aus, dass Larenz noch auf der Suche nach „seiner eigenen Philosophie" sei.[838]

Binder äußerte sich anfangs anerkennend über die rechtsphilosophischen Leistungen seiner Schüler. Dabei verwies er allerdings stets auf ihr geistiges Herkommen aus seiner Schule. Als sich seine Schüler jedoch von seiner Lehre abgrenzten, ging Binder zunehmend kritisch auf seine Schüler ein. In seiner Rechtfertigungsschrift *Mein „Absoluter Idealismus" und Hegel*, die Binder u.a. nach eingehender Kritik Dulckeits an seinem philosophischen System vorgelegt hatte, sprach er 1938 davon, dass er „nicht umhin [komme], die wertvolle und gründliche Förderung des Verständnisses der Hegelschen Philosophie [...] unumwunden anzuerkennen, die in den letzten Jahren vor allem von meinen früheren Schülern geleistet worden ist".[839] Weiterhin wies er darauf hin, dass er sich mit diesem „Kreise junger Gelehrter, mit denen ich im letztvergangenen Jahrzehnt zusammengearbeitet hatte" darüber einig gewesen sei, „dass das ‚abstrakte Recht' und die ‚Moralität' nur Vorstufen bildeten,

834 Vgl. *Dulckeit*, Brief an Binder vom 14. Januar 1938, NSUG Cod. Ms. Dulckeit 1.
835 *Dulckeit*, Brief an Binder vom 29. Januar 1936, NSUG Cod. Ms. Dulckeit 1.
836 *Dulckeit*, Brief an Binder vom 26. Juni 1937, NSUG Cod. Ms. Dulckeit 1.
837 *Dulckeit*, Brief an Binder vom 14. Januar 1938, NSUG Cod. Ms. Dulckeit 1.
838 Vgl. *Binder*, Brief an Dulckeit vom 21. November 1938, NSUG Cod. Ms. Dulckeit 1. Zur Entfernung Larenz' von der Philosophie Hegels vgl. Kapitel 6 Abschnitt II.
839 Vgl. *Binder*, Mein „absoluter Idealismus" und Hegel: eine Klarstellung gegenüber der Kritik meines Systems, Zeitschrift für die gesamte Staatswissenschaft, Bd. 98.1937/1938, S. 430.

über die hinaus das Denken zum eigentlichen Recht gelangen musste".[840] Diese Interpretation werde nun an seinem System, vor allem von Dulckeit, kritisiert. Binder redete mithin von seinem *früheren* Schülern mit denen er zusammengearbeitet *hatte*. Damit wird klar, dass Binder zu diesem Zeitpunkt nicht mehr von dem Bestand der einstigen Göttinger Schule ausging. Diese Auffassung hatte er auch in einem Brief an Dulckeit aus dem Dezember 1937 geäußert, in dem er von der Vergangenheit sprach, in der er „noch das Glück hatte, wirkliche ‚Schüler'" um sich zu haben.[841] Die Differenzen in der Hegel-Deutung sind in der Tat ab der Mitte der 1930 Jahre unübersehbar und seine Schüler grenzten sich zunehmend von Binders fortentwickeltem „absoluten Idealismus" ab.

Larenz – mittlerweile Vertreter des „völkischen" und „neuen deutschen Rechtsdenkens" der „Kieler Schule" – entzweite sich mit Binder vor allem über die Begriffe der Rechtsfähigkeit, des subjektiven Rechts und der Person, die er in seinem Konzept der „Gliedstellung" als lediglich von der Volksgemeinschaft gewährt ansah, was Binder als zum „Bolschewismus" führend erklärte.[842] Binder knüpfte die Rechtsfähigkeit nach wie vor an das Personsein, das dem Menschen qua Menschsein zukomme.

Dulckeit kritisierte in erster Linie Binders Hegel-Deutung, deren Konzept des „absoluten Idealismus" mit der Vorstellung der allumfassenden Einheit des Bewusstseins er nicht als hegelianisch ansah. Busse hielt sich seit seinem Weggang aus Göttingen nahezu gänzlich aus dem neuhegelianischen Diskurs heraus.

Die Tatsache, dass Mitte der 1930er Jahre Binders Schüler Göttingen verließen, unterstreicht die zunehmende Abgrenzung und Entfremdung innerhalb der ehemaligen Göttinger Schule. Jakob weist darauf hin, dass der Einfluss Binders auf seiner Schüler geringer wurde, als die Binder-Schüler Larenz und Michaelis 1933 bzw. 1934 Göttingen verließen und nach Kiel abwanderten, um dort mit anderen die „Kieler Schule" zu bilden.[843] Überdies wurde neben Larenz und Michaelis auch Busse im Jahr 1937 nach Kiel berufen. Dulckeit hielt sich ab dem Wintersemester 1936/37 vertretungshalber für ein Jahr in Kiel auf und Larenz bemühte sich darum, ihn nach Kiel auf einen Lehrstuhl zu berufen.[844] Damit waren die ehemaligen Göttinger Binder-Schüler für einen kurzen Zeitraum wieder örtlich vereint, doch kann von einer rechtsphilosophischen Gemeinsamkeit nicht mehr gesprochen werden. Zu sehr hatten sich alle Beteiligten von ihren rechtsphilosophischen neuhegelianischen Anfängen in Göttingen entfernt.

Als Dulckeit, der seinem Lehrer am Längsten rechtsphilosophisch beigestanden hatte, nach Kiel wechselte, fürchtete Binder zunächst den Einfluss Larenz' auf Dulckeit, doch schrieb letzterer im November 1936 an seinen Lehrer:

840 *Binder*, Mein „absoluter Idealismus" und Hegel, S. 422.
841 *Binder*, Brief an Dulckeit vom 6. Dezember 1937, NSUG Cod. Ms. Dulckeit 1.
842 Vgl. dazu Kapitel 7 Abschnitt II.
843 *Jakob*, Grundzüge der Rechtsphilosophie Julius Binders, S. 79 f.
844 Vgl. *Larenz*, Brief an Dulckeit vom 4. April 1939, NSUG Cod. Ms. Dulckeit 5.

„Im Übrigen haben wir beide festgestellt, dass die von Ihnen vermutete drohende Einwirkung auf meine Haltung wirklich jeder Grundlage entbehrt: im allgemeinen, weil ich entschieden der Radikalere bin, - und im besonderen, weil Sie ja meine theoretische Unbestechlichkeit doch wohl nicht in Frage stellen werden."[845]

Im Dezember 1936 schrieb Dulckeit aus Kiel von seinen rechtsphilosophischen Differenzen mit Busse, mit dem er seiner Aussage nach „nur einmal wöchentlich zu einer herzlichen Begrüßung im Dozentenzimmer" zusammentreffe. Dulckeit sah sich in seinem neuhegelianischen Impetus von seinen einstigen Mitschülern Larenz und Busse allein gelassen. Er ging davon aus, dass er vermutlich „bald der einzige jüngere Hegelianer in einem strengeren Sinn sein werde". Zwar habe er Larenz zunächst von seiner Hegelauffassung überzeugt, doch sei dieser „unter dem Ansturm von Busse wieder etwas wankend geworden". Letzterer habe ihm mitgeteilt, dass er seine vorherige Ansicht, dass er Dulckeits

„Hegelauffassung für eine mögliche Philosophie halte, nunmehr radikal aufgeben müsse. Hegels Versuch einer Anwendung der Logik auf die Geistphilos[ophie] sei ab ovo irreführend und verfehlt; die Ontologie müsste sozusagen als causa sui zur Entstehung gelangen [...]. Aber die hegelsche Logik erkenne er nach wie vor als richtig an, und er gab zu, dass er diese Logik nur auf die Stufe der bisherigen formalen Logik herabgedrückt zu sehen wünsche. Auf meine freundlich lächelnde Frage, ob er dann also den Antrag stelle, aus den Listen der Hegelianer gestrichen zu werden, antwortete er mit einem verschämten Ja."[846]

Wenig später schrieb Dulckeit an Binder, dass Busses Ablehnung Hegels, „trotz einer gewundenen und etwas byzantinisch lobenden" Besprechung seines Buches *Rechtsbegriff und Rechtsgestalt* „nunmehr bereits zu unumstößlicher Gewissheit erstarkt" sei. Auch Larenz habe sich, „wenn auch in weniger radikaler Weise, von Hegel abgewandt".[847] Immerhin führten Larenz und Dulckeit im Wintersemester 1936/37 und im Sommersemester 1937 in Kiel ein gemeinsames Seminar und Kolloquium durch, auf denen Hegel gelesen und über dessen Aktualität diskutiert wurde. Dulckeit schrieb jedoch an Binder von einer Seminarsitzung, dass er dort „natürlich Hegel wieder verteidigen" musste. Larenz habe versucht, einen Gegensatz zwischen dem jungen und alten Hegel zu konstruieren, um seine eigenen Auffassungen offenbar zu stützen".[848] Mithin wird deutlich, dass die Differenzen in Bezug auf die Hegel-Interpretation zwischen dem noch relativ Hegel- und Binder-treuen Dulckeit und dem zunehmend „völkisch" argumentierenden Larenz in ihrer Kieler Zeit zunahmen. Daher kann die zeitliche Überschneidung der Anwesenheit der ehemaligen Binder-Schüler in Kiel nicht als Fortleben der in Göttingen begründeten Hegel-Schule erachtet werden – wenn abseits der rechtsphilosophischen Streitpunkte auch

845 *Dulckeit*, Brief an Binder vom 8. November 1936, NSUG Cod. Ms. Dulckeit 1.
846 *Dulckeit*, Brief an Binder vom 4. Dezember 1936. NSUG Cod. Ms. Dulckeit 1.
847 *Dulckeit*, Brief an Binder vom 14. Dezember 1936. NSUG Cod. Ms. Dulckeit 1.
848 *Dulckeit*, Brief an Binder vom 21. Januar 1937, NSUG Cod. Ms. Dulckeit 1.

eine gewisse freundschaftliche Verbundenheit aus vergangenen Göttinger Zeiten weiterbestanden haben mag.

II. Kritik Larenz' an Binder und sein Abrücken von Hegel

Im Jahr 1935 veröffentlichte Larenz als ordentlicher Professor der Rechte in Kiel die zweite Auflage der *Rechts- und Staatsphilosophie der Gegenwart.* Im Vorwort gibt er an, dass nachdem das „Schwergewicht der ersten Auflage" des Werkes in der „Kritik der individualistischen und positivistischen Rechts- und Staatstheorien der letzten dreißig Jahre" gelegen habe, die „neue wissenschaftliche Lage" ihn dazu bestimme,

> „die Zielsetzung zu erweitern und auch die rechtsphilosophischen Grundlagen der neuen deutschen Rechtswissenschaft herauszuarbeiten. [...] Im einzelnen wurden besonders die Abschnitte stark erweitert, die den Durchbruch des völkischen Staatsgedankens und den Ausbau einer konkreten Metaphysik des Rechtes und des Staates schildern".[849]

Mit der Betonung der *neuen deutschen Rechtswissenschaft* und des *völkischen Staatsgedankens* wird deutlich, dass sich Larenz nun noch weniger als Angehöriger der Binder-Schule, als vor allem der „Kieler Schule", bzw. des „neuen deutschen Rechtsdenkens"[850] betrachtete, die zwar teilweise Anleihen an dem früheren Neuhegelianismus nahmen, jedoch inhaltlich über ihn hinaus gingen. Beibehalten wurde zwar die spezifische Gemeinschaftsbezogenheit und der deutliche Antiindividualismus des Rechtsdenkens, doch fielen die expliziten Anleihen und Bezugnahmen auf Hegel und dessen Philosophie weg.[851] Die Beschäftigung mit Hegel trat in den Hintergrund zugunsten einer „völkischen" und „neuen deutschen Rechtswissenschaft".[852] Bruno Bauch schrieb in seiner wohlwollenden Rezension des Werkes, dass dieses zwar historisch „der allgemeinen großen philosophischen Bewegung des deutschen Geistes und der unersetzlichen Sendung dieser Bewegung, seiner besonderen Aufgabe nach mit Recht am engsten der Leistung Hegels angegliedert" werden könne, doch „nicht einfach unter ‚Hegelianismus' zu rubrizieren" sei.[853] Hatte Larenz in der

849 *Larenz*, Rechts- und Staatsphilosophie der Gegenwart, 2. Auflage 1935, S. i.
850 Vgl. *Larenz*, Die Aufgabe der Rechtsphilosophie, S. 237 f.
851 Vgl. zu neuhegelianischen Einflüssen auf die Kieler Schule *Rüthers*, Entartetes Recht, S. 76 ff.; *Frassek*, Göttinger Hegel-Lektüre, Kieler Schule und nationalsozialistische Juristenausbildung, S. 49 ff.
852 *Kokert*, Briefe, die Geschichte schreiben - Karl Larenz und die nationalsozialistische Zeit, in. Zeitschrift für neuere Rechtsgeschichte, Bd. 18, 1996, S. 40 f., geht davon aus, dass Hegel im Grunde niemals wirklichen Einfluss auf Larenz besessen habe. In der Göttinger Zeit sei er schlicht durch Binder beeinflusst gewesen und in Kiel habe er „um die Kontinuität zu wahren" aus pragmatischen und karrieristischen Gründen an Hegel festgehalten.
853 *Bauch*, Rezension von Larenz, Rechts- und Staatsphilosophie der Gegenwart, 2. Auflage, 1935, Zeitschrift für deutsche Kulturphilosophie, Bd. 2, S. 204, 210.

ersten Auflage der *Rechts- und Staatsphilosophie der Gegenwart* aus dem Jahr 1931 dem „Transzendenten Idealismus" und „Objektiven Idealismus" auf der Binderschen Grundlage zusammen noch ein eigenes Kapitel unter der Überschrift „Die Idee des Rechts" eingeräumt, so sanken „Der ‚absolute' Idealismus Binders" und „‚Hegelrenaissance' und ‚Neuhegelianismus'" in der zweiten Auflage zu bloßen Abschnitten des zweiten Unterkapitels („Metaphysik des konkreten Geistes") des vierten Kapitels („Metaphysik des Rechts und des Staates") herab. Daneben wurden der Neukantianismus die „dialektische Jurisprudenz" und die Integrationslehre abgehandelt. Der „völkische Staatsgedanke" erhielt dagegen ein eigenes Unterkapitel. „Die philosophischen Grundlagen der neuen deutschen Rechtswissenschaft" wurden schließlich in einem zusätzlichen zweiten Teil erörtert.

Larenz geht zwar in der zweiten Auflage der *Rechts- und Staatsphilosophie der Gegenwart* von 1935 in dem Abschnitt „‚Hegelrenaissance' und ‚Neuhegelianismus'" auf Binder, seine Schüler und deren Verdienste bei der „Überwindung des liberalen Hegelbildes" ein. Er benennt auch das Gemeinschaftswerk *Einführung in Hegels Rechtsphilosophie* von 1931 als „Ausdruck der in seinem Kreis gemeinschaftlich geleisteten Arbeit",[854] doch nimmt er zu „Hegelrenaissance" und „Neuhegelianismus" von der Warte der „völkischen" und „neuen deutschen Rechtswissenschaft" eine distanzierte Haltung ein:

> „Es hieße aber den Sinn der neuen Bemühungen um Hegel völlig verkennen, wollte man annehmen, dass es das Ziel der ‚Neuhegelianer' sei, die deutsche Rechtsphilosophie der Gegenwart in eine ähnliche Abhängigkeit von Hegel zu bringen, wie das im Neukantianismus mit Bezug auf Kant geschehen war. *Wenn wir an Hegel anknüpfen, ist es uns nicht um die Richtigkeit einzelner Lehren, sondern um konkretes Denken, um substantielle Dialektik zu tun.* Wer von Hegel gelernt hat, weiß vor allem eines: dass die Wahrheit niemals eine fertige abgeschlossene und so weiterzugebende Lehre, sondern lebendige Bewegung des Geistes ist, der in jeder Epoche sich auf's neue dazu aufgerufen sieht, sich seiner Wirklichkeit und Gegenwärtigkeit zu versichern, sich sein Bild der Welt zu erarbeiten. Unser geschichtlicher Ort ist ein anderer als der Hegels."[855]

Der „absolute Idealismus" Binders wird deshalb nicht mehr als neuhegelianischer Idealismus sondern allenfalls als mögliche Vorstufe für die neue „völkische" Rechtsphilosophie gesehen:

> „In Binders eigener Entwicklung spiegeln sich die verschiedenen Phasen der geistigen Bewegung wieder. Indem im Laufe dieser Entwicklung der anfänglich rein formal gedachten Rechtsidee zunächst ein Inhalt vindiziert wurde, darauf aber die Idee ihren Charakter als abstraktes Prinzip überhaupt verlor und sich im absoluten Idealismus zur Lebendigkeit des Geistes wandelte, der in den Völkern seine geschichtliche Wirklichkeit hat, können wir den Fortgang dieser Bewegung als eine ständige Konkretisierung des anfänglich abstrakt gedachten Idealismus erfassen. Sie mündet ein in die Lehre

854 *Larenz*, Rechts- und Staatsphilosophie der Gegenwart, 2. Auflage 1935, S. 127.
855 *Larenz*, a. a. O., S. 128 f.

> vom Volksgeist als dem konkreten Geiste, die geeignet ist, der deutschen Rechts- und Staatsphilosophie die philosophische Grundlage zu geben."[856]

Die frühere explizit auf Hegel gestützte Staatskonzeption weicht dem Konzept eines „völkischen Staates", der nicht zwischen Volk und Staat unterscheidet.[857] Konkrete philosophische Gedanken Hegels werden kritisiert. So wendet sich Larenz 1936 gegen die Hegelsche Konzeption der Strafe[858] und die *„unhaltbare Konzeption des abstrakten Rechts"* bei Hegel.[859] In einem Brief an Erik Wolf im Januar 1942 schreibt Larenz schließlich, dass „Hegel, wie ich offen erkläre, für den Reichsgedanken in dem uns heute wieder angehenden Sinne nichts hergibt". Ferner stellt er fest, dass ein auf die Philosophie Fichtes gegründetes Reich, „das in ferner Zukunft einmal verwirklicht werden *soll* u. dann den wirklichen Staat überflüssig machen würde – eine Vorstellung [wäre], die genau das Gegenteil dessen ist, was Hegel immerdar verkündet hat".[860]

Auch Binders „absoluter Idealismus" wurde im Verlaufe der 1930er zunehmend von Larenz kritisiert. So zählt er zwar Binders *System der Rechtsphilosophie* von 1937 „zu den wichtigsten rechtsphilosophischen Neuerscheinungen der letzten Jahre", spricht jedoch gleichzeitig von der „grundsätzlichen Problematik des Binderschen Systems". Einige der Binderschen Ausführungen muteten „schon etwas überholt" an.[861] Insbesondere der Begriff der Person und des subjektiven Rechtes, bzw. der Rechtsfähigkeit ist es, in dem sich Larenz deutlich von Binder abhebt.[862] Trotz seines „Bekenntnisses zu *Hegel*" habe Binder „den Aufbau des Hegelschen Systems der Rechtsphilosophie keineswegs übernommen". So behandele er in seinem *System der Rechtsphilosophie* nicht nur die Person, das Eigentum und den Vertrag in der Hegelschen Sphäre der Einzelpersönlichkeit, sondern auch die Ehe und Familie, die bei Hegel allerdings in die Sphäre der Sittlichkeit gehörten. Folglich kritisiert Larenz vor allem die Bindersche Konzeption der Einzelpersönlichkeit, die Binder nicht nur „als abstrakte Person im Sinne Hegels" ansehe, sondern als „‚die entwickelte Persönlichkeit der als Reich der Sittlichkeit, der verwirklichten Freiheit begriffenen Rechtsordnung'".[863] Er kritisiert Binders Polemisieren gegen den Personenbegriff des „neuen deutschen Rechtsdenkens", das sich zwar gegen den „Begriff der abstrakten Person, nicht aber gegen die sittliche Persönlichkeit im Sinne Binders" richte. Allerdings müsse

856 *Larenz*, a. a. O., S. 115.
857 Vgl. *Larenz*, a. a. O., S. 139 ff.
858 *Larenz*, Vom Wesen der Strafe, Zeitschrift für deutsche Kulturphilosophie, Bd. 2, 1936, S. 44 ff.
859 *Larenz*, Vom Wesen der Strafe, S. 45.
860 *Larenz*, Brief an Erik Wolf vom 23. Januar 1942, zitiert nach *Hausmann*, „Deutsche Geisteswissenschaft" im Zweiten Weltkrieg, S. 232.
861 *Larenz*, Rezension von Binder, System der Rechtsphilosophie, Zeitschrift für deutsche Kulturphilosophie, Bd. 4, 1938, S. 307 f.
862 Vgl. zu Larenz' Konzept der „Gliedstellung", die Binder in ihrer Konsequenz ablehnt, Kapitel 7 Abschnitt III.
863 *Larenz*, Die Aufgabe der Rechtsphilosophie, S. 237 f.

> „diese sittliche Persönlichkeit in ihrer Gliedstellung, als Volksgenosse oder Glied eines anderen Volkes, als Reichsbürger oder werdender Reichsbürger gesehen werden. Wenn Binder demgegenüber den Begriff der Person und der Rechtsfähigkeit im Sinne der bisherigen Privatrechtslehre auch für das neue deutsche Recht als einen angeblich unverzichtbaren Grundbegriff glaubt festhalten zu müssen, dann gibt er seinen eigenen Begriff der Persönlichkeit als sittlicher Persönlichkeit zugunsten des abstrakten Personenbegriffs wieder preis."[864]

Schließlich bezeichnet Larenz die Rechtsphilosophie Binders nicht als „eine sich als systematische Geschichtsphilosophie verstehende Metaphysik des Rechts und des Staates", sondern als eine „in ihrem Inhalt weitgehend von dem Recht der Gegenwart bestimmte – Naturrechtslehre". Damit missverstehe Binder

> „nicht nur Hegel, sondern vor allem seine eigene Aufgabe, die Aufgabe einer Rechtsphilosophie, die, um mit seinen eigenen Worten zu sprechen, ‚die Idee gerade nur als Realisation des Geistes in der Wirklichkeit, und d.h. hier in der Geschichte' aufzeigen will."[865]

Larenz' Hegel-Kritik stieß bei Binder und Dulckeit auf wenig Verständnis. So schrieb Dulckeit bereits Ende 1935 in Bezug auf Larenz' Aufsatz *Vom Wesen der Strafe* an Binder, dass ihn Larenz' Bemerkungen zu Hegel „zu Seufzen und Kopfschütteln veranlasst" hätten.[866] Binder war überdies von Larenz' Kritik an ihm selbst höchst erbost.[867]

III. Kritik Dulckeits an Binder und Larenz

Ende 1937 schrieb Dulckeit an Binder: „M. E. ist es doch grundsätzlich für einen Hegelianer unmöglich, Unterscheidungen als Trennungen aufzufassen, es ist gewissermaßen die Todsünde der Dialektik".[868] Damit ging er auf die rechtsphilosophischen Differenzen zwischen ihm, Binder und Larenz ein, die ab Mitte der 1930er Jahre aufkamen. In seinem Buch *Rechtsbegriff und Rechtsgestalt, Untersuchungen zu Hegels Philosophie des Rechts und ihre Gegenwartsbedeutung* im Jahr 1936 hatte Dulckeit eine sehr eigenständige Hegel-Interpretation in Abgrenzung von seinem Lehrer und früheren Mitschülern vorgenommen und sich damit erklärtermaßen von Binders „absolutem Idealismus" abgegrenzt. Insbesondere die Frage der Unterscheidung bzw. der Trennung von abstraktem Recht, Moralität und Sittlichkeit, d.h. des Verhältnisses des Einzelnen zu Staat und Gemeinschaft waren es, über die Dulckeit und Binder philosophisch aneinandergeraten. Mit Larenz setzte sich Dulckeit vor allem in der Frage des Verhältnisses des Einzelnen zur Gemeinschaft in der Hegelschen Rechtsphilosophie auseinander.

---

864 *Larenz*, a. a. O., S. 238 Fn. 2. Zu Binders Begriff der Person vgl. Kapitel 4 Abschnitt III.

865 *Larenz*, a. a. O., S. 241.

866 *Dulckeit*, Brief an Binder vom 1. Dezember 1935, NSUG Cod. Ms. Dulckeit 1.

867 Vgl. oben Kapitel 6 Abschnitt III.

868 *Dulckeit*, Brief an Binder vom 7. Dezember 1937, NSUG Cod. Ms. Dulckeit 1.

In seiner Abhandlung *Hegel und der preußische Staat* aus dem Jahr 1936 spricht Dulckeit davon, dass nach der Wiederentdeckung Hegels durch Binder, Busse und Larenz und dem vereinten Kampf gegen die „landläufige Hegelauffassung, die als trübes Erbe des Liberalismus auf unsere Tage gekommen ist", sich „heute in den Reihen der Hegelianer selbst wieder stärkere Spannungen" zeigten, „in deren Mittelpunkt naturgemäß die grundsätzliche Frage nach dem Wesen des objektiven Idealismus" stehe. Diese Spannungen seien

> „Ausdruck dafür, dass auch der Idealismus unserer Tage angesichts der befruchtenden völkisch-politischen Problemstellung sich neu zu entscheiden hat. Die Frage, was Hegel uns, d.h. der sittlichen Gestaltung der Gegenwart durch die nationalsozialistische Weltanschauung, noch bedeutet oder bedeuten kann, führt erneut auf die andere zurück: was Hegel selbst gewesen ist."[869]

Den Weg dieser Rückbesinnung auf die authentische Auslegung Hegels und ihre praktische Nutzbarmachung für den Nationalsozialismus sei es, den Binder mit seinem „absoluten Idealismus", aber auch Larenz mit seiner Hegel-Kritik, verlassen hätten. Im Dezember 1935 schreibt Dulckeit an Binder, dass er Zweifel habe, „ob eine Abweichung von Hegel in der Richtung, wie Sie das in Ihrer Grundlegung vorgenommen haben, sich wirklich philosophisch rechtfertigen" ließe. Doch fügt er versöhnlich hinzu: „Den Weg Hegels, den Sie ablehnen oder jedenfalls als für Ihre Zwecke unbrauchbar bezeichnen, ist so meines Erachtens nicht im geringsten von demjenigen verschieden, den Sie mit aller Klarheit als den Ihren herausstellen".[870]

Kunkel weist rückblickend darauf hin, dass Dulckeit „sein eigenes Hegelverständnis" gefunden habe. Gleichwohl habe er sich der „starken und eigenwilligen Persönlichkeit" Binders nach wie vor „in tiefer Dankbarkeit" verpflichtet gesehen.[871] So schreibt auch Dulckeit selbst in der Vorrede zu *Rechtsbegriff und Rechtsgestalt*, dass es „dem Kenner [...] nicht verborgen bleiben [wird], wieviel auch die vorliegende Arbeit diesem Erneuerer philosophischen Geistes [d.i. Binder, Anm. d. Verf.] innerhalb der Wissenschaft des Rechts selbst dort verdankt, wo sie schließlich eigene Wege geht". Auch preist er Binder als Wiederentdecker des systematischen Begriffs der philosophischen Rechtslehre Hegels.[872] Dulckeit geht es in diesem Werk vor allem um eine Neuinterpretation des Hegelschen Verhältnisses von abstraktem Recht, Moralität und Sittlichkeit aus dem Geist der Hegelschen Philosophie heraus.

An Larenz kritisiert Dulckeit, dass dieser Hegel so interpretiere, als ob er „im abstrakten Recht das Naturrecht und in der Moralität die Sittenlehre seiner Zeit, insbesondere die Kants" hätte aufheben wollen, was „sicherlich zutreffend, aber unter Beschränkung auf einen solchen geistesgeschichtlichen Anlass keinesfalls aufrecht zu erhalten" wäre. Zwar sei es „im Hinblick auf die heute zur bewussten

869 *Dulckeit*, Hegel und der preußische Staat, S. 63 f.
870 *Dulckeit*, Brief an Binder vom 24. Dezember 1935, NSUG Cod. Ms. Dulckeit 1.
871 *Kunkel*, Dulckeit als Rechtshistoriker, S. 8.
872 *Dulckeit*, Rechtsbegriff und Rechtsgestalt, S. 16.

Wirklichkeit gewordene Volksgemeinschaft" durchaus nachvollziehbar, „dass eine philosophische Rechtslehre nicht mit der abstrakten Person, sondern mit der konkreten Gemeinschaft selbst beginnen müsse" und es könne „sogar als Ehrenrettung Hegels angesehen werden, wenn man seinen allem Anschein nach abweichenden Ausgangspunkt lediglich auf ideengeschichtliche Bedingtheiten zurückführt", doch wolle er, Dulckeit, aufzeigen, dass „hier nur ein scheinbarer Widerspruch zur zentralen Stellung des Gemeinschaftsbegriffs im Hegelschen System" vorliege. Auch für Hegel bilde „diese Gemeinschaft des Volkes im Staat" den „*grund*sätzlichen Ansatzpunkt". Der scheinbare Widerspruch aus der Hegelschen Konstruktion der Sphären des abstrakten Rechts und der Sittlichkeit müsse solange ungelöst bleiben, wie man „eine Eigenart der Hegelschen Geistesphilosophie außer Betracht lässt, die für das Verständnis seiner Philosophie überhaupt von ganz entscheidender Bedeutung ist. Es ist dies das *Verhältnis von Begriff und Gestalt*".[873]

Damit meint Dulckeit, dass die „gesamte Rechtsphilosophie – auch die Sittlichkeit" nichts anderes sei, als „die logisch-dialektische [...] Entwicklung des Rechts*begriffes* mit dem ihm anhaftenden begrifflichen Moment des Daseins, während demgegenüber die Wirklichkeit als solche eine *Gestaltung* des Begriffs (d.h. die Rechtsidee)" sei.[874] Dabei geht Dulckeit davon aus, dass „das logische *prius* (die Person gegenüber der Gemeinschaft)", das man gemeinhin bei Hegel angenommen habe, „kein ethisches oder metaphysisches *melius*" wäre, „weil ja das *Resultat* jeder Entwicklung (hier die Gemeinschaft) bei Hegel nicht nur Ziel- und Endpunkt der ganzen Bewegung" sei, „*sondern das der Bewegung und jedem ihrer Momente* (also auch der Person des abstrakten Rechts und dem Subjekt der Moralität) *Zugrundeliegende.* So bildet das Resultat selbst den Ausgangspunkt, freilich nur in abstrakter Form".[875]

Dulckeit will gegen das – Larenzsche – angebliche Missverständnis der Hegelschen Rechtsphilosophie vorgehen, dass die individuelle Person des abstrakten Rechts als Voraussetzung der sittlichen Gemeinschaft angesehen werde, denn „die Person trägt bereits den abstrakten Begriff ihrer Wahrheit oder ihres Grundes: den Begriff der Gemeinschaft, als ihr Resultat in sich". Damit sei auch für Hegel „die *Gemeinschaft*, nicht die Person, *das in der Wirklichkeit Erste*".[876] Diese gewonnene Erkenntnis sei

> „ein weiterer Schlüssel für ein wirkliches Verständnis des Hegelschen Systems. Es handelt sich bei diesem grundlegenden Verhältnis von *Idee, Begriff* und *Gestalt* um einen, vielleicht um *den* entscheidenden Punkt in der Philosophie Hegels, ohne dessen Klarstellung seine Lehre unweigerlich verhängnisvollen Missdeutungen ausgesetzt bleiben muss. Und so seltsam das klingen mag: die bisherige Forschung ist an diesen

873 *Dulckeit*, a. a. O., S. 16 f.
874 *Dulckeit*, a. a. O., S. 17 f.
875 *Dulckeit*, a. a. O., S. 19.
876 *Dulckeit*, a. a. O., S. 20.

von Hegel doch mit aller Klarheit herausgestellten Grundsätzen achtlos oder ohne rechte Würdigung vorübergegangen."[877]

Diese „dialektische" Aufhebung der Hierarchie von abstraktem Recht, Moralität und Sittlichkeit impliziert für Dulckeit auch eine Neubewertung der Verortung des positiven Schuldrechts im Hegelschen System. Während Binder das positive Schuldrecht erst auf der Stufe der Sittlichkeit verorte[878] und damit den Hegelschen Vertragsbegriff auf der Stufe des abstrakten Rechts nicht als obligatorische Beziehung qualifizieren könne, sondern, weil das abstrakte Recht keine interpersonale Beziehung und Handlung zulasse, nur als Verfügungsgeschäft, ließen sich diese Bedenken

„auf Grund unserer allgemeinen Ergebnisse sehr leicht als völlig haltlos dartun. Man braucht sich nur daran zu erinnern, dass in der Rechtsphilosophie als Teil des Systems die logisch-metaphysische Entwicklung der rote Faden ist, an dem die Momente sich aufreihen. Darum erscheinen sie eben nicht in dem Reichtum der Bestimmungen, den sie als die *Gestalt* aufweisen, die uns in der Wirklichkeit entgegentritt. Gewiss setzt der Vertrag als konkrete Gestalt innerhalb der Rechtswelt die Handlung voraus. Aber in der dialektischen Entwicklung sind Vertrag und Handlung in einem logischen Nacheinander. Es wird also der ganze Reichtum sonstiger Momente, die der Vertrag als *wirklicher* Vertrag (als Gestaltung) aufweist, an der Stelle, wo seine dialektische Funktion innerhalb der Entwicklung des Rechts betrachtet wird, gleichsam – um einen Ausdruck der modernen Phänomenologie zu gebrauchen – ‚eingeklammert'. Nur muss man dabei im Auge behalten, dass dieses ‚Einklammern' kein willkürliches Tun des erkennendes Subjekts und nicht einmal ein heuristisches Prinzip ist, sondern die innere Bewegung des Begriffs selbst vom Standpunkt einer gewissermaßen naiven Wirklichkeitsbetrachtung beschreiben soll."[879]

Dulckeit hält in der Frage nach der Qualifizierung der Hegelschen Begriffe des „abstrakten Rechts" und der „Person" einerseits Larenz zugute, dass auch dieser Kritik an Binder übe. Larenz' Kritik sei „insofern gerechtfertigt, als es sich, wie wir gesehen haben, für Hegel im abstrakten Recht bei der Person nicht um den natürlichen oder endlichen Willen handelt". Andererseits verkenne auch Larenz

„das logisch-dialektische Wesen und die Aufgabe der Hegelschen Rechtsphilosophie, wenn er im Gegensatz zu Binder den Stufen- oder Momentcharakter des abstrakten Rechts und der Moralität leugnen zu müssen glaubt und nur die Sittlichkeit als objektiven Geist anerkennen will; denn es handelt sich – auch bei der Sittlichkeit – nicht um wirkliche Gestalten, sondern um logische Momente der *einen* Wirklichkeit."[880]

877 *Dulckeit*, a. a. O., S. 39.
878 Vgl. Kapitel 5 Abschnitt III.
879 *Dulckeit*, a. a. O., S. 71 f.
880 *Dulckeit*, a. a. O., S. 74 f. Fn. 17. Zu Larenz Kritik am abstrakten Recht Hegels vgl. Kapitel 6 Abschnitt II.

Auch bezüglich der Interpretation des Bewusstseins und des Geistes in der Hegelschen Rechtsphilosophie setzt sich Dulckeit von Binder ab.[881] Er vermöchte dessen Auffassung nicht zu teilen, da Binder

> „einen mehr oder weniger ausgesprochenen *Idealismus* vertritt, für den das Bewusstsein wesentlich und stets eine metaphysische Kategorie, und zwar eine metaphysische Grundkategorie, bleibt, die sich auch im Geist erhält, während Hegel im Grunde genommen zugleich *Realist* ist, indem er den Gegensatz von Idealismus und Realismus – inwieweit mit vollem Bewusstsein, ist eine Frage für sich – in seinem objektiven Idealismus zu ihrer Einheit aufgehoben hat."

Binders Ausdrucksweise „vom Recht auf dem Stufengang seiner Entwicklung ‚im menschlichen Bewusstsein' und ‚als dieses Bewusstsein'" sei „missverständlich". Man müsse dabei „im Auge behalten", dass es sich für Binder nicht um eine Interpretation Hegels handele, sondern „um die dialektische Grundlegung für seine eigene Rechtsphilosophie", deren Grundhaltung von derjenigen Hegels durchaus verschieden sei. Binder gebe

> „weder eine rein dialektisch-logische Entwicklung des Rechts (wie Hegel in der Rechtsphilosophie), noch eine dialektische Folge phänomenologischer Gestalten (wie Hegel in der Phän.), sondern eine dialektische Entwicklung des (nicht eigentlich phänomenologisch gemeinten) Rechts*bewusstseins* in der Ordnung der logischen Dialektik. Nach Hegel ist der jeweilige Prozess als die *Reihenfolge* der Momente der Phänomenologie und in der Rechtsphilosophie relativ selbständig und darum verschieden [...]. Demgegenüber betrachtet Binder – im Sinne Hegels – etwa die phänomenologische Gestaltung, die das Recht finden *würde*, wenn es in der Reihenfolge der *logischen* Entwicklung zur Verwirklichung käme, so dass also die Momente der logischen Stufenfolge jeweils als ‚*Bewusstsein*' erscheinen."[882]

Gewiss könne man den Geist mit Binder auch als „‚Bewusstsein' (in einem höheren Sinn)" bezeichnen, aber diese Terminologie erscheine Dulckeit „gefährlich und missverständlich" weil „neben dem empirischen Bewusstsein als metaphysischer Kategorie" nun ein „metaphysisches Bewusstsein *überhaupt*" eingeführt werde und durch deren Verwechslung die „logisch-metaphysische *Selbst*entwicklung der Idee" als das „Werk des bloß formellen Denkens und Nachdenkens oder des Denkens (d.h. der Vernunft) auf der Stufe des Bewusstseins" aufgefasst werden könnte. Dadurch werde das subjektive Bewusstsein

> „notwendig zur metaphysischen Kategorie, die auch der außerhalb des Bewusstseins seienden Welt als deren eigentliches Wesen zugrunde liegt. Diese landläufige Auffassung der Hegelschen Philosophie ist nunmehr ohne weiteres als unrichtig einzusehen.

---

881 Vgl. dazu die Kritik Schönfelds an Binders „absolutem Idealismus" Kapitel 6 Abschnitt V.

882 *Dulckeit*, a. a. O., S. 28 f. Fn. 30.

Die Welt ist nicht Bewusstsein, sondern Geist, und das Bewusstsein selbst ist nur ein Moment der Entwicklung des Geistes."[883]

Als Dulckeit und Binder über Binders Aufsatz *Mein „absoluter Idealismus" und Hegel. Eine Klarstellung gegenüber der Kritik meines Systems* im Jahr 1938 heftig aneinandergerieten, warf Dulckeit Binder unverblümt ein grundlegendes und seit langem bestehendes Missverständnis der Hegelschen Philosophie vor. Binder hatte sich dadurch angegriffen gefühlt, dass Dulckeit die Kritik Schönfelds „im Kern" gebilligt hatte. Dulckeit dagegen hatte sich von Binder hintergangen gefühlt, dass dieser trotz vorheriger anderslautender Zusicherung ohne vorherige Klärung mit ihm eine publizistische Auseinandersetzung mit ihm vorlegte und so der Öffentlichkeit das Bild eines „Professorengezänks" vermittelte.[884] Diese öffentliche Auseinandersetzung bezeichnete Dulckeit in einem anderen Brief an Binder als einen „Schlag für den Hegelianismus selbst". Ihre Gegner würden „mit Vergnügen davon Kenntnis nehmen, dass die Göttinger einander selbst vorwerfen, in entscheidenden Fragen im formallogischen Denken befangen geblieben zu sein".[885] Wenig später erklärte er Binder erneut, dass er dessen „Angriffe" weniger als Vorwürfe gegen sich selbst betrachte, denn als eine „Schwächung der Position des Hegelianismus".[886]

Im Juni 1938 warf Dulckeit Binder schließlich unumwunden vor, dass der Fehler seines Systems „auf einem fehlerhaften bzw. nicht durchgreifenden Verständnis Hegels" beruhe:

> „Sie können den Grundansatz Ihres Systems daher auch nicht dadurch retten, dass Sie diese radikale Missdeutung, die Ihnen damals niemand hätte vorwerfen dürfen, nunmehr zu perpetuieren suchen. Alle Folgerungen, die sie aus Ihrer Auffassung ableiten, sind mE dementsprechend unhaltbar. [...] [I]ch darf nicht verschweigen, dass mir heute mehr denn je Ihre Deutung Hegels für die Sache verhängnisvoll zu sein scheint."[887]

Über ihre verschiedenen rechtsphilosophischen Ansichten setzten sich Binder und Dulckeit zu dieser Zeit nicht mehr auseinander. Zwar versuchte Dulckeit Binder wiederholt brieflich seinen Standpunkt zu erklären, doch ging Binder inhaltlich nicht mehr auf ihn ein. Er schrieb Dulckeit, dass er „zu verrostet" sei, um noch einmal über seinen „dermaligen Standpunkt hinauszugelangen".[888] Allerdings schrecke ihn das „Gerede von dem Professorengezänk, das man nicht dem Laienpublikum vorführen dürfe" nicht mehr ab, weil es zu der „unmöglichen Konsequenz" führen würde, dass „immer der Angegriffene das Maul zu halten" habe. Er hielt fest: „Wir werden uns also, in aller persönlicher Freundschaft natürlich, in Zukunft bis aufs Messer bekämpfen".[889]

---

883 *Dulckeit*, a. a. O., S. 33 ff.
884 Vgl. dazu Kapitel 6 Abschnitt VII.
885 *Dulckeit*, Brief an Binder vom 9. Juni 1938, NSUG Cod. Ms. Dulckeit 1.
886 *Dulckeit*, Brief an Binder vom 26. Juni 1938, NSUG Cod. Ms. Dulckeit 1.
887 *Dulckeit*, Brief an Binder vom 24. Mai 1938, NSUG Cod. Ms. Dulckeit 1.
888 *Binder*, Brief an Dulckeit vom 24. Juni 1938, NSUG Cod. Ms. Dulckeit 1.
889 *Binder*, Brief an Dulckeit vom 22. Dezember 1937, NSUG Cod. Ms. Dulckeit 1.

Allerdings wolle er sich in Zukunft an die von Dulckeit gegebene „Marschordre“ halten und ihn bei seinen Erörterungen nicht mehr erwähnen.[890] Wenige Monate später war Binder tot.

IV. Busses Anlehnung an Larenz

Busse, der sich seit seiner Dissertationsschrift *Hegels Phänomenologie des Geistes und der Staat* und seinem Beitrag *Das Thema der Rechtsphilosophie Hegels* zu dem Gemeinschaftswerk der Göttinger Schule *Einführung in Hegels Rechtsphilosophie* im Jahr 1931 nicht mehr vertieft mit Hegel auseinandergesetzt hatte, sondern sich vor allem agrar- und bodenrechtlichen Themen zugewandt hatte, besprach Dulckeits Buch *Rechtsbegriff und Rechtsgestalt* im Jahr 1937 wohlwollend insbesondere in Bezug auf Dulckeits Bemühungen „von Hegels Rechtsphilosophie zur heutigen völkischen Rechtswissenschaft die Brücke zu schlagen“.[891] Dabei gehe es „nicht darum, die eigene völkische Rechtswissenschaft etwa durch Hinweise auf das Hegelsche System bestätigen zu lassen“. Vielmehr treffe „der Verfasser mit Hegels Philosophie in der ihr eigenen Ebene der dialektischen Entwicklung des Begriffs zusammen“.[892] Busse würdigt zwar Dulckeits „in der Hegelforschung bisher noch nicht bekannte Gründlichkeit der Interpretation“,[893] doch merkt er gerade hinsichtlich Dulckeits Interpretation des Hegelschen Vertrags- und Strafbegriffs an: „Ehe zu Hegels System in umfassender Auseinandersetzung eine überzeugende abschließende Stellung gefunden wird, ist auch eine volle Würdigung der Untersuchung von Dulckeit nicht möglich“.[894]

Zu der Kritik Dulckeits an Binder und Larenz äußerte sich Busse nicht, doch knüpft er bezüglich des Vertrages und seiner Einordnung in das abstrakte Recht inhaltlich an die Position Larenz' an, wonach der Vertrag „in wesentlichen Teilen der gegenwärtigen Rechtswirklichkeit nicht mehr Gestalt des abstrakten Rechts wie im System Hegels“ sei.[895] Auch die Strafe sieht er wie Larenz in erster Linie als „Verstoß gegen die in der Gemeinschaft begründete Ordnung“ an.[896]

Binder reagierte auf das neuerliche Eintreten Busses in die rechtsphilosophische Auseinandersetzung der Göttinger Schule mit harscher Kritik. So hatte Busse in seiner Besprechung des Gemeinschaftswerkes der „Kieler Schule“ *Grundfragen der neuen Rechtswissenschaft* im Jahr 1936 der Larenzschen Position der Rechtsfähigkeit derartig beigepflichtet,[897] dass Binder dies als „unhaltbar“ bezeichnet. Busse gehe mit

890 *Binder*, Brief an Dulckeit vom 19. April 1939, NSUG Cod. Ms. Dulckeit 1.
891 *Busse*, Rezension von Dulckeit, Rechtsbegriff und Rechtsgestalt, Zeitschrift für deutsche Kulturphilosophie, Bd. 3, S. 184.
892 *Busse*, a. a. O., S. 184.
893 *Busse*, a. a. O., S. 185.
894 *Busse*, a. a. O., S. 191.
895 *Busse*, a. a. O., S. 187.
896 Vgl. *Busse*, a. a. O., S. 188 f.
897 Vgl. *Busse*, Grundfragen der neuen Rechtswissenschaft, Deutsche Rechtswissenschaft, Bd. 1, 1936, S. 172 f.

seiner Meinung „zu weit".[898] Busse war in Anlehnung an Larenz davon ausgegangen, dass sich die „Volksgemeinschaft" nicht in einzelne „Rechtsgenossen" gliedere, sondern in „Gemeinschaften". Dies hieße nach Busse, „dass auch die kleinste Zelle im Aufbau der Volksgemeinschaft niemals der einzelne Mensch als solcher, sondern stets die Gemeinschaft bildet: die engste Gemeinschaft der Familie oder eine lebendige Kameradschaft".[899] Nach Binder werde damit „der Begriff der Person und das dialektische Verhältnis von Gemeinschaft und Einzelwesen völlig verkannt". Busses Ansicht bedeute „nicht nur einen Rückfall in das abstrakte verstandesmäßige Denken, sondern würde, zu Ende gedacht, zu nicht unbedenklichen Konsequenzen führen".[900] Busse äußerte sich zu dieser Kritik Binders nicht mehr.

V. Schönfelds Angriffe auf Binder

Ab der Mitte der 1930er Jahre wurde Schönfeld zu einem harschen Kritiker Binders und nannte den Binderschen Idealismus „geradezu ein Zerrbild Hegels"[901], einen „Positivismus im Gewand des Idealismus",[902] „eine Art Edel-Positivismus"[903] und einen „‚Hegelianismus ohne *Hegel*'".[904] Zudem kritisierte er im Jahr 1935 den Dogmatismus, „wozu der Hegelianismus nicht weniger gehört als der Kantianismus und jeder andere ‚Sektenanhang', mag er sich idealistisch oder antiidealistisch aufführen".[905] Binder seinerseits kritisierte vor dem Hintergrund seiner These der „praktischen" Natur jeder Rechtswissenschaft in seiner Schrift *Bemerkungen zum Methodenstreit in der Privatrechtswissenschaft* aus dem Jahr 1934 den „Gegensatz, den Schönfeld zwischen Rechtswissenschaft und Jurisprudenz aufzurichten versucht" als „nicht haltbar",[906] woraufhin sich Schönfeld im Jahr 1935 in seiner Abhandlung *Rechtsphilosophie, Jurisprudenz und Rechtswissenschaft* rechtfertigte, der er Vers 15 und 16 aus Kapitel III der Offenbarung des Johannes voranstellte: „Ich weiß Deine Werke, dass Du weder kalt noch warm bist. Ach dass Du kalt oder warm wärest. Weil Du aber lau bist, und weder kalt noch warm, werde ich Dich ausspeien aus meinem Munde". Gleichwohl stellte er fest, dass Binders Widerspruch schwer wiege, weil er sich mit diesem „in der Grundauffassung vom Recht so einig weiß, wie mit

898 *Binder*, System der Rechtsphilosophie, S. 30 Fn. 3 a); 157 Fn. 17.
899 *Busse*, Grundfragen der neuen Rechtswissenschaft, S. 173.
900 *Binder*, System der Rechtsphilosophie, S. 30 Fn. 3 a).
901 *Schönfeld*, Der absolute Idealismus Julius Binders im Lichte Hegels, Zeitschrift für die gesamte Staatswissenschaft 98, 1938, S. 74.
902 *Schönfeld*, a. a. O., S. 106.
903 *Schönfeld*, a. a. O., S. 106.
904 *Schönfeld*, a. a. O., S. 108.
905 *Schönfeld*, Rezension von Binder, Grundlegung zur Rechtsphilosophie, S. 105.
906 *Binder*, Bemerkungen zum Methodenstreit in der Privatrechtswissenschaft, 1934, S. 69, Fn. 62.

nur wenigen anderen, was er [Binder, Anm. d. Verf.] am Schluss seiner Ausführungen zu meiner Freude auch von sich aus feststellt".[907]

Binder und Schönfeld gerieten vor allem über ihre Hegeldeutung und die Natur des Idealismus in zunehmend aggressiver und, vor allem von Schönfeld aus, geradezu beleidigender Art und Weise aneinander und bezichtigten sich gegenseitig des „Individualismus" und „Realismus" und des grundlegenden Missverständnisses der Hegelschen Philosophie. In seiner Rezension von Binders Abhandlung *Grundlegung zur Rechtsphilosophie* aus dem Jahr 1935, in der Schönfeld die rechtsphilosophische Auffassung Binders von der umfassenden Wirklichkeit des Bewusstseins[908] als „unannehmbar" bezeichnete, ordnete er in einem vergifteten Lob es als „geschichtliches Verdienst" Binders ein, zu Hegel hingeführt zu haben, „für das ihm die deutsche Rechtswissenschaft ehrfürchtigen Dank schuldet, in der Hoffnung, dass auch der Hegelianismus nicht sein letztes Wort sein und bleiben möge".[909] Inhaltlich kritisierte Schönfeld Binders mangelnde Wertschätzung der Gemeinschaft, die er zugunsten des Individuums vernachlässigt habe. Er fragt rhetorisch, ob eine Rechtsphilosophie möglich wäre, „die nicht aus dem Ich-Du-Er im Wir besteht, sondern aus den ‚Ichen', von denen der Verfasser allerorten redet". Den Gegensatz der „Iche" gebe es nicht, „weil das dem Begriff des Ichs widerspricht, das sich nicht vervielfältigt, sondern vermannigfaltigt in der Gemeinschaft".[910]

Binder nannte diese Vorwürfe in seiner Abhandlung *Philosophie und Staat* in der Zeitschrift „Die Tatwelt" im Jahr 1936 eine „krasse Verständnislosigkeit nicht nur gegen mich, sondern vor allem gegen Hegel". Er deutete den Widerspruch gegen seine Philosophie, dass „das Leben des einzelnen in der Gemeinschaft, in den verschiedenen engeren und weiteren Gemeinschaftsverbänden, eine ebenso unmittelbare Gewissheit sei wie seine Ichheit", als den Versuch, ihn implizit als „Individualisten" zu entlarven, was er als „verständnislos" zurückweist. Für ihn, wie für Hegel, sei es die Aufgabe gewesen, „über die unmittelbare sinnliche Gewissheit, die in dem Individuum nur das abstrakte Einzelwesen" sehe, herauszukommen und „das Ich, das zunächst dem Bewusstsein nur als dieses einzelne Ding" bewusst sei, jedoch „die ganze Fülle seiner Allgemeinheiten" in sich trage, „zu diesen Allgemeinheiten

907 *Schönfeld*, Rechtsphilosophie, Jurisprudenz und Rechtswissenschaft, Zeitschrift für deutsche Kulturphilosophie, Bd. 1, 1935, S. 61. Schönfeld geht hier auf *Binder*, Bemerkungen zum Methodenstreit in der Privatrechtswissenschaft, S. 82 Fn. 71 ein, wo Binder Schönfeld noch für eine „ausgezeichnete Besprechung" und eine „ausgezeichnete Formulierung" lobt. Auch Larenz geht in seiner Schrift *Rechtswissenschaft und Rechtsphilosophie* auf die Auseinandersetzung zwischen Binder und Schönfeld ein, wiewohl er sich darin vor allem seinerseits gegen Vorwürfe Philipp Hecks verteidigt, von dem er sich missverstanden fühlt. Vgl. *Larenz*, Rechtswissenschaft und Rechtsphilosophie, S. 257 ff. Vgl. dazu *Heck*, Rechtsphilosophie und Interessenjurisprudenz, Archiv für die civilistische Praxis, 1937, S. 129 ff.

908 Vgl. dazu Kapitel 4 Abschnitt I.

909 *Schönfeld*, Rezension von Binder, Grundlegung zur Rechtsphilosophie, S. 105.

910 *Schönfeld*, a. a. O., S. 104.

zu entwickeln, um es als die Erscheinung dieser ineinandergeschachtelten Allgemeinheit zu begreifen". Die Allgemeinheit sei nur in den Individuen wirklich und die Individuen trügen ihre Allgemeinheit notwendig in sich. Er hätte also „vernünftigerweise von der *Allgemeinheit*, vom Wir, gar nicht anders ausgehen wollen", als indem er „vom *Individuum* ausging".[911] Den Vorwurf des Individualismus gibt er schließlich zurück indem er feststellt:

> „[M]ein Kritiker, indem er Individuum und Allgemeinheit, Ich und Wir in einen ausschließenden Gegensatz stellt, beweist, dass *er* das Ich, das Individuum, nur in der Weise der abstrakten Besonderheit und das Wir ebenso nur in der Weise der abstrakten Allgemeinheit zu denken imstande ist, womit er selbst sich als Individualisten, als in den Denkformen einer Zeit, an deren Überwindung *wir* unablässig gearbeitet haben, befangen dokumentiert."[912]

Schönfeld reagierte im Jahr 1937 auf diese Bindersche Rechtfertigung mit dem über 50-seitigen Beitrag *Der absolute Idealismus Julius Binders im Lichte Hegels* in der Zeitschrift für die gesamte Staatswissenschaft, in der er den Binderschen Idealismus und vor allem dessen Vorstellung von Gemeinschaft und der umfassenden Einheit des Bewusstseins auf das Schärfste kritisierte. Obgleich ihn Binder nicht namentlich genannte habe, erkennt sich Schönfeld als den „namenlos-törichte[n] Kritiker", der „hier auf diese Stille Weise erledigt wird". Schönfeld weist allerdings auf Binders *System der Rechtsphilosophie* hin, wo dieser auf seine eigene Kritik aus *Philosophie und Staat* eingeht und sie namentlich Schönfeld zuordnet.[913] Damit werde „die Heimlichkeit der Tötung gleichsam verklart, um deutsch-rechtlich zu sprechen; freilich auf eine Art und Weise, die mit dem Geist des deutschen Rechts wohl nicht im Einklang steht".[914]

Schönfeld wirft, „über alles Menschlich-Allzumenschliche" hinausgehend, die Frage auf, wie es „um den Wahrheitsanspruch des absoluten Idealismus *Julius Binders* bestellt sein möge". Dieser mute bereits in seinem Ansatz „recht befremdlich" an: „Daraus, dass *Binder* sich zu *Hegel* bekennt, folgt nicht, dass sich auch *Hegel* zu ihm bekennen müsste. Nicht immer sind die eifrigsten die echtesten Vertreter einer großen Sache".[915] Schönfeld kritisiert, dass es sein könnte, dass Binder, „indem er sich als ‚Hegelianer' ausgibt, sich selber missversteht, weil er *Hegel* missversteht. Vielleicht ist er mehr in der Sprache als in der Sache, mehr mit Herz und Gemüt als im Geist und in der Wahrheit ein Jünger dieses großen Meisters".[916] Insbesondere kritisiert Schönfeld Binders „absoluten Idealismus", der sich zwar einerseits noch auf Hegel berufe, sich aber andererseits philosophisch von ihm entfernt habe: „Wer

911 *Binder*, Philosophie und Staat, S. 184 f.
912 *Binder*, a. a. O., S. 184 f.
913 Vgl. *Binder*, System der Rechtsphilosophie, S. 28 Fn. 1, 146 Fn. 4.
914 *Schönfeld*, Der absolute Idealismus Julius Binders im Lichte Hegels, S. 55.
915 *Schönfeld*, a. a. O., S. 56.
916 *Schönfeld*, a. a. O., S. 56.

sich zu *Hegel* bekennt, kann sich nicht beklagen, wenn er an *Hegel* gemessen wird".[917] Es ergebe sich ein „ungeheurer Unterschied" zwischen dem Idealismus Hegels und demjenigen Binders, da es bei Hegel „um *das Sein*, das über Immanenz und Transzendenz erhaben ist, weil es über das Bewusstsein erhaben ist", gehe, bei Binder dagegen „um *das Bewusstsein*, das für die Immanenz gegen die Transzendenz Partei ergreift, weil es die Wahrheit für bewusstseinsimmanent erklärt". Schönfeld nennt den Binderschen Ansatz einen „geradezu tödlichen Irrtum" und fasst zusammen:

> „Es ist das πρῶτον ψεῦδος [die erste falsche Voraussetzung, aus der weitere Irrtümer folgen, Anm. d. Verf.] des Binderschen Idealismus, der damit sich als Pseudo-Idealismus, nämlich als Rationalismus erweist, dass ihm die bewusstseinstranszendente Welt in Wahrheit bewusstseinsimmanent ist. Denn damit bleibt er auf dem Boden des von ihm bekämpften Realismus, weil er wie dieser dinglich, nämlich räumlich denkt, freilich mit umgekehrten Vorzeichen, insofern er die Transzendenz durch Immanenz ersetzt."[918]

Schönfeld betont, dass es sich bei seiner Auseinandersetzung mit Binder „nicht nur um einen eitlen Prioritätsanspruch, den ich noch niemals gegen *Julius Binder* erhoben habe" handelte, „obwohl ich öfters dazu Anlass gehabt hätte", sondern es gehe „vielmehr um meine Ehre und um die Wahrheit, die *Julius Binder* durch seine Ausführungen in der ‚Tatwelt'[919] gleichermaßen gemindert hat".[920] Er führt aus:

> „Es wird sich nicht bestreiten lassen und darum auch von Julius Binder wohl oder übel zugegeben werden müssen, dass in dem Kampfe für das konkret-dialektische gegen das abstrakte Denken in Recht und Staat ich nicht nur ihm vorangegangen bin, sondern dass ich diesen Kampf auch gegen ihn zu führen leider nötig hatte, zumal ich ihn noch heute führen muss, wie diese ganze Auseinandersetzung lehrt, die um nichts anderes geht. Heute wie ehedem kämpfe ich gegen die rationalistische Abstraktheit von Julius Binders absolutem Idealismus!"[921]

Schönfeld endigt seine harsche Kritik des Binderschen Idealismus damit, dass er Binder jeglichen Hegelianismus und Idealismus abspricht:

> „*Der absolute Idealismus Binders ist eine mit großen Ansprüchen vorgetragene, hochentwickelte, in ihrer Art durchaus eindrucksvolle Philosophie der Aufklärung, die nur einen Fehler macht, dass sie sich dabei, was ihrem Stile widerspricht, der im Grunde unverstandenen Sprache Hegels bedient, so ähnlich wie ein Magier seiner Zaubersprüche.* Wer diese Wortmagie, diese Liturgie am Grabmal *Hegels* durch alle Weihrauchwolken hindurch bis auf den Grund durchschaut, was mir erst nach und nach in ernster Arbeit gelungen

917 *Schönfeld*, a. a. O., S. 57.
918 *Schönfeld*, a. a. O., S. 59.
919 [d.i. die Abhandlung *Philosophie und Staat*, Anm. d. Verf.]
920 *Schönfeld*, a. a. O., S. 67.
921 *Schönfeld*, a. a. O., S. 67.

ist, ist geradezu erschrocken darüber, wie äußerlich, um nicht zu sagen oberflächlich, hier mit dem Werke eines unserer größten Denker umgegangen wird."[922]

Binder brach daraufhin im Jahr 1938 die Auseinandersetzung mit Schönfeld in seinem Aufsatz *Mein ,absoluter Idealismus' und Hegel. Eine Klarstellung gegenüber der Kritik meines Systems*, ebenfalls in der Zeitschrift für die gesamte Staatswissenschaft, ab. Er ging dabei bewusst nicht mehr ausdrücklich auf die Vorwürfe Schönfelds ein, den er nur noch „Herrn Schönfeld" nannte, sondern setzte sich vor allem mit der Kritik seiner Schüler auseinander. Schönfeld bescheidet er mit folgendem Absatz:

> „Im ersten Heft des 98. Bandes der ,Zeitschrift für die gesamte Staatswissenschaft' hat Herr *Schönfeld*, Professor der Rechte in Tübingen, einen gegen mich gerichteten Aufsatz veröffentlicht, der so unerhört in seinem Ton ist, dass ich leider nicht in der Lage bin, darauf zu erwidern, selbst auf die Gefahr hin, dass mein Schweigen auf diesen Angriff von Ununterrichteten und Böswilligen als ein Eingeständnis der Schwäche meiner Stellung missdeutet werden sollte. Denn über die Dialektik, die Herr *Schönfeld* in seinem Kampf gegen mich anwendet, und über einen solchen Ton, wie er ihn für die Diskussion in einer wissenschaftlichen Zeitschrift für möglich hält, verfüge ich nun einmal nicht, und ich würde daher in einer Auseinandersetzung mit ihm in dieser Beziehung immer den kürzeren ziehen. So würde ich über seinen Aufsatz mit Stillschweigen hinweggehen, wenn mir nicht bei dieser Gelegenheit, vor allem aus Äußerungen Dritter,[923] die durch ihn veranlasst waren, klar geworden wäre, dass meine Rechtsphilosophie in ihrer Neubearbeitung vielfach und vor allem in ihrer Gesamtanlage missverstanden worden ist. So glaube ich Veranlassung zu haben, um solche Missverständnisse zu beseitigen, dem verständnisvollen Leser zu sagen, wie mein System verstanden werden will und wie es sich zu Hegels Philosophie im allgemeinen und zu seiner Rechtsphilosophie im besonderen, zu denen ich mich allerdings grundsätzlich bekenne, verhält – indem ich es diesem Leser überlasse, von hier aus zu dem Angriff des Herrn *Schönfeld* Stellung zu nehmen und sich über Recht und Unrecht dieser oder jener Seite sein eigenes Urteil zu bilden".[924]

In der Zeit bis zu seinem Tod ging Binder auf die Kritik Schönfeld nicht mehr publizistisch und sachlich ein, doch ließ er in der Korrespondenz mit seinen Schülern wiederholt anklingen, wie persönlich verletzt er durch die Angriffe Schönfelds war, auf die er sich nicht mehr in der Lage zu antworten sah.[925]

VI. Binders Verteidigung seines „absoluten Idealismus"

Vor dem Hintergrund der durch Schönfeld, Dulckeit und Larenz gegen ihn erhobenen Kritik, verteidigte sich Binder in den meisten seiner späten Schriften mehr

---

922 *Schönfeld*, a. a. O., S. 105.
923 [Binder spielt hier auf die Kritik seiner Schüler an, auf die er in diesem Aufsatz eingeht. Anm. d. Verf.]
924 *Binder*, Mein „absoluter Idealismus" und Hegel, S. 401.
925 Vgl. dazu Kapitel 6 Abschnitt VII.

oder weniger explizit gegen die Vorwürfe gegen seinen „absoluten Idealismus".[926] So ging er bereits im Jahr 1936 in seinem Aufsatz *Philosophie und Staat* ausdrücklich und ausführlich auf die Kritik u.a. Dulckeits an „diesem meinem Idealismus" ein und rechtfertigt sich dahingehend, dass er sich von einer schlichten Hegeldeutung entfernt habe und mit seinem „absoluten Idealismus" eine zwar an Hegel angelehnte, doch von ihm verschiedene Philosophie betreibe.[927] Die Bedenken an seiner Auffassung beruhten gewiss „auf einer eindringenden Durcharbeitung des Gesamtwerkes Hegels, an der ich ja auch einen bescheidenen Anteil gehabt habe, die zu höchst wichtigen und, wie ich glaube, dauernden Erkenntnissen geführt" habe.[928] Gleichwohl würden „diese und ähnliche Überlegungen [...] gegen meinen Versuch, ein System der Rechtsphilosophie zu entwerfen, nur dann etwas beweisen, wenn es mir dabei nur um eine Wiedergabe des Gedankengerüstes Hegels zu tun gewesen wäre". Das habe er „aber nicht behauptet – obwohl solche Gedanken mir früher einmal nahegelegen haben".[929] Die rechtsphilosophische Fragestellung, die sich Binder aufgedrängt habe

> „und die mich schließlich ganz der Philosophie in die Arme trieb, [war] zwar eine philosophische Angelegenheit im höchsten Sinne; aber sie war doch von der Aufgabe Hegels von vornherein verschieden – wenn sie auch nur im *Geiste Hegels* begriffen und gelöst werden konnte. Und so behält diese Frage noch heute ihren Sinn und kann mir auch der Weg, den ich in der ‚Grundlegung' zu ihrer Lösung eingeschlagen habe, nicht verkehrt erscheinen, obwohl er mit dem Weg, den Hegel in seiner Rechtsphilosophie oder in der Phänomenologie des Geistes gegangen ist, nicht zusammenfällt, und zwar obwohl ich mich in allen das Grundsätzliche der Erkenntnis betreffenden Fragen entschieden zu Hegel bekenne und als sein Schüler betrachte."[930]

Gegen Larenz' Kritik an seiner nach wie vor auf das Individuum und die einzelne Rechtsperson bezogenen Konstruktion der Rechtsfähigkeit, verteidigte sich Binder in seinem *System der Rechtsphilosophie* im Jahr 1937. Larenz könne bei seiner bürgerlich-rechtlichen Konstruktion der Rechtsfähigkeit etwa in *Rechtsperson und subjektives Recht* „natürlich von der *Gemeinschaft* ihren Ausgang nehmen" und die Entwicklung des Gemeinschaftsbegriffes als gegeben hinnehmen, doch sei ihm selbst dieses Vorgehen in dem *System der Rechtsphilosophie* nicht möglich gewesen, „weil es sich für *uns* zunächst um die *Gewinnung* des Gemeinschaftsbegriffs und die Überwindung des Individualismus" handelte.[931] Durch die Konstruktion der Rechtsfähigkeit im „neuen deutschen Rechtsdenken", wie es bei Larenz vorherrsche, werde „das Kind mit dem Bade ausgeschüttet". Es sei „keine Angelegenheit gesetzgeberischer

926 Vgl. *Binder*, Philosophie und Staat, 1935; Geist und Bewusstsein, 1937; System der Rechtsphilosophie, 1937; Mein „absoluter Idealismus" und Hegel, 1938.
927 Vgl. *Binder*, Philosophie und Staat, S. 175 ff.
928 *Binder*, a. a. O., S. 176.
929 *Binder*, a. a. O., S. 177.
930 *Binder*, a. a. O., S. 179.
931 *Binder*, System der Rechtsphilosophie, S. 30 Fn. 3a).

Willkür, *wen* das Recht als rechtsfähig oder als Person anerkennen will", noch sei der Gesetzgeber gezwungen, „nur den Volks- (und d.h. auch Blut-)genossen in einer bestimmten und konkreten Rechtslage als Person anzuerkennen". Dieses hätte nämlich zur Folge, wie u.a. von Larenz beabsichtigt, „dass der ‚leere' Allgemeinbegriff der Person und die ‚Gleichheit' der Rechtssubjekte aus der Begriffswelt des Privatrechts zu verschwinden hätten". Dieses Ansinnen weist Binder insofern zurück, als er zwar zugesteht, dass „die Menschheit nur in den Nationen wirklich und das menschliche Individuum nur als Glied einer Nation Mensch" und die „‚Person an sich' in der Tat eine leere Abstraktion" sei, doch gehöre, zu der „*konkreten* Persönlichkeit des Individuums jedenfalls unentbehrlich sein *Menschsein*, sein Wesen als konkrete Allgemeinvernunft oder allgemeiner *Geist*". Mithin sei der Mensch „mit Notwendigkeit Person oder rechtsfähig" und die Rechtsordnung „*muss* ihn, mit der Notwendigkeit *ihres* eigenen Begriffes, als Person, als Selbstzweck, als rechtsfähig anerkennen, und würde sich selbst zerstören, wenn sie es nicht täte". Insofern seien die Menschen, „einerlei ob Rassegenossen oder –fremde, einander gleich" und wollte man „diese nicht zu leugnende Konsequenz aus dem *Begriff* des Rechtes leugnen, so würde das zum Bolschewismus führen".[932]

Gleichwohl stellt Binder versöhnlich fest, dass er Larenz' insofern zustimmen könne, als dieser „als Grundbegriff des Privatrechts an die Stelle des ‚subjektiven Rechts' – so wie dieses bisher überwiegend gedacht war – die ‚Rechtsstellung' zu setzen vorschlägt". Er selbst habe seine Vorlesung über den allgemeinen Teil des BGB „längst" auf dem Begriff der „‚Rechts*lage*'" aufgebaut und betrachte „die Persönlichkeit oder Rechtsfähigkeit demgemäß ebenso wie die sog. Personenrechte, die Mitgliedschaft beim Verein und die meisten sog. subjektiven Rechte des öffentlichen Rechts als Rechtslagen". Damit macht Binder deutlich, dass er zwar von einer grundsätzlichen Rechtsfähigkeit des Menschen ausgeht, dass er jedoch keinesfalls damit subjektive Rechte, die dem Recht der Gemeinschaft vorgehen würden, anerkennt, sondern dass er rechtsdogmatisch wie Larenz von der Konkretisierung der Rechte des Einzelnen durch die objektive Rechtsordnung überzeugt ist.[933]

Nachdem Binders „absoluter Idealismus" im Jahr 1937 durch Schönfeld in dessen Beitrag *Der absolute Idealismus Julius Binders im Lichte Hegels* auf das Schärfste kritisiert worden war und Binder realisierte, dass sein absoluter Idealismus, wie er ihn vor allem im *System der Rechtsphilosophie* niedergelegt hatte, auch bei seinen Schülern auf massive Kritik stieß, versuchte er in der Abhandlung *Mein „absoluter Idealismus" und Hegel. Eine Klarstellung gegenüber der Kritik meines Systems* seine rechtsphilosophischen Grundansichten noch einmal grundsätzlich darzustellen und sich gegen die erhobene Kritik, sein „absoluter Idealismus" sei kein Hegelianismus mehr, zu verteidigen.

Auf Schönfelds Kritik ging Binder dabei nicht mehr wörtlich ein, weil er sich durch dessen Aufsatz *Der absolute Idealismus Julius Binders im Lichte Hegels* verbal

932 *Binder*, a. a. O., S. 36 Fn. 17.
933 *Binder*, a. a. O., S. 36 f. Fn. 17.

beleidigt fühlte. Stattdessen richtete er sich in erster Linie an Dulckeit, dessen Abhandlung *Rechtsbegriff und Rechtsgestalt* „mit größtem Scharfsinn und vollkommener Beherrschung des Stoffes" entwickelt worden sei, weshalb er glaube, sich „vorzugsweise an ihn wenden und mit ihm auseinandersetzen zu sollen".[934] Den Vorwurf, dass er sich als Hegelianer nicht von Hegel hätte entfernen dürfen, weist Binder mit dem Argument zurück, dass er dann auf eine eigene Rechtsphilosophie hätte verzichten können und sich „mit einer Neuausgabe von Hegels ‚Grundlinien der Philosophie des Rechts'" hätte begnügen können. Auf der anderen Seite habe er aber auch nicht „in die heute oft gehörte Parole ‚Über Hegel hinaus!'" einstimmen wollen, „um eine lustige Fahrt ins Blaue anzutreten", denn er habe sich „schon genaue Rechenschaft darüber ablegen" wollen, wo er „von Hegel abgehen und wohin mich mein Weg führen *müsste*". Ein „richtiger Hegelianer" werde sich fragen müssen, „inwieweit die Gedanken Hegels über seine Zeit hinaus Gültigkeit haben und inwieweit sie durch seine Zeit bedingt sind".[935] Binder erklärt deshalb, dass er glaube in diesen Grenzen

> „berechtigt zu sein, von Hegel abzuweichen und über ihn hinauszugehen. Und ich kann es deshalb nicht als einen begründeten Einwand gegen *mein* System ansehen, wenn Männer, auf deren Urteil ich im Übrigen hohen Wert lege, von meiner Bewusstseinslehre sagen, dass sie ‚kaum hegelisch' sei. Um eine bloße Kopie von Hegel hat es sich für mich nicht gehandelt und konnte es sich gar nicht handeln; mein System wollte *meine* Philosophie entwickeln und *musste* sie entwickeln, um überhaupt den Anspruch erheben zu können, *wahr* zu sein. Und so durfte auch die Kritik, wenn sie ihre Aufgabe recht verstand, nicht einfach fragen, ob dieses System die Grundgedanken *Hegels* richtig erfasse und konsequent entwickele, sondern ob seine eigenen Voraussetzungen richtig gedacht und folgerichtig weiter- und zu Ende gedacht seien. Daran haben es, soviel ich sehe, bisher meine sämtlichen Kritiker, auch die sachkundigen, fehlen lassen."[936]

Binder gesteht ein, dass die Dulckeitsche Unterscheidung von „Begriff" und „Gestalt" in dessen Abhandlung *Rechtsbegriff und Rechtsgestalt* von „fundamentaler Bedeutung [...] für das Hegelverständnis der Zukunft" sei, wie *er*, Binder, „als der erste erkannt habe, weil sie mir zuerst bekannt geworden ist". Er sei „von dem Wert dieser Entdeckung überzeugt" und bedaure nur, dass er erst von ihr Kenntnis bekommen habe, nachdem seine *Grundlegung zur Rechtsphilosophie* bereits erscheinen sei.[937] Damit erkennt Binder den Wert der Dulckeitschen Abhandlung an und geht in seiner Schrift auch verschiedentlich auf sie ein. Auf die Kritik an seiner allumfassenden Wirklichkeit des Bewusstseins entgegnet Binder:

> „Es ist mit nicht unbekannt, dass sich meine Kritiker auf gewisse Wendungen und Äußerungen bei Hegel berufen zu können glauben, die, aus ihrem Zusammenhang und damit aus dem Zusammenhang des Ganzen gerissen, so verstanden werden können, als

934 *Binder*, Mein „absoluter Idealismus" und Hegel, S. 404.
935 *Binder*, a. a. O., S. 402.
936 *Binder*, a. a. O., S. 403.
937 *Binder*, a. a. O., S. 414 f.

> ob Hegel mit ihnen den Geist als eine dem Bewusstsein äußerliche oder ‚bewusstseinsfremde' Macht und damit die Existenz einer *außerbewussten Welt* anerkannt habe. Aber näherer Überlegung, gerade vom System und dem Grundgedanken Hegels aus, enthüllt sich sofort die Haltlosigkeit dieser Annahme, die eben nichts weiter als Vorstellung ist. Man kann nämlich alle diese Ausführungen richtig verstehen nur unter der Voraussetzung, dass der Geist, der diese Welt erschafft, vor allem die Welt als Natur, Bewusstsein ist, wie umgekehrt das Bewusstsein – sofern es sich selbst begreift – Geist ist, dass vor allem die *Natur* als solche vom denkenden Bewusstsein *gesetzte* und d.h. *gedachte* Wirklichkeit ist und das *Ansich* dieser Wirklichkeit, auch das Ansich des *Geistes*, allerdings ein Ansich, aber dieses eben *für uns* ist, wodurch allein das Erkenntnisproblem *im Sinne Hegels gelöst wird.*"[938]

Abschließend kann Binder weder sein Hegelverständnis noch seine eigene Philosophie „als erschüttert betrachten" und will daher an letzterer festhalten „und zwar selbst für den mir freilich höchst unwahrscheinlichen Fall, dass mir nachgewiesen werden sollte, dass *ich* Hegel missverstanden habe".[939] In diesem letzten Satz seiner Rechtfertigungsschrift macht Binder noch einmal deutlich, dass sich sein „absoluter Idealismus" nicht notwendigerweise auf Hegel stützt. Zwar schließt er eine Missinterpretation Hegels weitestgehend aus, doch wäre sie, wenn sie dennoch vorläge, für seine eigene Philosophie unschädlich.

VII. Die Auswirkungen der Kritik Schönfelds auf das Verhältnis Binders zu seinen Schülern

Noch mehr als die Angriffe Schönfelds selbst, verletzte Binder die Reaktion seiner Schüler und insbesondere Dulckeits.[940] Er schrieb diesem im Dezember 1938, dass er sich wohl gar nicht vorstellen könnte, wie er „unter all den Meinungsverschiedenheiten, die in den letzten Jahren zu Tage getreten sind, gelitten habe und noch leide".[941] Dulckeit hatte ihn zunächst in seiner Haltung gegen Schönfeld bestärkt. So schrieb Dulckeit Ende 1935 an Binder, dass er sich sehr gefreut habe, dass Binder in seinem Aufsatz *Philosophie und Staat* gegen Schönfeld „eine so scharfe Klinge geschlagen" habe. Er stimme Binder dabei „voll und ganz zu". Überdies habe es Schönfeld „redlich" verdient.[942] In einem Brief aus dem Januar 1938, den er mit dem Durchschlag des Binderschen Aufsatzes *Mein ‚absoluter Idealismus' und Hegel. Eine Klarstellung gegenüber der Kritik meines Systems* zurücksandte, den Binder ihm zur Vorablektüre geschickt hatte, setzte sich Dulckeit allerdings stark von Binder ab:

---

938 *Binder*, a. a. O., S. 431.
939 *Binder*, a. a. O., S. 435.
940 Vgl. *Dulckeit*, Brief an Binder vom 19. Februar 1938, NSUG Cod. Ms. Dulckeit 1.
941 *Binder*, Brief an Dulckeit vom 6. Dezember 1938, NSUG Cod. Ms. Dulckeit 1.
942 *Dulckeit*, Brief an Binder vom 24. Dezember 1935, NSUG Cod. Ms. Dulckeit 1.

> „Wenn ich ehrlich sein soll und den Gesamteindruck, den ich gewonnen habe, gleich vorweg nehme: ich finde [den Aufsatz] keineswegs glücklich. Er ist für mein Empfinden viel zu persönlich im Persönlichen, im Sachlichen teils zu wenig scharf, teils zu wenig ‚sachlich': m.E. gehen Sie auf die wirklichen Einwände Sch[önfeld]s (die ich im Kerne nicht nur für beachtenswert, sondern meinerseits auch für berechtigt halte, wie ich Ihnen schrieb) überhaupt nicht ein oder streifen sie doch nur ganz vorübergehend, ohne sich damit auseinanderzusetzen. So wird der uneingeweihte Leser zur Überzeugung kommen, dass es sich um den Austrag eines persönlichen Streits handelt, in dem die eine Partei alles Maß und allen Anstand vergessen hat und die andere den wissenschaftlichen Vorwand unnötigerweise ernst genommen hat. Der eingeweihte Leser mit einiger Sachkenntnis dagegen muss noch unbefriedigter bleiben, er sucht trotz des Tones bei Sch[önfeld] die sachlichen Hintergründe und findet bei Ihnen darauf keine Antwort; denn der Wahrheits- und Gerechtigkeitsbegriff ist doch niemals der Kern der Sch[önfeld]schen Einwände: so wird dazu noch der Eindruck erweckt, dass Sie Ihrerseits Sch[önfeld] sachlich garnicht verstanden hätten (in dieser Auffassung muss man unwillkürlich auch durch Ihr Bekenntnis bestärkt werden, dass Sie den Aufsatz Sch[önfeld]s überhaupt garnicht zu Ende gelesen haben! Damit geben Sie doch Sch[önfeld] die stärkste Waffe in die Hand, die es hier gibt!) Ich hatte mir die Sache so gedacht, dass man eingangs in wenigen Sätzen mit aller nötiger Schärfe Sch[önfeld]s Ton und Verhalten festnagelt (ev. mit Zitat des Evangelienbriefes) und nach der Erklärung, dass man nicht gewillt sei, sich auf dieses niedrige Niveau herabziehen zu lassen, eine streng sachliche Erörterung (unter Beiseitelassen aller Ausfälle Sch[önfeld]s im Einzelnen) durchführt, in der der eigene Standpunkt (in seinem Verhältnis zu Hegel) dargelegt und gegen den sachlichen Kern der Argumente Sch[önfeld]s verteidigt wird."[943]

Allerdings stellte Dulckeit in einem weiteren Brief versöhnlich klar, dass er „von jeher sehr viel weniger als die übrige Binderschule zusammen" von Schönfeld gehalten habe und dass Larenz und er selbst mit Schönfeld „beide nichts zu tun" hätten. Binder dürfe ihm glauben, dass es Larenz und ihm „keineswegs leicht gefallen ist, diesen grundsätzlichen Gegensatz zwischen uns unausgeglichen zu sehen, in gewissem Sinne gerade deswegen, weil wir Ihre Schüler sind".[944] Auch Larenz war nach der Vorablektüre des Aufsatzes Binders überhaupt nicht angetan. Er schrieb an Dulckeit:

> „Ich finde den Aufsatz qualvoll zu lesen. In der jetzigen Form wird er auf jeden fernerstehenden Leser – d.h. auf alle Leser der Huberschen Zeitschr. – den Eindruck eines reinen ‚Professorengezänks' machen u. die ganze Rechtsphil. hoffnungslos diskreditieren. Einmal, weil er so stark subjektiv ist [...], und dann, weil das, was sachlich daran zu nennen ist, selbst für einen gutwilligen u. gebildeten Leser größtenteils unverständlich ist und ihm überdies belanglos vorkommen wird".[945]

---

943 *Dulckeit*, Brief an Binder vom 14. Januar 1938, NSUG Cod. Ms. Dulckeit 1.
944 *Dulckeit*, Brief an Binder vom 19. Februar 1938, NSUG Cod. Ms. Dulckeit 1.
945 Vgl. *Larenz*, Brief an Dulckeit vom 10. Januar 1938, NSUG Cod. Ms. Dulckeit 5.

Er schrieb Binder, dass er ihm von der Veröffentlichung des Aufsatzes in dieser Form abraten würde, da er mehr eine persönliche Auseinandersetzung, als eine wissenschaftliche Abhandlung wäre. Überdies hielte er es für „glücklich", wenn Binder „mit einer erneuten literarischen Auseinandersetzung mit Dulckeit" vorerst wartete, da es „leicht verwirrend" wirken könnte, „wenn wir der Öffentlichkeit von jeder Phase des Gesprächs zwischen uns Kenntnis gäben". Überhaupt verspräche er sich sehr viel von einem „brieflichen Gedankenaustausch".[946] Darüber hinaus verwahrte sich Larenz in einem anderen Brief gegen Binders Unterstellung, er und Dulckeit hätten sich in der Auseinandersetzung zwischen ihm und Schönfeld auf dessen Seite geschlagen:

> „Mir scheint, dass Sie sich über unser Verhältnis zu Schönfeld doch eine etwas unrichtige Vorstellung gemacht haben. Ich schreibe deshalb ganz offen darüber. Erst vor kurzem habe ich an Huber geschrieben, dass ich Schönfelds Kritik an Ihnen im sachlichen zwar in *einigen* Punkten für nicht ganz unberechtigt, im *Ganzen* aber ‚unerhört ungerecht' fände."

Er halte Schönfelds Auffassung für eine „philosophische Theologie", der sich anzuschließen ihm völlig fern liege.[947]

Als Binder Dulckeit schließlich den fertigen Aufsatz *Mein ‚absoluter Idealismus' und Hegel. Eine Klarstellung gegenüber der Kritik meines Systems* zusandte, fühlte sich Dulckeit von Binder überrumpelt: Zwar hielt er Binder zugute, dass die „kurze formale Abfertigung Schönfelds" sicher „das Gebotene" gewesen wäre, doch habe es ihn „etwas überrascht, dass „auch dieser Aufsatz fast ausschließlich zu einer Auseinandersetzung mit mir und gegen mich geworden ist". Er könne Binder „in keinem der wesentlichen Punkte zustimmen". Das gelte sowohl für Binders Hegelauffassung, wie für seine Repliken auf Dulckeits gedruckte, briefliche und mündliche Einwendungen. Insbesondere zeigte sich Dulckeit Binder gegenüber enttäuscht, dass sich dieser in seinem Aufsatz in anderer Art und Weise äußere, als im direkten Gespräch und dass Binder ihn über seine Kritik nicht vorab in Kenntnis gesetzt habe und so nach außen einen Diskussionsstand zwischen Binder und Dulckeit vermittelte, den letzterer bereits überwunden glaubte. Dulckeit schrieb ihm etwas verstimmt:

> „Da ich mich mit Ihren Einwänden bereits mehrfach in brieflichen und mündlichen Gesprächen auseinandergesetzt habe, und die meisten dieser Einwände – über deren Berechtigung Sie früher, wie sie selbst freilich sagten: zu Unrecht, anders dachten – in Ihrem Aufsatz in gleicher Weise wiederkehren, so will ich Ihre Zeit nicht erneut mit Wiederholungen in Anspruch nehmen. Ich bedaure es jedoch, dass Sie Ihre freundschaftliche Zusicherung, mir eine Auseinandersetzung mit mir zwecks vorheriger Stellungnahme vor der Drucklegung zusenden zu wollen, nun doch nicht verwirklicht

---

946 *Larenz*, Abschrift des Briefes an Binder vom 19. Januar 1938, NSUG Cod. Ms. Dulckeit 5.

947 *Larenz*, Abschrift des Briefes an Binder vom 1. Februar 1938, NSUG Cod. Ms. Dulckeit 5.

haben. Vielleicht hätte sich manches Missverständliche dann doch noch endgültig klären lassen können. So dagegen haben Sie unsere ‚Diskussion' [...] der Öffentlichkeit in einem Stadium unterbreitet, über das wir mE. bereits hinausgekommen sind."[948]

Binder antwortete darauf, dass er „überrascht" sei, dass Dulckeit durch seine Darstellung nicht überzeugt worden wäre. Er redete Dulckeit in dem Brief anstatt wie gewöhnlich mit „Lieber Herr Dulckeit" distanziert mit „Sehr geehrter Herr Kollege" an. Zu seinem Bedauern habe er „statt der erwarteten Zustimmung [...], eine Kritik bekommen, die an Schärfe jedenfalls nichts mehr zu wünschen übrig lässt und die mir jede Hoffnung nimmt, mich mit Ihnen noch jemals zu verständigen". Gleichzeitig verwahrte sich Binder gegen die Dulckeitschen Vorwürfe, er habe statt des direkten Kontaktes die publizistische Auseinandersetzung vorgezogen:

„Die Diskussion mit Ihnen wurde nicht von mir, sondern von Ihnen begonnen, in der Öffentlichkeit gedruckter Darlegung, und ich habe meinerseits keinen Anstoß genommen, sondern das ganz richtig und selbstverständlich gefunden. Es ist mir deshalb unerfindlich, wie Sie daran Anstoß nehmen können, dass ich Ihre gedruckten Ausführungen durch ebensolche erwidere und ich muss gestehen, dass ich von Ihnen alles andere als einen solchen Vorwurf erwartet hätte."[949]

Vor dem Hintergrund seines endgültigen Wegganges aus Göttingen, zu dem sich Binder nach seinen Auseinandersetzungen mit der Fakultät verbittert gedrängt sah,[950] schloss er den Brief resigniert und in der Sache nicht kompromissbereit:

„Da ich nun nicht weiß, was ich Ihnen noch sagen könnte, schlage ich Ihnen vor, die Angelegenheit ruhen zu lassen, zumal es mir in diesen letzten Wochen meines Daseins in Göttingen an jeder Zeit zur Arbeit und jeder Sammlung und ruhigen Besinnung fehlt und ich nicht wüsste, was ich Ihnen und Sie mir noch weiter in Bezug auf die uns trennende Frage sagen könnten. Ich muss jetzt in der Welt der brutalen Tatsächlichkeit mich bewegen, indem ich Bücher ordne, packe, Briefe nach Gauting schreibe u.s.w., was mich ganz in Anspruch nimmt, und werde dann, wenn wir umgezogen sind, mich an die weitere Ausgestaltung meiner Theorien machen müssen, indem ich es dann, so traurig es mir sein wird, in Kauf nehmen muss, wenn mit der Grundauffassung auch meine Folgerungen abgelehnt werden. Ich werde es ertragen müssen, wenn mich die Wissenschaft von heute zum alten Eisen wirft, eine Gefahr, der Sie gewiss nicht ausgesetzt sein werden. Denn Sie haben Ihren Weg gebahnt, und er wird Sie, dessen bin ich gewiss, zum Ziele führen."[951]

Auch Dulckeit stellte in seiner Antwort auf Binders Brief fest, dass „jede weitere Diskussion über die uns streitigen Fragen zwecklos wäre". Allerdings wies er noch einmal darauf hin, dass ihm Binder Ansichten zugeschrieben und diese auch bekämpft habe, die er niemals vertreten habe und die „offenkundig unhegelisch" seien. Bezüglich

948 *Dulckeit*, Brief an Binder vom 24. Mai 1938, NSUG Cod. Ms. Dulckeit 1.
949 *Binder*, Brief an Dulckeit vom 29. Mai 1938, NSUG Cod. Ms. Dulckeit 1.
950 Zu den Vorgängen des Weggang Binders aus Göttingen vgl. Kapitel 1 Abschnitt V.
951 *Binder*, Brief an Dulckeit vom 29. Mai 1938, NSUG Cod. Ms. Dulckeit 1.

des Vorwurfes Binders, nicht er, sondern Dulckeit habe die öffentliche publizistische Auseinandersetzung begonnen rechtfertigte er sich:

> „Gewiss ist es richtig, dass ich mit den Bemerkungen meines Buches[952] über Ihre methodische Grundhaltung eine öffentliche Behandlung dieser Frage einleiten wollte; aber auch hier waren Sie mir durch Ihren Aufsatz in der Tatwelt[953] zuvorgekommen, in dem eine durchaus unberechtigte, weil auf unzutreffende Voraussetzungen gegründete Kritik (und Anerkennung) meines noch nicht erschienenen Buches enthalten war. Wie dem auch sei: jedenfalls habe ich Ihnen in meinem Brief nicht vorgeworfen, *dass* Sie erneut in eine öffentliche Diskussion eingetreten seien [...], sondern dass Sie auch hier wieder ‚unsere Diskussion der Öffentlichkeit *in einem Stadium* unterbreitet' haben, ‚über das wir mE bereits hinausgekommen sind', - eben dadurch, dass Sie mir auch hier nievertretene und sicher unrichtige Ansichten zuschreiben, was ich auch schon in meinen vorigen Briefen und Gesprächen des öfteren zu betonen gezwungen war und auch im letzten Brief eingehend auseinandergesetzt habe."[954]

Binder ließ diese Rechtfertigung Dulckeits und den Vorwurf, er habe den Streit zwischen ihnen in seinem Aufsatz *Philosophie und Staat* in der Zeitschrift Die Tatwelt aus dem Jahr 1935 in die Öffentlichkeit getragen allerdings nicht auf sich beruhen und antwortete nur wenige Tage später:

> „Ich war, von anderem abgesehen, sehr überrascht und suchte die betreffenden Hefte der Tatwelt heraus, um mich allerdings überzeugen zu müssen, dass der Aufsatz schon Ende 1935, Ihr Buch dagegen erst Anfang 1936 erschienen ist. [...] Formell allerdings haben Sie Recht, aber auch nur formell. Denn wenn ich mich recht erinnere, hat sich das Erscheinen Ihres Buches ungebührlich verzögert, ich glaube wenigstens, dass Sie sich darüber bei mir wiederholt beklagt haben. Unter normalen Verhältnissen wäre Ihr Buch also, wenn mich mein Gedächtnis nicht trügt, längst erschienen gewesen, als Frl. Eucken den auf Ihr Drängen rasch hingeworfenen Aufsatz veröffentlichte. Jedenfalls stand der Inhalt Ihres Buches und stand vor allem die an mir geübte Kritik objektiv und unabänderlich fest, als ich diesen Aufsatz schrieb und also auch, als er in der Öffentlichkeit erschien. Und in der Sache, auf die es allein ankommen kann, sind die fraglichen Ausführungen doch nicht actio sondern exceptio, der Versuch einer Rechtfertigung und Begründung des von mir in meiner Grundlegung vertretenen Standpunkts gegenüber einer diesen Standpunkt als verfehlt bezeichnenden Kritik. Und darauf allein kann es m.E. ankommen, und nicht auf die zufälligen Zeitpunkte des Erscheinens der beiderseitigen Schriften in der Öffentlichkeit. Ich glaube also Ihnen gegenüber, wie überhaupt immer im Leben, fair play gespielt zu haben und habe gegenüber dem in dieser Beziehung gegen mich erhobenen Vorwurf ein ruhiges Gewissen wiedergewonnen. Dass aber damit nicht alle Verstimmungen von mir gewichen sind, wird vielleicht auch nicht ganz unverständlich sein.

---

952 D.i. *Rechtsbegriff und Rechtsgestalt.*
953 D.i. *Philosophie und Staat.*
954 *Dulckeit,* Brief an Binder vom 30. Mai 1938, NSUG Cod. Ms. Dulckeit 1.

Ferner: Ich glaube bei meinen Auseinandersetzungen mit Ihnen niemals den Ton der Sachlichkeit verletzt zu haben. Ich meine, jeder Leser, der selbst sachlich denkt, kann aus meinen Ausführungen nur den Eindruck gewonnen haben, dass es mir um wissenschaftliche Bereinigung von bestehenden Unklarheiten, und damit nur um ‚die' Sache, zu tun war, und ich habe deshalb auch das, was Sie m.E. geleistet haben, auch bei jeder sich bietenden Gelegenheit ausdrücklich und mit Betonung anerkannt, und geglaubt, Sie würden das nicht verkennen. Dass ich mich darin geirrt habe, ist mir besonders schmerzlich. Noch mehr allerdings, dass Sie so gar kein Verständnis für das Ethos besitzen, aus dem diese wiederholte Beschäftigung mit Ihnen hervorgegangen ist: für den Zwang, für den Idealismus einzutreten, der mir nur durch Sie, durch Ihren Kampf gegen meine Bewusstseinsphilosophie, ernstlich bedroht erschien – über andere Gegner glaubte ich und glaube ich immer noch mit einem Lächeln hinweggehen zu können, nur Sie glaubte ich ernst nehmen zu müssen! – womit dann das Gespenst der Wiederkehr des Vorkantianismus mit seinem vergeblichen Sichabmühen am Erkenntnisproblem am Horizont auftauchte, - und für die Achtung vor Ihrer wissenschaftlichen Persönlichkeit und ihre Anerkennung, die in dieser wiederholten Beschäftigung mit Ihnen lag, über die Sie sich so bitter beklagen. Das hat mich aufs höchste überrascht und gekränkt, wie ich Ihnen ganz offen bekenne, und ich kann diese Ihre Aufnahme meiner Ausführungen auch heute noch nicht verstehen und mit ihr nicht fertig werden. Hier zeigt es sich, wie ich glaube, dass wir verschiedenen Generationen und verschiedenen Welten angehören [...]. Für mich war aber jedenfalls die Auseinandersetzung mit Ihnen eine Notwendigkeit, wie ich wiederholen muss: denn einmal wüsste ich nicht, mit wem sonst ich die Probleme, die mich erfüllen, diskutieren könnte, und sodann erscheint mir die Diskussion vor der Öffentlichkeit, mit Schrift und Druck, als die einzig mögliche und verbindliche Form der Diskussion überhaupt, weil sie allein die Beziehung zur Allgemeinheit in sich trägt und in der Objektivität des gedruckten Wortes die Notwendigkeit der Überlegung, die Verantwortlichkeit für den Inhalt, die Möglichkeit des Nach-Denkens und der Nachprüfung und der objektiven Erwiderung begründet. Mündliche Diskussionen haben für mich immer etwas Vorläufiges und Hypothetisches, ihre Ergebnisse sind mehr solche des Zufalls als der inneren Notwendigkeit, abhängig von der Redegewandtheit und vor allem vom Gedächtnis des einen und des andern und von der Aufnahmefähigkeit und der Geistesart der als Schiedsrichter auftretenden Zuhörer. Ich kann deshalb auch kein besonderes Gewicht darauf legen, wenn ich Ihnen in einem Privatgespräch da oder dort Zugeständnisse gemacht haben sollte – was sehr wohl möglich ist! – um dann wieder auf einen früheren Standpunkt zurückzufallen. Ja im Grund muss das auch von der von Ihnen abgelehnten gedruckten Diskussion gelten: Die Wissenschaft ist insofern unendlicher Prozess, im juristischen Sinne, und es kann in ihr keine Rechtskraft der ‚Erkenntnisse' geben. –

Aber was soll nun werden? Da Sie, wie es scheint, dieser meiner Auffassung ohne Verständnis gegenüberstehen, erscheint mir dieser Weg, zu einer wissenschaftlichen Verständigung zu gelangen für die Zukunft verschlossen. Damit aber ist, wie ich fürchte, mir zugleich die Möglichkeit abgeschnitten, mich überhaupt noch zu irgendwelchen Ausführungen und Veröffentlichungen von Ihrer Seite zu äußern, kritisch oder unkritisch, zustimmend oder ablehnend. Sie werden zugeben, dass diese Konsequenz Ihrer Haltung mir gegenüber ist. Mir ist sie schmerzlich, aber ich sehe keine andere Möglichkeit. –

Noch eines. Sie haben sich auch darüber beklagt, dass ich unsere Meinungsverschiedenheiten zum Gegenstand einer Erörterung in einem Aufsatz gemacht hätte, der doch eine ganz andere Aufgabe gehabt hätte, nämlich die Widerlegung Schönfelds.[955] Und ebenso bei früheren Gelegenheiten. Der Aufsatz gibt sich aber zunächst einmal nicht als ‚Widerlegung Schönfelds', wie schon der Titel ersehen lässt, sondern als Rechtfertigung meines Idealismus, natürlich gegenüber allen irgendwelchen Angriffen, und meine Stellungnahme gegen Schönfeld ist mit den ersten paar Zeilen abgetan. Und sodann: Sollte es Ihnen wirklich ganz verborgen geblieben sein, dass ich mit meiner Auseinandersetzung mit Ihnen allerdings eine Nebenabsicht verband, nämlich den Lesern dieses Aufsatzes im schärfsten Gegensatz gegen den jeder Sachlichkeit baren Aufsatz des Herrn Schönfeld – der freilich nach Ihrer Meinung ‚im Kerne Recht hat' – zu zeigen, wie eine wissenschaftliche Diskussion *sachlich* geführt werden kann? Ich war so naiv, zu glauben, Sie würden, selbst wenn Sie nicht, wie ich gehofft hatte, meinen Ergebnissen zustimmen sollten, doch diesen Sinn meiner Darlegungen verstehen, sich zu dieser Methode des ritterlichen Kampfes bekennen und sich dafür bedanken Statt dessen - - - - -

Mit 68 Jahren hat der Mensch kein Recht mehr, naiv zu sein. Das kommt erst wieder mit 90 Jahren. Für diesen Anachronismus bin ich gestraft worden. Ich nehme die Strafe auf mich und werde in Zukunft schweigen."[956]

Dulckeit antwortete wiederum umgehend:

„Wenn ich Sie [...] darauf hingewiesen habe, dass Sie seinerzeit mit Ihrer Kritik noch vor mir an die Öffentlichkeit getreten sind, so habe ich doch zugleich betont, dass meine Kritik an Ihnen auch sonst erschienen wäre. Warum ich überhaupt darauf zu sprechen kam, war nicht eigentlich im Bestreben begründet, einen an sich gewiss belanglosen formalen Gedächtnisfehler zu korrigieren, sondern ich wollte vor allem darauf hinweisen, dass Sie mich damals nach dem Gedächtnis kritisiert haben, da mein Buch Ihnen ja noch garnicht vorlag; das schien und scheint mir auch heute in Anbetracht der Schwierigkeit der Fragen durchaus bedenklich, und es hat ja sicherlich mit dazu geführt, dass Sie schon damals meine Ansicht in entstellter Form wiedergegeben haben. Und damit komme ich zum für mich allein wesentlichen Punkt [...]: nicht dass Sie mich öffentlich kritisiert haben, hat mein Missfallen erregt – ich bin durchaus zuträglich dafür, wie ich Ihnen auch die überreiche Anerkennung meiner Leistung stets auch mit Worten gedankt habe. Was mich so aufgebracht hat, ist vielmehr ausschließlich die Tatsache, dass Sie trotz stundenlanger Diskussionen, Briefwechsel und Klarstellungen immer wieder, in jeder neuen Veröffentlichung erneut, meine Anschauung unrichtig

955 D.i. *Mein „absoluter Idealismus" und Hegel. Eine Klarstellung gegenüber der Kritik meines Systems.*

956 *Binder*, Brief an Dulckeit vom 6. Juni 1938, NSUG Cod. Ms. Dulckeit 1.

> oder zum mindesten ins Abstrakt-Verstandesmäßige gewendet wiedergegeben haben, sowohl was das Verhältnis Begriff-Gestalt, als was das Verhältnis Bewusstsein-Geist anbetrifft. Das hat mich schwerer getroffen, als ich Ihnen zugeben mochte [...]. Ich wiederhole es also nochmals: nur die Tatsache, dass Sie im Grundsätzlichen weitgehend einen (sehr unhegelischen) Dulckeit kritisiert haben, den es garnicht gibt, ist der eigentliche Grund meiner Ausstellungen gewesen."[957]

Fortan sparten Binder und Dulckeit dieses Thema in ihrer Korrespondenz aus. Auch Larenz hatte bereits im Februar 1938 vorgeschlagen, dass „der Name Schönfeld zukünftig aus unseren Erörterungen verschwinden" sollte.[958] Der Ton der Briefwechsel wurde wieder sachlicher und auch wieder durchaus freundschaftlicher, doch behielt Binder seinen resignierten und enttäuschten Grundtenor bis zum Ende bei. Gleichwohl hielt er sich daran, dass er Dulckeit nicht mehr öffentlich in seinen Publikationen kritisierte. So schrieb er Dulckeit im November 1938:

> „Immerhin habe ich meinen Aufsatz für Koschaker (‚Die Einheit der praktischen Gesetzgebung') nicht nur fertig gestellt, sondern auch einem liebenswerten Münchner Fräulein in die Maschine diktiert, da sie anders mit meinem Stenogramm nicht fertig werden konnte, und Kunkel geschickt, der ihn auch schon angenommen hat. Eine sehr große Anmerkung, die sich mit dem letzten Aufsatz von Larenz beschäftigte und leider auch auf *unsere* Kontroverse einging, diesmal aber ohne Nennung Ihres Namens, habe ich schon vor der Absendung gestrichen, weil sie eigentlich einen Excurs im wörtlichen Sinne bildete, und die Streichung anderer Kunkel anheimgestellt. Ob Sie, der schärfste unter meinen Kritikern, mit ihm leidlich zufrieden sein werden, ist mir allerdings höchst zweifelhaft. Aber ich kann mich in meinen alten Tagen nicht mehr fortentwickeln, sondern nur, solange ich noch leidlich genießbar bin, ausschlachten, indem ich mich damit tröste, dass das von mir Gebotene für die Kaffern – und sie sind noch immer die Mehrzahl! – immer noch gut genug ist."[959]

VIII. Das „Ende des Neuhegelianismus"

Nach den Auseinandersetzungen Binders mit seinen Schülern ab Mitte der 1930er Jahre, die durch die Angriffe Schönfelds und die differenzierten Stellungnahmen Larenz' und Dulckeits noch angeheizt wurden, lassen sich ab dem Jahr 1938 gewisse versöhnliche Tendenzen feststellen, die auf die Wiederherstellung einer gewissen Harmonie innerhalb der früheren Göttinger Schule abzielten. Wenn auch keine rechtsphilosophische Einigung mehr erreicht werden konnte, so traten jedoch die Trennlinien in den Hintergrund und die Beteiligten versuchten, diese nicht zu überhöhen und die jeweils andere Interpretation nicht mehr nachhaltig zu kritisieren.

---

957 *Dulckeit*, Brief an Binder vom 10. Juni 1938, NSUG Cod. Ms. Dulckeit 1.
958 *Larenz*, Abschrift des Briefes an Binder vom 1. Februar 1938, NSUG Cod. Ms. Dulckeit 5.
959 *Binder*, Brief an Dulckeit vom 21. November 1938, NSUG Cod. Ms. Dulckeit 1.

Zumindest ein persönlicher Zusammenhalt sollte wiederhergestellt werden. Zu diesem Zweck luden die in Kiel befindlichen ehemaligen Göttinger Binder-Schüler Larenz, Busse und Michaelis ihren alten Lehrer Binder Anfang Januar 1938 zu einem privaten Besuch nach Kiel ein.[960] Umgehend nach Binders Abreise aus Kiel schrieb Larenz an Dulckeit über den Verlauf des Treffens:

> „[...] nachdem uns Julius heute morgen wieder verlassen hat, eile ich, Ihnen einen kurzen Bericht zu geben. Vorweg: die Sache ist so günstig wie möglich verlaufen. Er war 3 1/2 [Tage] in Kiel und in ständiger Bewegung: Besichtigungen des Instituts für Weltwirtschaft, des Museums vorgeschichtl. Altertümer, eines Kreuzers u. des Ehrenmals in Laboe, was alles einen großen Eindruck auf ihn machte, wechselten mit wissenschaftlichen Gesprächen, teils zu zweit, teils zu mehreren. Dabei kam uns sehr zustatten, dass wir in Ihrem Aufsatz eine feste Basis hatten, von der wir ausgehen konnten. Tatsache ist, dass Julius von Tag zu Tag lebhafter, sein Ton herzlicher, seine Stimmung vergnügter wurde, und dass ich ihn seit Jahren nicht so frisch und ‚aufgekratzt' gesehen habe, wie an dem Fakultätsabend am Sonnabend bei uns. Er unterhielt die ganze Gesellschaft mit seinen schönsten Geschichten [...], und hatte sogar ein langes Gespräch mit Ritterbusch, an dessen Ende ihm Paul schulterklopfend erklärte: ‚Sie müssen sich nach Kiel umhabilitieren und zu uns kommen!' – kein Wunder, dass Julius seinerseits von R[itterbusch] ‚einen vorzüglichen Eindruck' hatte! Und dass sich zu seinem Vortrag in meinem Seminar 20 Zuhörer eingefunden hatten [...], verfehlte seinen Eindruck auch nicht. In seiner freudigen Stimmung nahm er meine leise Kritik an seinen Ausführungen für bare Zustimmung und war die ganze Zeit wirklich rührend nett.
>
> Wie sein Vortrag war, können Sie sich denken: lang, schwer verständlich, subtil, nicht ohne den Versuch einer ganz neuartigen Interpretation des Verhältnisses Logik, Phänomenologie u. System, gegen die Sie sicher manches einzuwenden hätten. Die meisten Hörer haben natürlich nur den geringsten Teil verstanden, doch machte seine Persönlichkeit großen Eindruck. Ich muss auch sagen, dass unsere anschließenden Gespräche sachlich förderlich waren. [...] Alles in allem sind wir also sehr befriedigt und freuen uns, dass wir die Sache gewagt haben."[961]

Dulckeit schrieb Binder nach Lektüre des Briefes von Larenz, dass dieser „einiges über den vollen Erfolg und die wohlgelungenen und schönen Tage" des Kieler Besuchs erzählt habe. Es freue Dulckeit „aufrichtig", dass Binder „diese innere Erholung nach all den Lügen und den Schweinereien" gehabt habe, womit er offenbar die Auseinandersetzungen mit Schönfeld und die Probleme Binders an der Göttinger Fakultät, die diesem sehr nahe gegangen waren, meinte.[962]

Nachdem Dulckeit, der die Angriffe Schönfelds gegen Binder als „im Kern" berechtigt angesehen hatte, seine Zustimmung zu Schönfeld relativiert hatte, stellte auch Binder gegenüber ersterem fest, dass „unsere Differenzen sehr viel geringer

960 Vgl. *Larenz*, Brief an Dulckeit vom 28. November 1937, NSUG Cod. Ms. Dulckeit 5.
961 Vgl. *Larenz*, Brief an Dulckeit vom 10. Januar 1938, NSUG Cod. Ms. Dulckeit 5.
962 *Dulckeit*, Brief an Binder vom 14. Januar 1938, NSUG Cod. Ms. Dulckeit 1.

sind, als Sie meinen, und zwar nicht erst jetzt, etwa infolge des Eindrucks, den Ihre letzten Arbeiten auf mich gemacht haben, sondern von allem Anfang an". Er habe Dulckeit „in einer Zeit der geistigen ‚Niedergebrochenheit' infolge verschiedener, hier nicht zu erörternder Umstände, zu viel in Bezug auf Ihre Auffassung meines Systems zugegeben [...], jedenfalls mehr, als ich verantworten konnte". Schließlich hielt er konziliant fest: „Das alles revoziere ich hiermit feierlich." Er betonte, dass es ihm einem seiner Schüler gegenüber nie um einen „Angriff" gehandelt habe, sondern „ausschließlich um eine sachliche Auseinandersetzung um der Sache willen. Schließlich müsse er „auch Ihnen gegenüber berechtigt sein [...], und nicht ausschließlich verpflichtet, [sich] von Ihnen die Meinung sagen zu lassen". Damit wolle er aber die Angelegenheit begraben.[963] Daraufhin schrieb ihm Dulckeit:

> „Wenn ich [...] geschrieben haben sollte, das Sch[önfeld] ‚im Kerne' in den fraglichen Behauptungen Recht hätte, so habe ich das nie in dem absoluten Sinne gemeint, wie Sie es verstanden haben, und ich bin ohne weiteres bereit, diese Ausdrucksweise als missverständlich und irreführend zuzugeben."[964]

Als Binder jedoch trotz vorheriger Zusicherung, jede weitere publizistische Auseinandersetzung mit Dulckeit diesem vorab zur Klärung und Stellungnahme vorzulegen, den Aufsatz *Mein ‚absoluter Idealismus' und Hegel. Eine Klarstellung gegenüber der Kritik meines Systems* veröffentlichte, den Dulckeit in erster Linie als Kritik an seiner eigenen Rechtsphilosophie ansah, gab er sich Binder gegenüber enttäuscht: Nicht nur habe ihn dieser mit dem Bruch seiner Zusicherung hintergangen, jede publizistische Diskussion vor dem Druck intern zu klären, sondern es missfiele ihm auch die Außenwirkung des „Proffessorengezänks". Überdies glaubte er sich von Binder falsch verstanden und mithin in dessen Schriften falsch und geradezu „unhegelisch" dargestellt. Binder wich diesen Vorwürfen aus, doch war er nicht mehr bereit, sich in der Sache mit Dulckeit auseinanderzusetzen. Er war mit dem Weggang aus Göttingen und durch die Auseinandersetzungen mit seinen Schülern erkennbar resigniert. Binder schrieb:

> „Die Angriffe, die in den letzten Jahren von verschiedenen Seiten auf mich gerichtet worden sind, haben ihren Eindruck auf mich nicht verfehlt – einerlei, ob ich sie als begründet anerkennen musste oder nicht – und in mir den Zweifel erweckt, ob ich nicht in der Tat meinen Beruf verfehlt und damit ein ganz und gar verfehltes Leben hinter mir habe, sodass es keinen Sinn mehr für mich hat, irgendetwas noch ‚zum Abschluss bringen' zu wollen, da das Ganze doch nur eine große Nichtigkeit wäre. Der letzte Aufsatz von Larenz,[965] der auf mich wieder einen höchst fatalen Eindruck gemacht hat, hat mich in diesen Zweifeln nur bestärken können; ich fürchte in der Tat, der jüngeren Generation nichts mehr sagen zu können und mit jeder ‚geistigen' Lebensäußerung nur die Gefahr zu erhöhen, von ihr abgeschlachtet zu werden, um endlich still zu sein. Ich will mich darüber nicht weiter auslassen, um nicht bitter zu werden. Es genüge die

963 *Binder*, Brief an Dulckeit vom 26. Februar 1938, NSUG Cod. Ms. Dulckeit 1.
964 *Dulckeit*, Brief an Binder vom 1. März 1938, NSUG Cod. Ms. Dulckeit 1.
965 Vermutlich meint Binder Larenz' Aufsatz *Die Aufgabe der Rechtsphilosophie.*

Bemerkung, dass mir dieser Aufsatz den Eindruck hinterlassen hat, dass das Prinzip unserer Gegenwart, die Wissenschaft zu politisieren, als Personalpolitik begriffen wird und als solche demonstriert werden sollte."[966]

Ende November 1938 schrieb Binder Dulckeit von einem

„sehr liebenswürdigen Brief von Larenz [...], in dem er meine Verdienste um die Seelen meiner Schüler in Bezug auf nationales Denken, um nicht zu sagen Weltanschauung preist, was mir armem Ausrangierten wohlgetan hat, wenn ich auch den Verdacht nicht loswerden kann, dass das, die nationale *Gesinnung*, das einzige ist, was noch zur Not an mir als anerkennenswert gefunden wird. [...] Was Larenz betrifft, so haben Sie m.E. ganz Recht mit ihrer Meinung, dass er noch auf der Suche nach seiner ‚eigenen Philosophie ist. Aber ich finde, dass das keine Entschuldigung ist, und seinen doch ausschließlich gegen mich gerichteten Aufsatz habe ich doch recht übel empfunden,[967] worüber ich mich lieber nicht auslassen will. Ich habe aber immerhin meine Pfote in seine briefliche Friedenshand gelegt und will zunächst nicht erwidern, weil ich Wichtigeres zu tun habe."[968]

Über das Wiederzusammenrücken der früheren Göttinger Schule nach ihren rechtsphilosophischen Auseinandersetzungen hinaus, bemühte sich auch der niederländische Jurist und zeitweilige Sekretär des Internationales Hegelbundes Benjamin Marius Telders Anfang 1938 in Anbetracht der heftigen Auseinandersetzungen zwischen Binder und Schönfeld um eine Art Versöhnungstreffen aller Hegelianer in den Niederlanden. Dulckeit nannte diesen Vorstoß „etwas reichlich naiv, wenn auch sicher gut gemeint", doch erklärte er sich bereit, grundsätzlich zu einem solchen Treffen fahren zu wollen.[969] Larenz schrieb an Dulckeit, dass er den Plan Telders' „in dieser Form keinesfalls akzeptieren" werde:

„[...], denn was die vorgeschlagene ‚Diskussion' betrifft, so ist ja klar, dass Julius nach den ersten 5 Minuten das Wort an sich reißen und danach die ganze Zeit unentwegt Monologe halten würde. Im übrigen lehne ich es aber auch ab, die Holländer als Schiedsrichter über unsere Meinungsverschiedenheiten mit J[ulius Binder] anzuerkennen."[970]

Allerdings war Busse, der sich jahrelang aus der Diskussion herausgehalten hatte, nach Aussage Larenz' „als er von dem Plan hörte, sofort Feuer u. Flamme [...] und meinte, man dürfe die Verbindung zu den Holländern nicht ganz abreißen lassen".[971] Larenz blieb jedoch skeptisch, da der anberaumte Termin „sowieso untragbar" für ihn wäre. Die Erlaubnis des Ministeriums werde sich wohl problemlos erhalten lassen, doch würde die Reise an die Grenze zu den Niederlanden „natürlich auch

966 *Binder*, Brief an Dulckeit vom 24. September 1938, NSUG Cod. Ms. Dulckeit 1.
967 Vermutlich meint Binder auch hier Larenz' Aufsatz *Die Aufgabe der Rechtsphilosophie.*
968 *Binder*, Brief an Dulckeit vom 21. November 1938, NSUG Cod. Ms. Dulckeit 1.
969 *Dulckeit*, Brief an Binder vom 19. Februar 1938, NSUG Cod. Ms. Dulckeit 1.
970 *Larenz*, Brief an Dulckeit vom 5. Februar 1938, NSUG Cod. Ms. Dulckeit 5.
971 *Larenz*, Brief an Dulckeit vom 5. Februar 1938, NSUG Cod. Ms. Dulckeit 5.

einiges kosten“, aber „nur um dort bekannte Reden von J[ulius Binder] anzuhören, lohnen die wirklich nicht“. Gleichwohl bat er Dulckeit über „Gegenvorschläge“ nachzudenken.[972] Ein solches Versöhnungstreffen der Neuhegelianer kam jedoch nicht zustande.

Als Binder am 28. August 1939 starb, waren die rechtsphilosophischen Differenzen zwar nicht ausdiskutiert, aber in den Hintergrund getreten. In dem Nachruf in der *Zeitschrift der Akademie für deutsches Recht* schrieb Larenz 1939, dass Binder „seinen zahlreichen Schülern [...], nicht nur ein Lehrer in des Wortes bester Bedeutung [war], sondern zugleich ein treuer Freund, auf dessen Teilnahme und Unterstützung sie in allen möglichen Lagen des Lebens rechnen konnten“. Freilich hätte sich Binder „für ihm ferner liegende Gedanken“ nicht leicht erschlossen, womit er auf die rechtsphilosophischen Differenzen zwischen Binder und seinen Schülern anspielte.[973] Gleichwohl wolle Larenz nach Binders Tod auf den Vorwurf des „Rest[s] vernunftrechtlichen Denkens“ in Binders Philosophie „um so weniger zurückkommen, als Binder nicht mehr die Gelegenheit gefunden hat, seine Erwiderung hierauf zu veröffentlichen“.[974] Damit ging Larenz auf seine rechtsphilosophischen Auseinandersetzung mit Binder ein, die in Larenz' Abhandlung *Die Aufgabe der Rechtsphilosophie* von 1938 gipfelte, in der er Binders Kritik an seinem Konzept der völkischen „Gliedstellung“ als „naturrechtlich“ bezeichnet hatte, weil Binder seinen Personenbegriff vom Individuum und nicht von der Volksgemeinschaft ausgehend konstruiert hatte.

Auch Dulckeit, der Binder ab Mitte der 1930er Jahre am differenziertesten rechtsphilosophisch kritisiert hatte, ging nach Binders Tod nicht mehr auf die Kritik an seinem Lehrer ein, dessen „absoluten Idealismus“ er 1936 in Teilen „ohne weiteres als unrichtig” bezeichnet hatte und hielt fest, dass der „Aufschwung, den die deutsche Rechtsphilosophie“ mit dem „endgültigen Untergang“ des Rechtspositivismus genommen hätte, „mit dem Namen *Julius Binders* für immer und unlöslich verbunden bleiben“ werde.[975] Sein letztes großes Werk *Philosophie der Rechtsgeschichte* aus dem Jahr 1950 widmete Dulckeit schließlich auch Binder, um „den Dank aus[zu]drücken, den ich meinem Lehrer und väterlichen Freunde schulde“. Diese Dankesschuld sei dadurch, „dass in unseren philosophischen Auffassungen schließlich tiefgreifende Unterschiede zutagegetreten waren, um nichts geringer geworden“.[976]

Lüben Dikoff schrieb in seinem Nachruf auf Binder, dass dieser ihm „nur einige Monate vor seinem unerwarteten Tode“ gesagt habe, „dass er mit einem zufrieden sei, und zwar damit, dass seine Schüler ihn übertroffen hätten“.[977]

---

972 *Larenz*, Brief an Dulckeit vom 5. Februar 1938, NSUG Cod. Ms. Dulckeit 5.

973 Vgl. *Larenz*, Julius Binder †, S. 646.

974 *Larenz*, Rechtswahrer und Philosoph, S. 11.

975 *Dulckeit*, Das Recht in Geschichte und Gegenwart, 1941, S. 3. Zu Dulckeits Kritik an Binder vgl. Kapitel 6 Abschnitt III.

976 *Dulckeit*, Philosophie der Rechtsgeschichte. Die Grundgestalten des Rechtsbegriffs in seiner historischen Entwicklung, 1950, S. 8.

977 *Dikoff*, Julius Binder †, S. 423.

Spätestens mit dem Tode Binders erreichte die Existenz der Göttinger Schule schließlich auch ihr Ende. Busse hatte sich schon Jahre zuvor von der Rechtsphilosophie verabschiedet. Larenz hatte in Kiel zumindest seine unbedingte Anhängerschaft Hegels aufgegeben. Lediglich Dulckeit war es Ende der 1930er und Anfang der 1940er Jahre noch, der als einziger aktiver Repräsentant der ehemaligen Göttinger Hegel-Schule zurückblieb. Diese hatte jedoch als akademisch wirkende Schule des juristischen Neuhegelianismus zu diesem Zeitpunkt aufgehört zu existieren.

Larenz schilderte später, dass er sich Anfang Mai 1940 in Weimar im „Elefanten“[978] u.a. mit Michaelis, Glockner und anderen in einer „privaten Gesprächsrunde“ über „Themen der Hegelinterpretation“ gesprochen habe, in die „wie eine Bombe die Nachricht vom Angriff der deutschen Truppen im Westen“ geplatzt sei. Die Realität habe die Runde eingeholt und dies sei „in kurzen Worten, die Geschichte vom Ende des Neuhegelianismus in der Zeit des Nationalsozialismus“.[979] Die Erinnerung Larenz' ist insofern aufschlussreich, als dieser offensichtlich davon ausging, dass trotz der Auseinandersetzungen zwischen Binder und seinen Schülern seit der Mitte der 1930er Jahre der Neuhegelianismus als philosophische Strömung weiter bestand, diese jedoch spätestens 1940 durch andere Ansätze und vor allem den philosophiefeindlichen Zwang des Zeitgeistes überlagert worden sei.[980] Auch Dulckeit ging von der Unzuträglichkeit des Zeitgeistes für die Philosophie aus. Er hatte bereits im September 1938 an Binder geschrieben: „In diesen Tagen voller Aufregung und voller Entscheidungen hängt man so oft es geht natürlich am Radio, und für ruhige Kontemplationen ist die Zeit auch nicht geeignet“.[981] Binder schrieb zur selben Zeit nach seiner Übersiedelung von Göttingen nach Gauting von der „politischen Hochspannung, die mich so zwingend wie in früheren Jahren in ihren Bann gezogen hat und nicht zur Ruhe kommen lässt“. In der Gautinger Ruhe „könnte ich selbst Ruhe und Vergessen finden, wenn nicht die unheimliche Ruhe vor dem kommenden Sturm mich ständig in Unruhe hielte“.[982] Wenige Tage nach seinem Tod begann tatsächlich der Krieg und von einem neuhegelianischen Impetus der Rechtsphilosophie durch die ehemalige Göttinger Schule kann nicht mehr gesprochen werden.

---

978 Wohl das Weimarer Traditionshotel Elephant.

979 *Dreier*, Karl Larenz über seine Haltung im „Dritten Reich“, S. 456 f.

980 Freilich wollte Larenz das rechtsphilosophische Wirken auch nach 1940 nicht völlig aufgeben. So schreibt er in einem Brief vom 23. Januar 1942 an Erik Wolf, zitiert nach *Hausmann*, „Deutsche Geisteswissenschaft“ im Zweiten Weltkrieg, S. 235, dass eine rechtsphilosophische Tagung „nicht in die ernste gegenwärtige Zeit“ passe, er jedoch „ein Philosophentreffen im kleinen Kreise, wie wir es 1940 in Weimar hatten“ und gegenwärtig erneut von Glockner vorbereitet werde, für fruchtbarer halte.

981 *Dulckeit*, Brief an Binder vom 18. September 1938, NSUG Cod. Ms. Dulckeit 1.

982 *Binder*, Brief an Dulckeit vom 24. September 1938, NSUG Cod. Ms. Dulckeit 1.

Kapitel 7: Die Göttinger Schule und der Nationalsozialismus

Die Analyse der Publikationen der Göttinger Schule nach der „Machtergreifung" der Nationalsozialisten im Jahr 1933 zeigt eine aktive Beschäftigung aller Beteiligten mit der aufkommenden Ideologie. Sicherlich lag bereits dem Göttinger Neuhegelianismus vor 1933 durch seine gemeinschaftsbetonende und anti-individualistische Tendenz eine gewisse Affinität zu Teilen der Ideologie des Nationalsozialismus nicht fern und insbesondere in Anbetracht Binders harscher Kritik am demokratisch-parlamentarischen System von Weimar überrascht es nicht, dass dem neuen Regime zunächst eine geradezu enthusiastische Sympathie entgegengebracht wurde. Die „Machtergreifung" erschien den Göttinger Neuhegelianern zunächst als Möglichkeit der Verwirklichung ihrer staatsphilosophischen Konzepte. Die dogmatischen Schriften Binders, Larenz', Busses und Dulckeits im Bereich des Staatsrechts, Zivilrechts und der Methodenlehre sind vor allem in den ersten Jahren nach 1933, selbst in ihren rechtsphilosophischen auf Hegel bezogenen Gedankengängen, teilweise unverhohlen nationalsozialistisch konnotiert. So stellte Ryffel im Jahr 1944 fest, dass der Neuhegelianismus vor allem Binders und Larenz' die philosophische Grundlage der nationalsozialistischen und völkischen Rechtsauffassung liefern wollte, dabei jedoch der objektive Idealismus zumindest Larenz' nicht nur von der „liberalen Hegeldeutung" abrückte, sondern „weitgehend auch von Hegel selbst".[983]

Durch diese Verquickung von nationalsozialistischen und neuhegelianischen Gedanken ergibt sich die Schwierigkeit, zwischen der auf Hegel begründeten Rechtsphilosophie auf der einen Seite und ihrer Einkleidung in nationalsozialistische Semantik andererseits zu differenzieren. Eine trennscharfe Unterscheidung zwischen Neuhegelianismus (der Göttinger Schule) und Nationalsozialismus ist aber auch deshalb nicht sinnvoll, weil sich die Autoren nachgerade bemühen, Hegel als Wegbereiter des Nationalsozialismus ins Feld zu führen.

Dikoff sprach im Jahr 1937 den „Streit über den ideengeschichtlichen Zusammenhang des Nationalsozialismus mit den früheren sozial-philosophischen Lehren" in Deutschland an. Während sich manche auf Fichte, Nietzsche oder sogar Bergson bezogen hätten, sei es für ihn „unzweifelhaft, dass die idealistische Philosophie von Hegel in ihrer lichthellen Klarheit, zu der sie von Binder und weiterhin von Karl Larenz gebracht worden ist, die einzig mögliche sozialphilosophische Grundlage des Nationalsozialismus" sei.[984] Karl Engisch kommentierte diese Verbrämung von Hegelschem und nationalsozialistischem Gedankengut in einer Rezension von Larenz' programmatischer Abhandlung *Deutsche Rechtserneuerung und Rechtsphilosophie* aus

983 *Ryffel*, Das Naturrecht, Ein Beitrag zu seiner Kritik und Rechtfertigung vom Standpunkt grundsätzlicher Philosophie, Diss. Bern 1944, S. 96 ff, 152 f. Fn. 171.

984 *Dikow [Dikoff]*, Die Neugestaltung des Deutschen Bürgerlichen Rechts, 1937, S. 14.

dem Jahr 1934: „Ihm [Larenz] erscheint – auch wenn er es selbst so nicht sagt – die nationalsozialistische Rechtsform recht eigentlich als die Erfüllung der Hegelschen Rechts- und Staatsphilosophie".[985]

Trotz aller übereinstimmender Euphorie hinsichtlich der „Machtergreifung" waren sich Binder, Larenz, Busse und Dulckeit jedoch keinesfalls einig, wie sie auf die geänderten Herausforderungen des Zeitgeists regieren sollten. So schrieb Dulckeit im Jahr 1938:

> „Der geistige Umbruch der Gegenwart hat naturgemäß auch unsere Stellung zur Philosophie des deutschen Idealismus erneut in Frage gestellt. Selbstverständlich darf es wie ehedem als von vornherein feststehend gelten, dass man ein vergangenes System nicht einfach und schlechthin übernehmen könnte, weil es als solches eben zunächst nur seine eigene Zeit begreifen und gestalten wollte. Es kann sich vielmehr stets nur um Aufnahme und Fortentwicklung des substantiell Bleibenden handeln. Aber gerade in der Bestimmung dessen, was sich aus dem Bereiche der deutschen Philosophie auch für unsere Gegenwart bewährt hat und darum zu bewahren ist, gehen die Auffassungen weit auseinander."[986]

Entsprechend unterschiedlich positionierten sich Binder, Larenz, Busse und Dulckeit zu dem aufkommenden Nationalsozialismus. Freilich bestand bei allen zunächst eine grundsätzliche Zustimmung zu dem staatlichen und gesellschaftlichen Umbruch. Darüber hinaus sahen zunächst alle den Neuhegelianismus als Rechtsphilosophie an, die dem Nationalsozialismus zumindest affin ist. Wie sich die Angehörigen der Göttinger Schule jedoch zunehmend differenziert positionierten, soll im Folgenden beschrieben werden.

I. Die „Machtergreifung" als Erfüllung Binders staatsphilosophischer Vorstellungen?

Getragen vom Pathos der politischen Erneuerung, den Binder dem neuen Regime zunächst entgegenbrachte, feierte er in seiner Schrift *Der deutsche Volksstaat* aus dem Jahr 1934[987] den Gedanken, dass der Einzelne nun „lebendiges Glied seines Volkes" sei und das Volk die „Lebenseinheit, die im Staate in die Erscheinung tritt".[988] Diese Einheit von Individuum und Gemeinschaft sei der

> „Zusammenhang zwischen den Generationen und Familien, der durch die Ehe, Zeugung und Geburt vermittelt wird, ein auf der natürlichen Grundlage von Blut und Verwandtschaft in horizontaler und vertikaler Gliederung als Einheit gefühlter und begriffener

985 *Engisch*, Rezension von Larenz, Deutsche Rechtserneuerung und Rechtsphilosophie, Archiv für die civilistische Praxis, Bd. 140, 1935, S. 103.
986 *Dulckeit*, System und Geschichte in Hegels Philosophie, S. 25.
987 Die Schrift ist nicht identisch mit dem gleichlautenden Titel von 1930.
988 *Binder*, Der deutsche Volksstaat, S. 32.

> Zusammenhang von Menschen einer Rasse, eines Stammes, eines Blutes, der in einem bestimmten, von ihm in Besitz genommenen und erhaltenen Gebiete lebt und wirkt."[989]

Das Volk sei der Staat als „organische Gliederung in der Form des Rechts". In Gestalt dieser „rechtlich geformte Wirklichkeit" sei es „Einheit des Willens der Volksgemeinschaft zu geistiger, sittlicher, politischer Wirksamkeit und Geltung".[990] Dabei gründeten nicht die Individuen den Staat um ihrer Interessen willen, sondern würden, so wie sie „ihrer Rasse und ihrem Volk mit Notwendigkeit" angehörten, in Volksgemeinschaft, Recht und Staat hineingeboren. Dieser existenzielle Zusammenhang bedinge ihre „*Gesittung* und ihr Wissen von dem Rechte dieses Gemeinschaftslebens, dessen Daseinsform der Staat ist, ihre *Sittlichkeit*".[991] Obwohl Binder damit nach wie vor Hegelsche Begriffe für die Begründung seiner Staatsphilosophie verwandte, emanzipierten sich seine Begründungsmuster von dem strengen Verständnis im Hegelschen Sinne. Hegelsche Topoi wurden zunehmend mit „völkischen" Formulierungen vermengt. So habe sich der deutsche Geist in dem nationalsozialistischen Volksstaat selbst verwirklicht, nachdem er „aus der Nacht des Wahns und der Selbstentfremdung" erwacht sei.[992]

Enthusiastisch propagierte Binder im Jahr 1934 den nationalsozialistischen Staat als ideale Verwirklichung des Volksstaatsprinzips:

> „Im Staate Adolf Hitlers ist die Einheit des Volkes aufgelöst in verschiedene tatsächlich vorhandene oder vorgefundene, nicht erst zu schaffende oder wieder zu schaffende Lebens- und Berufsstände, die alle diejenigen Menschen zur Einheit zusammenfügt, die miteinander durch Einheit des Berufes und damit zu gemeinsamer Teilnahme am Gemeinschaftsleben der Nation verbunden sind. [...] Diese Pfeiler ständischer Gliederung bilden die Grundlage des Staates; sie tragen als das starke, krönende Gesims die NSDAP. als die eigentliche Führerschicht, als den Stand der Kämpfer und Eroberer, der sich des Reichs von Weimar und in ihm der deutschen Nation bemächtigt hat und aus dem der Führer seine Unterführer, die Männer seines Vertrauens kiest, die die besonderen Aufgaben der Politik und Staatsverwaltung in besonderen Zweigen zu erfüllen haben; und über allen die Person des Staatsgründers und Führers, in dem dieser vielfach gegliederte Bau seinen Abschluss ein seine Einheit findet, in dem der Wille des Volkes zu Dasein und Wirksamkeit Wahrheit wird."[993]

Gleichwohl gesteht Binder ein, dass er sein Lob des nationalsozialistischen politischen Systems noch auf recht unsicherer normativer Grundlage bilde, da die Theorie der nationalsozialistischen Herrschaft lediglich auf den Werken Hitlers und Rosenbergs *Mein Kampf* und *Der Mythus des 20. Jahrhunderts* sowie auf den politischen

989 *Binder*, a. a. O., S. 19.
990 *Binder*, a. a. O., S. 32.
991 *Binder*, a. a. O., S. 20.
992 Vgl. *Binder*, a. a. O., S. 5.
993 *Binder*, a. a. O., S. 30 f.

Reden Hitlers basierten. Es sei jedem bekannt, dass das „Werk der Staatsneugründung" noch nicht vollendet sei.[994] Er merkt daher an:

> „Ob daher das Dritte Reich ein wirklicher Gemeinschaftsstaat werden wird, hängt davon ab, ob das deutsche Volk nach einer so langen Zeit individualistischer Verkümmerung noch imstande ist, sein Gemeinschaftsbewusstsein wiederzufinden, und ob der Staat es in ihm wieder erwecken kann. Gewisse Schlagworte, wie das oft gehörte ‚Gemeinnutz geht vor Eigennutz', das übrigens nicht der Gedankenwelt des Nationalsozialismus entstammt, sondern älter als dieser ist, gehören jedenfalls der Begriffswelt des aufklärerischen Individualismus an, wie auch das ‚Gemeinwohl', das ‚größte Glück der größten Zahl' u.a.m. Nach der richtig verstandenen universalistischen Theorie, wie sie hier vertreten wird, hat der Staat überhaupt nicht für irgendein ‚Wohl' zu sorgen, das immer, auch als das allgemeine Wohl, Individualwohl sein wird, sondern das Leben im Staate, als die staatliche Gemeinschaft, *ist* dieses allgemeine Wohl, ist, wie Hegel sagt, das *Gute* schlechthin. Dieses Bewusstsein der Nation zu erwecken ist die Aufgabe der Staatspädagogik. Aber es gehört dazu, dass der Staat das Gute *realisiert*."[995]

Aus dieser Äußerung Binders wird deutlich, wie er sein anfängliches nationalsozialistisches Engagement in seine von Hegel geprägte vorliegende Gedankenwelt einfügte. Nationalsozialistische Inhalte wurden in den vorhandenen Bestand der Philosophie integriert und das „Dritte Reich" erschien Binder als die Verwirklichung seiner staatsphilosophischen Bestrebungen im Gegensatz zu dem als „unwahr" empfundenen Staat von Weimar. Dabei instrumentalisierte Binder Hegel insofern, als er dessen Philosophie in einen für ihn nicht nur passenden, sondern geradezu folgerichtig scheinenden Zusammenhang zum Nationalsozialismus setzte. So schreibt er im Jahr 1936:

> „[...] der Idealismus, und er allein, ist imstande, alle die Probleme, die durch den Individualismus und Liberalismus in der politischen Sphäre gestellt worden sind, zu lösen – zu lösen, wie wir sagen können, in eben der Weise, in der der bewusste Wille des Dritten Reichs der Deutschen sie praktisch gelöst hat. Und so erscheint uns der Begründer des Idealismus, Hegel, zugleich als ein Vorläufer und Verkünder dieses Dritten Reichs, obwohl er als ein Sohn seiner Zeit von den Problemen praktischer Staatspolitik, die die Gegenwart erfüllen, natürlich nichts hat ahnen können."[996]

Im Jahr 1937 schrieb er, dass das Verhältnis Hegels „zu dem Geist, der in diesem dritten Reich Gestalt gewonnen" habe, das „eigentliche Thema" seiner Ausführungen bildete.[997] Binder verwandte seinen Hegelianismus bzw. „absoluten Idealismus" zur Rechtfertigung des entstehenden nationalsozialistischen Regimes, das sich erklärtermaßen von dem System von Weimar abhob. So schrieb Binder am Schluss seiner

994 *Binder*, a. a. O., S. 28.
995 *Binder*, a. a. O., S. 33 f. Fn. 1.
996 *Binder*, Philosophie und Staat, S. 189. Vgl. auch *Binder*, Rechtsphilosophie als Lebensphilosophie, S. 400 f.
997 *Binder*, Hegel und der neue Geist, S. 251.

staatsphilosophischen Schrift *Der Idealismus als Grundlage der Staatsphilosophie* im Jahr 1935:

> „Ich habe mit diesen Ausführungen nur den Zweck verfolgt, den Staat, den wir das ‚Dritte Reich' nennen, dem Verständnis der Menschen näherzubringen, ihnen zu zeigen, dass er nicht ein Monstrum ist, das als bloße Gewalt über eine Herde unfrei gewordener Menschen zu betrachten wäre, sondern dass er trotz seiner Autorität, mit der er die Totalität des Lebens seiner Bürger zu beherrschen für sich in Anspruch nimmt, dem Begriff des Staates entspricht und wie der Staat überhaupt, nicht Unfreiheit oder Zwang, sondern verwirklichte Freiheit ist. [...] Alles was ich wollte, war, dem Leser den Staat, der jetzt die Lebensform der deutschen Nation ist, als wirklichen Staat, d.h. als die deutsche Erscheinungform des Staates und des Freiheitsbewusstseins begreiflich zu machen und zu zeigen, warum *wir* in diesem Staat unsere Rettung und unsere Zukunft erblicken."[998]

II. Binders Vorbehalte gegen den Nationalsozialismus

Trotz der anfängliches Begeisterung Binders für die „Machtergreifung" darf nicht übersehen werden, dass Binder schon relativ bald ein sehr differenziertes Bild von den neuen Machthabern gewann. Im Gegensatz zu Larenz äußerte er dies auch in seinen Schriften. Mithin wäre eine pauschale Qualifizierung Binders, als einen den Nationalsozialismus vorbehaltlos unterstützenden Rechtsphilosophen, wenig sachgerecht. Dagegen kann jedoch auch eine Einordnung Binders als eigenwilligen, jedoch gegenüber dem Nationalsozialismus letztlich immunen Juristen – wie es Larenz später versuchte – ebenfalls kaum treffend sein. So legt Larenz im Jahr 1955 der „heutige[n] deutsche[n] Rechtswissenschaft, die den Positivismus überwunden zu haben meint" nahe, sich an Binder zu erinnern, schließlich habe dieser „in einer Zeit, als nahezu alle deutschen Juristen davon überzeugt waren, dass *jedes* von dem Inhaber der Staatsgewalt formrichtig erlassene Gesetz ohne Rücksicht auf seinen Inhalt ‚Recht' sei, das Gegenteil gelehrt: der Inhalt des Gesetzes sei nur dann ‚Recht' und verbindlich, wenn er ‚als dem entwickelten Begriff des Rechts entsprechend, als realisierter Begriff des Rechts begriffen werden kann'".[999] Larenz zitiert dabei Binders Schrift *Grundlegung zur Rechtsphilosophie* aus dem Jahr 1935[1000] und übergeht geflissentlich seine eigenen zu dieser Zeit geäußerten Ansichten. So weist er auch nicht darauf hin, dass das Binder-Zitat aus einer längeren Passage stammt, in der sich Binder kritisch just mit Larenz' Verständnis der Rechtsidee auseinandersetzt.[1001]

Vor dem Hintergrund der Larenzschen Apotheosen des Führerprinzips und des uneingeschränkten „Führerwillens"[1002] ist jedoch in der Tat beachtenswert, dass Binder trotz aller unterstützenden Sympathie für den „autoritären Staat" des

998 *Binder*, Der Idealismus als Grundlage der Staatsphilosophie, S. 157 f.
999 *Larenz*, Dulckeit als Rechtsphilosoph, S. 43 Fn. 30.
1000 *Binder*, Grundlegung zur Rechtsphilosophie, S. 146.
1001 Vgl. *Binder*, a. a. O., S. 146 ff.
1002 Vgl. dazu Kapitel 7 Abschnitt IV.

Nationalsozialismus einen zumindest theoretischen Vorbehalt gegenüber dem System äußerte. So schreibt er in seiner Schrift *Der Idealismus als Grundlage der Staatsphilosophie* im Jahr 1935:

> „Denn darüber müssen wir uns klar sein: würde der Führer seine Aufgabe missverstehen, würde er seine unbedingte Autorität als die Freiheit schrankenloser Willkür auffassen, sein heiliges Amt als Despot missbrauchen, so würde er damit die Einheit, die wesentlich zwischen Führer und Geführten besteht, die Einheit des staatlichen und nationalen Willens zerreißen, sein Amt entehren und den Staat vernichten."[1003]

Gleichzeitig schwächt er diesen theoretischen Vorbehalt ein, indem er die Person Hitler darüber erhaben sieht:

> „Und es gibt offenbar Menschen in Deutschland und außerhalb, die die Autorität des Führers in dieser Weise missverstehen und fürchten. Die Person des Staatsgründers aber, Adolf Hitler, in ihrer Schlichtheit und Selbstlosigkeit, in ihrer unermüdlichen Hingabe an sein Volk und seinen Staat, gibt uns die Gewähr, dass er die Idee des Führertums begriffen hat und nichts sein will als die Verkörperung seiner Nation, ihres Gemeinschaftswillens, des Willens zur Freiheit und zur Geltung."[1004]

In seiner grundsätzlich den nationalsozialistischen „Volksstaat" bejahenden Schrift von 1934 *Der deutsche Volksstaat* weist Binder überdies darauf hin, dass seine antiparlamentaristischen und antiliberalistischen Bestrebungen älter als die nationalsozialistische Bewegung seien.[1005] Damit grenzt er sich zunächst sehr vorsichtig von der nationalsozialistischen Bewegung ab. In seiner Schrift *Grundlegung zur Rechtsphilosophie* aus dem Jahr 1935 übt Binder hingegen bereits dezidierte Kritik an der Philosophie- und Wissenschaftsfeindlichkeit und der „Ungunst der Zeit" sowie dem „unphilosophischen Geist, der mehr als je die Gemüter beherrscht und es dem wirklichen philosophischen Geist schwerer als je macht, sich durchzusetzen". Er kritisiert, dass die Gegenwart auf dem „Standpunkt des ‚sic volo sic iubeo, stat pro ratione voluntas'" stehe und den Willen der Wissenschaft zur Objektivität diffamiere. Freilich sei es nicht Hitler, der die Objektivität bekämpfe – er bekämpfe nur die *falsch verstandene* Objektivität – sondern die „deutsche Jugend", die sich „mit der Kraft ihrer Ellenbogen Platz zu schaffen sucht für die neue Welt, die sie erschaffen will und das geistige Gebäude, das die alte und jüngste Vergangenheit in der Arbeit der Jahrhunderte errichtet hat, niederzureißen sucht, um in dem Feuer ihres Radikalismus das unerhört Neue an seine Stelle zu setzen".[1006] In der 1939 erscheinenden Rezensionsabhandlung *Rechtsphilosophie als Lebensphilosophie* spricht Binder schließlich von der Gegenwart, „die das Streben nach objektiver Erkenntnis gering achtet und ihr die ‚Lehre' im Sinne einer von einem ‚Meister' oder ‚Führer' *diktierten*

1003 *Binder*, Der Idealismus als Grundlage der Staatsphilosophie, S. 157.
1004 *Binder*, a. a. O., S. 157.
1005 Vgl. *Binder*, Der deutsche Volksstaat, S. 27.
1006 *Binder*, Grundlegung zur Rechtsphilosophie, S. IV f.

Auffassung, der der Akoluth *zu folgen hat,* vorzieht. Die Gegenwart, nicht nur die politische, ist insofern ‚voluntaristisch', nicht ‚intellektualistisch', eingestellt".[1007]

Seine eigene Aufgabe sieht Binder im Jahr 1936 darin, „die Gültigkeit des Hitlerreichs und seiner teils neu geschaffenen teils erst werdenden Rechtsordnung zu prüfen und zu erkennen".[1008] In dem *opus magnum* seines „absoluten Idealismus", *System der Rechtsphilosophie* aus dem Jahr 1937, hinterfragt Binder allerdings sehr deutlich die Larenzsche Auffassung, dass der Führerbefehl keiner richterlichen Kontrolle unterliegen könnte. In einem eigene Abschnitt über „Das Staatsunrecht" untersucht Binder unter anderem die Auffassung, „dass der subjektive Wille des Führers Ausdruck des Rechts schlechthin sei, dass also der Staat als der Führer schlechthin nicht Unrecht tun könne, womit dieser Wille zum schlechthin bindenden Gesetz für alle Glieder dieses Staates erhoben wäre". Binder verneint diese Auffassung, da sonst

> „das Prinzip ‚l'état c'est moi' oder ‚rex est populus', seine fröhliche Wiederauferstehung gefunden haben und, wie es scheint, aus dem Staat des Führers und der Geführten, aus dem Staate der Volksgemeinschaft ein Staat der abstrakten Obrigkeit, des absoluten abstrakten Staatswillens oder sogar der verneinten Einzelpersönlichkeit der Staatsgenossen, und d.h. in der Sache: ein Staat des Bolschewismus geworden sein [würde]."[1009]

Hatte Binder in seiner Schrift *Der Idealismus als Grundlage der Staatsphilosophie* im Jahr 1935 die Person Adolf Hitler noch von der Möglichkeit der menschlichen Fehlbarkeit ausgenommen, so wird Binder nun wesentlich vorsichtiger. Werde die Auffassung, dass das Recht dasjenige sei, was der Führer wolle, so verstanden, „wie es heute allzuoft geschieht, nämlich auf jede beliebige Willensäußerung des empirischen besonderen Subjekts bezogen, das die Stellung des Staatsoberhaupts bekleidet, so ist sie freilich nicht wohl haltbar". Schließlich bestehe der Staat

> „aus Menschen, und menschliches Denken und Wollen belebt die staatlichen Organe. Menschen aber sind dem Irrtum unterworfen und werden nicht durch die reine praktische Vernunft, und d.h. hier durch den nach Realisation verlangenden Begriff des Staates, sondern auch durch Triebe und Leidenschaften bestimmt und wären das nicht was sie sind, wenn dies anders wäre."

Binder zieht im Unterschied zu seiner Aussage in *Der Idealismus als Grundlage der Staatsphilosophie* die Möglichkeit in Betracht,

> „dass die Träger des absoluten Staatswillens sich in ihren Entschlüssen und Handlungen statt durch die objektiven Notwendigkeit des Staates, und d.h. hier der Volksgemeinschaft, durch subjektive Neigungen, Leidenschaften und Vorstellungen bestimmen lassen, falschen Ratschlägen und boshaften Einflüsterungen unterliegen und dadurch in

1007 *Binder*, Rechtsphilosophie als Lebensphilosophie, S. 381 Fn. 2.
1008 *Binder*, Philosophie und Staat, S. 179 Fn. 12.
1009 *Binder*, System der Rechtsphilosophie, S. 252.

ihrer politischen Tätigkeit nicht den Begriff des Staates realisieren, sondern vielmehr gegen ihn und d.h. eben: gegen das Recht handeln."[1010]

Gleichwohl stellt Binder fest, dass der Wille des Führers soweit er sich in den „durch den Begriff des Rechts und des Staates ihm gezogene Grenzen" halte, „schlechthin verbindlich für die Staatsgenossen" sei.[1011] Mithin befürwortet zwar Binder nach wie vor den Führerstaat, geht jedoch davon aus, dass der Führer seine rechtlichen Kompetenzen überschreiten und rechtsmissbräuchlich handeln könnte.

Durch diese durchaus differenzierte Auseinandersetzung Binders mit dem Nationalsozialismus blieb es nicht aus, dass Binder seinerseits in das Visier verschiedener nationalsozialistischer Angriffe geriet. Insbesondere seine Äußerung zur nationalsozialistischen Weltanschauung im Vorwort seiner *Grundlegung zur Rechtsphilosophie* von 1935 brachte ihm einige Anfeindungen ein. Binder ordnet darin den Nationalsozialismus als Weltanschauung unter anderen ein, die nur denjenigen überzeugen könnte, der von vornherein gewillt sei, sich von ihr überzeugen zu lassen und sie grundsätzlich bereits teile. Die Aufgabe der Wissenschaft sei es im Gegensatz zur Weltanschauung jedoch, reine und objektive Erkenntnis zu gewinnen.[1012] Dulckeit schrieb ihm Anfang 1936 dazu:

> „Nun muss ich Ihnen doch noch etwas jedenfalls ebenso ärgerlich wie dumm Geratenes aus einem Überblick über neues Schrifttum in den NS-Monatsheften mitteilen – die Nummer und Seitenzahl habe ich mir leider nicht gemerkt. Es hat sich nun doch die Befürchtung leider bewahrheitet, dass Ihre Ausführungen über die Weltanschauung in allergröbster und böser Weise missverstanden werden würden, - ganz abgesehen von den sachlichen Einwänden, wie sie etwa von Larenz und mir vorgebracht worden sind. Da heißt es in einem Abschnitt über verbotene Bücher, dass wissenschaftliche Werke von der Zensur nicht betroffen würden. So sei z.B. Binders Grundlegung auch nicht verboten, obwohl er sich dort gegen das ‚Gerede von der Weltanschauung' wende; denn die Feinde des Nationalsozialismus auf dem Gebiet der Wissenschaft würden nicht von der Polizei, sondern von der NS-Wissenschaft selbst zu bekämpfen sein!! Natürlich wird Sie das im Grunde ebenso wenig berühren können wie damals die Kritik im Deutschen Recht;[1013] aber einfach um der Sache willen ist das doch sehr bedauerlich. Und dem naiven durch keinerlei Wissen, Vorbildung und weitere Kenntnis Ihres Buches belasteten Nationalsozialisten, der sich zudem im innersten Punkte seiner Überzeugung und seines politischen Wollens dadurch verketzert fühlt, kann man ja nicht einmal den guten Glauben absprechen. Aber wir haben uns über diese Fragen ja schon mündlich

1010 *Binder*, a. a. O., S. 253.
1011 *Binder*, a. a. O., S. 256.
1012 *Binder*, Grundlegung zur Rechtsphilosophie, S. IX.
1013 Möglicherweise bezieht sich Dulckeit auf *Larenz*, Die Wandlung des Vertragsbegriffs, in: Deutsches Recht 1935, S. 488–491.

unterhalten, und Sie wissen ja auch, dass ich nicht für zwecklose wenn auch noch so ‚begründete' Feigheit eintrete sondern nur für zweckmäßige Politik."[1014]

Binder ging in einem Brief im November 1936 auf die von Dulckeit beschriebenen Anfeindungen der nationalsozialistischen Presse gegen ihn und seine Äußerung zur nationalsozialistischen Weltanschauung ein und äußerte dabei ernsthafte Bedenken um seine persönliche Zukunft:

> „So ist schon wieder ein Artikel in der Juristenztg erschienen,[1015] in dem gegen mich, und sogar gegen die ganze ‚Binderschule' Stellung genommen wird. Und da gleichzeitig in öffentlichen Reden, vor allem unseres Reichserziehungsministers, geradezu eine Inflation von Weltanschauung zu konstatieren ist, habe ich die ernste Sorge, dass man mir schließlich auch offiziell an den Hals gehen wird. Mein Verleger meint zwar, er glaube es nicht, und wenn gegen mich doch vorgegangen werden sollte, so wäre das vermutlich für das Buch die beste Reklame, aber ich bin weniger optimistisch, zumal die parteiamtliche Prüfungskommission zum Schutz des NS Schrifttums zwei Stücke des neuen Buches eingefordert hat, um zu entscheiden, ob das Buch in die NS Bibliographie aufgenommen werden soll.[1016] Ich habe daraufhin mein Vorwort nochmals durchgesehen um umgestaltet und meinem Verleger geraten, zunächst das Vorwort vorzulegen, um festzustellen, ob es jetzt noch beanstandet werden soll."[1017]

Auch Larenz stellte des Öfteren fest, dass sich Binder mit seinen Äußerungen zur nationalsozialistischen Hochschulpolitik und Weltanschauung nicht unbedingt als im nationalsozialistischen Sinne zuverlässig verhalte. So kritisierte er Binders Verhalten in der Frage seiner Lehrstuhl-Nachfolge als einerseits undiplomatisch und andererseits aussichtslos. Er werde sich mit seinen Eingaben höchstens ein Partei-Ausschlussverfahren „auf den Hals" ziehen.[1018] Binder hatte bei parteiamtlichen Stellen darüber beschwert, dass sein Wunschnachfolger Dulckeit als „parteipolitisch lau" dargestellt worden war. Als Binder ihm im Frühjahr 1939, zu seinem „Entsetzen", schrieb, dass er seiner entstehenden Wissenschaftslehre allgemeine Erörterungen über reine und zweckbestimmte Wissenschaft voranstellen wollte, befürchtete Larenz, wie er in einem Brief Dulckeit gegenüber ausführte, nach dem Vorwort der *Grundlegung zur Rechtsphilosophie* erneute Kritik am Nationalsozialismus:

1014 *Dulckeit*, Brief an Binder vom 29. Januar 1936, NSUG Cod. Ms. Dulckeit 1.

1015 Es ist unklar worauf sich Binder bezieht.

1016 Die Parteiamtliche Prüfungskommission zum Schutze des NS-Schrifttums war eine von Heß 1934 gegründete Dienststelle, die über die nationalsozialistische Qualität des Schrifttums wachte. Mithin dürfte die entsprechende Aufnahme in die NS-Bibliographie eher eine Auszeichnung im nationalsozialistischen Sinne gewesen sein. Vgl. zu der Kommission *Barbian*, Literaturpolitik im „Dritten Reich", 1995, S. 298 ff.

1017 *Binder*, Brief an Dulckeit vom 16. November 1936, NSUG Cod. Ms. Dulckeit 1.

1018 *Larenz*, Schreiben an Dulckeit vom 12. Juli 1937, NSUG Cod. Ms. Dulckeit 5.

„Was das wird, ist ja klar: eine verschlimmerte Auflage des Vorworts aus der Grundlegung, eine einzige verbitterte Polemik gegen die ‚neue' deutsche Wissenschaft, so wie sie sich in Julii Augen malt, und ein mehr oder weniger versteckter Angriff gegen die Weltanschauung, eine nationalsozialistische Rechtswissenschaft, usw. *Sie müssen das verhindern!* Wie, das überlasse ich Ihrer bewährten Klugheit und Geschicklichkeit! Jedenfalls stehen Sie z.Zt. wieder am besten mit ihm, und er hat sich auch schon manche Korrektur von Ihnen gefallen lassen. Am besten Fragen Sie zunächst mal ganz harmlos nach seinen nächsten wissenschaftlichen Plänen, und dann müssen Sie ihn veranlassen, Ihnen das Manuskript vor der Drucklegung zur Durchsicht zu überlassen, natürlich nur, weil Sie ein so brennendes Interesse daran nehmen, dass Sie den Druck nicht abwarten können! Und dann müssen Sie (und Ihre Frau!) Ihre ganze diplomatische Kunst aufbieten!"[1019]

Offenbar hatte Binder Larenz gegenüber die Kieler Richtung der „neuen" Rechtswissenschaft als „revolutionär" bezeichnet, die ihre Angriffe gegen die Wissenschaft selbst gerichtet habe. Mithin fürchtete Larenz, dass Binder „wieder einmal" Gefahr laufe,

„sich ganz auf die falsche Seite zu schlagen und alles gegen sich aufzubringen, was wirklich für eine wissenschaftliche Erneuerung kämpft, dagegen aber den wirklichen Feinden der Wissenschaft und Universität Wasser auf ihre Mühlen und dem feindlichen Ausland ein Schauspiel zu liefern".[1020]

Zu der von Larenz befürchteten Publikation und neuerlichen „problematischen" Äußerungen Binders der „neuen deutschen Wissenschaft" und dem Nationalsozialismus gegenüber kam es jedoch nicht mehr. Binder starb schon wenige Monate später.

III. Larenz' Konzept der „Gliedstellung"

Larenz rechtsdogmatisches Denken änderte sich mit der „Machtergreifung" stärker als dies bei seinen Göttinger Mitstreitern festzustellen ist. Dies lässt sich insbesondere an seiner Auseinandersetzung mit der Frage der Rechtsfähigkeit vor und nach 1933 nachzeichnen. Im Jahr 1931 hatte er noch geschrieben, dass „heute beispielsweise der Satz, dass jeder Mensch rechtsfähig ist" ein „vom Gesetz als selbstverständlich vorausgesetzte[r] und deshalb nicht besonders formulierte[r]" Satz sei. Weiterhin

„bedeutet der § 1 des Bürgerlichen Gesetzbuches, der besagt, dass die Rechtsfähigkeit des Menschen mit seiner Geburt beginnt, unter der Voraussetzung der Rechtsfähigkeit jedes Menschen auch nicht viel mehr als eine Selbstverständlichkeit. So erscheint noch mancher kodifizierte und nicht kodifizierte Satz des Rechtslebens einer vernünftigen, das Wesen des Rechts bedenkenden Betrachtung als der ‚Natur der Sache' angemessen, als durch das Wesen des Rechts eindeutig geboten und daher ‚selbstverständlich'."[1021]

1019 *Larenz*, Brief an Dulckeit vom 4. April 1939, NSUG Cod. Ms. Dulckeit 5.
1020 *Larenz*, Brief an Dulckeit vom 17. April 1939, NSUG Cod. Ms. Dulckeit 5.
1021 *Larenz*, Rechts- und Staatsphilosophie der Gegenwart, 1931, S. 48 f.

Im Jahr 1935 schlägt Larenz dagegen als Neufassung des § 1 BGB vor: „Rechtsgenosse ist nur, wer Volksgenosse ist; Volksgenosse ist, wer deutschen Blutes ist."[1022] Döhring behauptet zu just dieser Neufassung des § 1 BGB: „Die spätere Pervertierung dieser Lehre ist von den Kieler Rechtslehrern kaum vorausgesehen und jedenfalls nicht gebilligt worden".[1023] Dabei bezeichnet Larenz es jedoch im Jahr 1937 als „selbstverständlich gewordene Erkenntnis", dass „eine rechte Ehe" nicht „zwischen beliebigen Individuen, sondern nur zwischen Angehörigen verwandter Rassen denkbar" sei, die „den biologischen Mindestanforderungen genügen".[1024] Überdies sei schon „ein wissenschaftliches Gespräch" mit den „Angehörige[n] einander ganz fernstehender Rassen" aufgrund des völkisch jeweils unterschiedlich bedingten Wahrheitsbegriffes „nicht mehr sinnvoll".[1025] So sei etwa Franz Rosenzweigs Buch *Hegel und der Staat* von 1920 „wenig verständnisvoll" und ein „sprechendes Beispiel für den verhängnisvollen Einfluss, den das Judentum auch auf die Interpretation Hegels auszuüben verstanden hat".[1026] Auch gibt sich Larenz im Jahr 1943 davon überzeugt, dass das Pflichtbewusstsein, zwar etwas „spezifisch Menschliches", jedoch „bei verschiedenen Rassen in verschiedener Stärke ausgeprägt" und „eine ursprüngliche, aus nichts anderem ableitbare Grundtatsache menschlicher Existenz" sei.[1027]

Auch in seiner zweiten Auflage der *Rechts und Staatsphilosophie der Gegenwart* von 1935 vertritt Larenz einen dezidiert auf die „rassische Reinheit" gestützten Standpunkt:

> „Die moderne Zivilisation bedroht die Rasse mit Entartung, den Staat mit Verfall. Entartung ist ‚die erbliche Abweichung von der Norm der Rasse'. Sie kann, da erworbene Eigenschaften sich nicht vererben, nur auf einer Verschlechterung der Erbmasse durch Aussterben guter Rassenlinien oder Vermischung mit schlechten, auf sogenannter ‚Rassenverpöbelung' beruhen."[1028]

Dabei nimmt Larenz im Jahr 1938 auch Hegel für seine Rassentheorie in Anspruch. Dieser habe in seinem Zusatz zu § 393 der *Enzyklopädie*,

> „was nur zu wenig bekannt ist, eine ausgeführte ‚Rassenseelenlehre' der Völker entwickelt, die inhaltlich gewiss der heutigen Erkenntnis nicht mehr genügt, – auch die

---

1022 *Larenz*, Rechtsperson und subjektives Recht. Zur Wandlung der Rechtsgrundbegriffe, in: Larenz u.a. (Hrsg.), Grundfragen der neuen Rechtswissenschaft, 1935, S. 241. Zustimmend *Busse*, Grundfragen der neuen Rechtswissenschaft, S. 173.

1023 *Döhring*, Geschichte der juristischen Fakultät 1665–1965, Geschichte der Christian-Albrechts-Universität Kiel 1665–1965, Bd. 3, Teil 1, 1965, S. 210.

1024 *Larenz*, Grundsätzliches zum Ehescheidungsrecht, S. 186. Zu Larenz' Befürwortung der Rechtsfolgen der „Nürnberger Gesetze" vgl. *Larenz*, Über Gegenstand und Methode des völkischen Rechtsdenkens, 1938, S. 24 ff.

1025 *Larenz*, Zur Logik des konkreten Begriffs, S. 283.

1026 *Larenz*, Hegelianismus und preußische Staatsidee, S. 65 Fn. 5.

1027 *Larenz*, Vom Problem der Rechtspflicht, Zeitschrift für deutsche Kulturphilosophie, Bd. 9, 1943, S. 81.

1028 *Larenz*, Rechts- und Staatsphilosophie der Gegenwart, 2. Auflage 1935, S. 134.

Judenfrage hat Hegel wohl noch kaum als Rassenproblem erkannt –, die aber als erster Versuch einer philosophischen Rassenlehre immerhin bemerkenswert bleibt."[1029]

Dieser „Darlegungen Hegels über die Rasse" misst Larenz – „zumal sie fast gar nicht bekannt sind" – solche Bedeutung bei, dass er im Jahr 1940 bemängelt, dass sie nicht in den Text einer Hegel-Auswahl aufgenommen worden seien.[1030]

Larenz Bemühungen um die Neufassung des § 1 BGB und seine nachfolgenden Äußerungen die von einem Rassendenken geprägt sind, illustrieren seine Bemühungen um eine Neuordnung des deutschen Rechts, dessen Bestimmung der Rechtsfähigkeit sich nicht mehr abstrakt an das Personsein knüpft, sondern auf die Volks-, bzw. „Rasse"-zugehörigkeit abstellt, weil nur die Volks- bzw. „Rasse"-gemeinschaft eine Rechtsgemeinschaft bilden könnte. Dabei lässt sich dieses Konzept bei Larenz – wenngleich ohne die rassebezogenen Implikationen – bis in die frühen 1930er Jahre zurückverfolgen, als noch kein nationalsozialistischer Einfluss festzustellen ist. So begann Larenz bereits im Jahr 1930 sein Konzept der „Gliedstellung" zu umreißen, wonach sich die Freiheit des Einzelnen „nach der Gliedstellung des Einzelnen im Ganzen, nach seiner Aufgabe und seiner Verantwortung" bemesse. Durch die „Teilhabe an der Gemeinschaft als einem organisch sich gliedernden Ganzen, in dem jedem ‚das Seine' zuteil wird", könne die staatliche Gemeinschaft nicht individualistisch oder kollektivistisch begründet werden, sondern eben nur dialektisch in

---

1029 *Larenz*, Die Bedeutung der völkischen Sitte in Hegels Staatsphilosophie, S. 135. Vgl. dazu *Hegel*, Enzyklopädie der philosophischen Wissenschaften im Grundrisse, § 393: „[...] Zusatz. Rücksichtlich der Rassenverschiedenheit der Menschen muß zuvörderst bemerkt werden, daß die bloß historische Frage, ob alle menschlichen Rassen von einem Paare oder von mehreren ausgegangen seien, uns in der Philosophie gar nichts angeht. Man hat dieser Frage eine Wichtigkeit beigelegt, weil man durch die Annahme einer Abstammung von mehreren Paaren die geistige Überlegenheit der einen Menschengattung über die andere erklären zu können glaubte, ja zu beweisen hoffte, die Menschen seien ihren geistigen Fähigkeiten nach von Natur so verschieden, daß einige wie Tiere beherrscht werden dürften. Aus der Abstammung kann aber kein Grund für die Berechtigung oder Nichtberechtigung der Menschen zur Freiheit und zur Herrschaft geschöpft werden. Der Mensch ist an sich vernünftig; darin liegt die Möglichkeit der Gleichheit des Rechtes aller Menschen, - die Nichtigkeit einer starren Unterscheidung in berechtigte und rechtlose Menschengattungen. - Der Unterschied der Menschenrassen ist noch ein natürlicher, d. h. ein zunächst die Naturseele betreffender Unterschied. Als solcher steht derselbe in Zusammenhang mit den geographischen Unterschieden des Bodens, auf welchem sich die Menschen zu großen Massen sammeln. Diese Unterschiede des Bodens sind dasjenige, was wir die Weltteile nennen. In diesen Gliederungen des Erdindividuums herrscht etwas Notwendiges, dessen nähere Auseinandersetzung in die Geographie gehört. [...]"

1030 *Larenz*, Rezension von Hegel, Volk - Staat - Geschichte, Eine Auswahl von seinen Werken. Bearbeitet und eingeleitet von Friedrich Bülow, Zeitschrift für deutsche Kulturphilosophie, Bd. 6, 1940, S. 155 f.

der organischen Identität von Individuum und Gemeinschaft.[1031] Zwar scheint das Prinzip der „Gliedstellung" in der frühen Konzeption des Jahres 1930 tatsächlich noch ein dezidiert rechtsphilosophisches Konstrukt auf der Grundlage der Gedanken Hegels gewesen zu sein, doch gewann der Gedanke spätestens im Jahr 1934 konkrete rechtsdogmatische Implikationen.

So schreibt Larenz in seiner programmatischen Schrift *Deutsche Rechtserneuerung und Rechtsphilosophie* aus dem Jahr 1934:

> „Der Grundbegriff der künftigen Privatrechtsordnung wird nicht mehr die *Person*, der abstrakt gleiche Träger von Rechten und Pflichten, sondern der *Rechtsgenosse* sein, der als Glied der Gemeinschaft eine ganz bestimmte Rechts- und Pflichtenstellung hat. Entscheidend für die Rechtsstellung des Einzelnen ist nicht mehr sein Personsein überhaupt, sondern sein konkretes Gliedsein; er ist etwa Bauer, Soldat, Geistesarbeiter – Ehegatte, Familienmitglied, Staatsdiener."[1032]

Diese Auseinandersetzung mit dem Begriff der Rechtsperson und der Rechtsfähigkeit griff Larenz in den folgenden Jahren immer wieder auf. Sie wird zum Gegenstand seines Beitrags *Rechtsperson und subjektives Recht* aus dem Jahr 1935 in dem Gemeinschaftswerk der „Kieler Schule" *Grundfragen der neuen Rechtswissenschaft*. Am Ende des Beitrags fasst Larenz in acht Thesen seine Ansicht von der Gliedstellung zusammen:

> „1. Rechtsfähigkeit bedeutet nicht die Fähigkeit zur Innehabung subjektiver Rechte, sondern die Fähigkeit zur Teilhabe am Rechtsleben der Gemeinschaft und zu bestimmten Gliedstellungen innerhalb der Volksgemeinschaft. 2. Nicht ‚jeder Mensch' ist als Person rechtsfähig, sondern nur der *Volksgenosse* als ‚Rechtsgenosse'. Der Fremde genießt als Gast eine abgeleitete und beschränkte Rechtsfähigkeit. 3. Das Rechtsgenosse-Sein des Volksgenossen und damit seine konkrete Rechtsfähigkeit ist unabtrennbar von seiner *Ehre*. Ehreminderung ist Minderung des Rechtsgenosse-Seins. 4. Der Volksgenosse ist als Rechtsgenosse nicht Träger ‚subjektiver Rechte' sondern er steht in bestimmten Rechtsstellungen und damit *im Recht*. 5. Die Rechtsstellung ist entweder Ausdruck der konkreten Gliedstellung des Volksgenossen in der Gemeinschaft oder Beteiligung an einem Rechtsverhältnis unter Volksgenossen, ohne dass aber dieser Unterschied zu einem abstrakten Gegensatz verfestigt werden dürfte. Denn auch die Rechtsverhältnisse unter Volksgenossen und solche des objektiven Rechts (der Gemeinschaft) und werden von der Gemeinschaft, nicht nur von den Interessen der Einzelnen her bestimmt. 6. Rechtsstellungen, in denen eine Gliedstellung zum Ausdruck kommt (wie die Bauernstellung oder die elterliche Gewalt), stellen eine von der Gemeinschaft übertragene Aufgabe dar; Pflicht und Befugnis sind hier dasselbe. Weder über die Rechtsstellung noch über

1031 Vgl. *Larenz*, Einführung, in: Ders. (Hrsg.), Rechtsidee und Staatsgedanke, S. VI f. Vgl. auch *Larenz*, Gemeinschaft und Rechtsstellung, Deutsche Rechtswissenschaft, Bd. 1, 1936, S. 31 ff.

1032 *Larenz*, Deutsche Rechtserneuerung und Rechtsphilosophie, 1934, S. 40.

eine einzelne Befugnis kann verfügt werden. 7. Rechtsstellungen, in denen eine Beteiligung an einem Rechtsverhältnis unter Volksgenossen zum Ausdruck kommt, begründen Pflichten und pflichtbegrenzende Berechtigungen, deren Inhalt sich jeweils konkret aus der Ordnung dieses Verhältnisses und seiner Einordnung in das Gemeinschaftsrecht ergibt und im Sinne der Lehre *Sieberts* vom ‚Rechtsmissbrauch' ein begrenzter ist. Über die Rechtsstellung oder die einzelne Berechtigung aus ihr kann innerhalb der sich aus der konkreten Ordnung ergebenden Grenzen verfügt werden. Jede Verfügungsmacht fließt aus dem objektiven Recht der Gemeinschaft, die sie den Erfordernissen des Gemeinschaftslebens entsprechend umgrenzt und zurücknehmen kann. 8. Je stärker ein Rechtsverhältnis die personenrechtliche und damit die gliedschaftliche Stellung des Volksgenossen berührt, desto mehr wird es sich in seiner Ausgestaltung den gebundenen (gliedschaftlichen) Rechtsstellungen nähern. [...]"[1033]

Trotz der gewollt ausgrenzenden Tendenz seiner Konzeption der Gliedstellung, stellt Larenz wiederholt fest, das völkische Rechtsdenken spreche,

> „was ausdrücklich betont werden muss, keinem Menschen, auch nicht dem Rassefremden, die Rechtsfähigkeit und damit die Persönlichkeit überhaupt ab. Der § 1 des BGB. bleibt insofern unberührt; aber durch die Geburt erlangt der Mensch nicht eine abstrakte ‚Rechtsfähigkeit überhaupt', sondern eine konkrete Rechtsfähigkeit (als Rassegenosse oder Rassefremder). Diese (jeweils bestimmte) Rechtsfähigkeit ist nicht eine Fähigkeit zu *irgendwelchen* Rechten, sondern zu bestimmten Rechtsstellungen; sie ist die jeweils näher bestimmte Persönlichkeitsstellung des Rechtsgenossen. An die Stelle der abstrakt-allgemeinen ‚Person' tritt so der ‚Rechtsgenosse' in seiner jeweils näher bestimmten Gliedstellung als Volksgenosse, Reichsbürger usw."[1034]

Ein Jahr später hingegen, konzipiert Larenz in seinem Beitrag *Vom Wesen der Strafe* die Aufhebung der Rechtsfähigkeit überhaupt im Konzept der Gliedstellung für den Verräter an der Volksgemeinschaft:

> „Ist aber das Rechtsgenosse-Sein, die Teilhabe am Recht etwas, das dem Menschen überhaupt entzogen werden kann, ist sie nicht vielmehr die unentziehbare *Voraussetzung* noch der Bestrafung? Kann sie dem Menschen nicht so wenig genommen werden wie sein Mensch-Sein selbst, und hat daher nicht *J. Binder* recht, wenn er meint, dass Strafen wie die Ächtung und die Friedloserklärung ‚mit der Idee des Rechts nicht im Einklang sind'*? Hierauf ist folgendes zu sagen. Rechtsgenosse ist der Mensch nicht schon als Mensch überhaupt, sondern als Glied des Volkes, in das er hineingeboren wird und dem er als sittliches Wesen verantwortlich ist. Mit seiner Zugehörigkeit zum

---

1033 *Larenz*, Rechtsperson und subjektives Recht, S. 259 f.

1034 *Larenz*, Über Gegenstand und Methode des völkischen Rechtsdenkens, S. 52 f. Vgl. auch *Larenz*, Rechtsperson und subjektives Recht, S. 241. Vgl. dagegen Binders Begriff der Person und des Rechtssubjektes Kapitel 4 Abschnitt III.

* [*Binder*,] Philosophie des Rechts, S. 665.

Volke ist seine Persönlichkeit, mit seiner Persönlichkeit die Bindung an sein Volk gegeben. Sowenig seine Zugehörigkeit zum Volke *willkürlich* begründet werden kann, so wenig kann sie willkürlich, etwa durch einseitigen Machtspruch, aufgehoben werden. Auch die Todesstrafe hebt an sich die Gemeinschaftszugehörigkeit des Schuldigen und seine Rechtspersönlichkeit nicht auf. Der Verräter *aber zerstört sie selbst*; er verneint radikal, was das Wesen seiner Persönlichkeit ausmacht. Die Möglichkeit dieser radikalen Selbstverneinung ist gewiss ein schweres metaphysisches Problem. Sie ist im Grunde doch nicht rätselhafter als die Möglichkeit der Verneinung, des Bösen, der Schuld überhaupt. Nur die Möglichkeit der Verneinung macht ja auch die freie Bejahung, die Erfüllung der eigenen Bestimmung als Aufgabe und Leistung möglich. Dass er seine Bestimmung erfüllen oder verfehlen, bejahen oder verneinen kann, darin gründet ja die Verantwortung des Menschen. Die radikale Verneinung seiner sittlichen Bestimmung, die Verneinung der Gemeinschaft nicht nur in dieser oder jener Hinsicht, sondern schlechthin, und damit des eigenen Genosse-Seins ist eine äußerste Möglichkeit menschlichen Handelns*, die, wiewohl sie darauf ausgeht, alle Verantwortung zu leugnen, den Handelnden gerade mit der schwersten, mit einer absoluten Verantwortung belastet. Durch die von ihm zu verantwortende Verneinung seiner Gemeinschaftszugehörigkeit vernichtet sich der Verräter selbst als Gemeinschaftsglied und Rechtspersönlichkeit."[1035]

Konsequenterweise sieht Larenz nach dieser Auffassung den Zweck der Todesstrafe, „die die Gemeinschaft endgültig von dem Verbrecher befreit" neben anderen Strafzwecken auch in dem Zweck der „Unschädlichmachung, der Ausmerzung des Entarteten, dem Schutze der Gemeinschaft vor der Ausbreitung der Minderwertigen". Dabei entspreche die

„Ausmerzung des Entarteten [...] durchaus der ‚gesunden', durch falsche Humanität nicht beirrten, aber auch keineswegs durch blinde Rachsucht geleiteten Volksanschauung. Sie ist ebenso notwendig für die Erhaltung der Gemeinschaft wie gerechtfertigt um der Gemeinschaft wie des Täters willen, der sein Tun zu verantworten hat."[1036]

IV. Larenz' „neues deutsches Rechtsdenken" und sein Rückgriff auf Hegel

Bei der Konzeption der Gliedstellung rekurriert Larenz gelegentlich auf Hegel und führt dessen Philosophie als richtungweisend an. So greift er die Beschäftigung Hegels mit dem Personenbegriff in den Ausführungen zum abstrakten Recht in der Rechtsphilosophie auf und führt an, dass es „gerade der Sinn der Hegelschen Rechtsphilosophie" gewesen sei, „zu zeigen, dass die Formen des abstrakten Rechts

* Vgl. auch Hegel, Rechtsphilosophie, § 5, und Zusätze dazu.

1035 *Larenz*, Vom Wesen der Strafe, S. 38 f.

1036 *Larenz*, a. a. O., S. 40.

für sich keinen Bestand haben, sondern in die konkreten Gemeinschaftsverhältnisse der Familie und des Staates übergehen müssen". Die „abstrakte Person" müsse sich zur „konkreten Gliedperson ‚aufheben'" Er rechne dabei jedoch die Konzeption des Hegelschen abstrakten Rechts „zu den heute überholten zeitbedingten Teilen seiner Rechtsphilosophie".[1037] Auch die Aufhebung des Gegensatzes von Recht und Pflicht in der „konkreten Rechtsstellung" führt Larenz auf Hegel zurück. Es handele sich bei der Vereinigung von Recht und Pflicht „um einen Grundgedanken seiner Gemeinschaftsethik".[1038] Dabei weitet Larenz sein Konzept der Gliedstellung unter Anlehnung an Georg Dahm auch auf die Straftheorie aus,[1039] indem er als das „Wesen des Unrechts die Störung der Gemeinschaft durch den Täter, die Gemeinschaftswidrigkeit" ansieht:[1040]

> „Die Strafe macht sichtbar, was das Verbrechen als Willenstat eines der Gemeinschaft verantwortlichen Täters seinem Wesen nach *ist.* Sie hebt daher die Zugehörigkeit des Täters zur Gemeinschaft auf oder schränkt sie ein. Sie ist ihrem Wesen nach *Minderung oder Vernichtung der Gliedstellung des Täters in der Gemeinschaft.*"[1041]

Gleichwohl stoße Hegel *„zu diesem konkreten Sinn des Verbrechens und der Strafe nicht vor, weil ihn die unhaltbare Konzeption des abstrakten Rechts daran hindert"*.[1042] Larenz versucht mithin, sein Konzept der Gliedstellung auf Hegel zu begründen und führt auch Hegel als angeblichen geistigen Vorläufer seiner Gedanken an, doch geht er schließlich erklärtermaßen über die Hegelsche Philosophie hinaus.

Besonders anschaulich für die Adaption der neuhegelianischen Rechtsphilosophie auf nationalsozialistische Inhalte ist Larenz' Aufsatz *Volksgeist und Recht. Zur Revision der Rechtsanschauung der historischen Schule* aus dem Jahr 1935. Larenz wendet in dieser Abhandlung Gedanken, die er vor der nationalsozialistischen „Machtergreifung" auf Hegel zurückgeführt hatte, auf nationalsozialistische Zusammenhänge an. Er kleidet seine neuhegelianische Rechtsphilosophie in nationalsozialistische Phrasen und spitzt sie erheblich zu. Freilich behauptet Larenz im Jahr 1987, er habe mit diesem Aufsatz zwar „weithin nationalsozialistisch klingende Vokabeln" gebraucht, um den Aufsatz, den Nationalsozialisten „schmackhaft" zu machen, doch sei er als Versuch gedacht gewesen, im Sinne des sog. „Ahlmann-Plans" dem Nationalsozialismus eine rechtsphilosophische Grundlage zu geben.[1043] Zwar war die Larenzsche Hegeldeutung auch vor 1933 bereits gemeinschaftsbezogen und antiindividualistisch,

1037 *Larenz*, Rechtsperson und subjektives Recht, 229. Diese Auffassung wird später von Dulckeit kritisiert, vgl. Kapitel 6 Abschnitt III.

1038 *Larenz*, a. a. O., 250, Fn. 45.

1039 Vgl. *Dahm*, Gemeinschaft und Strafrecht, 1935.

1040 *Larenz*, Vom Wesen der Strafe, S. 33.

1041 *Larenz*, a. a. O., S. 36.

1042 *Larenz*, a. a. O., S. 45.

1043 Vgl. *Dreier*, Karl Larenz über seine Haltung im „Dritten Reich", S. 456. Kritisch dazu *Jakobs*, Karl Larenz und der Nationalsozialismus, Juristenzeitung 1993, S. 812 f. Vgl. zu dem angeblichen „Ahlmann-Plan" Kapitel 7 Abschnitt V.

doch gewinnt sie nach 1933 eine ganz besondere Wendung, indem der Begriff des Blutes und der Rasse mit eingeführt wird. So definiert Larenz den Begriff des Volksgeistes in dieser Abhandlung als „geprägte Form, die durch den Blutszusammenhang weitergeben wird".[1044] Insbesondere dieser Begriff der „Volksgeistes" ist es, der aus seiner auf Hegel zurückgehenden Interpretation der Zeit vor 1933 herausgelöst wird und eine erhebliche nationalsozialistische Pointierung erfährt. Hatte Larenz in den staatsphilosophischen Schriften vor der „Machtergreifung" (insbesondere *Rechts- und Staatsphilosophie der Gegenwart* von 1931 und *Die Rechts- und Staatsphilosophie des deutschen Idealismus und ihre Gegenwartsbedeutung* von 1933) noch relativ textnah auf den Hegelschen Volksgeistbegriff zurückgegriffen, so erfährt dieser nun eine spezifische nationalsozialistische Phrasierung:

> „Menschliche Existenz ist Leben in der Gemeinschaft. Durch meine Geburt bin ich in einen bestimmten Bluts-, Geistes- und Schicksalszusammenhang hineingestellt, der mir nicht äußerlich ist, ohne den ich nicht der wäre, der ich bin. Familie, Geschlecht, Rasse, Volk, an ihnen habe ich unabhängig von meinem Willen Anteil, durch sie werde ich in meinem eigenen Wesen bestimmt. Das Leben des Einzelnen ist wohl ein in sich geschlossener Ring, zugleich aber Glied einer Kette. Ich kann von dem einen so wenig absehen wie von dem andern, von meinem Gliedsein so wenig wie von meiner Individualität (= Unteilbarkeit). Ich bin nur dieses Ich als Sohn meines Volkes.
>
> Blut und Geist sind die Pole menschlichen Daseins. Das darf nicht so verstanden werden, als ob Blut etwas ‚an sich' Ungeistiges, der Geist vom Blute unabhängig wäre. Das Gegenteil lehrt uns die Geschichte. Die geistige Form bedeutender Menschen wird nicht zuletzt durch das Erbe der Ahnen bestimmt, das ihnen das Blut vermittelt. Geistige Form wird wiederum zum Erbe, das Blut weiterträgt. Dazu gehört freilich, dass sie neu erworben wird, denn der Geist kann nicht einfach wie eine körperliche oder seelische Eigenschaft übermittelt, er muss auch neu errungen, erarbeitet, erkämpft werden. Das ist aber nur möglich, wo die blutsmäßigen Voraussetzungen gegeben sind. Blut muss zu Geist, und Geist zu Blut werden, wo ein schöpferischer Wurf gelingen soll. Aus dem Blutszusammenhange wächst die erste Erscheinung alles geistigen Lebens, die Sprache; auf ihr baut sich alle Kultur auf. Aus einer bestimmten geistigen Haltung werden Staaten, und durch sie Menschen geformt; solche Formungen – ich denke an Preußentum, Engländertum, Römertum, Faschismus und nicht zuletzt an unsern deutschen Nationalsozialismus – werden Erbe, das ‚im Blute liegt'.
>
> Blut muss Geist und Geist muss Blut werden. Das ist nur möglich wenn Blut Geist *ist*. Blut ist Geist in der Anlage, der Möglichkeit, dem Ziel nach. Geist ist blutsgebunden, solange er schöpferisch ist. Unschöpferisch geworden, innerlich haltloser Geist, ungebundener Intellekt, l'art pour l'art, ist ein Verfallsprodukt, das nicht mit echtem Geist verwechselt werden sollte. [...] Weil der Geist verfallen kann, darum muss das Blut den Geist *wagen*. Der Geist aber wird nur gewinnen, wo er sich aus dem Blute erneuert.

1044 *Larenz*, Volksgeist und Recht, S. 43.

Die Substanz des geistigen Lebens des Einzelnen ist der Volksgeist. Geistiges Leben ist so wenig nur das des einzelnen Individuums, wie die menschliche Existenz nur ‚je meine' ist. Durch Blut und Geist ist der Einzelne hineinverflochten in die Gemeinschaft seines Volkes und in engere Gemeinschaftskreise. Er ist nur er selbst *in* dieser Verflechtung, nicht außer ihr und abgesehen von ihr. Nur in der Einheit mit seiner Substanz, dem Leben, der seelischen Artung, dem geistigen Gehalt seines Volkes erfüllt er seine persönliche Bestimmung. Außer seiner Substanz existiert er nicht, sondern führt nur ein unbeständiges, wesenloses, ‚verfallendes' Dasein. Das Leben, das scheinbar nur seines ist, ist zugleich das Leben der Volksgemeinschaft, des Geschlechts, das durch ihn hindurchgeht, das in ihm einen Seinsring, ein neues Glied in der Kette ansetzt. Die geistige Form, die er in sich trägt, ist die geistige Form seines Volkes, abgewandelt und in einer besonderen, einmaligen Weise ausgeprägt, aber unverkennbar in ihren Grundzügen. Selbst der Genius, der über die bisherige geistige Form seines Volkes irgendwie hinauswächst, vermag das nur, weil und sofern sie seine – oft auch unbewusste – Grundlage ist; er bleibt ihr daher verhaftet, auch wo es ihm gelingt, sie zu erweitern oder gar umzuprägen."[1045]

Larenz' geänderte Auffassung des Rechts und der Rechtswissenschaft formuliert er in zahlreichen Publikationen ab Mitte der 1930er Jahren. Es geht im dabei vor allem um die Bekämpfung des „abstrakten" römischen Rechts und seine Ersetzung durch ein neues deutsches „Volksrecht", in dem die Entscheidung des Richters und Generalklauseln eine große Bedeutung beikommen sollte. Diese Abwendung von der klassischen römischrechtlich geprägten Rechtswissenschaft war nach der „Machtergreifung" ein geradezu modisches Schlagwort national eingestellter Juristen geworden. Dabei wurde oftmals auf Punkt 19 des Parteiprogramms der NSDAP von 1920 Bezug genommen, das den „Ersatz für das der materialistischen Weltordnung dienende römische Recht durch ein deutsches Gemeinrecht" forderte.[1046]

Was das römische Recht angeht, so hatte Larenz noch im Jahr 1932 die Aufgabe der Dogmatik des geltenden Rechts untersucht, „germanische und römische Rechtsgedanken miteinander zu einer systematischen Einheit zu verschmelzen".[1047] Im Jahr 1935 stellt er dagegen fest, dass „die Struktur des deutschen Rechts [...] nun einmal eine andere [ist] als die des römischen; sie erfordert konkrete Individualbegriffe statt abstrakter Allgemeinbegriffe". Er resümiert:

„Was wir am römischen Recht überwinden müssen, weil es unser eigenes Wesen bedroht, sind nicht so sehr einzelne Rechtssätze, die wir übernommen haben und zum Teil ohne Schaden weiter beibehalten werden, als der geistige Gesamtgehalt, den es in sich schließt, und die gedankliche Form, in der es uns überkommen ist. An der Überwindung

1045 *Larenz*, Volksgeist und Recht, S. 41 ff.

1046 Vgl. dazu und zu der entsprechenden Strömung in der Rechtswissenschaft *Landau*, Römisches Recht und deutsches Gemeinrecht, S. 11–24.

1047 *Larenz*, Zur Lehre von der Rechtsgemeinschaft, S. 108.

beider mitzuarbeiten ist heute neben der Gesetzgebung auch eine Aufgabe der deutschen Rechtswissenschaft."[1048]

Im Jahr 1934 schreibt Larenz angesichts des „Vordringen[s] allgemeiner, die festumrissenen Normen der Einzeltatbestände zurückdrängender Generalklauseln" von „einem Wendepunkt unserer Rechtsentwicklung", mit deren Hilfe „ganz neue Rechtsinstitute" entwickelt worden seien und die „die Rechtspflege auf eine höhere Stufe zu heben" vermöchten, „indem sie den Richter veranlassen, seine Ergebnisse, statt sich auf die Autorität des Paragraphen zu verlassen, an der Idee der Gerechtigkeit und an den sittlichen Maßstäben zu messen".[1049] Seit 1933 habe in Deutschland ein „tiefgreifende[r] Wandel der moralischen und rechtlichen Gesinnung" stattgefunden und die Generalklauseln hätten sich als „Einbruchsstellen neuer Rechtsauffassungen in der Rechtsanwendung bewährt", sie erfüllten „wenigstens während einer Übergangszeit die wichtige Aufgabe, dem neuen Geist auch ohne Änderung des Gesetzestextes Rechnung zu tragen". Auch schwinde durch diese Entwicklung die Gefahr der Willkür, da sich der Richter „heute auf eine in den entscheidenden Grundlagen einheitliche Rechts- und Staatsauffassung des ganzen Volkes stützen" könne. Gleichwohl könne auch der nationalsozialistische Staat nicht darauf verzichten, „den Richter an bestimmte Gesetzesnormen zu binden" und er „kann nicht daran denken, an die Stelle eines wohlgefügten Rechtssystems nur einige wenige Generalklauseln zu setzen".[1050]

Im Sinne einer mühelosen Anpassung an den „tiefgreifenden Wandel der moralischen und rechtlichen Gesinnung", legt Larenz mit einer Reihe von rechtsdogmatischen und rechtsmethodischen Schriften wie *Über Gegenstand und Methode des völkischen Rechtsdenkens* aus dem Jahr 1938 und *Die Rechtsordnung als völkische Lebensordnung* aus dem Jahr 1939 verschiedene Versuche einer Methodenlehre des „neuen Rechtsdenkens" vor, deren Definitionen von „Recht" und „Idee" Strukturen früherer neuhegelianischer Gedanken entsprechen aber mit „völkischer" und „konkret-allgemeiner Begriffsbildung" ergänzt werden. Die rechtsdogmatische Begründung des nationalsozialistischen „neuen Rechtsdenkens" auf neuhegelianischen Gedanken hat Rüthers überzeugend dargelegt,[1051] doch wird in diesen Schriften insgesamt nur noch sehr peripher Bezug direkt auf Hegel genommen.[1052] Im Übrigen distanziert sich

1048 *Larenz*, Volksgeist und Recht, S. 56.

1049 *Larenz*, Rezension von Hedemann, Die Flucht in die Generalklauseln, S. 378 f.

1050 *Larenz*, a. a. O., S. 380 f.

1051 Zur Entwicklung des „konkret-allgemeinen Begriffs" aus der Hegelschen Philosophie vgl. *Rüthers*, Entartetes Recht, S. 76 ff. Vgl. auch *Kastl*, Neuhegelianismus und Nationalsozialismus bei Karl Larenz, S. 347 ff., die nicht von einer „wirklichen Hegel-Exegese" in Larenz' Arbeiten ausgeht. Auch *Frommel*, Die Rezeption der Hermeneutik bei Karl Larenz und Josef Esser, S. 190 ff. konstatiert, dass die Relevanz der philosophischen Rechtfertigung der „Rechtserneuerung" durch den Neuhegelianismus aufgrund seiner Praxisferne nur schwer einzuschätzen sei.

1052 Vgl. kursorische Bezüge auf Hegel bei *Larenz*, Über Gegenstand und Methode des völkischen Rechtsdenkens, S. 12; 49 Fn. 15; *Larenz*, Die Rechtsordnung als völkische Lebensordnung, S. 567, 571.

Larenz im Laufe der 1930er Jahre zunehmend von der Binderschen Formulierung, dass Hegel „Vorläufer und Verkünder“ des Nationalsozialismus gewesen sei.[1053] Eine neuhegelianische Fundierung des nationalsozialistischen Rechtsdenkens bei Larenz mag daher diskutiert werden, doch liegt eine explizite Hegel-Interpretation nicht mehr vor. Aus der früheren neuhegelianischen Rechtsphilosophie hatte sich bei Larenz schleichend eine genuin nationalsozialistische „völkische“ Rechtstheorie entwickelt, die die passenden (gemeinschaftsbezogenen) Strukturen des Neuhegelianismus adaptierte und Hegel in gewissem Maße als unbewussten Vorläufer und Wegbereiter des Nationalsozialismus propagierte und ihn später zunehmend ablehnte. Eine Abgrenzung zwischen der früheren neuhegelianischen Rechtsphilosophie und der völkischen nationalsozialistischen Rechtsdogmatik bei Larenz ist nicht klar zu ziehen und wäre aufgrund der vielfältigen Verwendung Hegelscher Sprach- und Denkstrukturen wenig präzise.[1054]

Die Unergiebigkeit der Trennung zwischen explizit nationalsozialistischem und neuhegelianischem Rechtsdenken bei Larenz nach 1933 mag die frühe nationalsozialistisch beeinflusste Arbeit Larenz' *Deutsche Rechtserneuerung und Rechtsphilosophie* aus dem Jahr 1934 illustrieren, in der er einen rechtsphilosophischen Beitrag zur nationalsozialistischen Rechtserneuerung leisten will, jedoch noch explizit auf Hegel Bezug nimmt. Das Programm stellt er an den Anfang seiner Abhandlung:

> „Der nationalsozialistische Staat hat die Erneuerung unseres Rechtslebens in Angriff genommen. Ziel dieser Rechtserneuerung ist, die Kluft zwischen dem Volk und seinem Recht zu schließen, ein Recht zu schaffen, das den sittlichen Anschauungen unseres Volkes wie seinen Lebensbedürfnissen entspricht und nach Inhalt und Form ein wahrhaft *deutsches* Recht genannt werden kann.“[1055]

Er fährt fort, dass „Perioden einer geistigen Überfremdung“ der schöpferischen Kraft des Volksgeistes sein Recht verwehrt hätten, sich frei zum Ausdruck zu bringen. Für die „philosophische Erfassung des Rechts“ sei die „westliche Aufklärungsphilosophie seit Jahrhunderten der große Versucher gewesen, dem das deutsche Denken mehr als einmal unterlegen ist“.[1056] Um diese „Überfremdungserscheinungen“ zu überwinden, „müssen wir uns auf die Eigenart der deutschen Rechtsphilosophie gegenüber der Aufklärung besinnen und müssen ferner die Ansatzpunkte in der gegenwärtigen Rechtsphilosophie aufzeigen, die uns über den Positivismus

1053 Vgl. *Larenz*, Hegelianismus und preußische Staatsidee, S. 64.
1054 Vgl. zum Verhältnis der Neuhegelianismus zum nationalsozialistischen Rechtsdenken z.B. *Rüthers*, Entartetes Recht, S. 76 ff.; *Becker*, „Schritte auf einer abschüssigen Bahn“, S. 182 ff.; *Frassek*, Von der „völkischen Lebensordnung“ zum Recht; *Kastl*, Neuhegelianismus und Nationalsozialismus bei Karl Larenz; *Kokert*, Der Begriff des Typus bei Karl Larenz, S. 67 ff.
1055 *Larenz*, Deutsche Rechtserneuerung und Rechtsphilosophie, S. 3.
1056 *Larenz*, a. a. O., S. 3.

hinausführen".[1057] Unter dieser Prämisse liefert Larenz die Definition des erstrebten deutschen Rechts:

> „Recht ist nach deutscher Auffassung nicht eine Sache willkürlichen Beliebens, auch nicht nur der äußern Zweckmäßigkeit und Nützlichkeit, sondern eine mit dem sittlichen und religiösen Leben der Gemeinschaft eng verbundene Lebensordnung, die den Einzelnen mit eigenem Geltungsanspruch gegenübertritt und sie innerlich bindet."[1058]

Mit dieser Definition greift Larenz seine wiederholt geäußerte und auf Hegel gestützte Anschauung auf, „dass das Recht in seiner Wurzel auf das engste mit der Sittlichkeit zusammenhängt, und zwar mit der Sittlichkeit, die nicht Sache des einzelnen Individuums ist, sondern Lebensform der Gemeinschaft, mit Hegel zu sprechen, ‚der wirkliche Geist einer Familie eines Volkes' ist". Ein Grundzug der deutschen Rechtsphilosophie sei damit „*die Beziehung des Rechts auf eine konkrete Gemeinschaft* als seinen Träger und zugleich als seine höchste Norm".[1059] Wiederum explizit auf Hegel gestützt, nennt Larenz den Gemeinwillen, der dieser Gemeinschaft zugrunde liege, „ein selbständiges, durch natürliche und geistige Anlagen bestimmtes und sich im Wechsel der Generationen lebendig fortzeugendes Lebensganzes *mit eigenen, nicht von den Interessen der Einzelnen abgeleiteten Aufgaben und Zielen*".[1060] Indem der Einzelne im Staat „*objektiver Geist* ist, so hat das Individuum selbst nur Objektivität, Wahrheit und Sittlichkeit, als es ein Glied desselben ist". Dabei sei der Hegelsche Staat

> „nicht irgendein beliebiges sich so nennendes Gebilde, sondern der Staat als lebendiger Wille eines Volkes; der Staat, der nicht lediglich ein Gebiet verwaltet, sondern der Entfaltung der völkischen Gemeinschaft dient und als Willensorgan des Volksgeistes *Träger einer weltgeschichtlichen Aufgabe ist*."[1061]

Trotz aller Betonung der Gemeinschaft denkt Larenz dabei nicht an „eine völlige Aufhebung des Privatrechts oder gar an eine Vernichtung der Einzelpersönlichkeit", sondern gesteht das „freie Walten des Individuums" innerhalb „eines gewissen Lebensbezirkes" zu. Gleichwohl finde die dem Einzelnen „eingeräumte Freiheit" ihr Ziel und ihre Begrenzung „in seiner *Verantwortung*". Das „notwendige Gegenglied" des Gemeinschaftsgedankens sei so der Gedanke, dass das „Wesen der Persönlichkeit in ihrer Verantwortung" liege. Die Rechtsordnung erkenne, auf Hegel begründet, „die Einzelnen insoweit an, als sie sie durch ihre Verantwortung an die Gemeinschaft bindet". Wenn im Sinne dieser die Gemeinschaft betonenden Philosophie, das Recht „*seinen Ursprung und seine Geltung* der Gemeinschaft verdankt", so bedeute dies aber auch, dass der Gesetzgeber nicht nach Willkür und Belieben Recht schaffen, sondern nur dasjenige Recht zum Inhalt neuer Gesetze machen könne, das eben

1057 *Larenz*, a. a. O., S. 4.
1058 *Larenz*, a. a. O., S. 5.
1059 *Larenz*, a. a. O., S. 6.
1060 *Larenz*, a. a. O., S. 7.
1061 *Larenz*, a. a. O., S. 8.

aus der Volksgemeinschaft, dem Volksgeist, selbst stamme.[1062] Es dürfe keine „Kluft zwischen dem Volk und seinem Recht" entstehen.[1063] Gleichzeitig könne Recht nicht als „abstrakte für alle Zeiten und Völker gleich geltende Norm" erkannt werden, sondern als „Wertbewusstsein der Gemeinschaft" in der jeweiligen geschichtlichen Ausprägung.[1064] Recht sei „die *wirklich seiende Lebensform der Gemeinschaft*, eine Form, die der Gemeinschaft nicht nur von außen her gewissermaßen übergeworfen wird, sondern die von ihr gelebt wird". Folglich lebe die Gemeinschaft auch nicht *nach* ihrem Recht sondern „*in* ihrem Recht, *durch* ihr Recht und *mit* ihrem Rechte".[1065]

Hier wird deutlich, wie Larenz Hegelsche Denkkategorien des Volksgeist und des objektiven Rechts, als Ausdruck der Verwirklichung des Geistes in einer Volksgemeinschaft, mit nationalsozialistischen Phrasen vermengt. Er spricht in Hegelscher Manier davon, dass der objektive Geist „niemals dem einzelnen Individuum als solchem" angehöre, „sondern eben der Gemeinschaft als Lebensganzem" und fügt hinzu, dass der objektive Geist „darum auch immer der Geist eines *bestimmten, durch Blut und Schicksal innerlich geformten Volkes*" sei. In keinem Individuum eines Volkes sei der objektive Geist dabei ganz gegenwärtig, sondern stelle sich in jedem „in seiner besonderen Tönung" dar. Jedem Individuum sei „nach seinen besonderen rassischen und seelischen Anlagen" nur ein bestimmter Ausschnitt zugänglich.[1066] Dabei werde der Geist dem Einzelnen „durch das Blut vermittelt und bestimmt", und zwar „gewissermaßen mit Naturnotwendigkeit".[1067] Das Volk sei dabei eine „bluts- und willensmäßige Einheit", die über den Generationswechsel erhaben sei.[1068] Für den Aufbau der Gemeinschaft sei im nationalsozialistischen Staat vor allem der „*Rassengedanke*, die Einsicht in die blutsmäßige Bedingtheit des Volkstums" bestimmend.[1069] Recht sei „nicht eine äußere Lebensform, der sich der Einzelne fügt, weil ‚man' es tut" sondern „eine Form, die als Ausdruck echten Gemeinschaftsgefühls entweder dem Menschen ‚im Blute liegt' oder jedenfalls als notwendig und geboten empfunden wird".[1070]

Ein Beispiel des Unterschiedes „echter Sitte von bloßer Konvention" bilde heute etwa „die Sitte des deutschen Grußes gegenüber den konventionellen, internationalen Grußformen".[1071] Das höchste Rechtsgut sei „nicht die Freiheit oder das Wohlergehen des Einzelnen, sondern *das Volk* und *der Staat* als die Willenseinheit der durch Blut und Boden, Kultur und Geschichte geformten nationalen Gemeinschaft".[1072] Die in der Gemeinschaft sich verwirklichende „Idee ist in ihrer Konkretheit als

---

1062 *Larenz*, a. a. O., S. 8 ff.
1063 *Larenz*, a. a. O., S. 33.
1064 Vgl. *Larenz*, a. a. O., S. 18.
1065 *Larenz*, a. a. O., S. 19 f.
1066 *Larenz*, a. a. O., S. 16.
1067 *Larenz*, a. a. O., S. 23.
1068 *Larenz*, a. a. O., S. 26.
1069 *Larenz*, a. a. O., S. 39 f.
1070 *Larenz*, a. a. O., S. 20.
1071 *Larenz*, a. a. O., S. 20 f.
1072 *Larenz*, a. a. O., S. 43.

wirkliche geistige Macht völkisch und blutsmäßig bedingt; sie ist die Rechtsidee eines bestimmten Volkes". Dieser „spezifisch deutschen Rechtsidee" misst Larenz gar weltgeschichtliche Bedeutung bei, denn er glaube, „dass die deutsche Rechtsidee für die nächste geschichtliche Epoche dazu bestimmt ist, die der Französischen Revolution abzulösen".[1073] Vor dem Hintergrund der „Bindung der Staatsgewalt an die konkrete Rechtsidee ihres Volkes" aus dem „germanischen Gedanken des Rechts-, besser Gerechtigkeitsstaates" wirft Larenz die Frage nach dem richterlichen Recht der Nachprüfung des Gesetzes auf seine „Vereinbarkeit mit dem völkischen Rechtsideal" auf. Im „Führerstaat" bestehe hinsichtlich der auf den „Führer" zurückgehenden Gesetze keine Notwendigkeit für ein solches richterliches Prüfungsrecht:

> „denn es ist die Idee des Führers, dass in ihm *die Einheit von Volkswille und Staatswille* ihren sichtbarsten Repräsentanten und Bürgen hat. Niemand anders als der Führer kann daher die letzte Entscheidung darüber fällen, ob eine bestimmte Regelung gelten soll. Ihm gegenüber bedarf es keiner Garantie für die Wahrung der Gerechtigkeit, da er kraft seines Führertums der ‚Hüter der Verfassung', und d.h. hier: *der ungeschriebenen konkreten Rechtsidee seines Volkes* ist. Ein auf seinen Willen zurückgehendes Gesetz unterliegt daher keiner richterlichen Nachprüfung."[1074]

Larenz schießt sein programmatisches Werk schließlich in einer pointierten Synthese seiner auf Hegel gestützten Rechts- und Staatstheorie der dialektischen Identität von Individuum und Gemeinschaft („Gliedstellung") und dem nationalsozialistischen uneingeschränkten „Führerprinzip":

> „Die Gedanken der Gemeinschaft und der Verantwortung durchdringen sich auch in dem das öffentliche Recht des nationalsozialistischen Staates beherrschenden *Führerprinzip.* Nicht eine verantwortungslose Mehrheit, der Zufall der Anstimmung oder das trügerische Gleichgewicht sich widerstrebender Kräfte, sondern *eine* Persönlichkeit, der Führer, verkörpert an der entscheidenden Stelle den Willen der Gesamtheit. Auf ihm ruht alle Verantwortung um die Gemeinschaft, ihm ist jeder verantwortlich, der als Glied oder Organ der Gemeinschaft tätig wird. Diese Fülle der Verantwortung, die auf ihm ruht, kann er nur tragen, weil er in keiner Weise mehr von der Gemeinschaft getrennt ist und ihr entgegengesetzt werden kann. Jene relative Selbständigkeit des Einzelnen gegenüber der Gesamtheit [...] ist im Führer aufgehoben. Er gehorcht nicht einer an ihn gerichteten Norm, sondern dem Lebensgesetz der Gemeinschaft, das *in ihm* Fleisch und Blut gewonnen hat. Sein Wille ist mit dem der Gemeinschaft eins, weil in ihm der Privatmann völlig ausgelöscht ist und er nichts anderes als das Gemeininteresse will. Ihm ist alle Verantwortung anvertraut, denn für ihn und durch ihn ist die Gemeinschaft lebendigste Wirklichkeit."[1075]

1073 *Larenz*, a. a. O., S. 38.
1074 *Larenz*, a. a. O., S. 34.
1075 *Larenz*, a. a. O., S. 43 f.

Sieht Larenz im Jahr 1934 in der Schrift *Deutsche Rechtserneuerung und Rechtsphilosophie* noch keine Notwendigkeit und Möglichkeit den „Führerwillen" richterlich zu überprüfen, so stellt er in seiner Abhandlung *Sittlichkeit und Recht* im Jahr 1943 freilich fest: „Wo Macht ist, da kann sie vom Einzelnen missbraucht werden, und die Blätter der Geschichte sind vom Missbrauch der Staatsmacht voll. Die Macht *kann* das Recht beugen oder brechen, sie kann es auch verfälschen oder missbrauchen". Larenz stellt jedoch fest, dass die Macht als solche „nichts Außerrechtliches oder der objektiven Sittlichkeit Entgegenstehendes" sei. Als „die vom Gemeinwillen der Glieder getragene innere und äußere Macht des Ganzen" sei sie sogar „selbst das Ergebnis der objektiven Sittlichkeit".[1076] Mithin erkennt zwar Larenz 1943 auch die Möglichkeit des realen Machtmissbrauchs an, doch rechtfertigt er ihn letztlich, als von der „objektiven Sittlichkeit", d.h. der Verwirklichung des Geistes getragen. So kann nach Larenz zwar der Machthaber seine Macht missbrauchen, doch behält dieser Machtmissbrauch im übergeordneten System der Sittlichkeit seine Richtigkeit. Nach der „organischen" Staatsauffassung sei der Gesetzgeber „nur seinem eigenen Gewissen, Gott und der Geschichte" verantwortlich. Die Grundlage dieser „in ihrer Art einzig schweren Verantwortung des echten Führers und Gesetzgebers", dem „keine irdische Instanz" Entlastung erteilen könne, sei das „zwischen ihm und der Gefolgschaft bestehende sittliche Band der Gemeinschaft".[1077]

V. Larenz' Abkehr vom Nationalsozialismus?

Verschiedentlich wird auf eine angebliche Distanzierung Larenz' vom Nationalsozialismus zumindest im Verlaufe der späten 1930er Jahre verwiesen.[1078] Erdmann geht etwa davon aus, dass Larenz mit seiner Wissenschaft zwar den Versuch unternommen habe, „nicht irgendeinem Staate, sondern diesem besonderen, auf dem völkischen Mythos aufgebauten Staate die zugeordnete Rechtsphilosophie" zu geben, doch habe er „innerhalb des Nationalsozialismus eine bestimmte Variante des Rechts- und Staatsdenkens" vertreten. Seine Staatsidee sei nicht „rein instrumental" gewesen und er habe den Staat „immer noch an ein überpersonales, hier völkisch verstandenes Recht gebunden" gesehen.[1079] Dieser Einschätzung lässt sich in ihrer Offenheit durchaus zustimmen. Wenn Erdmann allerdings davon spricht, dass Larenz sein Rechtsverständnis in seiner Kieler Zeit dazu verstanden hätte, zu verhindern dass „in Rechtspflege und Herrschaftspraxis die Machtapparatur des Staates zum Instrument despotischer

---

1076 *Larenz*, Sittlichkeit und Recht, Untersuchungen zur Geschichte des deutschen Rechtsdenkens und zur Sittenlehre, in: Karl Larenz (Hrsg.), Reich und Recht in der deutschen Philosophie, Bd. 1, 1943, S. 386.

1077 *Larenz*, a. a. O., S. 398.

1078 Vgl. zu dem Streit um Larenz' unterstützendes oder ablehnendes Verhältnis zum Nationalsozialismus *Schirmer*, Dafür oder dagegen? – Ein Beitrag zur Debatte über Karl Larenz, sein Verhältnis zum Nationalsozialismus und die Möglichkeit ihn zu interpretieren, JoJZG 2012/2, 62–67.

1079 *Erdmann*, Wissenschaft im Dritten Reich, S. 334 f.

Willkür wurde", kann sich diese Einschätzung jedenfalls nur schwerlich auf den Tenor seiner Schriften stützen. In der Tat, beruft sich Erdmann bei seiner Einschätzung just auf Larenz selbst, der das Wirken der „Kieler Schule" retrospektiv damit rechtfertigt, dass sie dem Nationalsozialismus eine juristische Fundierung geben wollte, wobei ihm selbst die Rolle zugekommen sei, die rechtsphilosophische Untermauerung des Nationalsozialismus zu schaffen. Diese „Mission" sei von dem später dem Widerstand nahestehenden Wilhelm Ahlmann aus dem preußischen Kultusministerium heraus initiiert worden.[1080] Erdmann schreibt:

> „Dass diese Kieler Juristengruppe aus Wissenschaftlern zusammengesetzt war, die, obwohl sie sich ideologisch auf den Boden des völkischen Staates stellten, eine völlige Instrumentalisierung der Staatsidee nicht zulassen wollten, war kein Zufall. Bei der Zusammensetzung dieser Gruppe scheint im preußischen Kultusministerium Dr. Wilhelm Ahlmann maßgebend mitgewirkt zu haben. Wilhelm Ahlmann, später in enger Verbindung mit den Männern des 20. Juli stehend, hat sich nach dem Attentat das Leben genommen. Ich verdanke Herrn Kollegen Larenz, München, die Mitteilung, dass Ahlmann am 2. Mai 1933 in Berlin die nach Kiel zu entsendenden Juristen Dahm, Huber und Larenz einzeln auf ihre besonderen Aufgabe hingewiesen habe. In dem Brief von Herrn Larenz heißt es: ‚Ahlmann also nahm nach Erledigung der üblichen Formalitäten jeden von uns einzeln beiseite und sagte etwa folgendes. Nachdem der Nationalsozialismus nunmehr die Macht erlangt habe, käme es darauf an, ihn geistig so zu beeinflussen, dass die nun eingetretene Wendung letztlich zum Segen und nicht zum Unsegen werde. Unsere Gruppe sei nicht zufällig zusammengestellt. Sie solle in Kiel ein Geisteszentrum bilden, von dem wesentliche Impulse auf die Entwicklung ausgehen sollten. Meine spezielle Aufgabe sei es, mit dafür zu sorgen, dass der nun in der Entstehung begriffene Staat nicht auf dem bloßen Machtdenken, sondern auf den ethischen Fundamenten der idealistischen Rechts- und Staatsphilosophie, wie ich sie eben im Handbuch der Philosophie dargestellt hatte, errichtet würde. Mit großem Ernst sprach er von den Gefahren, die daraus resultierten, dass der Nationalsozialismus bisher eines solchen ethischen Fundamentes ermangele. Er sprach auch von der Möglichkeit eines Fehlschlages unserer >Mission<. Aber mit geradezu beschwörenden Worten forderte er uns auf, uns dieser Aufgabe zu widmen.'"[1081]

Die sinngebende Intention der Larenzschen Rechtsphilosophie für den Nationalsozialismus wurde von Zeitgenossen auch in der Tat erkannt. So spricht Lüben Dikoff im Jahr 1937 davon, „dass die idealistische Philosophie von Hegel in ihrer lichthellen Klarheit, zu der sie von Binder und weiterhin von Karl Larenz gebracht worden ist, die einzig mögliche sozialphilosophische Grundlage des Nationalsozialismus" sei.[1082] Larenz sei es „in einer Reihe seiner Schriften in kurzer Zeit gelungen, ein Aufbausystem der Rechtsphilosophie im Geiste des Nationalsozialismus zu

---

1080 Zu Ahlmann vgl. *Meyer-Pritzl*, Die Kieler Rechts- und Staatswissenschaften, insb. S. 160–163.

1081 *Erdmann*, Wissenschaft im Dritten Reich, S. 335 Fn. 18.

1082 *Dikow*, Die Neugestaltung des Deutschen Bürgerlichen Rechts, S. 14.

geben".[1083] Kokert nennt allerdings die darüber hinausgehende Behauptung, Larenz habe mit seiner Rechtsphilosophie auch begrenzend auf den Nationalsozialismus einwirken wollen, eine „geschichtsfälschende Schutzbehauptung" von Larenz, die Erdmann ungeprüft übernehme.[1084] Tatsächlich fällt es schwer, die von Larenz behauptete „Mission" der rechtsphilosophischen Begrenzung des Nationalsozialismus in seinen Schriften nachzuvollziehen. Dass Larenz, wie Diederichsen aufgreift, mit seiner *Rechts- und Staatsphilosophie des deutschen Idealismus* aus dem Jahr 1933 „die Politik der NS-Führung zu ‚definieren', im Wortsinn also: in Grenzen zu halten" versucht hätte,[1085] kann insofern nicht nachvollzogen werden, als die Abhandlung ausweislich des Vorwortes von Larenz bereits im Februar 1933 beendet war.[1086] Auch wenn Larenz in seinem Brief an Erdmann davon spricht, Ahlmann habe ihm die „spezielle Aufgabe" nahegelegt, „mit dafür zu sorgen, dass der nun in der Entstehung begriffene Staat nicht auf dem bloßen Machtdenken, sondern auf den ethischen Fundamenten der idealistischen Rechts- und Staatsphilosophie, wie ich sie eben im Handbuch der Philosophie dargestellt hatte,[1087] errichtet würde",[1088] ändert dies nichts an der Tatsache, dass Larenz wohl kaum bereits im Februar 1933 die Politik der nationalsozialistischen Führung in Grenzen halten wollte.

Larenz selbst schränkt die Annahme der praktischen Bedeutung der von Ahlmann initiierten „Mission" später wesentlich ein. Zwar wiederholt er in seinem Brief an Dreier über seine Haltung zur Zeit des Nationalsozialismus im Jahr 1987 die Schilderung der Instruktion durch Ahlmann, doch nennt er das Ansinnen Ahlmanns dort „aus heutiger Sicht völlig unsinnig und realitätsfern". Dabei gesteht er ein, dass er zwar von Ahlmanns Ausführungen „stark beeindruckt" gewesen sei, jedoch „keine Ahnung" gehabt habe, wie er dessen „‚Auftrag' sollte ausführen können". Schließlich habe er mit der Übernahme der Mitherausgeberschaft der Zeitschrift „Logos" jedoch tatsächlich versucht, die Instruktionen Ahlmanns umzusetzen. Mit der Zeitschrift habe er geglaubt, „ein Instrument in der Hand zu haben, mit dessen Hilfe [er] im Sinne Ahlmanns tätig werden konnte". Mit Erscheinen des Aufsatzes *Volksgeist und Recht* sei er schließlich „in diesem Sinne" vorgegangen. Obgleich der Aufsatz weniger an Hegel denn an die deutsche Romantik angeknüpft habe und Larenz sich, um es den Nationalsozialisten „schmackhaft zu machen, weithin nationalsozialistisch klingender Vokabeln" bedient habe, die er jedoch „im Sinne der Romantik" verstanden habe, sei der Aufsatz durch den Kieler Rektor Lothar Wolf als „Provokation und einen versteckten Angriff auf die nationalsozialistische Weltanschauung" aufgefasst worden. Die von Larenz aufgefasste „existentielle"

1083 *Dikow*, a. a. O., S. 19.
1084 *Kokert*, Der Begriff des Typus bei Karl Larenz, S. 79.
1085 *Diederichsen*, Nachruf auf Karl Larenz, S. 902.
1086 *Larenz*, Die Rechts- und Staatsphilosophie des deutschen Idealismus und ihre Gegenwartsbedeutung, S. 91.
1087 D.i. die Abhandlung *Rechts- und Staatsphilosophie des deutschen Idealismus* [Anm. d. Verf.].
1088 Vgl. *Erdmann*, Wissenschaft im Dritten Reich, S. 335 Fn. 18.

Bindung des „Führers" an den Volksgeist und die „völkische" Rechtsidee seien nach dessen Vorwürfen eine Beeinträchtigung der Eigenständigkeit des „Führers" und Angriff auf eine „nationalsozialistisches Grundprinzip" gewesen, was er nicht dulden werde. Der Führer des nationalsozialistischen Studentenbundes habe ihm gar mit Vorlesungsboykott gedroht. Die Führung der Zeitschrift sei daraufhin eher auf Inhalte der „idealistischen Philosophie" ausgerichtet geworden, doch sei man sich stets bewusst gewesen „auf einem schmalen Grat zu wandern".[1089] Die Nachvollziehbarkeit der Larenzschen Selbstrechtfertigungen sei dahingestellt.[1090]

Mährlein stellt ab 1936 bei Larenz „eine gewisse Veränderung der Argumentation und eine Beruhigung der Sprache" fest, ohne dass allerdings „seine nationalsozialistische und rassistische Grundanschauung in Frage gestanden hätte". Mährlein erklärt diese „Beruhigung" Larenz' mit einer allgemeinen ernüchterten Tendenz unter zunächst nationalsozialistisch engagierten Rechtswissenschaftlern angesichts der Offenbarung des verbrecherischen Charakter des nationalsozialistischen Systems.[1091] Hüpers spricht unter Bezug auf Larenz' Schrift *Sittlichkeit und Recht* aus dem Jahr 1943 gar von einem geheimen literarischen Widerstand Larenz' gegen das nationalsozialistische Regime.[1092] Damit greift er eine rechtfertigende Äußerung Larenz' auf, er habe sich schon im Jahr 1943 vom nationalsozialistischen Staat distanziert, die Larenz in einer Fußnote seiner *Methodenlehre der Rechtswissenschaft* aus dem Jahr 1960 getätigt hatte:

> „Aus dem Abstand von fast einem Menschenalter und auf Grund der seither gemachten Erfahrungen sehe ich, was wohl kaum betont zu werden braucht, heute vieles sehr anders als damals. Meine damalige, viel zu optimistische Einschätzung des Staates habe ich bereits am Schluss meiner Abhandlung über ‚Sittlichkeit und Recht' (1943) revidiert".[1093]

Larenz konstruiert in der Tat in dieser Schrift ausgehend von dem Grundsatz der grundsätzlichen Fügung des Einzelnen in die sittliche Pflicht der Gemeinschaft die Möglichkeit einer außerordentlichen sittlichen Berechtigung der Auflehnung des Einzelnen gegen die sittliche Ordnung seines Volkes in Gestalt einer „selbst

1089 *Dreier*, Karl Larenz über seine Haltung im „Dritten Reich", Juristenzeitung 1993, S. 456 ff. Zu Larenz Angabe der Hegelschen bzw. „idealistischen" Philosophie als „Waffe gegen die nationalsozialistische Bindungslosigkeit" kritisch *Jakobs*, Karl Larenz und der Nationalsozialismus, Juristenzeitung 1993, S. 805 ff. Zu den Ereignissen um die Übernahme des „Logos" gegen den Willen des jüdischstämmigen Herausgebers Richard Kroner vgl. *Kramme*, LOGOS 1933/34. Das Ende der „Internationalen Zeitschrift für Philosophie der Kultur", S. 92–11.

1090 Bei *Kokert*, Briefe die Geschichte schreiben – Karl Larenz und die nationalsozialistische Zeit, S. 23 ff. findet sich eine Zusammenfassung des Diskussionsstandes.

1091 *Mährlein*, Volksgeist und Recht S. 205 ff.

1092 *Hüpers*, Karl Larenz – Methodenlehre und Philosophie des Rechts in Geschichte und Gegenwart, S. 196 ff.

1093 *Larenz*, Methodenlehre der Rechtswissenschaft, S. 83, Fn. 2.

gegebenen Gemeinschaftspflicht". Diese sei zwar zunächst nur für den Einzelnen selbst verbindlich und müsste objektiv als rechtswidrig und Verstoß gegen die objektive Sittlichkeit des Volkes gewertet werden, könnte jedoch später auch von der Gemeinschaft anerkannt werden.[1094] Ob aus diesen Äußerungen jedoch, wie bei Hüpers, eine „geistige Gemeinschaft" mit den Widerständlern des 20. Juli konstruiert werden kann und die Konstruktion der „selbst gegebenen Gemeinschaftspflicht" sogar als für Eingeweihte verständlicher Aufruf zum „Umsturz des Hitler-Regimes" gelesen werden müsste, dessen Ahndung mit der Todesstrafe wegen „Wehrkraftzersetzung" Larenz entkommen sei, erscheint reichlich spekulativ zu sein.[1095] Abgesehen von Larenz' angeblichen subjektiven Bestrebungen, das nationalsozialistische Regime bereits ab dem Frühjahr 1933 „in Grenzen zu halten" bzw. ab 1943 in einem „geheimen literarischen Widerstand" zu bekämpfen, sprechen seine Schriften aus den Jahren des nationalsozialistischen Regimes für sich.[1096] Aus ihnen lässt sich eine „Mission" der rechtsphilosophischen Begrenzung der Machtausübung der nationalsozialistischen Führung nur schwerlich herauslesen und sie ist allenfalls durch retrospektiven Erklärungen nachvollziehbar.[1097] Überdies berichtet Diederichsen, dass Larenz rückblickend seinen Schülern gegenüber durchaus auf die „Möglichkeiten ideologischer Irrwege" hingewiesen habe, wobei es ihm „nicht um Schonung seiner eigenen Person" gegangen sei.[1098] Auch Rüthers berichtet, dass Larenz ihm gegenüber im Jahr 1980 gesagt habe: „War ich ein Nazi? – War ich überzeugt von den ‚fürchterlichen Sachen', die ich nach 1934 geschrieben habe? – Ich weiß es nicht. Ich hätte ab 1934 schweigen sollen, das wäre klüger gewesen. Aber ich wollte aktiv sein".[1099]

1094 *Larenz*, Sittlichkeit und Recht, S. 406 f.

1095 *Hüpers*, Karl Larenz – Methodenlehre und Philosophie des Rechts in Geschichte und Gegenwart, S. 196 ff. Hüpers geht davon aus, dass Larenz in seinen Schriften versteckte Botschaften an „Eingeweihte" verpackt habe, mit denen er zum Umsturz aufgerufen und sich in die Nähe des Widerstandes des 20. Juli begeben habe. Auf Grundlage der Schriften Larenz' erscheinen die Spekulationen Hüpers, die er durch hermeneutische Anleihen bei Karl May (!) zu belegen versucht (S. 265 ff.), schwerlich nachvollziehbar. Zu Recht äußert *Rüthers* in seiner Rezension von Hüpers, Karl Larenz - Methodenlehre und Philosophie des Rechts in Geschichte und Gegenwart, Zweifel „an der fachlichen wie politischen Urteilsfähigkeit des Autors".

1096 Vgl. Kapitel 7 Abschnitte III und IV.

1097 Vgl. zu Larenz Rechtfertigungsbriefen und der „Ahlmann-Mission" kritisch *Kokert*, Briefe die Geschichte schreiben – Karl Larenz und die nationalsozialistische Zeit, S. 23 ff.

1098 *Diederichsen*, Nachruf auf Karl Larenz, S. 902.

1099 *Rüthers*, Geschönte Geschichten – Geschonte Biographien, S. 121.

VI. Dulckeit und der nationalsozialistische Staat

Insgesamt lässt sich bei Dulckeit im Vergleich zu Binder, Larenz und Busse ein relativ weniger euphorisches Verhältnis zum Nationalsozialismus feststellen. Auch beschäftigt er sich weitaus weniger mit der Rechtfertigung oder rechtsphilosophischen Begründung des nationalsozialistischen Staates. Gleichwohl finden sich auch bei ihm deutliche Äußerungen, nach denen er den nationalsozialistischen Staat als Möglichkeit der rechtsphilosophischen Verwirklichung des objektiven Geistes begreift. Inwiefern diese nationalsozialistische Semantik eine bloße floskelhafte Anpassung an den Zeitgeist ist, wie dies etwa Larenz für sich in Anspruch genommen nahm, muss an anderer Stelle geklärt werden.[1100] Tatsächlich geht z.B. Dulckeit im Jahr 1939 von der „Tatsache" aus, dass „für Hegel die objektive Sittlichkeit und wirkliche Freiheit im Volksstaat" beschlossen sei.[1101] Im Jahr 1936 hatte er geschrieben, dass die „Person des Führers" für Hegel „natürlich [der] *Monarch* war. *Wesensmäßig* ist der Monarch Hegels jedoch schon Führer". Die Monarchie sei eine

> „vergangene geschichtliche Gestaltung, die Hegel freilich als vollkommenste Gestaltung des Begriffs ansehen musste, und die ihn daher auch zu Feststellungen geführt hatte, die wir heute nicht mehr anerkennen können [...]. Die für uns wirkliche und wahre Gestaltung des Volksstaates oder die gegenwärtige Idee des Volkes ist allein der *Führerstaat*."[1102]

In seiner Abhandlung *System und Geschichte in Hegels Philosophie* schreibt er im Jahr 1938:

> „In der Person des Führers als der alleinigen Wirklichkeit der Staatspersönlichkeit hat der abstrakte Begriff der an sich und für sich freien Person seine höchste Spitze und konkrete Vollendung gefunden; der abstrakte allgemeine Wille hat sich mit dem besonderen Willen zur wirklichen, vollkommenen Einheit zusammengeschlossen: der Wille des Führers ist der konkrete Gemeinschaftswille. Im Führer vollendet sich der Staat als Verfassung und erscheint als Persönlichkeit. So vollstreckt der Führer den Willen des Volkes; seine Taten sind die Taten des Volkes selbst."[1103]

Damit verwendet Dulckeit eine explizit nationalsozialistische Terminologie für Hegelsche Rechtsphilosophie. 1936 hatte Dulckeit geschrieben, dass wenn

---

1100 Vgl. zu der Schwierigkeit der retrospektiven Qualifizierung des nationalsozialistischen Jargons *Schirmer*, Dafür oder dagegen? – Ein Beitrag zur Debatte über Karl Larenz, sein Verhältnis zum Nationalsozialismus und die Möglichkeit ihn zu interpretieren, JoJZG 2012/2, 62–67.

1101 *Dulckeit*, Rezension von Kurt Schilling, Geschichte der Staats- und Rechtsphilosophie im Überblick von den Griechen bis zur Gegenwart, Zeitschrift für deutsche Kulturphilosophie, Bd. 5, 1939, S. 294, 297.

1102 *Dulckeit*, Rechtsbegriff und Rechtsgestalt, S. 164 Fn. 78.

1103 *Dulckeit*, System und Geschichte in Hegels Philosophie, S. 50.

„man einmal zur Erkenntnis gekommen ist, dass die Hegelsche Rechtsphilosophie in ihrem Ziel und Grunde nichts anderes darstellt als die erste deutsche Philosophie der *Gemeinschaft* – der Gemeinschaft, die erst heute zum *konkreten* Inhalt unserer Weltanschauung und zum *wirklichen* Richtpunkt unserer Lebenshaltung geworden ist –, so sind die Forderungen der Zeit mit einer streng wissenschaftlich-philosophischen Würdigung und Fortbildung Hegels noch nicht erfüllt."[1104]

Auch der philosophische Laie und „schließlich jeder denkende Deutsche" sollte auf „diesen festen und sicheren Boden der Wahrheit" treten können, indem ihnen das Hegelsche Denken allgemeinverständlich beigebracht werden müssten.[1105] Seine Arbeit könne dabei „die Verbindungslinien von den – unter neuem Gesichtspunkte behandelten – Problemgruppen bei Hegel zu den Fragen der Dogmatik des geltenden Rechts und der nationalsozialistischen Rechtspolitik jeweils in groben Zügen" aufzeigen.[1106] Darüber hinaus solle die Arbeit „erkennen lassen, dass der im Nationalsozialismus sich vollziehende Umbruch zugleich ein Aufbruch des deutschen Geistes aus seiner großen Vergangenheit in eine größere Zukunft ist".[1107] Auch Dulckeit greift dabei den Gedanken auf, dass Hegel zumindest mittelbar als Wegbereiter des Nationalsozialismus angesehen werden könne:

„Hegel selbst hat das Nahen einer neuen Zeit gespürt – weil er selbst bereits eine neue Zeit war; vielleicht dürfen wir aber heute sagen, dass der langsam seiner neuen Gestalt entgegenreifende Geist erst in unseren Tagen in den *wirklichen* Knotenpunkt seiner Entwicklungslinie gelangt ist, indem er die versteinerten und langsam zerfallenden Schalen seiner früheren Gestalt plötzlich abwirft".[1108]

Unter Rückgriff auf Binder und Hegel rechtfertigt Dulckeit den nationalsozialistischen Staat als Verwirklichung des Weltgeistes:

„So findet die positive Staatslehre des *Nationalsozialismus* mit ihrem Ausgangspunkt von der Volksgemeinschaft gegenüber aller individualistischen Staatsbetrachtung, von Rousseau und Kant angefangen bis in die jüngste Vergangenheit hinein, auch ihre philosophische Rechtfertigung und Begründung. Anders ausgedrückt: der Nationalsozialismus als geschichtliche Erscheinung ist das Ringen des Geistes um die erste *reine* Gestaltung des Begriffes der Freiheit in der geschichtlichen Wirklichkeit. Im deutschen Denken hat sich der Geist zuerst offenbart; im deutschen Volke musste er nach langen Irrwegen zuerst in seiner ganzen Kraft aus der lebendigen politischen Wirklichkeit hervorbrechen und in die Weltgeschichte eingehen."[1109]

1104 *Dulckeit*, Rechtsbegriff und Rechtsgestalt, S. 14.
1105 *Dulckeit*, a. a. O., S. 14.
1106 *Dulckeit*, a. a. O., S. 14 f.
1107 *Dulckeit*, a. a. O., S. 21.
1108 *Dulckeit*, a. a. O., S. 78.
1109 *Dulckeit*, a. a. O., S. 65 f.

Für Dulckeit eröffne sich

> „ein überraschender Ausblick auf die ungeheure Tragweite und die Gegenwartsbedeutung der Hegelschen Gedanken. Wir stehen heute mitten im Umbruch auch des rechtlichen Denkens. Der so lange und mit so viel Mühe und Verstandeslogik aufrechterhaltene Gegensatz von Recht und Sittlichkeit soll verschwinden; und er ist im wesentlichen schon verschwunden, sowie er als dialektisch begriffen und ins Recht eingeführt wird. So steht unsere Zeit im Begriffe, vom Nationalsozialismus und als Nationalsozialismus eine neue Wirklichkeit und eine höhere Gestalt des Rechts zu empfangen. Es soll dies ein Recht sein, das nicht mehr Gestaltung nur eines abstrakten Moments im Recht, des ‚abstrakten Rechts', ist, sondern Gestaltung des *ganzen* Rechts als der Sittlichkeit selbst. Das ‚beschränkte juristische Recht' als wirkliche und nunmehr geschichtliche Gestalt soll seine Beschränkung abstreifen und Gestalt der Sittlichkeit werden; ohne dabei, und das ist zu betonen, das Moment des abstrakten Rechts als *Moment* aufzugeben: dieses bleibt als aufgehobenes erhalten. Es wäre somit dies einer der Punkte, an denen die Philosophie Hegels heute weiter ausgestaltet und fortgeführt werden könnte und müsste."[1110]

Freilich ist Dulckeit bewusst, dass „man denn auch die Frage aufgeworfen" habe,

> „ob der Aufbau der Hegelschen Rechtsphilosophie nicht im Widerspruch zu der Idee der Volksgemeinschaft stünde, die heute eben nicht nur ‚bloße' Weltanschauung oder Erlebnis, nicht nur die reale Grundlage alles staatlichen Lebens darstellt, sondern auch zum geistigen Ausgangspunkt der Volksgestaltung und des Staatsaufbaues geworden ist."

Diese Frage sei jedoch nur möglich gewesen, „weil eine entscheidende Seite der Hegelschen Lehre, das eigentümliche Verhältnis von Begriff und Gestalt, der bisherigen Forschung in ihrer Bedeutung entgangen ist". Seine eigene Ausarbeitung zur Gemeinschaftsbezogenheit der Hegelschen Rechtsphilosophie in *Rechtsbegriff und Rechtsgestalt* ergebe aber „ohne weiteres, dass die Gemeinschaft nicht nur Mittel- und Endpunkt sondern auch den tatsächlichen Ausgangspunkt und die notwendige Grundlage der Hegelschen Rechts- und Staatsphilosophie bildet".[1111]

VII. Busses nationalsozialistisches Bauernrecht

Während Larenz, Binder und Dulckeit nach der „Machtergreifung" zumindest in gewissem Maße an ihrer rechtsphilosophischen Ausrichtung festhielten, setzte sich Busse nach seinem Überwechseln ins Landwirtschaftsministerium im Jahr 1934 fast nur noch mit agrarrechtlichen Fragen auseinander. Dabei wirkte er wesentlich an der Neuschaffung eines nationalsozialistischen „Bauernrechts" mit.[1112] In einer

1110 *Dulckeit*, a. a. O., S. 77 f. Zur Kritik Dulckeits an Binders und Larenz' Interpretation des Hegelschen abstrakten Rechts vgl. Kapitel 6 Abschnitt III.

1111 *Dulckeit*, Hegel und der preußische Staat, S. 64.

1112 Vgl. zu Busses agrarrechtlichem Werk ausführlich *Sigmundt*, Rechtsgewinnung und Erbhofrecht, S. 180–201.

Anzahl von Publikationen lobt er das nationalsozialistische Reichserbhofgesetz als „Germanisches Bauernrecht“, das eine „Auslese“ bewirke, „die den praktischen Forderungen der Rassenlehre“ entspreche, nämlich die „in unserem Bauerntum noch vorhandenen guten Erbstämme mit dem Boden“ fest zu verbinden, „der ihnen ein artgemäßes Leben ermöglicht“. Dabei bildete die „Gebundenheit des Bauern an die Scholle [...] einen Damm, der jüdischen Grundbesitz verhinderte“, weil die Anlagen der sog. jüdischen und farbigen Rassen „zu den im deutschen Bauerntum vorhandenen Erbanlagen in besonders deutlichem Gegensatz stehen und eine Vermischung mit diesen Rassen den im deutschen Bauerntum überwiegenden Rassen besonders gefährlich sein würde“.[1113] Die Rechtsprechung der Anerbengerichte sieht Busse als „Weg zur Geltung der Wertmaßstäbe, die in der dörflichen Gemeinschaft selbst erwachsen“. Dabei vertritt er einen dezidiert „völkischen“ Standpunkt, dessen Begriffsbildung zwar als „konkret-allgemein“ bezeichnet werden kann, darüber hinaus jedoch kaum Anleihen an die begriffliche Schärfe seiner früheren neuhegelianischen Schriften erkennen lässt. So schreibt er im Jahr 1934:

> „Die bäuerliche Ehre ist keine Berufsehre in dem Sinne, dass sie sich auf eine bestimmte Haltung in der Berufsausübung und auf ein Mindestmaß von Gesittung im Übrigen beschränkte. Sondern die bäuerliche Ehrauffassung misst den Bauern danach, ob er in jeder Hinsicht ein Kerl ist. Darin liegt sowohl der rechte nachbarliche Sinn eingeschlossen wie die rechte Stellung als Herr im Hause und Vater einer gesunden Kinderschar. Hier kann die gemeinsame Art die Ehrauffassung bestimmen und einem Recht Geltung verschaffen, das wieder positive Anforderungen stellt, anstatt sich gegenüber Ehre und Sitte neutral zu verhalten oder sich auf Verbotsnormen zu beschränken. Schließlich kann das römischrechtliche Denken nicht anders überwunden werden als dadurch, dass innerhalb stetiger Gemeinschaften ein arteigenes Rechtsdenken sich Geltung verschafft. Dazu bietet die bäuerliche Rechtsprechung für den Bereich des Bauerntums die geeignete Grundlage.“[1114]

Auch Busses Habilitationsschrift von 1936 *Der Erbhof im Aufbau der Volksordnung* weist keine direkten neuhegelianischen Bezüge auf, sondern propagiert die Gestaltung eines explizit nationalsozialistischen Bodenrechts. Gleichwohl lässt die Begriffsbildung in „konkreten Ordnungen“ an frühere neuhegelianische Gedanken erinnern:

> „Wir gehen von der Auffassung aus, dass das Recht sowohl im besonderen Gesetz wie in der einzelnen Entscheidung sich gestaltet und damit Wirklichkeit gewinnt. Im *Gesetz* ist das Recht wirklich, indem es zur bestimmenden Richtung für die völkische Gemeinschaft wird, in der *Entscheidung*, indem es ein besonderes Lebensverhältnis für die Beteiligten verbindlich gestaltet. Wie die Gesetze in der tatsächlichen Gestaltung zusammenwirken und wie die Rechtsprechung das tatsächliche Geschehen in bleibende Gestalten prägt, diese Wirklichkeit bezeichnen wir hier als *Ordnung*. Die Ordnung

---

1113 *Busse*, Die Rassengesetzgebung im Agrarrecht, Deutsches Recht 1935, S. 39 ff.
1114 *Busse*, Germanisches Bauernrecht, Deutsches Recht, 1934, S. 497 ff.

ist stets Wirklichkeit, niemals abstrakt. Sie ist gegliedert, und wir können deshalb innerhalb der völkischen Gesamtordnung besondere Ordnungen unterscheiden."[1115]

Insgesamt war Busse derjenige Angehörige der Göttinger Schule, der sich am konsequentesten von der Rechtsphilosophie entfernte. Er setzte sich jedoch nicht wie Larenz oder Dulckeit inhaltlich von der Deutung seiner früheren Mitstreiter bzw. von Binder ab, sondern er stieg gänzlich aus dem neuhegelianischen Diskurs aus. Wo Busse daher als Neuhegelianer wahrgenommen wird, kann nur auf seine Dissertation und seinen Beitrag zu dem Gemeinschaftswerk mit Binder und Larenz aus dem Jahr 1931 Bezug genommen werden. In seinen späteren Schriften ist er als dezidiert nationalsozialistischer Bauern- und Bodenrechtler zu bezeichnen. Binder entfernte sich nach seiner anfänglichen Begeisterung für die „Machtergreifung" und die möglich erscheinende Umbildung des Staates vom nationalsozialistischen System und den als geistlos empfundenen Machthabern. Gleichwohl argumentierte er freilich nach wie vor von einer äußerst reaktionären und demokratiefeindlichen Warte. Larenz' Engagement für die nationalsozialistische Rechtserneuerung lässt sich kaum, selbst wenn er dies später versuchte, verhehlen. Eine gewisse Distanzierung lässt sich lediglich in den späten Kriegsjahren im Verlauf der 1940er Jahre nachhalten. Am Ehesten lässt sich bei Dulckeit, die von Larenz in Anspruch genommene, bloße pragmatische Einkleidung seiner Äußerungen in den nationalsozialistischen Jargon konstatieren. Bei aller individuellen und graduellen Positionierung in Abweichung zum nationalsozialistischen Regime hat jedoch eine Opposition der Göttinger Schule gegen den Nationalsozialismus zweifellos nicht bestanden.

1115 *Busse*, Der Erbhof im Aufbau der Volksordnung. Ein Beispiel für das Verhältnis der Gesamtordnung und besonderer Ordnung, S. 14.

Kapitel 8: Nach dem „Ende des Neuhegelianismus“ – Dulckeits und Larenz’ Beschäftigung mit Hegel in den 1940er Jahren

Obgleich die Göttinger Schule um die Wende der 1920er zu den 1930er Jahren eine reiche Publikationstätigkeit entfaltet und sich auch in einem engen akademischen Austausch und Zusammenhalt befanden hatte, war schon wenige Jahre später von dieser gefühlten Avantgarde der Rechtsphilosophie nicht mehr viel vorhanden. Im März 1949 schrieb Dulckeit an den niederländischen Philosophen Willem L. Thieme über den Zustand der ehemaligen Göttinger Schule nach dem Krieg:

> „Von der Binderschule ist [...] außer mir nur noch Larenz übrig geblieben, der in seinen praktischen Arbeiten sich in letzter Zeit ganz der Rechtswissenschaft zugewandt hat und [...] Hegel wesentlich kritischer gegenübersteht als bisher (gerade aufgrund meiner Religionsphilosophie); Busse, der anfangs so viel versprach, war ja schon längst der Philosophie abtrünnig geworden und kann auch nicht zu ihr zurückkehren, da er gefallen ist, und Ähnliches gilt von meinem Studienfreunde Trott, den sie nach dem 20. Juli aufgehängt haben.“[1116]

Auch wenn Dulckeit dabei die Zugehörigkeit Trotts zur Binder-Schule retrospektiv etwas überhöhte,[1117] brachte er den status quo auf den Punkt: Er selbst war der einzige verbliebene Binder-Schüler, der an Hegel festhielt. Kurt Ballerstedt nennt ihn 1959 gar den „bedeutendste[n] Erneuerer einer Rechtsphilosophie im Geiste Hegels“.[1118] Dies scheint in Bezug auf die Göttinger Schule insofern berechtigt zu sein, als Dulckeit am unbeirrtesten an der Hegelschen Philosophie festgehalten hatte. Nachdem Busse schon sehr früh in den 1930er Jahren neuhegelianisch verstummt war und Binder sich, wenn auch mit seinem „absoluten Idealismus“ umstritten, bis zu seinem Tode 1939 auf Hegel berufen hatte, war es aus der Göttinger Schule einzig Larenz gewesen, der sich neben Dulckeit auch noch in den 1940er Jahren mit Hegel auseinandersetzte. Larenz sah freilich rückblickend den Beginn des deutschen Westfeldzuges Anfang Mai 1940 als „Ende des Neuhegelianismus in der Zeit des Nationalsozialismus“ an.[1119] Für Larenz war, von seinem neugewonnenen „völkischen“ Standpunkt aus gesehen, die Relevanz der Hegelschen Philosophie in den

1116 *Dulckeit*, Brief an Thieme vom 1. März 1949, NSUG Cod. Ms. Dulckeit 9.

1117 Vgl. zu Trotts Berührungen mit der Göttinger Schule Kapitel 1 Abschnitt VI Punkt 3.

1118 *Ballerstedt*, „Dulckeit, Gerhard“, in: Neue Deutsche Biographie, Bd. 4, 1959, S. 183 f.

1119 Vgl. Kapitel 6 Abschnitt VIII.

Hintergrund getreten („Hegel [gibt], wie ich offen erkläre, für den Reichsgedanken in dem uns heute wieder angehenden Sinne nichts her"[1120]).

Dulckeit verschrieb sich dagegen auch in den 1940er Jahren ohne Vorbehalte der Hegelschen Philosophie und fordert noch im Jahr 1947 in seinem *Leitfaden zur Vorlesung über Rechtsphilosophie*, den er als Manuskript gedruckt für seine Hörer herausgab, als „Aufgabe der Gegenwart" einen „*inhaltlich-begriffliche[n]* Aufbau der Wirklichkeit" bzw. explizit ein „Philosophieren *im Geiste Hegels*".[1121] Dulckeit ging dort nach wie vor davon aus, dass Philosophie wesentlich Metaphysik sei und das Recht als Gegenstand der Rechtsphilosophie keiner herkömmlichen Definition zugänglich sei, sondern als „wirklicher Begriff" nur in „seiner lebendigen, sinnvollen *Entwicklung* begreifbar" sei. Vorläufig könne das Recht jedoch als „Dasein der Freiheit, des vernünftigen allgemeinen Willens, die Lebensform und Lebensordnung der Völker" aufgefasst werden. Unter dem Abschnitt zur „geistesgeschichtliche[n] Lage der Gegenwart" stellt er im deutschen Idealismus vor allem Hegel heraus, den er im Gegensatz zu Kant, Fichte und Schelling gesperrt druckt.

Bemerkenswert ist, dass er zwar auf Positivismus, Neukantianismus, Wertphilosophie und Ontologie eingeht, jedoch die Hegelrenaissance und den eigenen Neuhegelianismus Binderscher Prägung nicht als eigenständige Strömung der gegenwärtigen Rechtsphilosophie erwähnt. Gleichwohl fordert er, in einer Notiz zur „Aufgabe der Gegenwart" anstelle „formaler Wertbetrachtung" einen „*inhaltlich-begriffliche[n]* Aufbau der Wirklichkeit: Philosophieren *im Geiste Hegels*". Damit greift er den wichtigsten Topos des Neuhegelianismus auf und gibt zu erkennen, dass er den Neuhegelianismus nicht als bloße historische Strömung, sondern als gegenwärtige Aufgabe der Rechtsphilosophie überhaupt ansieht.[1122] Diese Auffassung bestätigt er im Verlaufe des Vorlesungsleitfadens, indem er unter dem „Problem der Wirklichkeit" etwa auf die „Wahrheit des objektiv-idealistischen Standpunkts" eingeht, der die Wirklichkeit als Geist betrachtet. Die „wahre philosophische Methode" sei die Dialektik, welche „zugleich die logisch-metaphysische Bewegung der *Sache* selbst, d.h. die nach-gedachte Selbstentfaltung (des Begriffs) in der Welt" sei.[1123] Das Recht entwickelt Dulckeit aus dem Willen, wonach „das Substantielle, Vernünftige, Allgemeine [...] zum *Inhalt* des besonderen Willens" werden müsse. Die „Wirklichkeit des Rechts (als allgemeinen Willens) im (Einzel)willen" müsse sich als „logische *Entwicklung*" erweisen, als „Übergang des subjektiven Geistes zum objektiven Geist".[1124] Der Einzelne sei weder „nur Rechtsperson" noch „nur moralisches Subjekt", sondern „beides zugleich: *sittliche Persönlichkeit* in der *Gemeinschaft des*

1120 *Larenz*, Brief vom 23. Januar 1942 an Erik Wolf, zitiert nach *Hausmann*, „Deutsche Geisteswissenschaft" im Zweiten Weltkrieg, S. 232.

1121 *Dulckeit*, Leitfaden zur Vorlesung über Rechtsphilosophie, als Manuskript gedruckt. Nur zum Gebrauch für meine Hörer, 1947, S. 5.

1122 *Dulckeit*, a. a. O., S. 5 f.

1123 *Dulckeit*, a. a. O., S. 6.

1124 *Dulckeit*, a. a. O., S. 7.

Rechts".[1125] Die „*Wirklichkeit* des Staates" liege im „*konkret-allgemeinen Einzelwillen* seiner Glieder" und umgekehrt sei der Staat „die *Wahrheit des Einzelnen* und der eigentliche *Selbstzweck*".[1126] Jedes einzelne Moment des Staates müsse zugleich die „Totalität" sein, womit er „abstrakte und absolute Gewaltenteilung" ablehnt. Die gegliederte Verfassung des Staates finde in der Person des Staatsoberhauptes ihre „ideale Einheit". Dulckeit geht davon aus, dass diese „begriffliche Entwicklung" der Staatsverfassung „im Wesentlichen für sämtliche geschichtliche Staatsformen" als „an sich seiende Norm" gelte.[1127]

1947 erschien auch Dulckeits religionsphilosophische Schrift *Die Idee Gottes im Geiste der Philosophie Hegels*, die ausweislich des Vorworts „im Felde" entstanden ist und bereits im März 1944 wesentlich abgeschlossen war.[1128] In ihr geht Dulckeit über seine vorhergehenden rechtsphilosophischen Ansätze hinaus und wendet sich der systematischen Vollendung der Hegelschen Philosophie zu, insofern „die Philosophie der Religion im Rahmen der umfassenden Einheit des Hegelschen *Systems* naturgemäß zum Ziel und daher auch zum eigentlichen Ausgang des Weltbegreifens werden muss".[1129]

Im Jahr 1950 erschien Dulckeits *Philosophie der Rechtsgeschichte*, in der er die „Grundgestalten des Rechtsbegriffs in seiner historischen Entwicklung" darstellt. In der Tat umreißt Dulckeit in dieser Abhandlung, die auf einen Vortrag im August 1947 auf der Tagung der deutschen Rechtshistoriker in Marburg zurückgeht, die geschichtliche Entwicklung des „Rechtsbegriffs", den er als Konkretisierung des Hegelschen Begriffs, d.h. der „*Einheit* der Allgemeinheit, Besonderheit und Einzelheit" versteht.[1130] Er richtet den Aufbau seiner Abhandlung explizit an der Hegelschen Rechtsphilosophie aus und verteidigt dessen Geschichtsphilosophie gegen Kritik.[1131] Die Schrift ist Julius Binder gewidmet, der „schließlich als erster die Philosophie des Rechts einer Erneuerung und Begründung aus Hegelschem Geist – wenn auch noch allzu sehr im Sinne einer bloßen Bewusstseinsimmanenz – zugeführt" habe.[1132] Damit machte Dulckeit deutlich, wie sehr er sich auch nach dem Auseinandergehen der Göttinger Binder-Schule und nach den politischen Umwälzungen der 1940er Jahre konstant an den Hegelschen Kategorien orientierte, die ihm einst in der Binderschen Schule nahegebracht worden waren. Bei aller Verehrung seines Lehrers hielt er aber diesem gegenüber an seiner differenzierten Hegel-Deutung fest.

Larenz, der in den späten 1930er Jahren, von seinem „völkischen" Standpunkt aus, Binders „absoluten Idealismus" u.a. als „naturrechtlich" kritisiert hatte, wandte sich in den 1940er Jahren selbst vermehrt der Auseinandersetzung mit dem Naturrecht

1125 *Dulckeit*, a. a. O., S. 8.
1126 *Dulckeit*, a. a. O., S. 17.
1127 *Dulckeit*, a. a. O., S. 17 f.
1128 *Dulckeit*, Die Idee Gottes im Geiste der Philosophie Hegels, 1947, S. 9.
1129 *Dulckeit*, a. a. O., S. 11.
1130 Vgl. *Dulckeit*, Philosophie der Rechtsgeschichte, S. 17. Vgl. auch S. 56.
1131 Vgl. *Dulckeit*, a. a. O., S. 16.
1132 *Dulckeit*, a. a. O., S. 13.

zu. Im Jahr 1943 erschien seine Abhandlung *Sittlichkeit und Recht. Untersuchung zur Geschichte des deutschen Rechtsdenkens und zur Sittenlehre* in dem von ihm mitherausgegebenen zweibändigen Sammelwerk *Reich und Recht in der deutschen Philosophie.* Dieses Werk ist im Rahmen des sog. Kriegseinsatzes der Geisteswissenschaften, der „Aktion Ritterbusch", erschienen. Der Kriegseinsatz der Geisteswissenschaften beinhaltete Arbeitsgemeinschaften, in denen an einer „neuen geistigen Ordnung Europas" entsprechend den deutschen Kriegszielen gearbeitet wurde.[1133] Larenz untersucht in diesem Beitrag die Entwicklung des Verhältnisses von Sittlichkeit und Recht im „spezifisch deutschen Rechtsdenken" bei Pufendorf, Thomasius, Leibnitz, Christian Wolff, Kant, Hegel und Otto von Gierke.[1134] Die Abhandlung soll ein Beitrag zur Darstellung der „spezifisch deutschen Linie in der Gesamtentwicklung der abendländischen Kulturerscheinung der Naturrechtslehre" sein.[1135] Das Verhältnis von Sittlichkeit und Recht sei dabei jeweils abhängig „erstens von der Einstellung des betreffenden Denkers zum Pflichtgedanken und zweitens zum Gemeinschaftsgedanken".[1136] Die Relevanz der Abhandlung ergebe sich aus der Tatsache, dass sich „inzwischen die deutsche Rechtserneuerung zum Ziele gesetzt hat, im Einklang mit der Volksanschauung Recht und Sittlichkeit einander wieder anzunähern".[1137] Die Gleichsetzung von Sittlichkeit und Recht durch Binder sei jedoch „sicherlich zu weitgehend", da dieser die behauptete Einheit „nicht weiter differenzieren" wollte.[1138]

Hegel erscheint in dem Beitrag zwar als wichtiger Vertreter des „spezifisch deutschen Rechtsdenkens", das sich auf den Pflicht- und Gemeinschaftsgedanken begründe, wird jedoch keineswegs in dem Maße herausgehoben, wie dies in Larenz Abhandlungen über den „objektiven Idealismus" der Fall gewesen war. Die „besondere deutsche Linie innerhalb des neuzeitlichen abendländischen Naturrechts", die Larenz herauszuarbeiten sucht, gründet sich dabei auf die anthropologische Grundannahme, dass der Mensch „‚von Natur' zur Gemeinschaft bestimmt" sei und daher „auch schon vor aller staatlichen Organisation in einem sozialen Verhältnis zu anderen" stehe, dessen Ausdruck „eben das Naturrecht" sei. Im Staat und anderen Gemeinschaften verwirkliche daher der Mensch „die ihm ursprünglich zukommende Gemeinschaftsbestimmung". Daher diene der Staat nicht nur „dem Nutzen der Einzelnen", sondern erfülle darüber hinaus „einen sittlichen Zweck". Es sei daher „sittliche *Pflicht* des Einzelnen, einem Staat anzugehören".[1139] Es zeichne den Menschen neben seiner Vernunft aus, dass er „in seinem Handeln durch das Bewusstsein der Pflicht" bestimmt werden könne. Er sei „sittlich verpflichtet, die Gemeinschaft

---

1133 Vgl. zur Aktion Ritterbusch *Hausmann*, „Deutsche Geisteswissenschaft" im Zweiten Weltkrieg, S. 229 ff. Die anderen Binder-Schüler waren nicht an der Aktion Ritterbusch beteiligt.

1134 Vgl. *Larenz*, Sittlichkeit und Recht, S. 182.

1135 *Larenz*, a. a. O., S. 183.

1136 *Larenz*, a. a. O., S. 181.

1137 *Larenz*, a. a. O., S. 175.

1138 *Larenz*, a. a. O., S. 177.

1139 *Larenz*, a. a. O., S. 273 f.

zu schaffen und zu erhalten und seinen eigenen Vorteil dem ‚gemeinen Besten oder dem Gemeinnutzen unterzuordnen". Larenz geht davon aus, dass vor den Rechten der Einzelnen ihre Pflichten stünden und das unter dem Kreis der sittlichen Pflichten „die im engeren Sinne naturrechtlichen Pflichten" sich dadurch heraushöben, dass sie erzwingbar seien, d.h. „dass ihnen ein subjektives Recht oder eine moralische Befugnis eines anderen zur Zwangsanwendung" entspreche.[1140] Die „Ordnung des Ganzen" trete dem Einzelnen „immer als Gebot gegenüber, zu dem er, so oder so, Stellung nehmen" könne, das ihn jedoch nicht „wie ein Naturgesetz zwingt, sondern seiner eigenen Entschließung Raum" gebe, jedoch für ihn mit dem Bewusstsein verbunden sei, dass er ihm folgen *solle*, und das so gleichwohl eine gewisse innere Gewalt über ihn ausübe. Diese Gewalt erkenne der Einzelne als „Gemeinwille" und damit auch seinen eigenen Willen „als Gemeinschaftsangehöriger" und er könnte ihm nicht widerstehen „ohne sich als Gemeinschaftsglied aufzugeben und damit vor sich selbst und der Gemeinschaft schuldig zu werden". Es sei daher „kein ihm fremdes und äußerliches Gebot", das an ihn herantrete, sondern „zutiefst nur das seiner eigenen, nämlich überindividuellen Natur, und somit ein Gesetz, das, wenn er es sich auch nicht selbst (als dieses Individuum) gegeben hat, so doch in seinem eigenen Wesen (als Gemeinschaftsglied und Träger des Gemeinschaftsgeistes)" begründet liege.[1141] Der Einzelne könne auch nicht einwenden, dass „seine persönliche sittliche Überzeugung" eine andere als diejenige seines Volkes sei, denn „soweit es sich um die objektive Sittlichkeit seines Volkes handelt, kommt die persönliche Überzeugung als letzter Maßstab nicht mehr in Betracht". Daraus möge ein „tragischer Konflikt" hervorgehen, doch sei dies „für die sittliche Verbindlichkeit der objektiv-sittlichen Forderung" des Volkes „ohne Belang".[1142]

Ausnahmsweise könne sich der Einzelne nur in einer „selbst gegebenen Gemeinschaftspflicht" gegen die sittliche Ordnung seines Volkes auflehnen. Dies sei der „Ausdruck eines sittlichen Bewusstseins, das nicht allein Ausdruck und Organ des sittlichen Gemeingeistes und damit Bewusstsein der Sitte und des Rechts als einer fraglos gültigen Bindung und Lebensnorm" sei, sondern darüber hinaus „als eine schöpferische Kraft ein neues Gesetz" aufstelle, das „zunächst zwar nur für diese Menschen allein Gültigkeit hat, das aber ebenso auch für andere verpflichtend zu werden vermag, wenn diese es sich ebenfalls selbst geben".[1143] Als Beispiel führt Larenz das eigenmächtige Vorgehen des preußischen Generals York im Jahr 1812 bei Tauroggen auf, das zwar vom König später legalisiert wurde, jedoch das Handeln „nicht zu einem im Augenblick der Tat rechtmäßigen" machte. Nicht das Recht, sondern nur das „höhere Urteil der Geschichte" habe den Erfolg der Tat rechtfertigt.[1144]

1140 *Larenz*, a. a. O., S. 274.
1141 *Larenz*, a. a. O., S. 379 f.
1142 *Larenz*, a. a. O., S. 401.
1143 *Larenz*, a. a. O., S. 406 f.
1144 *Larenz*, a. a. O., S. 410.

Auch in seinem 1947 erschienenen Aufsatz *Zur Beurteilung des Naturrechts*, dessen Manuskript nach seiner Angabe bereits Anfang 1945 abgeschlossen war,[1145] wendet Larenz sich erklärtermaßen von seiner eigenen früheren Naturrechtskritik ab.[1146] Freilich wehrt er sich nach wie vor gegen eine Auffassung, die das Naturrecht „als ein fertiges Normensystem" missverstehe. Er deutet auf „die immanente Grundlage jedes geschichtlich verwirklichten Rechts" hin.[1147] Dabei hält Larenz an seinen gemeinschaftsbezogenen Denkmustern fest, die er in seiner „idealistischen" und „völkischen" Schaffensphase entwickelt hatte. Er geht davon aus, dass es ein „fast allen Vertretern der deutschen Naturrechtslehre gemeinsamer Grundgedanken" sei, dass „der Mensch seiner eigentlichen Bestimmung nur in der *Gemeinschaft* mit seinesgleichen genügen" könne.[1148] Das „subjektive Recht" erscheine „als ein Recht *auf Pflichterfüllung*" und das „objektive Recht" sei „ein Teil der sittlichen Lebensordnung, die in bestimmten Gemeinschaftsverhältnissen und der ihnen entsprechenden dauernden Handlungsweise der Gemeinschaftsglieder ihre nähere Ausprägung und Verwirklichung" erfahre.[1149] Er erkenne daher das Naturrecht an, wenn er sich „auf die ‚Natur der Sache', das Wesen, die immanente Struktur eines Lebensverhältnisses" beziehe. Die Konstanz seines Denkens, wonach Larenz zwar terminologisch ein Naturrecht als „immanente Grundlage jedes geschichtlich verwirklichten Rechts" anerkennt, sich jedoch nicht wesentlich von seinem rechtsphilosophischen Herkommen entfernt, zeigt sich in dem letzten Satz der Abhandlung: „Familie, Berufsordnung und staatliches Gemeinwesen sind Grundordnungen menschlichen Seins, die in allem geschichtlichen Wandel doch gewisse Strukturformen und Prinzipien eines ihnen gemäßen Verhaltens erkennen lassen, die wir als dauernd gültig bejahen müssen".[1150] Hatte er diese „Grundordnungen menschlichen Seins" in seiner „idealistischen" Zeit in Göttingen unter Berufung auf Hegel als „konkrete" Ausprägungen des Geistes angesehen und als Vertreter der „neuen deutschen Rechtsdenkens" als Ausprägung des „Blutszusammanhangs" des Volkes, so erklärt er sie hier als naturrechtliche „immanente Grundlage jedes geschichtlich verwirklichten Rechts". Auf Hegel rekurriert Larenz dabei nach wie vor.[1151]

Im Gegensatz zu Dulckeits weitem Ausgreifen bis in die Hegelsche Religionsphilosophie wird aber deutlich, dass es Larenz nach dem Auseinanderfallen der Göttinger Schule und zunehmend im Verlaufe der 1940er Jahre weniger um eine Interpretation des Hegelschen philosophischen Gesamtsystems ging, als vor allem um die Rechtfertigung seiner eigenen Philosophie der Gemeinschaft mit bestimmten Topoi der Hegelschen Philosophie.

1145 *Larenz*, Zur Beurteilung des Naturrechts, in: Maihofer (Hrsg.), Naturrecht oder Rechtspositivismus?, 1962, S. 27 Fn. *.
1146 Vgl. *Larenz*, a. a. O., S. 28.
1147 *Larenz*, a. a. O., S. 31.
1148 *Larenz*, a. a. O., S. 30.
1149 *Larenz*, a. a. O., S. 30 f.
1150 *Larenz*, a. a. O., S. 32.
1151 Vgl. *Larenz*, a. a. O., S. 28, 31.

Zwar hatte sich Larenz im Verlaufe der 1930er Jahre immer mehr von der Schule seines Lehrers Binder entfernt und später für das Jahr 1940 das „Ende des Neuhegelianismus in der Zeit des Nationalsozialismus" konstatiert, doch greift Larenz auch in seiner *Methodenlehre der Rechtswissenschaft* aus dem Jahr 1960 auf seine an Hegel ausgerichteten methodologischen Denkmuster zurück. Dabei blendet er freilich die Hegelsche Metaphysik weitgehend aus. Die Bezüge auf Hegel nehmen in den Neuauflagen des Werkes, das bis 1991 in sechs Auflagen erscheint, stetig ab,[1152] sodass Fikentscher Larenz in Bezug auf seine *Methodenlehre der Rechtswissenschaft* zu Recht „nur noch sehr bedingt als Neuhegelianer" bezeichnet.[1153] In einer Passage über den Hegelschen „konkret-allgemeinen Begriff" weist Larenz dort auf sein Festhalten an der Hegelschen Begriffsbildung und seine Abkehr von der Hegelschen Metaphysik hin, die im Hinblick auf ihre finale Aussage am Schluss dieser Arbeit stehen soll:

> „Wir sind uns dessen bewusst, wie misslich es ist, das Denken im ‚konkret-allgemeinen' Begriff von den metaphysischen Voraussetzungen und den konkreten (natur-, rechts-. geschichtsphilosophischen) Inhalten des Hegelschen Systems so weit abzulösen, dass es auch außerhalb eines sich eng an das System bindenden ‚Hegelianismus' für die Erkenntnisse der Grundbegriffe des Rechts fruchtbar gemacht werden kann. Aber wir glauben, dass gerade dieser Versuch heute gemacht werden muss, weil die eigene Problematik rechtswissenschaftlichen Denkens uns nunmehr bis an den Punkt herangeführt hat, an dem sich die Frage nach dem ‚konkreten Begriff' zwingend stellt. Es bedeutet freilich, wie *Brecher* mit Recht gesagt hat*, ‚für denjenigen, der durch die Schule des Rationalismus – im weitesten Sinne – gegangen ist, ein völliges Umdenken, wenn er das Allgemeine nicht mehr als sinn- und inhaltsentleerten Rahmen, sondern als die Fülle des noch nicht in Besonderung entfalteten Seins sehen soll'. Es kann nicht zweifelhaft sein: Wer sich auf den ‚konkreten Begriff' einlässt, verlässt den Boden einigermaßen als gesichert geltender Denkmethoden, er setzt sich damit nicht geringen Gefahren aus."[1154]

1152 Vgl. *Kokert*, Briefe, die Geschichte schreiben – Karl Larenz und die nationalsozialistische Zeit, S. 39. *Rüthers*, Anleitung zum fortgesetzten methodischen Blindflug?, Neue Juristische Wochenschrift 1996, S. 1250 nennt die verschiedenen Auflagen der *Methodenlehre* in Bezug auf ihre inhaltliche Wandlung „faszinierende zeitgeschichtliche Dokumente" insofern Larenz implizit auf die aufkommende Auseinandersetzung mit seinem Schaffen in der Zeit des Nationalsozialismus reagiere.

1153 *Fikentscher*, Methoden des Rechts, Bd. III, S. 494 f.

* Das Unternehmen als Rechtsgegenstand, 1953 S. 12.

1154 *Larenz*, Methodenlehre der Rechtswissenschaft, S. 355.

Fazit und Zusammenfassung

Julius Binder und seinen Schülern Karl Larenz, Martin Busse und Gerhard Dulckeit war als „Göttinger Schule“ nur eine kurze Wirkungszeit gegen Ende der 1920er bis zur Mitte der 1930er Jahre beschieden. Aus der neukantianistischen Rechtsphilosophie der Nachkriegszeit kommend, bemühten sie sich um eine Neuausrichtung der Rechtsphilosophie auf der Grundlage Hegels. Dabei legten sie keine philosophische Hegelexegese vor, sondern bemühten sich um Fruchtbarmachung der Gedanken Hegels für die zeitgenössische Rechtsphilosophie. Ihre Schriften erzielten im rechtsphilosophischen Diskurs der Zeit nur sehr verhaltene Resonanz und auch ihre Versuche, nach der „Machtergreifung“ der Nationalsozialisten, dem neuen Staat ein neuhegelianisches Gepräge zu geben, verebbten nahezu ungehört. Einzig Larenz und Busse schafften es – allerdings durch mehr oder minder deutlich formulierte Abkehr vom Neuhegelianismus und eine Hinwendung zur Zivilrechtslehre bzw. zum Agrarrecht – sich in der Rechtswissenschaft des Nationalsozialismus Gehör zu verschaffen. Binders reaktionäre und tendenziell hermetische Rechtsphilosophie wurde nach 1933 kaum noch rezipiert und auch Dulckeits Hegelianismus schien den praktischen Erfordernissen der Zeit keine Rechnung zu tragen. Auch in der rechtshistorischen und rechtsphilosophischen Forschung der Bundesrepublik findet das Wirken der Göttinger Schule kaum Beachtung. Der Grund dafür liegt zum einen in den oftmals als nationalsozialistisch beeinflusst empfundenen Schriften der betrachteten Autoren und zum anderen in der Abwertung ihres rechtsphilosophischen Gehaltes durch die Rechtslehre und Philosophie der Bundesrepublik. Der nach dem 1954 verstorbenen Dulckeit einzige überlebende Angehörige der Göttinger Schule, Karl Larenz, tritt dieser späteren Verkennung des neuhegelianischen Impetus in den 1930er Jahren nicht entgegen bzw. wirkt sogar mehr oder weniger aktiv an seiner Verschleierung mit. Gleichwohl legen es die umfangreiche Publikationstätigkeit und die aussagekräftigen Briefwechsel der betrachteten Autoren nahe, die Tatsache der rechtsphilosophischen neuhegelianischen Schulbildung unter Binder in Göttingen in den 1930er Jahren zu untersuchen. Dies ist Gegenstand und Ergebnis der vorliegenden Arbeit.

Abweichend vom bisherigen Forschungsstand werden die persönlichen und publizistischen Beziehungen der Angehörigen der Göttinger Schule erstmals unter Bezugnahme auf die vorhandenen Quellen untersucht und dargestellt. Deutlich wird dabei zum einen, dass von einem Zusammenhalt der Göttinger Schule nur für wenige Jahre der gemeinsamen Göttinger Zeit Binders, Larenz’, Busses und Dulckeits gegen Ende der 1920er Jahre und zu Beginn der 1930er Jahre gesprochen werden kann. Nach dem Weggang Larenz’, Busses und Dulckeits löst sich die rechtsphilosophische Einigkeit der Göttinger Schule relativ schnell wieder auf und verwandelt sich in eine teilweise erbittert geführte Auseinandersetzung ihrer Angehörigen. Zum anderen wird deutlich, dass die Göttinger Schule – als neuhegelianische Gruppierung – nur einen sehr begrenzten Einfluss auf den rechtsphilosophischen Diskurs ihrer Zeit hatte.

Die vorliegende Arbeit widmet sich zunächst dem Forschungsstand und Forschungsdesiderat zur Göttinger Schule sowie dem entsprechenden rechtsphilosophischen und rechtshistorischen Kontext (S. 13–39). Anschließend werden die personellen Umrisse der Göttinger Schule bestimmt. Der Rechtsphilosoph Julius Binder, der 1919 bis 1938 in Göttingen lehrt, beginnt sich ab der Mitte der 1920er Jahre intensiv mit Hegel zu beschäftigen, woraus er seine Philosophie des „objektiven Idealismus“ entwickelt. Ab Ende der 1920er Jahre schart er einen Schülerkreis um sich, der sich unter seiner Ägide ebenfalls intensiv mit Hegel auseinandersetzt. Karl Larenz, Gerhard Dulckeit und Martin Busse sind seine engsten Hegel-Schüler. Sie alle beschäftigen sich in verschiedenen Abhandlungen mit der Rechtsphilosophie Hegels; anfangs unter enger Anlehnung an ihren Lehrer und später zunehmend eigenständig. Über diesen engeren neuhegelianischen Schülerkreis hinaus, ist Binders rechtsphilosophisches Seminar und seine häusliche Hegel-Lektüre ein Anziehungspunkt für weitere rechtsphilosophisch interessierte Juristen. Neben Larenz, Busse und Dulckeit nehmen auch Karl Michaelis und Adam von Trott zu Solz an seinem Seminar und seinen Hegel-Abenden teil, sind jedoch aus verschiedenen Gründen nicht der engeren Schülerschaft Binders zuzuordnen. Walther Schönfeld ist außerhalb der Göttinger Schule der wohl profilierteste Vertreter des rechtsphilosophischen Neuhegelianismus, tritt jedoch in den 1930er Jahren zunehmend als rechtsphilosophischer Widersacher Binders auf. (S. 41–70).

Mitte bis Ende der 1920er Jahre verstehen sich Binder und sein Schüler Larenz noch als neukantianische Rechtsphilosophen im weitesten Sinne. Durch ihre zunehmende Beschäftigung mit Hegel beginnen sie dessen rechtsphilosophischen Eigenwert gegenüber Kant immer stärker herauszuarbeiten und mit Ende der 1920er Jahre stellen sie schließlich das Hegelsche Paradigma über dasjenige Kants. Spätestens das Erscheinen des Gemeinschaftswerkes *Einführung in Hegels Rechtsphilosophie* von Binder, Busse und Larenz im Jahr 1931 markiert den Anfang der neuhegelianischen Rechtsphilosophie der Göttinger Schule (S. 71–101).

In verschiedenen Schriften setzen sich Binder und seine Schüler in den nachfolgenden Jahren kritisch mit der zeitgenössischen Rechtsphilosophie auseinander und definieren ihren eigenen an Hegel ausgerichteten „objektiven Idealismus“, den sie als notwendig und ausschließlich geeignet ansehen, die geistigen Herausforderungen der Zeit zu bewältigen. Binder sieht darin vor allem die Abwicklung des Staates der Weimarer Republik und seine Ersetzung durch einen mehr oder minder an Hegelschen Gedanken orientierten „Volksstaat“. Auch seine Schüler pflichten ihrem Lehrer bei und ersinnen die Philosophie eines Staates, der unter Rückgriff auf Hegel als Verwirklichung des geschichtlich wirkenden Geistes im deutschen Volk angesehen wird. Charakteristisch ist dabei die Auffassung der „dialektischen“ Verflechtung des Einzelnen mit der Gemeinschaft, die beide Pole dieses Staates als notwendig miteinander verbunden ansieht. Der Einzelne könne nur rechtliche Wirksamkeit als Glied der staatlichen (später: völkischen) Gesamtheit erlangen. Besonders Larenz profiliert sich mit diesem Gemeinschaftsdenken.

Die Mitte der 1930er Jahre ist die Hochzeit der Göttinger Schule. Vor allem Binder und Larenz legen eine Anzahl an Publikationen vor, die den neuhegelianischen

„objektiven Idealismus“ unter verschiedenen rechtsphilosophischen Perspektiven beleuchten. Auch die Auslegung der Rechtsphilosophie Hegels steht verschiedentlich im Fokus der Abhandlungen der Göttinger Schule. Ab Mitte der 1930er Jahre beginnt sich Binder von dem „objektiven Idealismus“ zu lösen, der als gemeinsamer neuhegelianischer Konsens der Göttinger Schule angesehen werden kann. Binder beginnt zunehmend, seinen „absoluten Idealismus“ zu propagieren, der sich nicht mehr explizit an Hegel ausrichtet. Die rechtsphilosophischen Trennlinien zu seinen Schülern verlaufen anfangs noch unscharf und werden nicht herausgekehrt (S. 103–169).

Mit dem Weggang von Larenz, Busse und Dulckeit aus Göttingen wird jedoch auch das Auseinandergehen der rechtsphilosophischen Positionen Binders und seiner Schülern immer deutlicher. Insbesondere Larenz und Dulckeit legen differenzierte Kritiken der Rechtsphilosophie ihres Lehrers vor. Dieser reagiert oftmals wenig sachlich und ist schließlich über die Beschäftigung seiner Schüler mit der harschen Kritik Schönfelds an seiner Rechtsphilosophie geradezu persönlich beleidigt. Ohne vertiefte rechtsphilosophische Auseinandersetzungen mit der Kritik seiner Schüler baut er seinen „absoluten Idealismus“ aus, der – wie Larenz es beschrieben hatte – auf seine Schüler zunehmend „esoterisch“ wirkt (S. 171–207).

Die „Machtergreifung“ der Nationalsozialisten scheint zunächst die rechtsphilosophische Erfüllung der staats- und gesellschaftstheoretischen Bestrebungen der Göttinger Schule zu sein. Binder, Larenz, Dulckeit und Busse legen enthusiastische Schriften vor, in denen sie sich bemühen, das neue System aus ihrer Rechtsphilosophie heraus zu begründen. Die Affinität ihrer antiliberalen und gemeinschaftsbezogenen Rechtsphilosophie zu nationalsozialistischen Gedanken ist unschwer zu erkennen, sodass manche Schriften als rechtsphilosophische Begründung des nationalsozialistischen Staates überhaupt erscheinen. Gleichwohl kommt es innerhalb der Göttinger Schule zu unterschiedlichen Auseinandersetzungen mit dem nationalsozialistischen System. Während Busse und Larenz relativ vorbehaltlos und Dulckeit eher verhalten an der Begründung eines dezidiert nationalsozialistischen bzw. „völkischen“ Rechts mitwirken, empfindet Binder das nationalsozialistische System als zunehmend geistlos. Er stirbt im Jahr 1939 noch vor Ausbruch des Krieges. Insgesamt tritt bei Larenz und Dulckeit eine gewisse Ernüchterung über die rechtsphilosophischen Möglichkeiten im Nationalsozialismus ein. Die von Larenz behauptete Abkehr vom Nationalsozialismus ab 1943 ist jedoch nicht in dem Maße nachvollziehbar, dass ein Akt des Widerstandes erkennbar geworden wäre (S. 209–241). Nach Binders und Busses Tod ist ab den 1940er Jahren und in der frühen Bundesrepublik schließlich nur noch Dulckeit als neuhegelianischer Rechtsphilosoph anzusehen. Larenz knüpft nach dem Krieg nicht mehr an seine – ab 1933 nationalsozialistisch kompromittierten – neuhegelianischen Schriften an (S. 243–249).

Bibliographie der Göttinger Schule

1927

Julius Binder, Kantianismus und Hegelianismus in der Rechtsphilosophie, Vortrag, Archiv für Rechtsphilosophie, Bd. 20, 1926/27.

Julius Binder, Prozeß und Recht, 1927.

Julius Binder, Der Adressat der Rechtsnorm und seine Verpflichtung, 1927.

Karl Larenz, Hegels Zurechnungslehre und der Begriff der objektiven Zurechnung, ein Beitrag zur Rechtsphilosophie des kritischen Idealismus und zur Lehre von der „juristischen Kausalität", 1927.

Karl Larenz, Die Wirklichkeit des Rechts, Logos, Bd. XVI, 1927, S. 204–210.

1928

Julius Binder, Zur Lehre vom Rechtsbegriff, Logos, Bd. XVIII, 1928.

Karl Larenz, Rezension von Victor Basch, Les Doctrines Politiques des Philosophes Classiques de l'Allemagne, Logos, Bd. XVII, 1928, S. 225–227.

1929

Julius Binder, Staatsraison und Sittlichkeit, 1929.

Julius Binder, Führerauslese in der Demokratie, 1929.

Julius Binder, Der 28. Juni und die Kriegsschuldfrage, 1929.

Karl Larenz, Das Problem der Rechtsgeltung, 1929.

1930

Julius Binder, Die sittliche Berechtigung des Krieges und die Idee des ewigen Friedens, 1930.

Julius Binder, Der Staat der Musik, 1930.

Julius Binder, Der deutsche Volksstaat, in: Der Staat, eine Schulungswoche der Deutschen Studentenschaft, herausgegeben vom Vorstand der Deutschen Studentenschaft, 1930, S. 171–190.

Karl Larenz, Staat und Religion bei Hegel: ein Beitrag zur systematischen Interpretation der Hegelschen Rechtsphilosophie, in: Karl Larenz (Hrsg.), Rechtsidee und Staatsgedanke, Beiträge zur Rechtsphilosophie und zur politischen Ideengeschichte, Festgabe für Julius Binder, 1930, S. 243–263.

Karl Larenz, Einführung, Rechtsidee und Staatsgedanke, in: Ders. (Hrsg.), Rechtsidee und Staatsgedanke, Beiträge zur Rechtsphilosophie und zur politischen Ideengeschichte, Festgabe für Julius Binder, 1930, S. V–VII.

Karl Larenz, Die Methode der Auslegung des Rechtsgeschäftes. Zugleich ein Beitrag zur Theorie der Willenserklärung, 1930.

1931

Julius Binder/Martin Busse/Karl Larenz, Einführung in Hegels Rechtsphilosophie, 1931.

Julius Binder, Das System der Rechtsphilosophie Hegels, in: Julius Binder/Martin Busse/Karl Larenz, Einführung in Hegels Rechtsphilosophie, 1931, S. 56–94.

Julius Binder, Die Freiheit als Recht, in: Veröffentlichungen des internationalen Hegelbundes 1, Verhandlungen des 1. Hegelkongresses, 1931, S. 147–210.

Martin Busse, Hegels Phänomenologie des Geistes und der Staat: ein Beitrag zur Auslegung der Phänomenologie und Rechtsphilosophie und zur Geschichte der Entwicklung des Hegelschen Systems, 1931.

Martin Busse, Das Thema der Rechtsphilosophie Hegels, in: Julius Binder/Martin Busse/Karl Larenz, Einführung in Hegels Rechtsphilosophie, 1931, S. 30–55.

Karl Larenz, Hegels Begriff der Philosophie und der Rechtsphilosophie, in: Julius Binder/Martin Busse/Karl Larenz, Einführung in Hegels Rechtsphilosophie, 1931, S. 5–29.

Karl Larenz, Rechts- und Staatsphilosophie der Gegenwart, 1931.

Karl Larenz, Die Wendung zur Metaphysik in der Rechtsphilosophie Julius Binders, Zeitschrift für Rechtsphilosophie in Lehre und Praxis, Bd. 5, 1930/31, S. 185–207.

Karl Larenz, Hegels Dialektik des Willens und das Problem der juristischen Persönlichkeit, Logos, Bd. XX, 1931, S. 196–243.

1932

Julius Binder, Rechtsbegriff und Rechtsgeschichte, in: Festschrift für Ernst Mayer, 1932, S. 1–30.

Gerhard Dulckeit, Naturrecht und positives Recht bei Kant, 1932.

Karl Larenz, Hegel und das Privatrecht, 1932, in: Verhandlungen des zweiten Hegelkongresses (Berlin 1931), 1932.

1933

Julius Binder, Der autoritäre Staat, Logos, Bd. XXII, 1933, S. 126–160.

Karl Larenz, Die Rechts- und Staatsphilosophie des deutschen Idealismus und ihre Gegenwartsbedeutung, in: Alfred Bäumler/Manfred Schröter (Hrsg.), Handbuch der Philosophie, Abt. 4, Beitrag D, Günther Holstein und Karl Larenz, Staatsphilosophie, 1931 und 1933, S. 89–188.

1934

Julius Binder, Der obligatorische Vertrag im System der Hegelschen Rechtsphilosophie, in: Verhandlungen des dritten Hegelkongresses (Rom 1933), 1934, S. 37–59.

Julius Binder, Der deutsche Volksstaat, 1934.

Gerhard Dulckeit, Rezension von Julius Binder, Der deutsche Volksstaat, Kant-Studien, philosophische Zeitschrift der Kant-Gesellschaft, Bd. 39, 1934, S. 385–386.

Karl Larenz, Deutsche Rechtserneuerung und Rechtsphilosophie, 1934.

Karl Larenz, Rezension von Hedemann, Die Flucht in die Generalklauseln, Zeitschrift für das gesamte Handelsrecht und Konkursrecht, Bd. 100, 1934, S. 378–382.

1935

Julius Binder, Grundlegung zur Rechtsphilosophie, 1935.

Julius Binder, Der Idealismus als Grundlage der Staatsphilosophie, Zeitschrift für Kulturphilosophie, Bd. 1, 1935, S. 142–158.

Julius Binder, Neuere Strömungen in der Rechts- und Staatsphilosophie, Sonderdruck aus: Jahrbücher der Philosophie, 3. Jahrgang, 1935.

Julius Binder, Philosophie und Staat, 1935.

Gerhard Dulckeit, Rezension von Hoffmeister, Johannes, Die Problematik des Völkerbundes bei Kant und Hegel, Kant-Studien, philosophische Zeitschrift der Kant-Gesellschaft, Bd. 40, 1935, S. 314–316.

Karl Larenz, Rechts- und Staatsphilosophie der Gegenwart, 2. Auflage, 1935.

Karl Larenz, Rezension von Carl Schmitt, Über die drei Arten des rechtswissenschaftlichen Denkens, Zeitschrift für Deutsche Kulturphilosophie, Bd. 1, 1935, S. 112–118.

Karl Larenz, Volksgeist und Recht. Zur Revision der Rechtsanschauung der Historischen Schule, Zeitschrift für deutsche Kulturphilosophie, Bd. 1, 1935, S. 40–60.

Karl Larenz, Die Wandlung des Vertragsbegriffs, in: Deutsches Recht 1935, S. 488–491.

Karl Larenz, Rechtsphilosophie, in Heckel/Henkel/Walz/Larenz, Berichte über die Lage und das Studium des öffentliches Rechts, 1935, S. 55–63.

Karl Larenz, Rechtsperson und subjektives Recht. Zur Wandlung der Rechtsgrundbegriffe, in: Karl Larenz u.a. (Hrsg.), Grundfragen der neuen Rechtswissenschaft, 1935, S. 225–260.

Karl Larenz/u.a., Zur Einführung, Zeitschrift für deutsche Kulturphilosophie, Bd. 1, 1935, S. 1–2.

1936

Martin Busse, Grundfragen der neuen Rechtswissenschaft, Deutsche Rechtswissenschaft, Bd. 1, 1936, S. 170–176.

Gerhard Dulckeit, Rechtsbegriff und Rechtsgestalt: Untersuchung zu Hegels Philosophie des Rechts und ihrer Gegenwartsbedeutung, 1936.

Gerhard Dulckeit, Hegel und der preußische Staat. Zur Herkunft und Kritik des liberalen Hegelbildes, Zeitschrift für deutsche Kulturphilosophie, Bd. 2, 1936, S. 63–77.

Gerhard Dulckeit, Rezension von Hans Welzel, Naturalismus und Wertphilosophie im Strafrecht, Zeitschrift für Deutsche Kulturphilosophie, Bd. 2, 1936, S. 291–297.

Karl Larenz, Vom Wesen der Strafe, Zeitschrift für deutsche Kulturphilosophie, Bd. 2, 1936, S. 26–50.

Karl Larenz, Gemeinschaft und Rechtsstellung, Deutsche Rechtswissenschaft, Bd. 1, 1936, S. 31–39.

1937

Julius Binder, System der Rechtsphilosophie. Der „Philosophie des Rechts“ 2. vollkommen neu bearbeitete Auflage, 1937.

Julius Binder, Geist und Bewusstsein, Zeitschrift für Deutsche Kulturphilosophie, Bd. 3, 1937, S. 286–307.

Julius Binder, Hegel und der neue Geist, [von Binder nicht veröffentlichte Schrift, abgedruckt bei Jakob, Grundzüge der Rechtsphilosophie Julius Binders, S. 244–259].

Martin Busse, Rezension von Gerhard Dulckeit, Rechtsbegriff und Rechtsgestalt, Zeitschrift für deutsche Kulturphilosophie, Bd. 3, 1937, S. 184–191.

Gerhard Dulckeit, Rezension von Ossip Kurt Flechtheim, Hegels Strafrechtstheorie, Archiv für Rechts- und Sozialphilosophie, Bd. 31, 1937/38.

Karl Larenz, Rechtswissenschaft und Rechtsphilosophie. Eine Erwiderung, Archiv für die civilistische Praxis, Bd. 143, 1937, S. 257–281.

1938

Julius Binder, Mein „absoluter Idealismus“ und Hegel: eine Klarstellung gegenüber der Kritik meines Systems, Zeitschrift für die gesamte Staatswissenschaft, Bd. 98.1937/1938, S. 401–435.

Julius Binder, Die Bedeutung der Rechtsphilosophie für die Erneuerung des Privatrechts, in: Zur Erneuerung des Bürgerlichen Rechts, Schriften der Akademie für Deutsches Recht, herausgegeben von Hans Frank, Gruppe Rechtsgrundlagen und Rechtsphilosophie, Nr. 7, 1938, S. 18–36.

Gerhard Dulckeit, System und Geschichte in Hegels Philosophie, Zeitschrift für deutsche Kulturphilosophie, Bd. 4, 1938, S. 25–61.

Gerhard Dulckeit, Das Selbstbewusstsein des Geistes. Zum Werke von J. Hessing, Die Tatwelt, Bd. 14, 1938, S. 30–35.

Karl Larenz, Die Bedeutung der völkischen Sitte in Hegels Staatsphilosophie, Zeitschrift für die gesamte Staatswissenschaft, Bd. 98.1937/38, S. 109–150.

Karl Larenz, Über Gegenstand und Methode des völkischen Rechtsdenkens, 1938.

Karl Larenz, Hegels Nürnberger Schriften in ihrer Bedeutung für die Entwicklung seiner Rechts- und Staatsphilosophie, Archiv für Rechts- und Staatsphilosophie, Bd. 31, 1937/38, S. 358–370.

Karl Larenz, Die Aufgabe der Rechtsphilosophie, Zeitschrift für Deutsche Kulturphilosophie, Bd. 4, 1938, S. 209–243.

Karl Larenz, Rezension von Julius Binder, System der Rechtsphilosophie, Zeitschrift für deutsche Kulturphilosophie, Bd. 4, 1938, S. 307–308.

Karl Larenz, Die Idee einer wesenhaften deutschen Philosophie bei Johann Gottlieb Fichte, Kieler Blätter, Bd. 1, 1938, S. 41–48.

1939

Julius Binder, Die Einheit der praktischen Gesetzgebung, in Festschrift für Paul Koschaker, 1939, Bd. III, S. 420–452.

Julius Binder, Rechtsphilosophie als Lebensphilosophie, Bemerkungen zu Kurt Schillings Geschichte der Staats- und Rechtsphilosophie im Überblick von den Griechen bis zur Gegenwart, Sonderdr. aus: Archiv für Rechts- und Sozialphilosophie, Bd. XXXII, Heft 3, 1939.

Karl Larenz, Rezension von Theodor Haering, Hegel, Sein Wollen und sein Werk, Zeitschrift für deutsche Kulturphilosophie, Bd. 5, 1939, S. 76–87.

Karl Larenz, Sitte und Recht, Zeitschrift für deutsche Kulturphilosophie, Bd. 5, 1939, S. 232–254.

Karl Larenz, Julius Binder †, Zeitschrift der Akademie für Deutsches Recht, Bd. 6, 1939, S. 646.

Karl Larenz, Die Rechtsordnung als völkische Lebensordnung, in: Tag des Deutschen Rechts, 1939, S. 557–574.

1940

Karl Larenz, Rechtswahrer und Philosoph. Zum Tode von Julius Binder, Zeitschrift für deutsche Kulturphilosophie, Bd. 6, 1940, S. 1–14.

Karl Larenz, Hegelianismus und preußische Staatsidee: die Staatsphilosophie Joh. Ed. Erdmanns und das Hegelbild des 19. Jahrhunderts, 1940.

Karl Larenz, Zur Logik des konkreten Begriffs. Eine Voruntersuchung zur Rechtsphilosophie, Deutsche Rechtswissenschaft, Vierteljahresschrift der Akademie für Deutsches Recht, Bd. 5, 1940, S. 279–299.

Karl Larenz, Johann Friedrich Kierulff, Bemerkungen zu seiner „Theorie des gemeinen Civilrechts“, in: Paul Ritterbusch u.a. (Hrsg.), Festschrift zum 275jährigen Bestehen der Christian-Albrechts-Universität zu Kiel, 1940, S. 116–128.

Karl Larenz, Rezension von Hegel, Volk - Staat - Geschichte, Eine Auswahl von seinen Werken. Bearbeitet und eingeleitet von Friedrich Bülow, Zeitschrift für deutsche Kulturphilosophie, Bd. 6, 1940, S. 154–157.

1941

Gerhard Dulckeit, Das Recht in Geschichte und Gegenwart, 1941.

Karl Larenz, Typologisches Rechtsdenken. Bemerkungen zu V. Tuka: Die Rechtssysteme, Archiv für Rechts und Sozialphilosophie, Bd. 34, 1940/41, S. 20–30.

Karl Larenz, Der deutsche Rechtsgedanke und seine Bedeutung für ein neues Europa, Kieler Blätter, Heft 1, 1941, S. 39–48.

1943

Karl Larenz, Sittlichkeit und Recht, Untersuchungen zur Geschichte des deutschen Rechtsdenkens und zur Sittenlehre, in: Karl Larenz (Hrsg.), Reich und Recht in der deutschen Philosophie, Bd. 1, 1943, S. 169–412.

Karl Larenz, Vom Problem der Rechtspflicht, Zeitschrift für deutsche Kulturphilosophie, Bd. 9, 1943, S. 77–94.

1944

Karl Larenz, Sittlichkeit und Recht bei Samuel Pufendorf, Zeitschrift für deutsche Kulturphilosophie, Bd. 10, 1944, S. 101–115 [= erstes Kapitel von Sittlichkeit und Recht, Untersuchungen zur Geschichte des deutschen Rechtsdenkens und zur Sittenlehre, in: Karl Larenz (Hrsg.), Reich und Recht in der deutschen Philosophie, Bd. 1, 1943].

1945

Karl Larenz, Zur Beurteilung des Naturrechts, in: Werner Maihofer (Hrsg.), Naturrecht oder Rechtspositivismus?, 1962, S. 27–32 [Bereits Anfang 1945 konzipiert].

1947

Gerhard Dulckeit, Die Idee Gottes im Geiste der Philosophie Hegels, 1947.

Gerhard Dulckeit, Leitfaden zur Vorlesung über Rechtsphilosophie, als Manuskript gedruckt. Nur zum Gebrauch für meine Hörer, 1947.

1950

Gerhard Dulckeit, Philosophie der Rechtsgeschichte. Die Grundgestalten des Rechtsbegriffs in seiner historischen Entwicklung, 1950.

Quellen- und Literaturverzeichnis

Archivalien

Archiv der Juristischen Fakultät der Universität Göttingen, Personalakten
Jur Fak PA Binder
Jur Fak PA Busse
Jur Fak PA Dulckeit
Jur Fak PA Larenz

Bundesarchiv Koblenz
BAK 1416/4
BAK 1416/11
BAK 1416/12
BAK 1416/21
BAK 1416/22

Niedersächsische Staats- und Universitätsbibliothek, Göttingen, Handschriften, Autographen, Nachlässe, Sonderbestände
NSUG Cod. Ms. Dulckeit 1
NSUG Cod. Ms. Dulckeit 5
NSUG Cod. Ms. Dulckeit 9
NSUG Cod. Ms. R. Smend A 573

Universitätsarchiv Göttingen
UAG Kur. 0808

Literaturverzeichnis

Klaus Anderbrügge, Völkisches Rechtsdenken, Zur Rechtslehre in der Zeit des Nationalsozialismus, 1978.

Robert Alexy, Fortwirkungen nationalsozialistischer Denkweisen in Rechtslehre und Rechtsprechung nach 1945?, in: Franz Jürgen Säcker (Hrsg.), Recht und Rechtslehre im Nationalsozialismus, Ringvorlesung der Rechtswissenschaftlichen Fakultät der Christian-Albrechts-Universität zu Kiel, Baden-Baden 1992, S. 219–226.

M. Baethge, Die Georgia-Augusta. Eine deutsche Universität im Dritten Reich, in: Politikon, Göttinger Studentenzeitschrift für Niedersachsen, Nr. 9, 1965, S. 23–27.

Kurt Ballerstedt, „Dulckeit, Gerhard", in: Neue Deutsche Biographie 4 (1959), S. 183–184.

Jan-Pieter Barbian, Literaturpolitik im „Dritten Reich", 2. Auflage, 1995.

Bruno Bauch, Rezension von Karl Larenz, Rechts- und Staatsphilosophie der Gegenwart, 2. Aufl., Zeitschrift für deutsche Kulturphilosophie, Bd. 2, 1936, S. 204–210.

Alois Baumgartner, Sehnsucht nach Gemeinschaft, Ideen und Strömungen im Sozialkatholizismus der Weimarer Republik, 1977.

Lothar Becker, „Schritte auf einer abschüssigen Bahn", Das Archiv des öffentlichen Rechts (AöR) und die deutsche Staatsrechtswissenschaft im Dritten Reich, Diss. Tübingen 1999.

Christopher Benkert, Die Juristische Fakultät der Universität Würzburg 1914 bis 1916, Würzburger rechtswissenschaftliche Schriften 62, 2005.

Wilhelm Raimund Beyer, Hegel-Bilder, Kritik der Hegel-Deutungen, 2. Auflage 1967.

Julius Binder, Kantianismus und Hegelianismus in der Rechtsphilosophie, Vortrag, Archiv für Rechtsphilosophie, Bd. 20, 1926/27.

Julius Binder, Prozeß und Recht, 1927.

Julius Binder, Der Adressat der Rechtsnorm und seine Verpflichtung, 1927.

Julius Binder, Zur Lehre vom Rechtsbegriff, Logos, Bd. XVIII, 1928.

Julius Binder, Staatsraison und Sittlichkeit, 1929.

Julius Binder, Führerauslese in der Demokratie, 1929.

Julius Binder, Der 28. Juni und die Kriegsschuldfrage, 1929.

Julius Binder, Die sittliche Berechtigung des Krieges und die Idee des ewigen Friedens, 1930.

Julius Binder, Der Staat der Musik, 1930.

Julius Binder, Der deutsche Volksstaat, in: Der Staat, eine Schulungswoche der Deutschen Studentenschaft, herausgegeben vom Vorstand der Deutschen Studentenschaft, 1930, S. 171–190.

Julius Binder, Das System der Rechtsphilosophie Hegels, in: Julius Binder/Martin Busse/Karl Larenz, Einführung in Hegels Rechtsphilosophie, 1931, S. 56–94.

Julius Binder, Die Freiheit als Recht, in: Veröffentlichungen des internationalen Hegelbundes 1, Verhandlungen des 1. Hegelkongresses, 1931, S. 147–210.

Julius Binder, Rechtsbegriff und Rechtsgeschichte, in: Festschrift für Ernst Mayer, 1932, S. 1–30.

Julius Binder, Der autoritäre Staat, Logos, Bd. XXII, 1933, S. 126–160.

Julius Binder, Bemerkungen zum Methodenstreit in der Privatrechtswissenschaft, 1934.

Julius Binder, Der obligatorische Vertrag im System der Hegelschen Rechtsphilosophie, in: Verhandlungen des dritten Hegelkongresses (Rom 1933), 1934, S. 37–59.

Julius Binder, Der deutsche Volksstaat, 1934.

Julius Binder, Grundlegung zur Rechtsphilosophie, 1935.

Julius Binder, Der Idealismus als Grundlage der Staatsphilosophie, Zeitschrift für Kulturphilosophie, Bd. 1, 1935, S. 142–158.

Julius Binder, Neuere Strömungen in der Rechts- und Staatsphilosophie, Sonderdruck aus: Jahrbücher der Philosophie, 3. Jahrgang, 1935.

Julius Binder, Philosophie und Staat, 1935.

Julius Binder, System der Rechtsphilosophie. Der „Philosophie des Rechts“ 2. vollkommen neu bearbeitete Auflage, 1937.

Julius Binder, Geist und Bewusstsein, Zeitschrift für Deutsche Kulturphilosophie, Bd. 3, 1937, S. 286–307.

Julius Binder, Hegel und der neue Geist, [von Binder nicht veröffentlichte Schrift, abgedruckt bei Jakob, Grundzüge der Rechtsphilosophie Julius Binders, S. 244–259].

Julius Binder, Zur Neugestaltung des Rechtsunterrichts, Deutsche Rechtswissenschaft, Sonderdruck, Bd. 3, Heft 2, 1938, S. 188–192.

Julius Binder, Mein „absoluter Idealismus“ und Hegel: eine Klarstellung gegenüber der Kritik meines Systems, Zeitschrift für die gesamte Staatswissenschaft, Bd. 98.1937/1938, S. 401–435.

Julius Binder, Die Bedeutung der Rechtsphilosophie für die Erneuerung des Privatrechts, in: Zur Erneuerung des Bürgerlichen Rechts, Schriften der Akademie für Deutsches Recht, herausgegeben von Hans Frank, Gruppe Rechtsgrundlagen und Rechtsphilosophie, Nr. 7, 1938, S. 18–36.

Julius Binder, Die Einheit der praktischen Gesetzgebung, in Festschrift für Paul Koschaker, 1939, Bd. III, S. 420–452.

Julius Binder, Rechtsphilosophie als Lebensphilosophie, Bemerkungen zu Kurt Schillings Geschichte der Staats- und Rechtsphilosophie im Überblick von den Griechen bis zur Gegenwart, Sonderdr. aus: Archiv für Rechts- und Sozialphilosophie, Bd. XXXII, Heft 3, 1939.

Martin Busse, Hegels Phänomenologie des Geistes und der Staat: ein Beitrag zur Auslegung der Phänomenologie und Rechtsphilosophie und zur Geschichte der Entwicklung des Hegelschen Systems, 1931.

Martin Busse, Das Thema der Rechtsphilosophie Hegels, in: Julius Binder/Martin Busse/Karl Larenz, Einführung in Hegels Rechtsphilosophie, 1931, S. 30–55.

Martin Busse, Germanisches Bauernrecht, Deutsches Recht, 1934, S. 497–499.

Martin Busse, Die Rassengesetzgebung im Agrarrecht, Deutsches Recht 1935, S. 39–41.

Martin Busse, Grundfragen der neuen Rechtswissenschaft, Deutsche Rechtswissenschaft, Bd. 1, 1936, S. 170–176.

Martin Busse, Der Erbhof im Aufbau der Volksordnung. Ein Beispiel für das Verhältnis der Gesamtordnung und besonderer Ordnung, 1936. [Einleitung ist erweitert abgedruckt in: Deutsche Rechtswissenschaft Bd. 1, 1936, S. 289–299.]

Martin Busse, Grundfragen der neuen Rechtswissenschaft, Deutsche Rechtswissenschaft, Bd. 1, 1936, S. 170–176.

Martin Busse, Rezension von Gerhard Dulckeit, Rechtsbegriff und Rechtsgestalt, Zeitschrift für deutsche Kulturphilosophie, Bd. 3, 1937, S. 184–191.

Chronik der Georg-August-Universität zu Göttingen für die Rechnungsjahre 1927–1930, 1931.

Georg Dahm, Gemeinschaft und Strafrecht, 1935.

Friedrich Darmstaedter, Rezension von Julius Binder/Martin Busse/Karl Larenz, Einführung in Hegels Rechtsphilosophie, Zeitschrift für die gesamte Staatswissenschaft, Bd. 94, 1933, S. 330–331.

Lüben Dikow [Dikoff], Die Neugestaltung des Deutschen bürgerlichen Rechts, 1937.

Lüben Dikoff, Julius Binder †, Archiv für Rechts- und Sozialphilosophie, Bd. 32, 1938/39, S. 421–428.

Uwe Diederichsen, Karl Larenz, in: Juristen im Portrait, Festschrift zum 225-jährigen Bestehen des Verlages C.H. Beck, 1988, S. 495–510.

Uwe Diederichsen, Karl Larenz, Neue Juristische Wochenschrift 1993, S. 902–903.

Erich Döhring, Geschichte der juristischen Fakultät 1665–1965, Geschichte der Christian-Albrechts-Universität Kiel 1665–1965, Bd. 3, Teil 1, 1965.

Ralf Dreier, Julius Binder (1870–1939). Ein Rechtsphilosoph zwischen Kaiserreich und Nationalsozialismus, in: Fritz Loos (Hrsg.), Rechtswissenschaft in Göttingen, 1987, S. 435–455.

Ralf Dreier, Julius Binder (1870–1939), in: Ders., Recht – Staat – Vernunft, 1991, S. 142–167.

Ralf Dreier, Karl Larenz über seine Haltung im „Dritten Reich", Juristenzeitung 1993, S. 454–457.

Gerhard Dulckeit, Naturrecht und positives Recht bei Kant, 1932.

Gerhard Dulckeit, Rezension von Julius Binder, Der deutsche Volksstaat, Kant-Studien, philosophische Zeitschrift der Kant-Gesellschaft, Bd. 39, 1934, S. 385–386.

Gerhard Dulckeit, Rezension von Hoffmeister, Johannes, Die Problematik des Völkerbundes bei Kant und Hegel, Kant-Studien, philosophische Zeitschrift der Kant-Gesellschaft, Bd. 40, 1935, S. 314–316.

Gerhard Dulckeit, Öffentliches Recht und Privatrecht im römischen Recht, Zeitschrift der Akademie für Deutsches Recht, 1935, S. 277–282.

Gerhard Dulckeit, Rechtsbegriff und Rechtsgestalt: Untersuchung zu Hegels Philosophie des Rechts und ihrer Gegenwartsbedeutung, 1936.

Gerhard Dulckeit, Hegel und der preußische Staat. Zur Herkunft und Kritik des liberalen Hegelbildes, Zeitschrift für deutsche Kulturphilosophie, Bd. 2, 1936, S. 63–77.

Gerhard Dulckeit, Rezension von Hans Welzel, Naturalismus und Wertphilosophie im Strafrecht, Zeitschrift für Deutsche Kulturphilosophie, Bd. 2, 1936, S. 291–297.

Gerhard Dulckeit, Rezension von Ossip Kurt Flechtheim, Hegels Strafrechtstheorie, Archiv für Rechts- und Sozialphilosophie, Bd. 31, 1937/38.

Gerhard Dulckeit, System und Geschichte in Hegels Philosophie, Zeitschrift für deutsche Kulturphilosophie, Bd. 4, 1938, S. 25–61.

Gerhard Dulckeit, Das Selbstbewusstsein des Geistes. Zum Werke von J. Hessing, Die Tatwelt, Bd. 14, 1938, S. 30–35.

Gerhard Dulckeit, Rezension von Kurt Schilling, Geschichte der Staats- und Rechtsphilosophie im Überblick von den Griechen bis zur Gegenwart, in. Zeitschrift für deutsche Kulturphilosophie, Bd. 5, 1939, S. 294–297.

Gerhard Dulckeit, Das Recht in Geschichte und Gegenwart, 1941.

Gerhard Dulckeit, Die Idee Gottes im Geiste der Philosophie Hegels, 1947.

Gerhard Dulckeit, Leitfaden zur Vorlesung über Rechtsphilosophie, als Manuskript gedruckt. Nur zum Gebrauch für meine Hörer, 1947.

Gerhard Dulckeit, Philosophie der Rechtsgeschichte. Die Grundgestalten des Rechtsbegriffs in seiner historischen Entwicklung, 1950.

Jörn Eckert, Was war die Kieler Schule?, in: Franz Jürgen Säcker (Hrsg.), Recht und Rechtslehre im Nationalsozialismus, Ringvorlesung der Rechtswissenschaftlichen Fakultät der Christian-Albrechts-Universität zu Kiel, 1992, S. 37–70.

Carl August Emge, Deutsche Rechtsphilosophie, A. Vorwort, in: Hans Frank (Hrsg.), Nationalsozialistisches Handbuch für Recht und Gesetzgebung, 1935, S. 29–32.

Karl Engisch, Rezension von Karl Larenz, Deutsche Rechtserneuerung und Rechtsphilosophie, Archiv für die civilistische Praxis, Bd. 140, 1935, S. 103–104.

Karl Dietrich Erdmann, Wissenschaft im Dritten Reich, in: Ders., Geschichte, Politik und Pädagogik, Aufsätze und Reden, 1970, S. 325–340.

Wolfgang Fikentscher, Methoden des Rechts, Bd. III, 1976.

Paul Flitsch, Mitteilungen aus Binders Wissenschaftslehre, Archiv für Rechts- und Sozialphilosophie, Bd. 43, 1957, S. 531–543.

Ernst Fraenkel, Der Doppelstaat, 1974.

Hans Frank (Hrsg.), Nationalsozialistisches Handbuch für Recht und Gesetzgebung, 1935.

Hans Frank, Die Aufgaben des Rechts, Zeitschrift der Akademie für Deutsches Recht, 5. Jahrgang, 1938, S. 3–4.

Ralf Frassek, Von der „völkischen Lebensordnung" zum Recht, Die Umsetzung weltanschaulicher Programmatik in den schuldrechtlichen Schriften von Karl Larenz (1903–1993), 1996.

Ralf Frassek, Göttinger Hegel-Lektüre, Kieler Schule und nationalsozialistische Juristenausbildung, in Eva Schumann (Hrsg.), Kontinuitäten und Zäsuren, Rechtswissenschaft und Justiz im „Dritten Reich" und in der Nachkriegszeit, 2008, S. 45–63.

Ralf Frassek, Wege zur nationalsozialistischen „Rechtserneuerung" - Wissenschaft zwischen „Gleichschaltung" und Konkurrenzkampf, in: Hermann/Gutmann/Rückert/Schmoeckel/Siems (Hrsg.), Von den Leges Barbarorum bis zum ius barbarum des Nationalsozialismus, Festschrift für Hermann Nehlsen, 2008, S. 351–377.

Monika Frommel, Die Nationalsozialistische Machtergreifung im Spiegel der deutschen Rechts- und Sozialphilosophie, in: Memoria del X Congreso Mundial Ordinario de Filosofia des Derecho y Filosofia Social, 1981, Volume V, S. 207–218.

Monika Frommel, Die Rezeption der Hermeneutik bei Karl Larenz und Josef Esser, 1981.

Georg-August-Universität Göttingen, Verzeichnisse der Vorlesungen, Sommerhalbjahr 1926 ff.

Joachim Gernhuber, Das völkische Recht, in: Tübinger Festschrift für Eduard Kern, 1968, S. 166–200.

Lars Gertenbach (Hrsg.), Theorien der Gemeinschaft zur Einführung, 2010.

Otto von Gierke, Das Wesen der menschlichen Verbände, 1902.

Hermann Glockner, Krisen und Wandlungen in der Geschichte des Hegelianismus, Logos, Bd. XIII, 1925, S. 340–357.

Hermann Glockner, Hegelrenaissance und Neuhegelianismus. Eine Säkularbetrachtung, in Logos, Bd. XX, 1931, S. 169–195.

Hermann Glockner, Zur Geschichte der neueren Philosophie, Literaturbericht 1924–1940 (Schluss), Deutsche Vierteljahresschrift für Literaturwissenschaft und Geistesgeschichte, Bd. 19, 1941, S. 37–78.

Horst Göppinger, Juristen jüdischer Abstammung im „Dritten Reich", 2. Auflage 1990.

Andreas Großmann, Recht verkehrt: Hegels Rechtsphilosophie im Neuhegelianismus, in: Mirko Wischke/Andrzej Przylebski, Recht ohne Gerechtigkeit? Hegel und die Grundlagen des Rechtsstaates, 2010, S. 191–208.

Karlfried Gründer, Bibliographie zur politischen Theorie Hegels, in: Joachim Ritter, Hegel und die französische Revolution, 1957, S. 81–118.

Thomas Gutmann, Wiederkehr der Gemeinschaft? Rechtshistorisch gebotene Fragen an die kommunitaristische Philosophie, in: Hermann Nehlsen/Georg Brun (Hrsg.), Münchener rechtshistorische Studien zum Nationalsozialismus, 1996, S. 9–62.

Theodor Haering, Hegels Lehre von Staat und Recht, Ihre Entwicklung und ihre Bedeutung für die Gegenwart, Vortrag gehalten im Winter 1938/39 in den Vorlesungen der Württ. Verwaltungsakademie, 1940.

Frank Halfmann, Eine „Pflanzstätte bester nationalsozialistischer Rechtsgelehrter": Die juristische Abteilung der Rechts- und Staatswissenschaftlichen Fakultät, in: Heinrich Becker u.a. (Hrsg.), Die Universität Göttingen unter dem Nationalsozialismus, 1987, S. 102–155.

Helfried Hartmann, Bericht über den II. internationalen Hegelkongress in Berlin, Kant-Studien, Bd. 37, 1932, S. 317–319.

Frank Hartmann, Das methodologische Denken bei Karl Larenz, 2001 [Diss. Leipzig 1988].

Frank-Rutger Hausmann, „Deutsche Geisteswissenschaft" im Zweiten Weltkrieg. Die „Aktion Ritterbusch" (1940–1945), dritte Ausgabe 2007.

Philipp Heck, Rechtsphilosophie und Interessenjurisprudenz, Archiv für die civilistische Praxis, Bd. 143, 1937, S. 129–196.

Georg Wilhelm Friedrich Hegel, Phänomenologie des Geistes, [Nachdr. d. Ausg.] 1807, 1987.

Georg Wilhelm Friedrich Hegel, Enzyklopädie der philosophischen Wissenschaften im Grundrisse, 1830.

Georg Wilhelm Friedrich Hegel, Grundlinien der Philosophie des Rechts oder Naturrecht und Staatswissenschaft im Grundrisse, 1976.

Hermann Heller, Hegel und der nationale Machtstaatsgedanke in Deutschland, 1921.

Friedbert *Holz*, Lasson, Georg, NDB, Band 13, 1982, S. 679–681.

Bernd Hüpers, Karl Larenz – Methodenlehre und Philosophie des Rechts in Geschichte und Gegenwart, 2010.

Sylvie Hürstel, Rechtsphilosophie oder Rechtsgeschichte? Der Neuhegelianismus in der Weimarer Republik, Rechtshistorisches Journal, Bd. 14, 1995, S. 368–398.

Sylvie Hürstel, Néo-hégélianisme et philosophie du droit de la République de Weimar au Troisième Reich, Diss. Paris 1998.

Sylvie Hürstel, Le néo-hégélianisme juridique de Weimar au Troisième Reich: Julius Binder et son école, in: Jean-François Kervegan (Hrsg.), Crise et pensee de la crise en droit. weimar, sa republique et ses juristes, 2002, S. 169–194.

Sylvie Hürstel, Au nom de Hegel: Les juristes néo-hégéliens et la philosophie du droit de la République de Weimar au Troisième Reich, 2010.

Gerhart Husserl, Rechtskraft und Rechtsgeltung, Band 1, 1925.

Hans Jaeger, Kraus, Herbert, NDB, Band 12, 1980, S. 682 f.

Eckart Jakob, Grundzüge der Rechtsphilosophie Julius Binders, Diss. Göttingen [1995], 1996.

Horst-Heinrich Jakobs, Karl Larenz und der Nationalsozialismus, Juristenzeitung 1993, S. 805–815.

Erich Jung, Deutsche Rechtsphilosophie, B. Rechtsphilosophie, in: Hans Frank, Nationalsozialistisches Handbuch für Recht und Gesetzgebung, 1934, S. 32–70.

Karin Kastl, Neuhegelianismus und Nationalsozialismus bei Karl Larenz, in: Hermann Nehlsen/Georg Brun (Hrsg.), Münchener rechtshistorische Studien zum Nationalsozialismus, 1996, S. 347–378.

Arthur Kaufmann, Rechtsphilosophie und Nationalsozialismus, in: Hubert Rottleuthner (Hrsg.), Recht, Rechtsphilosophie und Nationalsozialismus, Archiv für Rechts- und Sozialphilosophie, Beiheft 18, 1983, S. 1–19.

Hans Kelsen, Reine Rechtslehre, 2. Auflage 1960.

Wolfgang Kersting, Neuhegelianismus und Weimarer Staatsrechtslehre. Zum kommunitaristischen Etatismus Hermann Hellers, in: Uwe Carstens/Carsten Schlüter-Knauer (Hrsg.), Der Wille zur Demokratie, 1998, S. 195–218.

Hubert Kiesewetter, Von Hegel zu Hitler, Eine Analyse der Hegelschen Machtsstaatsideologie und der politischen Wirkungsgeschichte des Rechtshegelianismus, 1974.

Heinz Kindermann, Begrüssungsrede, in: Balthus Wigersma (Hrsg.), Verhandlungen des ersten Hegelkongresses vom 22. bis 25. April 1930 im Haag, 1931, S. 13–17.

Heinrich Kleiner, Artikel „Neuhegelianismus", in: Joachim Ritter/Karlfried Gründer (Hrsg.), Historisches Wörterbuch der Philosophie, Bd. 6, 1984, S. 742–748.

Clemens Knobloch, Über die öffentliche Wahrnehmung der akademischen Philosophie vor und nach 1933, in: Marion Heinz/Goran Gretic, Philosophie und Zeitgeist im Nationalsozialismus, 2006, S. 11–22.

Otto Koellreutter, Grundfragen des völkischen und staatlichen Lebens im deutschen Volksstaate, 1935.

Otto Koellreutter, Volk und Staat in der Weltanschauung des Nationalsozialismus, 1935.

Otto Koellreutter, Besprechungen, Archiv des öffentlichen Rechts, Neue Folge, Bd. 26, 1935, S. 123 f.

Josef Kokert, Der Begriff des Typus bei Karl Larenz, 1995.

Josef Kokert, Briefe, die Geschichte schreiben - Karl Larenz und die nationalsozialistische Zeit, Zeitschrift für neuere Rechtsgeschichte, Bd. 18, 1996, S. 23–43.

Rüdiger Kramme, LOGOS 1933/34. Das Ende der „Internationalen Zeitschrift für Philosophie der Kultur", Rechtstheorie 1996, S. 92–116.

Ernst Krieck, Philosophie, in: Bernhard Rust (Hrsg.), Deutsche Wissenschaft. Arbeit und Aufgabe, 1939, S. 29–31.

Ernst Krieck, Hegel gegen das Reich, Volk im Werden, Bd. 9, 1941, S. 237–249.

Karl Kroeschell, Deutsche Rechtsgeschichte, Bd. 3, Seit 1650, 5. Auflage 2008.

Richard Kroner, Staatsraison und Sittlichkeit, Bemerkungen zur gleichnamigen Schrift von Julius Binder, Zeitschrift für Rechtsphilosophie in Lehre und Praxis, Vierter Band 1929, S. 279–283.

Richard Kroner, Rede zur Eröffnung des ersten internationalen Hegel-Kongresses, in: Baltus Wigersma (Hrsg.), Verhandlungen des ersten Hegelkongresses vom 22. bis 25. April 1930 im Haag, 1931, S. 18–32.

Richard Kroner, Hegel heute, in: Hegel-Studien, Bd. 1, 1961, S. 135–153.

Benigna von Krusenstjern, „daß es Sinn hat zu sterben – gelebt zu haben" Adam von Trott zu Solz 1909–1944, 2009.

Günther Küchenhoff, „Hegel, Georg Friedrich Wilhelm", HRG, II. Bd., 1. Auflage 1978, Sp. 30 f., 33.

Wolfgang Kunkel, Gerhard Dulckeit †, Zeitschrift der Savigny-Stiftung für Rechtsgeschichte, Romanistische Abteilung, 71. Bd., 1954, S. 606–613.

Wolfgang Kunkel, Dulckeit als Rechtshistoriker, in: Gerhard Dulckeit als Rechtshistoriker, Rechtsphilosoph und Rechtsdogmatiker, Reden zu seinem Gedächtnis von Wolfgang Kunkel, Karl Larenz, Kurt Ballerstedt, Veröffentlichungen der Schleswig-Holsteinischen Universitätsgesellschaft, Neue Folge Nr. 11, 1955, S. 7–13.

Massimo La Torre, Der Kampf wider das subjektive Recht. Karl Larenz und die nationalsozialistische Rechtslehre, Rechtstheorie 1992, S. 355–395.

Peter Landau, Römisches Recht und deutsches Gemeinrecht, Zur rechtspolitischen Zielsetzung im nationalsozialistischen Parteiprogramm, in: Michael Stolleis/ Dieter Simon (Hrsg.), Rechtsgeschichte im Nationalsozialismus, Beiträge zur Geschichte einer Disziplin, 1989, S. 11–24.

Karl Larenz, Hegels Zurechnungslehre und der Begriff der objektiven Zurechnung, ein Beitrag zur Rechtsphilosophie des kritischen Idealismus und zur Lehre von der „juristischen Kausalität", 1927.

Karl Larenz, Die Wirklichkeit des Rechts, Logos, Bd. XVI, 1927, S. 204–210.

Karl Larenz, Rezension von Victor Basch, Les Doctrines Politiques des Philosophes Classiques de l'Allemagne, Logos, Bd. XVII, 1928, S. 225–227.

Karl Larenz, Das Problem der Rechtsgeltung, 1929.

Karl Larenz, Staat und Religion bei Hegel: ein Beitrag zur systematischen Interpretation der Hegelschen Rechtsphilosophie, in: Karl Larenz (Hrsg.), Rechtsidee und Staatsgedanke, Beiträge zur Rechtsphilosophie und zur politischen Ideengeschichte, Festgabe für Julius Binder, 1930, S. 243–263.

Karl Larenz, Einführung, Rechtsidee und Staatsgedanke, in: Ders. (Hrsg.), Rechtsidee und Staatsgedanke, Beiträge zur Rechtsphilosophie und zur politischen Ideengeschichte, Festgabe für Julius Binder, 1930, S. V–VII.

Karl Larenz, Die Methode der Auslegung des Rechtsgeschäftes. Zugleich ein Beitrag zur Theorie der Willenserklärung, 1930.

Karl Larenz, Hegels Begriff der Philosophie und der Rechtsphilosophie, in: Julius Binder/Martin Busse/Karl Larenz, Einführung in Hegels Rechtsphilosophie, 1931, S. 5–29.

Karl Larenz, Rechts- und Staatsphilosophie der Gegenwart, 1931.

Karl Larenz, Die Wendung zur Metaphysik in der Rechtsphilosophie Julius Binders, Zeitschrift für Rechtsphilosophie in Lehre und Praxis, Bd. 5, 1930/31, S. 185–207.

Karl Larenz, Hegels Dialektik des Willens und das Problem der juristischen Persönlichkeit, Logos, Bd. XX, 1931, S. 196–243.

Karl Larenz, Hegel und das Privatrecht, 1932, in: Verhandlungen des zweiten Hegelkongresses (Berlin 1931), 1932.

Karl Larenz, Die Rechts- und Staatsphilosophie des deutschen Idealismus und ihre Gegenwartsbedeutung, in: Alfred Bäumler/Manfred Schröter (Hrsg.), Handbuch der Philosophie, Abt. 4, Beitrag D, Günther Holstein und Karl Larenz, Staatsphilosophie, 1931 und 1933, S. 89–188.

Karl Larenz, Zur Lehre von der Rechtsgemeinschaft, Jherings Jahrbücher, Bd. 83, 1933, S. 108–177.

Karl Larenz, Deutsche Rechtserneuerung und Rechtsphilosophie, 1934.

Karl Larenz, Rezension von Hedemann, Die Flucht in die Generalklauseln, Zeitschrift für das gesamte Handelsrecht und Konkursrecht, Bd. 100, 1934, S. 378–382.

Karl Larenz, Rechts- und Staatsphilosophie der Gegenwart, 2. Auflage, 1935.

Karl Larenz, Rezension von Carl Schmitt, Über die drei Arten des rechtswissenschaftlichen Denkens, Zeitschrift für Deutsche Kulturphilosophie, Bd. 1, 1935, S. 112–118.

Karl Larenz, Volksgeist und Recht. Zur Revision der Rechtsanschauung der Historischen Schule, Zeitschrift für deutsche Kulturphilosophie, Bd. 1, 1935, S. 40–60.

Karl Larenz, Die Wandlung des Vertragsbegriffs, in: Deutsches Recht 1935, S. 488–491.

Karl Larenz, Rechtsphilosophie, in Heckel/Henkel/Walz/Larenz, Berichte über die Lage und das Studium des öffentliches Rechts, 1935, S. 55–63.

Karl Larenz, Rechtsperson und subjektives Recht. Zur Wandlung der Rechtsgrundbegriffe, in: Karl Larenz u.a. (Hrsg.), Grundfragen der neuen Rechtswissenschaft, 1935, S. 225–260.

Karl Larenz/u.a., Zur Einführung, Zeitschrift für deutsche Kulturphilosophie, Bd. 1, 1935, S. 1–2.

Karl Larenz, Vom Wesen der Strafe, Zeitschrift für deutsche Kulturphilosophie, Bd. 2, 1936, S. 26–50.

Karl Larenz, Gemeinschaft und Rechtsstellung, Deutsche Rechtswissenschaft, Bd. 1, 1936, S. 31–39.

Karl Larenz, Vertrag und Unrecht, 1. Teil: Vertrag und Vertragsbruch, 1936.

Karl Larenz, Rechtswissenschaft und Rechtsphilosophie. Eine Erwiderung, Archiv für die civilistische Praxis, Bd. 143, 1937, S. 257–281.

Karl Larenz, Vertrag und Unrecht, 2. Teil: Die Haftung für Schäden und Bereicherung, 1937.

Karl Larenz, Grundsätzliches zum Ehescheidungsrecht, Deutsches Recht, 1937, S. 184–188.

Karl Larenz, Die Bedeutung der völkischen Sitte in Hegels Staatsphilosophie, Zeitschrift für die gesamte Staatswissenschaft, Bd. 98.1937/38, S. 109–150.

Karl Larenz, Über Gegenstand und Methode des völkischen Rechtsdenkens, 1938.

Karl Larenz, Hegels Nürnberger Schriften in ihrer Bedeutung für die Entwicklung seiner Rechts- und Staatsphilosophie, Archiv für Rechts- und Staatsphilosophie, Bd. 31, 1937/38, S. 358–370.

Karl Larenz, Die Aufgabe der Rechtsphilosophie, Zeitschrift für Deutsche Kulturphilosophie, Bd. 4, 1938, S. 209–243.

Karl Larenz, Rezension von Julius Binder, System der Rechtsphilosophie, Zeitschrift für deutsche Kulturphilosophie, Bd. 4, 1938, S. 307–308.

Karl Larenz, Die Idee einer wesenhaften deutschen Philosophie bei Johann Gottlieb Fichte, Kieler Blätter, Bd. 1, 1938, S. 41–48.

Karl Larenz, Rezension von Theodor Haering, Hegel, Sein Wollen und sein Werk, Zeitschrift für deutsche Kulturphilosophie, Bd. 5, 1939, S. 76–87.

Karl Larenz, Sitte und Recht, Zeitschrift für deutsche Kulturphilosophie, Bd. 5, 1939, S. 232–254.

Karl Larenz, Julius Binder †, Zeitschrift der Akademie für Deutsches Recht, Bd. 6, 1939, S. 646.

Karl Larenz, Die Rechtsordnung als völkische Lebensordnung, in: Tag des Deutschen Rechts, 1939, S. 557–574.

Karl Larenz, Rechtswahrer und Philosoph. Zum Tode von Julius Binder, Zeitschrift für deutsche Kulturphilosophie, Bd. 6, 1940, S. 1–14.

Karl Larenz, Hegelianismus und preußische Staatsidee: die Staatsphilosophie Joh. Ed. Erdmanns und das Hegelbild des 19. Jahrhunderts, 1940.

Karl Larenz, Zur Logik des konkreten Begriffs. Eine Voruntersuchung zur Rechtsphilosophie, Deutsche Rechtswissenschaft, Vierteljahresschrift der Akademie für Deutsches Recht, Bd. 5, 1940, S. 279–299.

Karl Larenz, Johann Friedrich Kierulff, Bemerkungen zu seiner „Theorie des gemeinen Civilrechts", in: Paul Ritterbusch u.a. (Hrsg.), Festschrift zum 275jährigen Bestehen der Christian-Albrechts-Universität zu Kiel, 1940, S. 116–128.

Karl Larenz, Rezension von Hegel, Volk - Staat - Geschichte, Eine Auswahl von seinen Werken. Bearbeitet und eingeleitet von Friedrich Bülow, Zeitschrift für deutsche Kulturphilosophie, Bd. 6, 1940, S. 154–157.

Karl Larenz, Typologisches Rechtsdenken. Bemerkungen zu V. Tuka: Die Rechtssysteme, Archiv für Rechts und Sozialphilosophie, Bd. 34, 1940/41, S. 20–30.

Karl Larenz, Der deutsche Rechtsgedanke und seine Bedeutung für ein neues Europa, Kieler Blätter, Heft 1, 1941, S. 39–48.

Karl Larenz, Sittlichkeit und Recht, Untersuchungen zur Geschichte des deutschen Rechtsdenkens und zur Sittenlehre, in: Karl Larenz (Hrsg.), Reich und Recht in der deutschen Philosophie, Bd. 1, 1943, S. 169–412.

Karl Larenz, Vom Problem der Rechtspflicht, Zeitschrift für deutsche Kulturphilosophie, Bd. 9, 1943, S. 77–94.

Karl Larenz, Sittlichkeit und Recht bei Samuel Pufendorf, Zeitschrift für deutsche Kulturphilosophie, Bd. 10, 1944, S. 101–115 [= erstes Kapitel von Sittlichkeit und Recht, Untersuchungen zur Geschichte des deutschen Rechtsdenkens und zur Sittenlehre, in: Karl Larenz (Hrsg.), Reich und Recht in der deutschen Philosophie, Bd. 1, 1943].

Karl Larenz, Zur Beurteilung des Naturrechts, in: Werner Maihofer (Hrsg.), Naturrecht oder Rechtspositivismus?, 1962, S. 27–32 [Bereits Anfang 1945 konzipiert].

Karl Larenz, Dulckeit als Rechtsphilosoph, in: Gerhard Dulckeit als Rechtshistoriker, Rechtsphilosoph und Rechtsdogmatiker, Reden zu seinem Gedächtnis von Wolfgang Kunkel, Karl Larenz, Kurt Ballerstedt, Veröffentlichungen der Schleswig-Holsteinischen Universitätsgesellschaft, Neue Folge Nr. 11, 1955, S. 14–26.

Karl Larenz, Methodenlehre der Rechtswissenschaft, 1960.

Karl Larenz, Vorwort, in: Hans-Martin Pawlowski/Franz Wieacker, Festschrift für Karl Michaelis zum 70. Geburtstag am 21. Dezember 1970, 1972.

Karl Larenz, Richtiges Recht, Grundzüge einer Rechtsethik, 1979.

Georg Lasson, Was heißt Hegelianismus? 1916.

Georg Lasson, Rezension von Karl Larenz, Hegels Zurechnungslehre und der Begriff der objektiven Zurechnung, Kant-Studien, Bd. 33, 1928, S. 279.

Georg Lasson, Rezension von Martin Busse, Hegels Phänomenologie des Geistes und der Staat, Kant-Studien, Bd. 36, 1931, S. 352.

Georg Lasson, Rezension von Julius Binder/Martin Busse/Karl Larenz, Einführung in Hegels Rechtsphilosophie, Kant-Studien, Bd. 38, 1933, S. 448–449.

Joachim Lege, Über Spiegel und Rahmen: Ein Resümee und zwei Standortbestimmungen, in: Joachim Lege, Greifswald - Spiegel der deutschen Rechtswissenschaft 1815 bis 1945, 2009, S. 477–527.

Oliver Lepsius, Die gegensatzaufhebende Begriffsbildung. Methodenentwicklungen in der Weimarer Republik und ihr Verhältnis zur Ideologisierung der Rechtswissenschaft im Nationalsozialismus, 1994.

Oliver Lepsius, Personengebundene und strukturorientierte Bewertungskriterien für juristisches Verhalten im Nationalsozialismus, in: Hermann Nehlsen/Georg Brun (Hrsg.), Münchener rechtshistorische Studien zum Nationalsozialismus, 1996, S. 63–102.

Monika Leske, Philosophen im „Dritten Reich". Studie zu Hochschul- und Philosophiebetrieb im faschistischen Deutschland, 1990.

Heinrich Levy, Die Hegel-Renaissance in der deutschen Philosophie mit besonderer Berücksichtigung des Neukantianismus, in: Paul Menzer/Arthur Liebert (Hrsg.), Kant-Studien. Ergänzungshefte im Auftrage der Kant-Gesellschaft, Nr. 30, 1927.

Heinrich Levy, Notizen, Logos, Bd. XIX, 1930, S. 419–424.

Fritz Loos, Hans Welzel (1904–1977), Die Suche nach dem Überpositiven im Recht, in: Fritz Loos, Rechtswissenschaft in Göttingen, Göttinger Juristen aus 250 Jahren, 1987, S. 486–509.

Georg Lukacs, Die Zerstörung der Vernunft, 1962.

Samuel Adrianus van Lunteren, Rezension von Karl Larenz: Hegels Zurechnungslehre und der Begriff der objektiven Zurechnung. Ein Beitrag zur Rechtsphilosophie des kritischen Idealismus und zur Lehre von der „juristischen Kausalität", 1927 [zugleich Rezension von Heinrich Levy, Die Hegel-Renaissance in der deutschen Philosophie, 1927], Logos, Bd. XIX, 1930, S. 287–295.

Christoph Mährlein, Volksgeist und Recht: Hegels Philosophie der Einheit und ihre Bedeutung für die Rechtswissenschaft, 2000.

Stephan Malinowski, Vom König zum Führer, Sozialer Niedergang und politische Radikalisierung im deutschen Adel zwischen Kaiserreich und NS-Staat, 2003.

Alfred Manigk, Neubau des Privatrechts, Grundlagen und Bausteine, 1938.

René Marcic, Hegel und das Rechtsdenken im deutschen Sprachraum, 1970.

Herbert Marcuse, Reason and Revolution, Hegel and the Rise of Social Theory, 1941, 2nd Edition with Supplementary Chapter, Reprinted 1955.

Herbert Marcuse, Besprechungen, Zeitschrift für Sozialforschung, Bd. II, 1933, S. 425–428.

Bernd Mertens, Rechtsetzung im Nationalsozialismus, 2009.

Rudolf Meyer-Pritzl, Die Kieler Rechts- und Staatswissenschaften, Eine „Stoßtruppfakultät", in: Chistoph Cornelißen/Carsten Mish, Wissenschaft an der Grenze – Die Universität Kiel im Nationalsozialismus, 2009, S. 151–174.

Käte Nadler, Bericht über den 2. Internationalen Hegelkongress in Berlin vom 18.-22. Oktober 1930, Logos, Bd. XX, 1931, S. 443–448.

Birgit Nübel/Beate Tröger, Herder in der Erziehung der NS-Zeit, 2004.

Walter Pauly, Artikel „Hegel, Georg Wilhelm Friedrich (1770–1831)", HRG, 2. Auflage 2010, 12. Lieferung, Sp. 861–865.

Hans-Martin Pawlowski/Franz Wieacker (Hrsg.), Festschrift für Karl Michaelis zum 70. Geburtstag am 21. Dezember 1970, 1972.

Hans-Martin Pawlowski, Die Rechtsphilosophie in der Juristenausbildung heute, in: Hans-Martin Pawlowski/Franz Wieacker (Hrsg.), Festschrift für Karl Michaelis zum 70. Geburtstag am 21. Dezember 1970, 1972, S. 235–249.

Hans-Martin Pawlowski, Karl Michaelis †, Neue Juristische Wochenschrift 2001, S. 3031.

Theodor Peters, Rezension von Janko Janeff: Hegel. Seine Persönlichkeit, sein Schicksal, seine Philosophie, Sofia 1928, Logos, Bd. XVIII, 1929, S. 293.

Erich Przywara, Thomas oder Hegel? Zum Sinn der „Wende zum Objekt", Logos, Bd. XV, 1926, S. 1–19.

Goerg Friedrich Puchta, Lehrbuch der Pandekten, 1835.

Hermann Raschhofer, Volk, Nation und Völkerrecht, in: Hans Frank (Hrsg.), Nationalsozialistisches Handbuch für Recht und Gesetzgebung, 1935, S. 99–116.

Heinrich Rickert, Rezension von Georg Wilhelm Friedrich Hegel, Sämtliche Werke. Jubiläumsausgabe in 20 Bänden. Auf Grund des Originaldruckes im Faksimileverfahren neu herausgegeben von Hermann Glockner. Erster Bd.: Aufsätze aus dem kritischen Journal der Philosophie und andere Schriften aus der Jenenser Zeit. Mit einem Vorwort zur Jubiläumsausgabe, Stuttgart 1927, Logos, Bd. XVI, 1927, S. 241–242.

Manfred Riedel, Tradition und Revolution in Hegels „Philosophie des Rechts", Zeitschrift für philosophische Forschung, 1962, S. 203–230.

Manfred Riedel, Materialien zu Hegels Rechtsphilosophie, Bd. 1, 1975.

Andreas Röpke, Die Würzburger Juristenfakultät von 1815 bis 1914, 2001.

Alfred Rosenberg, Der Mythus des 20. Jahrhunderts, 1933.

Hubert Rottleuthner, Die Substantialisierung des Formalrechts. Zur Rolle des Neuhegelianismus in der deutschen Jurisprudenz, in: Oskar Negt (Hrsg.), Aktualität und Folgen der Philosophie Hegels, 1970, S. 211–264.

Hubert Rottleuthner, Rechtsphilosophie und Rechtssoziologie im Nationalsozialismus, in: Ralf Dreier/Wolfgang Sellert, Recht und Justiz im „Dritten Reich", 1989, S. 295–322.

Bernd Rüthers, Entartetes Recht, Rechtslehren und Kronjuristen im Dritten Reich, 1988.

Bernd Rüthers, Die Ideologie des Nationalsozialismus in der Entwicklung des deutschen Rechts von 1933 bis 1945, in: Franz Jürgen Säcker (Hrsg.), Recht und Rechtslehre im Nationalsozialismus, Ringvorlesung der Rechtswissenschaftlichen Fakultät der Christian-Albrechts-Universität zu Kiel, Baden-Baden 1992, S. 17–36.

Bernd Rüthers, Anleitung zum fortgesetzten methodischen Blindflug, Neue Juristische Wochenschrift 1996, S. 1249–1253.

Bernd Rüthers, Geschönte Geschichte - Geschonte Biographien, Sozialisationskohorten in Wendeliteraturen, Ein Essay, 2001.

Bernd Rüthers, Die unbegrenzte Auslegung, 6. Auflage 2005.

Bernd Rüthers, Rezension von Hüpers, Karl Larenz - Methodenlehre und Philosophie des Rechts in Geschichte und Gegenwart, 2010, abrufbar im Internet unter: http://www.koeblergerhard.de/ZRG129Internetrezensionen2012/HuepersBernd-KarlLarenz.htm, letzter Abruf 23.05.2011.

Hans Ryffel, Das Naturrecht, Ein Beitrag zu seiner Kritik und Rechtfertigung vom Standpunkt grundsätzlicher Philosophie, Diss. Bern 1944.

Friedrich Carl von Savigny, System des heutigen römischen Rechts, 1840 ff.

Herwig Schäfer, Juristische Lehre und Forschung an der Reichsuniversität Straßburg 1941–1944, 1999.

Christoph Scheuren-Brandes, Der Weg von nationalsozialistischen Rechtslehren zur Radbruchschen Formel, 2006.

Christoph Scheuren-Brandes, Walther Schönfeld (1888–1958) – Christliche Rechtswissenschaft als Lebensaufgabe, in: Urban Wiesing u.a. (Hrsg.), Die Universität Tübingen im Nationalsozialismus, 2010, S. 881–896.

Wolfgang Schild, Rechtswissenschaft oder Jurisprudenz, Bemerkungen zu den Schwierigkeiten der Juristen mit Hegels Rechtsphilosophie, in: Robert Alexy/Horst Dreier/Ulfried Neumann (Hrsg.), Rechtsphilosophie der Gegenwart. Archiv für Rechts- und Sozialphilosophie, Beiheft 44, 1991, S. 328–336.

Kurt Schilling, Rezension Larenz, Hegelianismus und preußische Staatsidee, AöR 33 (1943), S. 94.

Jakob Schirmer, Dafür oder dagegen? – Ein Beitrag zur Debatte über Karl Larenz, sein Verhältnis zum Nationalsozialismus und die Möglichkeit ihn zu interpretieren, Journal der Juristischen Zeitgeschichte 2012/2, S. 62–67.

Regina Schlüter-Ahrens, Der Volkswirt Jens Jessen, Leben und Werk, 2001.

Wolfdietrich Schmied-Kowarzik, „Rosenzweig, Franz“, in: Neue Deutsche Biographie 22 (2005), S. 86–87.

Carl Schmitt, Rezension von Julius Binder, in: Kritische Vierteljahresschrift für Gesetzgebung und Rechtswissenschaft 18 (1916), S. 431–440.

Carl Schmitt, Legalität und Legitimität, 1932.

Carl Schmitt, Staat, Bewegung, Volk: Die Dreigliederung der politischen Einheit, 1933.

Carl Schmitt, Der Rechtsstaat, in: Hans Frank (Hrsg.), Nationalsozialistisches Handbuch für Recht und Gesetzgebung, 1935, S. 3–10.

Walther Schönfeld, Puchta und Hegel, in: Karl Larenz (Hrsg.), Rechtsidee und Staatsgedanke, Beiträge zur Rechtsphilosophie und zur politischen Ideengeschichte, Festgabe für Julius Binder, 1930, S. 1–62.

Walther Schönfeld, Rechtsphilosophie, Jurisprudenz und Rechtswissenschaft, Zeitschrift für deutsche Kulturphilosophie, Bd. 1, 1935, S. 61–90.

Walther Schönfeld, Rezension von Holstein/Larenz, Staatsphilosophie, 1933, Archiv für die civilistische Praxis 140, 1935, S. 105–110.

Walther Schönfeld, Rezension von Julius Binder, Grundlegung zur Rechtsphilosophie, Archiv für die civilistische Praxis 141, 1935, S. 103–105.

Walther Schönfeld, Der absolute Idealismus Julius Binders im Lichte Hegels, Zeitschrift für die gesamte Staatswissenschaft 98, 1938, S. 54–108.

Imke Schröder, Zur Legitimationsfunktion der Rechtsphilosophie im Nationalsozialismus, 2002.

Eva Schumann, Die Göttinger Rechts- und Staatswissenschaftliche Fakultät 1933–1955, in: Eva Schumann (Hrsg.), Kontinuitäten und Zäsuren, Rechtswissenschaft und Justiz im „Dritten Reich“ und in der Nachkriegszeit, 2008, S. 65–121.

Eva Schumann, Von Leipzig nach Göttingen, Eine Studie zu wissenschaftlichen Netzwerken und Freundschaften vor und nach 1945, in: Festschrift der Juristenfakultät zum 600jährigen Bestehen der Universität Leipzig, herausgegeben von Mitgliedern der Juristenfakultät, 2009, S. 633–678.

Klaus-Peter Schroeder, „Eine Universität für Juristen und von Juristen“, Die Heidelberger Juristische Fakultät im 19. und 20. Jahrhundert, 2010.

Otto von Schweinichen, Rezension von Julius Binder, Grundlegung zur Rechtsphilosophie, Kant-Studien, Bd. 40, S. 356–359.

Christian Sigmundt, Rechtsgewinnung und Erbhofrecht. Eine Analyse der Methoden in Wissenschaft und Rechtsprechung des Reicherbhofrechts, Diss. Würzburg, 2005.

Rudolf Smend, Verfassung und Verfassungsrecht, 1928.

Rudolf Smend, Nachruf auf Julius Binder, in: Jahrbuch der Akademie der Wissenschaften in Göttingen für das Geschäftsjahr 1939/40, 1940, S. 37.

Michael Stolleis, Gemeinwohlformeln im nationalsozialistischen Recht, 1974.

Michael Stolleis, Artikel „Nationalsozialistisches Recht“ in: Handwörterbuch zur deutschen Rechtsgeschichte, Bd. III, 1984, Sp. 873–892.

Michael Stolleis, Geschichte des öffentlichen Rechts in Deutschland, Bd. 3, Staats- und Verwaltungsrechtswissenschaft in Republik und Diktatur 1914–1945, 1999.

Jerzy Szaki, „Schulen“ in der Soziologie, in: Wolf Lepenies (Hrsg.), Geschichte der Soziologie, Studien zur kognitiven, sozialen und historischen Identität einer Disziplin, Band 2, 1981, S. 16–30.

Christian Tilitzki, Die deutsche Universitätsphilosophie in der Weimarer Republik und im Dritten Reich, Teil 1, 2002.

Ernst Topitsch, Hegel und das Dritte Reich, in: Der Monat, Juni 1966, S. 36–51.

Ernst Topitsch, Kritik der Hegel-Apologeten, in: Gerd-Klaus Kaltenbrunner (Hrsg.), Hegel und die Folgen, 1970, S. 329–360.

Adam von Trott zu Solz, Hegels Staatsphilosophie und das internationale Recht, Diss. Göttingen 1932.

Adam von Trott zu Solz, Bernard Bosanquet und der Einfluss Hegels auf die englische Staatsphilosophie, Zeitschrift für deutsche Kulturphilosophie, Bd. 4, 1938, S. 193–199.

Clarita von Trott zu Solz, Adam von Trott zu Solz, Eine Lebensbeschreibung, 2009.

Justus H. Ulbricht, ‚Goethe-Schiller-Universität Jena-Weimar'? Die Salana im politisch-intellektuellen Netzwerk der Doppelstadt – eine Skizze, in: Uwe Hossfeld u.a. (Hrsg.), Kämpferische Wissenschaft, Studien zur Universität Jena im Nationalsozialismus, 2003, S. 311–320.

Ralf Walkenhaus, Gab es eine „Kieler Schule"? Die Kieler Grenzlanduniversität und das Konzept der „politischen Wissenschaften" im Dritten Reich, in: Wilhelm Bleek/Hans J. Lietzmann (Hrsg.), Schulen der deutschen Politikwissenschaft, 1999, S. 159–182.

Friederike Wapler, Werte und das Recht: individualistische und kollektivistische Deutungen des Wertbegriffs im Neukantianismus, 2008.

Arthur Wegner, Das Reich in der Rechtsgemeinschaft der Völker und unter dem rechtswidrigen Zwang von Versailles, in: Hans Frank (Hrsg.), Nationalsozialistisches Handbuch für Recht und Gesetzgebung, 1935, S. 129–158.

Hermann Weinkauff, Die deutsche Justiz und der Nationalsozialismus, Ein Überblick, Bd. 1, 1968.

Hans Welzel, Über die Grundlagen der Staatsphilosophie Hegels, in: Artur Schürmann (Hrsg.), Volk und Hochschule im Umbruch, zur 200-Jahrfeier der Georg-August-Universität zu Göttingen, 1937, S. 87–104.

Hans Welzel, Die moderne Strafrechtsdogmatik und die Wertphilosophie, in: Hans Welzel (Hrsg.), Abhandlungen zum Strafrecht und zur Rechtsphilosophie, Naturalismus und Wertphilosophie im Strafrecht, Zweiter Teil, 1975, S. 71–119.

Balthus Wigersma (Hrsg.), Verhandlungen des ersten Hegelkongresses vom 22. bis 25. April 1930 im Haag, 1931.

Balthus Wigersma (Hrsg.), Verhandlungen des zweiten Hegelkongresses vom 18. bis 21. Oktober 1931 in Berlin, 1932.

Renate Wittern, Die Professoren der Friedrich-Alexander-Universität Erlangen 1743–1960, Teil 1: Theologische und Juristische Fakultät, 1993.

Max Wundt, Von Platon zu Aristoteles. Bemerkungen über die Entwicklung der griechischen Staatsidee, in: Karl Larenz (Hrsg.), Rechtsidee und Staatsgedanke, Beiträge zur Rechtsphilosophie und zur politischen Ideengeschichte, Festgabe für Julius Binder, 1930, S. 188–206.

Max Wundt, Rezension von Julius Binder, Grundlegung zur Rechtsphilosophie, Zeitschrift für deutsche Kulturphilosophie, Bd. 2, 1936, S. 281–285.

Namensregister

(aufgrund der Vielzahl der Nennungen wurde auf eine Aufnahme Binders und seiner Schüler sowie Hegels, Kants und Schönfelds verzichtet)

www.ingramcontent.com/pod-product-compliance
Ingram Content Group UK Ltd.
Pitfield, Milton Keynes, MK11 3LW, UK
UKHW021912290926
8980IPUK00015B/1209

9 783631 668146